Peter Sander
Interessenvertretung der
Arbeitnehmer im Betrieb

Beiträge zu den Berichten der Kommission für die Erforschung des sozialen und politischen Wandels in den neuen Bundesländern e.V. (KSPW)

Herausgegeben vom Vorstand der KSPW:
Hans Bertram, Hildegard Maria Nickel,
Oskar Niedermayer, Gisela Trommsdorff

Beiträge zum Bericht 6
„Die Umwandlung der Arbeits- und Sozialordnung"

Band 6.3

Die Veröffentlichungen der Kommission für die Erforschung des sozialen und politischen Wandels in den neuen Bundesländern (KSPW) umfassen folgende drei Reihen:

- Berichte zum sozialen und politischen Wandel in Ostdeutschland
- Beiträge zu den Berichten
- Reihe „Transformationsprozesse"

Peter Sander

Interessenvertretung der Arbeitnehmer im Betrieb

Leske + Budrich, Opladen 1997

Gedruckt auf säurefreiem und altersbeständigem Papier.

Die Deutsche Bibliothek – CIP-Einheitsaufnahme

Sander, Peter:
Interessenvertretung der Arbeitnehmer im Betrieb . – Opladen : Leske und Budrich, 1997
(Beiträge zu den Berichten zum sozialen und politischen Wandel in Ostdeutschland ; Bd. 6.3)
ISBN 978-3-8100-1751-2 ISBN 978-3-322-93542-7 (eBook)
DOI 10.1007/978-3-322-93542-7

Satz: Leske + Budrich

Inhaltsverzeichnis

Editorial

Der vorliegende Band präsentiert Ergebnisse aus der *dritten Forschungs- und Förderphase* (1994-1996) der Kommission für die Erforschung des sozialen und politischen Wandels in den neuen Bundesländern e.V. (KSPW).

Die KSPW, Ende 1991 auf Anregung des Wissenschaftsrates gegründet und aus Zuwendungen des Bundesministeriums für Bildung, Wissenschaft, Forschung und Technologie (BMBF) sowie des Bundesministeriums für Arbeit und Sozialordnung (BMA) finanziert, hat es sich zur Aufgabe gemacht,

- den sozialen und politischen Wandel in den neuen Bundesländern zu erforschen bzw. seine Erforschung zu fördern,
- damit auch die empirischen und theoretischen Grundlagen für politische Handlungsempfehlungen zu verbessern sowie
- angesichts des Umbruchs der Sozialwissenschaften in den neuen Bundesländern das sozialwissenschaftliche Wissenschaftler/innen-Potential und den Nachwuchs dort zu unterstützen.

In einer *ersten Forschungs- und Förderphase* (1992) wurden 176 sogenannte „Kurzstudien" vergeben (Antrags-Eingänge: rund 1.700), von denen rund 150 Forschungsberichte als Graue Reihe (alte Folge) der KSPW veröffentlicht wurden. Die Kurzstudien sollten sozialwissenschaftliche Analysen anregen, das im Umbruch befindliche sozialwissenschaftliche Potential in Ostdeutschland unterstützen sowie empirische Daten der ostdeutschen Sozialwissenschaft sichern helfen. Ausgewählte Forschungsergebnisse der ersten Phase wurden zudem in den Bänden 9-29 der Reihe *„KSPW: Transformationsprozesse"* im Verlag Leske + Budrich vom Vorstand der KSPW herausgegeben.

In der *zweiten Forschungs- und Förderphase* (1993-1994) förderte die KSPW vor allem 60 größere Projekte zum ostdeutschen Transformationprozeß (Antrags-Eingänge: rund 250), wovon ausgewählte in den Bänden der Reihe *„KSPW: Transformationsprozesse"* veröffentlicht wurden.

Die *dritte Forschungs- und Förderphase* macht – über die Arbeit von sechs Berichtsgruppen – die sozialwissenschaftliche Berichterstattung über den Transformationsprozeß zur zentralen Aufgabe der Kommissionstätigkeit.

Neben der laufenden Berichterstattung in Publikationen, Konferenzen und Beratungen wurden die Ergebnisse der gesamten Forschungsanstrengungen zu thematischen Berichten zusammengefaßt, deren Konzepte 1993 entwickelt wurde, deren Realisation ab Mitte 1994 begonnen hat und die in 6 *„Berichten zum sozialen und politischen Wandel in Ostdeutschland“* mit dazugehörigen 28 Bänden mit *„Beiträgen zu den Berichten“* Ende 1996 publiziert werden.

Der vorliegende Band mit *„Beiträgen zu den Berichten“* ordnet sich in die eingangs genannten Ziele der Kommission ein: Zum einen finden interessierte Leser aus der Wissenschaft, der politischen Administration sowie aus der sozialen und politischen Praxis Materialien, Analysen und anwendungsbezogene Konzeptionen, die für die tägliche Auseinandersetzung mit dem und im Transformationsprozeß genutzt werden können; zum anderen gibt er Sozialwissenschaftler/innen Gelegenheit, die Ergebnisse ihrer Forschung hier zu präsentieren.

Halle, im Juni 1996

Hans Bertram
Vorsitzender des Vorstandes

Kommission für die Erforschung des sozialen und politischen Wandels
in den neuen Bundesländern e. V.

Vorbemerkung
Begriffliches zum Vorverständnis: Transformation oder Translation?

Schnell bürgern sich Begriffe ein. Wir haben uns angewöhnt, von einem „rechtlichen Transformationsprozeß“ zu sprechen, der im Wege deutsch-deutscher Wiedervereinigung stattgefunden haben soll. Erstmalig hat wohl Christian Kirchner bereits im März 1990 von einer „Transformationsphase“ gesprochen, allerdings in gesellschaftlicher, nicht in rechtlicher Hinsicht.[1]

Kirchner schreibt: „Bei dieser Art der Herstellung der Einheit Deutschlands (– nach Artikel 23 GG – d. Verf. –) ist es Aufgabe der zuständigen Gesetzgebungskörperschaften in der DDR, die erforderlichen Regelungen für die Transformationsphase zu schaffen. Eine Abstimmung zwischen der DDR und der Bundesrepublik Deutschland über diese Regelungen erscheint sinnvoll, da diese einen maßgeblichen Faktor für die Rechtsordnung in Deutschland bis zur Herstellung der vollständigen Rechtseinheit darstellen und ggf. darüber hinaus, wenn nämlich das neue deutsche Recht einerseits an das in der Transformationsphase geltende Recht angepaßt wird. Dies kann sowohl der Fall sein, wenn nämlich das für die DDR geschaffene Recht der Transformationsphase Rechtsreformen des Rechtes der Bundesrepublik vorausnimmt, oder wenn es bereits an europäischem Recht orientiert ist, bevor dieses in der Bundesrepublik Deutschland in nationales Recht umgesetzt worden ist.“[2]

Was daraus geworden ist, ist bekannt. Eine Transformation *des* Rechts fand nicht statt. Transformation als ein wissenschaftlich nicht selten gebrauchter Terminus[3] heißt Umgestaltung, Umformung oder Umwandlung[4].

---

1 Christian Kirchner, Überlegungen zur Schaffung eines Wirtschaftsrechts für die DDR für eine Transformationsphase bis zur Herstellung der Rechtseinheit in Deutschland, überarbeitete Fassung eines Referates für die Expertentagung „Rechtssysteme in der DDR und Bundesrepublik – Probleme der deutsch-deutschen Rechtsangleichung“, in: Loccumer Protokolle, 32/1990, Seite 141.

2 a.a.O., Fn. 1

3 Jacob und Wilhelm Grimm: Deutsches Wörterbuch, Leipzig 1935, Band 21, Seite 1238, Stichwort Transformation

4 Fremdwörterbuch, Bibliographisches Institut Leipzig 1954, Seite 642, Stichwort Transformation

Im deutsch-deutschen Einigungsprozeß wurde jedoch weder eine Umgestaltung bzw. Umwandlung des bundesdeutschen Arbeitsrechts noch des DDR-Arbeitsrechts vorgenommen.

Vielmehr kam es – um einen sachenrechtlichen Begriff zu strapazieren – gleichsam zu einer Translation[5] fast des gesamten bundesdeutschen Arbeitsrechts und somit zu einem arbeitsrechtlichen Transport in die neuen Bundesländer. Das Arbeitsrecht der DDR – namentlich das Recht der betrieblichen Interessenvertretung – erwies sich als transitorisch.[6]

Gerade aber aus diesem Widerspruch: nicht abgeschlossener Transformationsprozeß in wirtschaftlicher und sozialer Hinsicht einerseits und Translation und Transport auf arbeitsrechtlichem Gebiet andererseits resultieren die Probleme, mit denen sich die vorliegende Studie zu beschäftigen hat. Es wird zu zeigen sein, daß die Nichtübereinstimmung bzw. Inadäquatheit von wirtschaftlichen und sozialen Bedingungen in den neuen Bundesländern einerseits und den Maßstäben einer (immer noch) fremden Rechtsordnung andererseits nicht nur Ergebnis, sondern auch Quelle – (sich zum Teil vertiefender) – sozialer Interessengegensätze und ökonomischer Reibungsverluste ist.

Die Studie will die Genesis und Chronologie dieses arbeitsrechtlichen „Translationsprozesses“ auf einem wichtigen Gebiet, nämlich: der betrieblichen Interessenvertretung zeigen. Wenn dabei Grenzen des gegenwärtigen bundesdeutschen Arbeitsrechtssystems offenbar werden sollten, so ist dies ein gewünschter Nebeneffekt. Schließlich ist die arbeitsrechtsgeschichtliche Entwicklung immer nur unter dem Blickwinkel der Fortentwicklung des gegenwärtigen Arbeitsrechts interessant.

---

5 Vgl. Rudolph Sohm, Institutionen, Geschichte und System des römischen Privatrechts, München und Leipzig 1919, Seite 380

6 Wolfgang Däubler spricht nicht nur von *Transport*, sondern von *Export*. Vgl. W. Däubler, Rechtsexport, Die Einführung des bundesdeutschen Arbeitsrechts im Gebiet der früheren DDR, Frankfurt a.M. 1996. Leider war die Drucklegung dieser Studie bereits abgeschlossen, als Däublers (hervorragendes) Buch erschien.

1. Kapitel: DDR-Selbstverständnis Die „Mitwirkung der Werktätigen an der Leitung des Betriebes“ im Selbstverständnis der DDR-Arbeitsrechtswissenschaft

1.1. Das Grundrecht auf Mitgestaltung und Mitbestimmung

Man kann das Recht der betrieblichen Interessenvertretung der DDR – namentlich die Rechte der betrieblichen Gewerkschaftsleitungen – nicht verstehen, ohne sich den in Artikel 21 der Verfassung geregelten Inhalt des „Grundrechts auf Mitbestimmung und Mitgestaltung“ zu vergegenwärtigen.

Dieses Grundrecht bestand darin, „das politische, wirtschaftliche, soziale und kulturelle Leben der sozialistischen Gemeinschaft und des sozialistischen Staates umfassend mitzugestalten“. Es sollte nach der herrschenden Doktrin des Staatsrechtslehrbuchs der DDR[7] „universellen Charakter“ tragen; damit sei es die „grundlegende Norm für die Entwicklung der gesamten Rechtsordnung und die Rechtsstellung des Bürgers.“[8] Alle Rechtszweige – so vor allem auch das Arbeitsrecht – „gehen von ihr aus und tragen in spezifischer Weise dazu bei, dieses Grundrecht weiter auszugestalten und zu verwirklichen.“[9]

Sonach ist es nicht verwunderlich, daß das AGB unter der Überschrift „Grundsätze des sozialistischen Arbeitsrechts“ und „Aufgaben des Arbeitsrechts“ im § 2 II regelt, daß das Arbeitsrecht die verfassungsmäßig garantierten Grundrechte wie das Recht auf Mitbestimmung und Mitgestaltung – so wörtlich der Gesetzestext: „weiter ausgestaltet“.

§ 2 II AGB der DDR formuliert, daß das Arbeitsrecht *gewährleistet*, daß die Werktätigen das politische, wirtschaftliche, soziale und kulturelle Leben im Betrieb mitgestalten und immer umfassender und sachkundiger, vor allem durch die Gewerkschaften und deren Organe, *an der Leitung und Planung* mitwirken können. (§ 2 II AGB der DDR)

---

7 Staatsrecht der DDR, Lehrbuch, Berlin 1977, Seite 200

8 a.a.O., Fn. 6

9 a.a.O., Fn. 6

Also: Das (positive) Arbeitsrecht *konkretisiert* und *verwirklicht* das Grundrecht auf Mitgestaltung und Mitbestimmung.[10]

Damit ist der normativ-inhaltliche Rahmen für die in den §§ 6 und 22ff. AGB der DDR geregelten Rechte der Gewerkschaften bzw. der Betriebsgewerkschaftsorganisationen im Betrieb gegeben. Diese Regelung verdeutlicht zweierlei:

a) Die arbeitsrechtlich geregelte Mitbestimmung und Mitgestaltung folgt streng hierarchisch den Inhalten der verfassungsmäßigen Grundrechtsvorgabe. Wir haben es also nicht mit einer „Drittwirkung“ des Grundrechts auf Mitwirkung und Mitgestaltung im privaten bzw. unternehmerischen Bereich zu tun, sondern dieses Grundrecht entfaltet gleichsam eine unmittelbar autoritäre Wirkung. Das Recht der betrieblichen Interessenvertretung wird den verfassungsmäßigen Inhalten des Grundrechts auf Mitgestaltung und Mitbestimmung unmittelbar hierarchisch nachgeordnet. Es gilt das Rangprinzip einer normativ hierarchischen Struktur zwischen Verfassungsrecht und Arbeitsrecht.
b) Mitbestimmung im Betrieb und Interessenvertretungsrecht, vor allem durch die Gewerkschaften, realisieren nicht betriebliche Interessen oder Interessen der Belegschaft, sondern sind verfassungsmäßig auf die Mitgestaltung des wirtschaftlichen und sozialen Lebens der *sozialistischen Gemeinschaft* und des *sozialistischen Staates* festgelegt.
   Jede betriebliche Interessenvertretung, entweder an den Zielen der sozialistischen Gemeinschaft oder des sozialistischen Staates vorbei oder auch nur „außerhalb“ von Staat und Gesellschaft, wäre damit strenggenommen eine Interessenvertretung praeter legem oder sogar contra legem.

Die mitunter beinahe neutral wirkenden Rechte der Betriebsgewerkschaftsorganisationen bzw. betrieblichen Gewerkschaftsleitungen in den §§ 22 und 24 AGB sind damit – nolens volens – sowohl auf die oben bezeichnete normative Hierarchie als auch auf die unausweichlichen verfassungsmäßigen Inhalte des Grundrechtes auf Mitbestimmung und Mitgestaltung ausgerichtet. So ist es nur folgerichtig, daß „die weitere Ausgestaltung des Grundrechts auf Mitbestimmung und Mitgestaltung“ ... als „sowohl im gesellschaftlichen als auch im persönlichen Interesse“ liegend angesehen wird, und „ihrerseits wiederum zur Herstellung der Übereinstimmung von gesellschaftlichen und persönlichen Interessen“ beitragen soll.[11]

---

10 Vgl. Arbeitsrecht, Lehrbuch, (DDR), Berlin 1984, Seite 70

11 Frithjof Kunz u.a., Sozialistisches Arbeitsrecht – Instrument zur Verwirklichung der Einheit von gesellschaftlichen, kollektiven und persönlichen Interessen, Berlin 1980, Seite 98

Das Arbeitsrecht, hier: das Recht der betrieblichen Interessenvertretung, wird damit zur „juristischen Garantie des Grundrechts auf Mitbestimmung und Mitgestaltung“.[12]

Da „das Arbeitsrecht“ die Grundrechte und damit auch das Grundrecht auf Mitbestimmung und Mitgestaltung garantieren soll – neben ökonomischen und politischen Garantien, versteht sich – wird die Frage nach der Justitiabilität des Grundrechts auf Mitgestaltung und Mitbestimmung durch Rechtswissenschaft und Rechtsprechung gar nicht erst gestellt. Das ist nicht zuletzt der herrschenden Auffassung geschuldet, daß es sich bei der Verfassung um ein „politisch rechtliches Grundsatzdokument des Staates“ handele und ihre spezifische Wirkung aus eben diesem Charakter abgeleitet wird.[13]

Diejenigen Stimmen, welche einer relativen Selbständigkeit des Verfassungsrechts das Wort zu reden versuchten, waren praktisch zur Wirkungslosigkeit verurteilt.[14]

So heißt es konsequent, wenngleich mißverständlich, im Lehrbuch Staatsrecht der DDR: „Die Bürger sind berechtigt, eine gerichtliche Entscheidung wegen Verletzung *bestimmter* (! – d.Verf.) Grundrechte (z.B. Recht auf Arbeit, leistungsmäßige Entlohnung, Wahlrecht) durch Klageerhebungen zu erwirken.“[15]

Dies bedeutet im Klartext: Eine gerichtliche Entscheidung können die Bürger lediglich wegen Verletzung *bestimmter* Grundrechte erwirken, und auch dies ist nur unter Zuhilfenahme von Mechanismen anderer Rechtszweige, hier: des Arbeitsrechts möglich. (Bekanntlich hat eine selbständige Verfassungsgerichtsbarkeit in der DDR nicht bestanden.)

---

12 Rechtslexikon, (DDR), Berlin 1988, Stichwort Grundrechtsgarantien, Seite 162

13 vgl. u.a. Eberhard Poppe, Der politisch-juristische Charakter der Verfassung der DDR, Staat und Recht 1982, Seite 291
Inge Hieblinger/Rudolf Hieblinger, Charakterische Merkmale der Verfassung sozialistischer Länder, Staat und Recht 1984, Seite 614

14 vgl. Uwe-Jens Heuer, Marxismus und Demokratie, Berlin 1989, Seite 460
vgl. auch Karl-Heinz Schöneburg, Anmerkungen zu einer marxistisch-leninistischen Verfassungstheorie, in: Die Aktualität der marxschen Staatslehre, Potsdam-Babelsberg 1983, Seite 58ff., Aktuelle Beiträge der Staats- und Rechtswissenschaft, Heft 287

15 Staatsrecht der DDR, Lehrbuch, a.a.O., Seite 225, Fn. 6

1.2. Die Rechte der Gewerkschaften im Prozeß der Rechtsetzung und Rechtsanwendung des Arbeitsrechts

Für die vorliegende Studie muß es ausreichen, lediglich diejenigen Rechte der Gewerkschaften, namentlich der betrieblichen Gewerkschaftsleitungen, darzustellen, welche sich auf die „Interessenvertretung der Werktätigen“ im Betrieb beziehen. (vgl. § 22ff. AGB der DDR).[16]

Es kann daher genügen, darauf zu verweisen, daß die rechtliche Stellung der Gewerkschaften – sowohl im offiziellen als auch im offiziösen politischen und wissenschaftlichen Selbstverständnis der DDR – weit über deren Status als „bloßer“ Interessenvertreter der „Werktätigen“ hinausging. Zwar könnte man § 6 I AGB der DDR als eine Grundnorm des (sozialistischen) Koalitionsrechts bezeichnen, weil dort geschrieben steht, daß „die Werktätigen...das Recht (haben), sich zur Wahrung ihrer Interessen in den freien Gewerkschaften zusammenzuschließen und aktiv zu betätigen.“ Diese Regelung mag den Eindruck erwecken, daß die Rechte der Gewerkschaften gleichsam nur unter dem Dach der Interessenvertretung der „Werktätigen“ funktional einen Sinn ergeben. Sieht man sich jedoch die §§ 7 und 8 des AGB der DDR genau an, so wird sehr schnell deutlich, daß die Gewerkschaften auch im Sinne des DDR-Selbstverständnisses einen rechtlichen Status besaßen, der *über Interessenvertretung hinausging.* Auch eine – in der DDR übliche – höchst diffuse Interessenidentitäts- und Interessenübereinstimmungsdialektik kann nicht darüber hinwegtäuschen, daß die Gewerkschaften in hohem Maße, und zwar oftmals arbeitsteilig, staatliche Funktionen innehatten und staatliche Aufgaben realisierten:

1. Die Gewerkschaften nehmen an der Vorbereitung und Ausarbeitung der Fünfjahrpläne und der jährlichen Volkswirtschaftspläne teil. Sie fördern die Initiative der Werktätigen *zur gezielten Überbietung der staatlichen Aufgaben.*Die Gewerkschaften haben das Recht, zu den Planentwürfen Vorschläge zu unterbreiten und Stellung zu nehmen. (§ 7 I AGB der DDR).
2. Die Gewerkschaften wirken bei der Gestaltung und Verwirklichung des sozialistischen Arbeitsrechts mit. Der Bundesvorstand des Freien Deutschen Gewerkschaftsbundes ist berechtigt, der Volkskammer und dem Ministerrat Vorschläge für die Weiterentwicklung des sozialistischen

---

16 Im übrigen kann der Verfasser darauf verweisen bzw. darauf vertrauen, daß die rechtliche Stellung der Gewerkschaften umfassend in anderen Studien dargestellt worden ist.

Arbeitsrechts zu unterbreiten. Die Zentralvorstände der Industriegewerkschaften und Gewerkschaften sind berechtigt, den Ministern und den Leitern der anderen zentralen Staatsorgane Vorschläge für besondere arbeitsrechtliche Regelungen in den Zweigen bzw. Bereichen der Volkswirtschaft zu unterbreiten. Die Gewerkschaften besitzen das Recht der gesellschaftlichen Kontrolle über die Wahrung der gesetzlich garantierten Rechte der Werktätigen. (§ 8 I AGB der DDR).

3. Die Gewerkschaften haben das Recht, über alle, die Arbeits- und Lebensbedingungen der Werktätigen betreffenden, Fragen mit Staatsorganen, wirtschaftsleitenden Organen und Betriebsleitern Vereinbarungen abzuschließen. (§ 8 II AGB der DDR).
4. Der Freie Deutsche Gewerkschaftsbund übt durch die Arbeitsschutzinspektionen die Kontrolle über den Gesundheits- und Arbeitsschutz in den Betrieben aus. (§ 8 III AGB der DDR).
5. Der Freie Deutsche Gewerkschaftsbund leitet die Sozialversicherung der Arbeiter und Angestellten. (§ 8 IV AGB der DDR).

Die Gewerkschaften waren damit nach ihrer rechtlichen Stellung im AGB der DDR

a) „Mit-Ausarbeitender", d.h. Mitgestalter der Pläne und zugleich „mitverantwortlich" für deren *gezielte Überbietung* (dies als Interessenvertretung der Arbeitnehmer fehlzuinterpretieren, ist in der Tat nur dann möglich, wenn man von einer abstrakten Identität gesellschaftlicher, staatlicher, betrieblicher und individueller Interessen ausgeht).
b) Die Gewerkschaften waren „Quasi-"Gesetzgeber. Sie waren dies insbesondere durch die sogenannten „Gemeinsamen Beschlüsse" des ZK der SED, des Bundesvorstandes des FDGB und des Ministerrates der DDR. Nach h.M. waren die Gemeinsamen Beschlüsse zwar keine Rechtsnormen, aber: „sie sind entweder direkte Rechtsgrundlage für die Verbesserung der Arbeitsbedingungen oder verbindliche Grundlage für die Schaffung darauf gerichteter Normativakte."[17] Die Antwort auf die Frage, wie die Gemeinsamen Beschlüsse „direkte Rechtsgrundlage" sein konnten, ohne selbst Rechtsnormen zu sein, bleibt die Literatur allerdings schuldig. Ihrer Rolle als Quasi-Gesetzgeber wurden die Gewerkschaften durch die Setzung sogenannter „Ordnungen" gerecht. Als Beispiel sei die „Ordnung für die Wahrnehmung der Rechte der Gewerkschaften bei der Begründung, Änderung und Beendigung von Arbeitsverhältnissen" ge-

17 Arbeitsrecht, Lehrbuch, a.a.O., Seite 79, Fn. 9

nannt.[18] Obwohl auch diese „Ordnungen“ nach der herrschenden Doktrin in der DDR keine Rechtsnormen sein konnten, wurden sie allgemein als solche behandelt. Namentlich die Arbeitsrechtsprechung war daran gebunden.

c) Auch das den Gewerkschaften gemäß § 8 I Satz 2 AGB zuerkannte „Vorschlagsrecht für besondere arbeitsrechtliche Regelungen“ hatte einen für den arbeitsrechtlichen Gesetzgebungsprozeß keineswegs zu unterschätzenden Stellenwert. In dieser Hinsicht konnten sich die Gewerkschaften gleichsam als Übervater gegenüber den eigentlichen „Staatsorganen“ aufspielen. Beispiel: Es gab sogenannte Richtlinien des Ministerrates der DDR und des Bundesvorstandes des FDGB für die jährliche Ausarbeitung der Betriebskollektivverträge (BKV).[19] Der „normale“ Verfahrensweg war der, daß das Politbüro „der Partei“ beschloß, eine solche BKV-Richtlinie zu erstellen und die Gewerkschaft beauftragte, ein entsprechendes Vorschlagsrecht zu unterbreiten. Es versteht sich, daß die „eigentlichen“ Staatsorgane, hier: der Ministerrat, in dem Falle nur noch gesetzgeberisches Exekutivorgan des Politbüros bzw. seines verlängerten Armes, des Bundesvorstandes des FDGB, sein konnten.

d) Die Gewerkschaften waren in ihren jeweiligen Gliederungen darüber hinaus als Partner der Rahmenkollektivverträge (RKV) einerseits „Quasi“-*Tarif*vertragspartner, andererseits auf betrieblicher Ebene der einzige *Betriebs*partner mit „Vereinbarungsrechten“.

e) Interessant ist vor allem auch, daß die Gewerkschaften gemäß § 8 I letzter Satz und gemäß § 8 III AGB der ehemaligen DDR als (scheinbar) gesellschaftliches Kontrollorgan die sogenannte Gesetzlichkeitsaufsicht wahrzunehmen hatten und – bezogen auf den Gesundheits- und Arbeitsschutz – streng genommen *„das“* Kontrollorgan gewesen sind. Nimmt man den § 8 III AGB der DDR ernst, so wäre allhöchstens eine Abgrenzungkompetenz in bezug auf die Staatsanwaltschaft zu prüfen; daß es sich hierbei um staatliche Kontrolltätigkeit und nicht „nur“ um Interessenvertretung der „Werktätigen“ handelte, ist evident.

---

18 Beschluß des Sekretariats des Bundesvorstandes des FDGB vom 29. Oktober 1971, Informationsblatt des FDGB Nr. 2 1971, in: Materialien für den Gewerkschaftsfunktionär, Heft 1, Berlin, 1972, Seite 68

19 Richtlinie des Ministerrates der Deutschen Demokratischen Republik und des Bundesvorstandes des Freien Deutschen Gewerkschaftsbundes für die jährliche Ausarbeitung der Betriebskollektivverträge bis 1975 vom 10. November 1971, GBl. II Nr. 76
Beschluß zur Richtlinie des Ministerrates der Deutschen Demokratischen Republik und des Bundesvorstandes des Freien Deutschen Gewerkschaftsbundes für die jährliche Ausarbeitung der Betriebskollektivverträge bis 1975 vom 10. November 1971, GBl. II Nr. 76, beide in: Materialien für den Gewerkschaftsfunktionär, a.a.O. Seite 35ff. und Seite 41ff., Fn. 17

f) Schließlich hatte der Freie Deutsche Gewerkschaftsbund (FDGB) im Wege eines sogenannten Selbstverwaltungsrechts die Aufgabe, die gesamte Sozialversicherung der Arbeiter und Angestellten zu leiten, zu verwalten und zu organisieren. Gerade auf diesem Gebiet war der FDGB nicht nur „Quasi"-Gesetzgeber und Exekutivorgan, sondern übte darüber hinaus eigenverantwortlich die gesamte „Sozialrechtsprechung" in der DDR aus. So merkwürdig das klingt, aber der FDGB war auf dem Gebiet der Sozialversicherung in weiten Teilen Legislativorgan, Exekutivorgan und Rechtsprechungsorgan in einer Person.

Damit dürfte bewiesen sein, daß der FDGB auch im DDR-Selbstverständnis eine viel komplexere Rolle zu spielen hatte, als etwa nur betrieblicher oder überbetrieblicher (als RKV-Partner) Interessenvertreter der Arbeitnehmerschaft zu sein.

1.3. Die arbeitsrechtliche Regelung der Einzelleitung als „Erscheinungsform des demokratischen Zentralismus" im Betrieb

Das Recht der betrieblichen Interessenvertretung im Arbeitsrecht der DDR basiert auf der Demokratiekonzeption der DDR, deren Inhalt in das Arbeitsgesetzbuch der DDR Eingang gefunden hat. Das Verständnis dieses Rechtsgebietes korrespondiert deshalb mit dem von der herrschenden Meinung in der Arbeitsrechtswissenschaft vertretenen Demokratieverständnis.

Es wäre (im übrigen) nichts falscher, als anzunehmen, daß in der Rechtswissenschaft der DDR – die Arbeitsrechtswissenschaft expressis verbis eingeschlossen – einhellige bzw. einheitliche Auffassungen zum Inhalt „sozialistischer" Demokratie und namentlich zum Verhältnis von Zentralismus und „Demokratismus" bestanden hätten.

Detlef Joseph hat dies als Kenner der Materie erst kürzlich in akribischer Weise herausgearbeitet, ohne sich allerdings zu einer prinzipiellen Kritik durchringen zu können.[20] Im folgenden wird ausdrücklich auf Joseph Bezug genommen.

Er schreibt: „Es gab eine gewissermaßen amtliche Grundansicht zur sozialistischen Demokratie. So hieß es, daß die sozialistische Demokratie ‚die organisierte Form der Ausübung der politischen Macht durch die von der Ar-

20 Detlef Joseph, Rechtswissenschaft und SED, in: Uwe-Jens Heuer (Hrsg.) Die Rechtsordnung der DDR, Baden-Baden 1995, Seite 560ff.

beiterklasse und ihrer marxistisch-leninistischen Partei geführten Werktätigen ist, deren immer umfassendere Einbeziehung in die Verwirklichung dieser Macht, in die Leitung, d.h. in die Entscheidung, die Organisierung der Durchführung und die Kontrolle der gesellschaftlichen Angelegenheiten.'[21] Das Wesentliche sozialistischer Demokratie bestehe darin, ‚daß sie immer mit der Entscheidung über gesellschaftliche Angelegenheiten, mit der Ausübung politischer Macht verbunden ist.

Wird dieses Kriterium aufgegeben, dann kann jede Durchführung anderswo getroffener Entscheidung Ausdruck sozialistischer Demokratie sein, und es wäre die Trennung von politischer Macht und Demokratie zumindest theoretisch möglich.'[22]

Allgemein war die Formel vom ‚Heranziehen zur immer stärkeren Teilnahme' und von der ‚ständigen und weiteren Vervollkommnung' der sozialistischen Demokratie. Jeglicher Anklang an traditionell entwickelte Demokratiemerkmale wurde von der herrschenden Meinung zurückgewiesen."[23]

Eine zweite Konzeption ist bei Karl-Heinz Schöneburg auszumachen, der zwar ebenso davon ausging, daß der sozialistische Staat „als Ausdruck und Instrument der Übereinstimmung zwischen den gesellschaftlichen, kollektiven und individuellen Interessen" wirkt, jedoch zugleich unterstrich, daß „zwischen Individuum und Gesellschaft ... korrelative Beziehungen (bestehen), die weder von einseitiger Priorität noch von mechanischer Unterordnung beherrscht sind.

Der sozialistische Staat als Ausdruck und Instrument der Übereinstimmung zwischen gesellschaftlichen und individuellen Interessen hat nicht nur die Aufgabe, den Einzelnen zu veranlassen, seine Interessen mit den gesellschaftlichen Bedürfnissen zu koordinieren. Er hat zugleich auch Bedingungen zu schaffen, die es dem Individuum ermöglichen, der Gesellschaft zu nutzen, indem es seinen persönlichen Interessen nachgeht."[24]

Uwe-Jens Heuer, der für die dritte Konzeption steht, ging davon aus, Staat und Gesellschaft, und das hieß auch: sozialistischen Staat und sozialistische Gesellschaft, nicht zu identifizieren, sondern als widersprüchliche Einheit zu begreifen.[25]

Der sozialistische Staat besteht nach Heuer „weiterhin (als) eine abgesonderte öffentliche Gewalt", und als eigentliche Frage der Demokratie stellt

---

21 Wolfgang Weichelt, Probleme der Entwicklung der sozialistischen Demokratie, Sitzungsberichte der Akademie der Wissenschaften der DDR 5G 1977, Berlin 1977, Seite 3

22 a.a.O., Fn. 20

23 Detlef Joseph, a.a.O., Seite 563, Fn. 19

24 Zitiert nach Detlef Joseph, a.a.O., Seite 565, Fn. 19

25 Detlef Joseph, a.a.O., Seite 567, Fn. 19

sich, „welchen Einfluß die Massen selbst unmittelbar oder mit Hilfe der Volksvertretungen und anderer Organisationen im Rahmen dieses Wechselverhältnisses ausüben."[26]

Aber auch Uwe-Jens Heuer geht es um die „Herstellung einer harmonischen Einheit von Zentralismus und Demokratie"[27]; als wichtigen Vermittlungsfaktor zur Herstellung dieser harmonischen Einheit betrachtet er das Recht.[28]

Es mag sein, daß die hier beschriebenen (marxistischen) Demokratiekonzeptionen auf einen „altbundesdeutschen" Wissenschaftler so wirken, als ob Nuancierungen oder Differenzierungen unbemerkt geblieben wären. Dies ist nicht der Fall, jedoch hierauf detailliert einzugehen, würde den Rahmen dieser Studie sprengen.

Es bleibt festzustellen, daß die oben beschriebene „herrschende Grundansicht" zur Demokratie in das AGB der DDR eingegangen ist. Dies darf in mehrfacher Hinsicht als verhängnisvoll angesehen werden:

Erstens: *Interessendialektik* und *„Interessenidentität"* der Partner des Arbeitsverhältnisses (– und damit auch der potentiellen Gegner –) ist – selbst wenn sie bestehen würde! – rechtlich nicht regelbar. Rechtlich gestaltbar ist immer nur Interessenpolarität und Interessenpluralität. Betrachtet man Leitung bzw. Geschäftsführung des Betriebes einerseits und Mitwirkung bzw. Mitgestaltung und somit Interessenvertretung der Arbeitnehmer andererseits letztlich nur als zwei Seiten derselben Medaille, so bleibt für eigenständige Interessenvertretung kein Raum. Geht man davon aus, daß der Betriebsleiter und „der Werktätige ohne Leitungsfunktion" letztlich dieselben oder auch nur „dialektisch identische" Interessen haben, so darf es nicht verwundern, daß das Recht der betrieblichen Interessenvertretung zumindest in funktionaler Hinsicht sich genau so liest wie das Recht der Einzelleitung. Eben dies ist im zweiten Kapitel des AGB der DDR der Fall.

Zweitens: Aus dem weiter oben dargestellten Rechtsverständnis des Grundrechts auf demokratische Mitgestaltung und Mitbestimmung resultiert, daß sich selbst die Einzelleitung als „Vollstreckung" der Mitgestaltung darstellt. Es wechselt somit lediglich das Bezugssystem. Die „Dialektik" ist wiederhergestellt. Das freilich bedeutet nicht, daß dic Rcchtc und Pflichtcn dcr Einzcllcitung sachlich-inhaltlich mit den Rechten und Pflichten der Vertretungskörper-

---

26 Uwe-Jens Heuer, Marxismus und Demokratie, Berlin 1989, Seiten 272 und 373

27 Uwe-Jens Heuer, Demokratie und Recht im neuen ökonomischen System der Planung und Leitung der Volkswirtschaft, Berlin 1965, Seite 16ff.

28 Uwe-Jens Heuer, Marxismus und Demokratie, a.a.O., Seite 449ff., Fn. 13

schaften identisch sind; allerdings besteht eine funktionale respektive teleologische Identität.

Drittens: Daß die oben beschriebene „allgemeine Grundansicht" von der Demokratie auch die herrschende Auffassung der Rechtswissenschaft war, mögen folgende Passagen aus dem Lehrbuch „Arbeitsrecht" bestätigen: „In der sozialistischen Leitungstätigkeit geht es immer und ausschließlich um die Determination des Arbeitsverhaltens der Werktätigen, darum, wie sie ihre Entschlüsse und Handlungen in die Lösung der Aufgaben zur weiteren Gestaltung der entwickelten sozialistischen Gesellschaft einordnen. In diesem Sinne auf Bewußtsein und Willen der Werktätigen einzuwirken, ist Aufgabe jedes sozialistischen Leiters, ist Ziel, Inhalt und Methode der Leitung der gesellschaftlichen Arbeit. Daher sind bei der Leitung im Sozialismus weder Gegensätzlichkeit noch Nebeneinander von Leitung und Demokratie möglich. Die den sozialistischen Arbeitsverhältnissen adäquate Leitung ist Ausdruck (!! – d.Verf.) sozialistischer Demokratie und erfordert ihre ständige qualitative Entwicklung."[29] ... „Die eigenverantwortliche Tätigkeit der Betriebe auf der Grundlage und in Verwirklichung bestehender Rechtsvorschriften wird in Einheit von Einzelleitung und Mitwirkung der Werktätigen realisiert. Die konsequente Durchsetzung und ständige Vervollkommnung der Mitwirkung der Werktätigen an der betrieblichen Leitung und Planung stellt also eine mit den anderen Seiten der sozialistischen Demokratie eng verbundene sehr wesentliche Erscheinung der weiteren Gestaltung der entwickelten sozialistischen Gesellschaft dar. Die sozialistische Demokratie im Betrieb ist daher nicht auf Mitwirkung reduzierbar."[30] Die Grundkonzeption lautet also: Die *Einzelleitung* des Betriebes ist als *Ausdruck der Macht der Arbeiterklasse selbst in hohem Maße demokratisch* und kann daher folgerichtig auch der Interessenvertretung respektive Mitbestimmung nicht gegenübergestellt werden. Somit ist auch der Zentralismus „Ausdruck" der sozialistischen Demokratie. Es dürfte vor dem Hintergrund dieser Konzeption kaum noch eines Beweises bedürfen, daß – genau genommen – eine „eigenständige" Interessenvertretung der Arbeitnehmerschaft obsolet wird. Denn: Die Interessenvertretung der Arbeitnehmer wird rechtlich nur insoweit geschützt, als sie den verfassungsmäßig vorgegeben Inhalten demokratischer Mitgestaltung *an* der durch die Partei

29 Arbeitsrecht der DDR, Lehrbuch, a.a.O., Seite 90, Fn. 9

30 Arbeitsrecht der DDR, Lehrbuch, a.a.O., Seite 103, Fn. 9

vorgeschriebenen Entwicklungsrichtungen und Entwicklungsinhalten des Sozialismus genügt.

Viertens: Vor *diesem* Hintergrund allerdings ist betriebliche Interessenvertretung durchaus möglich; vor *diesem* Hintergrund werden auch die Rechte betrieblicher Gewerkschaftsleitungen oder anderer Vertretungskörperschaften geschützt. In *diesem* Rahmen kann es somit nicht nur inhaltlich gegenläufige Rechte und Pflichten zwischen Betriebsleiter oder Betriebsleitung einerseits und Arbeitnehmerschaft und deren Interessenvertretungen andererseits geben. Eine Ausübung und Durchsetzung gewerkschaftlicher Rechte jedoch *gegen* die oben bezeichnete Einheit respektive Identität von „Einzelleitung" und „Mitgestaltung" müßte deshalb nach dem Selbstverständnis der DDR-Arbeitsrechtswissenschaft als rechtsmißbräuchlich zurückgewiesen werden. Dies freilich ist so nicht thematisiert worden.

1.4. Gewerkschaftliche Interessenvertretung im Betrieb

1.4.1. „Mitwirkungsorgane" der Gewerkschaften

Das Thema der sogenannten gewerkschaftlichen „Mitwirkungsorgane" zu problematisieren, erweist sich deshalb als besonders reizvoll, weil auf den ersten Blick der Eindruck eines sorglosen Umgangs des DDR-Arbeitsgesetzgebers mit innergewerkschaftlicher Demokratie entsteht, bei genauerem Hinsehen jedoch die hochgradig politische Motivation dieses Umgangs deutlich wird.

Welche Vertretungskörperschaften („Organe") kennt das AGB?:

1. Die *Mitgliederversammlung*
   Nach der Satzung des FDGB sowie der herrschenden Arbeitsrechtslehre[31] ist die Mitgliederversammlung zwar „höchstes Organ der gewerkschaftlichen Grundorganisation" im Betrieb; ihre „Mitgestaltungsrechte" im AGB sind jedoch eher symbolischer Natur. (vgl. §§ 19 II, 23, 29 II, 33 I AGB der DDR) So hat die Mitgliederversammlung nach § 23 AGB das Recht, zu grundlegenden Fragen der Entwicklung des Betriebes und der Arbeits- und Lebensbedingungen der Werktätigen Stellung zu nehmen und vom Betriebsleiter Informationen und Rechenschaft zu verlangen. Inwiefern das AGB die innergewerkschaftliche Demokratie geradezu auf den Kopf stellt, wird an der unterschiedlichen Rechtsstellung der Mitgliederversammlung einerseits und der Betriebsgewerkschaftsleitung

31 Arbeitsrecht der DDR, Lehrbuch, a.a.O., Seite 105, Fn. 9

(BGL) andererseits in bezug auf Abschluß und Vereinbarung von Betriebskollektivverträgen deutlich. Während die *Mitgliederversammlung* nach § 29 I AGB lediglich das Recht hat, den Entwurf des Betriebskollektivvertrages zu beschließen, haben gemäß § 24 I AGB der DDR die *betrieblichen Gewerkschaftsleitungen* das Recht, Betriebskollektivverträge und andere Vereinbarungen mit dem Betriebsleiter *abzuschließen.* Würde das AGB die innergewerkschaftlichen Demokratie ernstnehmen, so müßte die Mitgliederversammlung über das *Inkrafttreten* des Betriebskollektivvertrages beschließen, und zwar, *nachdem* Betriebsleiter und zuständige betriebliche Gewerkschaftsleitung sich über den Vertragstext verständigt hätten. Genau das Gegenteil war jedoch der Fall: Durch den von der *Mitgliederversammlung* „beschlossenen" *Entwurf des Betriebskollektivvertrages* war der Verhandlungsspielraum der *Gewerkschaftsleitungen* in bezug auf Ausarbeitung und Vertragstext des Betriebskollektivvertrages in hohem Maße eingeschränkt.

2. Die *betrieblichen Gewerkschaftsleitungen (BGL; AGL)*
Die betrieblichen Gewerkschaftsleitungen sind die von der Mitgliederversammlung gewählten Vertretungskörperschaften zur Leitung der betrieblichen Gewerkschaftsarbeit. Es existierten sogenannte Betriebsgewerkschaftsleitungen, Schulgewerkschaftsleitungen, Ortsgewerkschaftsleitungen und Abteilungsgewerkschaftsleitungen. Die „eigentlichen" und weitestgehenden Rechte hatten nach AGB die betrieblichen Gewerkschaftsleitungen. Hierauf wird im nächsten Punkt einzugehen sein. Interessant ist vor allem die hierarchische Struktur zwischen Betriebsgewerkschaftsleitung und den Abteilungsgewerkschaftsleitungen. Soweit die zentrale betriebliche Gewerkschaftsleitung rechtlich ermächtigt werden soll, verwendet der Gesetzgeber „*Betriebsgewerkschaftsleitung*" (BGL)[32] (vgl. §§ 19 II, 33 I, 92 I, 226 I AGB). So ist die „Rechenschaftslegung" in Zusammenarbeit mit der Betriebsgewerkschaftsleitung vorzubereiten und durchzuführen (§ 19 II AGB der DDR). Ansonsten verwendet das AGB den Begriff der „*zuständigen betrieblichen Gewerkschaftsleitung*". Zuständige betriebliche Gewerkschaftsleitung im Sinne des AGB ist nach § 24 V die Betriebsgewerkschaftsleitung, in Betrieben mit Abteilungsgewerkschaftsorganisationen jedoch die Abteilungsgewerkschaftsleitung und in Betrieben ohne Betriebsgewerkschaftsleitung die Ortsgewerkschaftsleitung. Sofern also Abteilungsgewerkschaftsorganisationen existierten, war die nach Gesetz zuständige stets diejenige auf der untersten Ebene der Hierarchie. In Einzelfällen hat der Gesetzgeber sogar die *Prozedur* vorgeschrieben, nach der Abteilungsgewerkschaftsleitung bzw. die Be-

32 Arbeitsrecht der DDR, Lehrbuch, a.a.O., Seite 106, Fn. 9

triebsgewerkschaftsleitung tätig zu werden hatten. Beispiel: Jede vom Betrieb ausgesprochene fristgemäße Kündigung und fristlose Entlassung bedurfte der vorherigen Zustimmung der *zuständigen betrieblichen* Gewerkschaftsleitung. (§ 57 I AGB) Gab die zuständige betriebliche Gewerkschaftsleitung ihre Zustimmung zur Kündigung, konnte diese Wirksamkeit erlangen. Hat jedoch die zuständige betriebliche Gewerkschaftsleitung die Zustimmung verweigert, entschied auf Antrag des Betriebes die übergeordnete Gewerkschaftsleitung bzw. der übergeordnete Vorstand endgültig. (§ 57 III AGB) Sofern der Gesetzgeber der zuständigen betrieblichen Gewerkschaftsleitung ein Recht einräumte, war hierzu ein Mehrheitsbeschluß der (beschlußfähigen) gewerkschaftlichen Leitung erforderlich. Ob ein solcher vorlag, war im gerichtlichen Streitfall (Kündigungsprozeß) durch die Gerichte überprüfbar.

3. Der *Vorsitzende* betrieblicher Gewerkschaftsleitungen
   Auch dieser ist gleichsam Vertretungskörperschaft mit eigenen, ggf. sogar von den betrieblichen Gewerkschaftsleitungen gesonderten, Rechten. So ist das Recht, an der Arbeitsberatung von Einzelleitern teilzunehmen, Einsichtnahme in betriebliche Unterlagen zu nehmen sowie Personalakten einzusehen, ausdrückliche Befugnis des BGL- bzw. AGL-Vorsitzenden. (§ 24 II AGB) Der Vorsitzende der Betriebsgewerkschaftsleitung hat „sogar" das Recht zur Teilnahme an der Planverteidigung beim „übergeordneten Organ". (§ 33 III AGB) So merkwürdig die Konstruktion klingt, aber nach dieser rechtlichen Konstruktion ist der jeweilige Vorsitzende der betrieblichen Gewerkschaftsleitung nicht nur Leitungsmitglied, sondern quasi-selbständige Vertretungskörperschaft mit zum Teil eigenständigen Rechten.
4. Gewerkschaftliche Kommissionen
   Die gewerkschaftlichen Kommissionen (Kommissionen für Arbeit und Löhne, Rechtskommissionen, Arbeitsschutzkommissionen, Wettbewerbskommissionen, Räte für Sozialversicherung, Neuereraktive, Frauenausschüsse) wurden als „Hilfsorgane der jeweiligen Gewerkschaftsleitung" tätig.[33] Selbst der Betriebsleiter konnte nach § 27 AGB auf Verlangen der zuständigen betrieblichen Gewerkschaftsleitung verpflichtet werden, an den Beratungen gewerkschaftlicher Kommissionen teilzunehmen und diesen die für ihre Tätigkeit notwendigen Unterlagen zur Verfügung zu stellen.
5. Gewerkschaftsgruppen
   Das Lehrbuch Arbeitsrecht der DDR[34] vermittelt den Eindruck, als ob auch die Gewerkschaftsgruppen Vertretungskörperschaften im Rechtssinne nach DDR-Arbeitsrecht gewesen wären. Dies ist jedoch nicht der

33 Arbeitsrecht der DDR, Lehrbuch, a.a.O., Seite 106, Fn. 9
34 Arbeitsrecht der DDR, Lehrbuch, a.a.O., Seite 106, Fn. 9

Fall. Das AGB der DDR erkennt ihnen jedenfalls in bezug auf die Mitwirkung „an der Leitung und Planung“ keine besonderen Rechte zu.

6. Gewerkschaftsgruppenfunktionäre
Gewerkschaftsgruppenfunktionäre sind die sogenannten Vertrauensleute (die „Vorsitzenden“ der Gewerkschaftsgruppen), die Kulturobleute, die Arbeitsschutzobleute sowie die Bevollmächtigten für Sozialversicherung. Sie haben nach § 25 AGB das Recht zu Vorschlägen, Stellungnahmen und Kontrollen bezüglich ihres Tätigkeitsbereiches.[35] Die Arbeitsschutzobleute genießen sogar ein sogenanntes Kontrollrecht, die Verwirklichung des Gesundheits- und Arbeitsschutzes bei der Gestaltung von Arbeitsverfahren zu überprüfen (§ 201 II AGB). Der Vertrauensmann seinerseits hatte das Recht, gemäß § 43 II AGB am Einstellungsgespräch – also in Vorbereitung des Abschlusses eines Arbeitsvertrages – teilzunehmen.

Versuchen wir eine kurze Wertung:

1. Nicht die Gewerkschaften selbst, sondern der Staat im Wege des Arbeitsgesetzbuches bestimmte, daß und auf welche Weise die Gewerkschaften als Interessenvertretungskörperschaften tätig zu werden hatten. Dabei wurden Rechte bzw. Ermächtigungen – zumindest relativ – willkürlich „verteilt“, zum Teil sogar unter Mißachtung des innergewerkschaftlichen Demokratieverständnisses bzw. der Satzung des FDGB. Die Tatsache, daß *alle* „Werktätigen“ per Gesetz durch die Gewerkschaften vertreten wurden, und zwar unabhängig von ihrer Mitgliedschaft im FDGB, ist weder durch das AGB noch die Arbeitsrechtswissenschaft thematisiert oder gar problematisiert worden. Das Gesetz unterstellte einfach, daß jeder „Werktätige“ Gewerkschaftsmitglied war. In der Tat war die Mitgliedschaft der DDR-Arbeitnehmer im FDGB bekanntermaßen überaus hoch. Aber auch die Nichtgewerkschaftsmitglieder wurden per Gesetz gleichsam mitvertreten, ob sie wollten oder nicht. Zudem waren im Betrieb andere Interessenvertretungskörperschaften für „alle Werktätigen“ nicht vorhanden; die weiteren „gesellschaftlichen Organisationen“ vertraten nur bestimmte Personengruppen (z.B. FDJ) oder waren für die Mitwirkung in bestimmten Sachbereichen zuständig (z.B. Gesellschaft für Sport und Technik – GST).
2. Das AGB schrieb den Gewerkschaftsorganen nicht nur bestimmte Rechte zu, sondern bestimmte auch die Sachbereiche, in denen die verschiedenen Rechte unterschiedliche Rechtswirkungen hatten. (Zustimmungsrechte, Vereinbarungsrechte etc.).

35 Arbeitsrecht der DDR, Lehrbuch, a.a.O., Seite 107, Fn. 9

3. Das AGB maßte sich zudem in einigen Fällen sogar an, in Ergänzung bestimmter (materiell-rechtlich) gewährter Rechte eine hierarchische Prozedur beim Tätigwerden von Abteilungsgewerkschaftsleitungen und Betriebsgewerkschaftsleitungen vorzuschreiben.
4. Von erheblicher rechtlicher Bedeutung – namentlich in der Rechtswirkung – sind *lediglich* die Rechte der gewerkschaftlichen *Leitungen;* alles andere ist in rechtlicher Hinsicht nur pseudodemokratisches Beiwerk.
   Genau genommen ist das „höchste Organ", die gewerkschaftliche Mitgliederversammlung, nahezu rechtlos; dies jedenfalls im Verhältnis zu den relativ weitgehenden Zustimmungs- oder Vereinbarungsrechten der gewerkschaftlichen Leitungen.
5. Ebenso interessant wie keineswegs unbedenklich ist die Tatsache, daß betriebliche gewerkschaftliche Interessenvertretung teilweise durch außerbetriebliche Gewerkschaftsorganisationen wahrgenommen werden durfte bzw. wahrgenommen werden mußte.
   So war in Betrieben ohne Betriebsgewerkschaftsleitung die „Ortsgewerkschaftsleitung" zuständige betriebliche Gewerkschaftsleitung im Rechtssinne, und zwar unabhängig davon, ob sie die Sachkunde für eine betriebliche Interessenvertretung besaß oder besitzen konnte. (Dies widersprach dem eigentlichen DDR-Selbstverständnis.)
6. Nicht zuletzt verdient auch Erwähnung, daß sämtlichen „Mitwirkungsorganen" stets „nur" *Rechte* zugestanden, jedoch keinerlei *Pflichten* auferlegt wurden. Dies stellt eine ebenso interessante wie merkwürdige Durchbrechung der marxistischen Doktrin der „Einheit von Rechten und Pflichten" dar, welche von der Maxime: keine Rechte ohne Pflichten; keine Pflichten ohne Rechte, ausging. In Arbeitsgruppen, die mit der Ausarbeitung des Arbeitsgesetzbuches der DDR Mitte der siebziger Jahre beschäftigt waren, wurde diese Frage heftig und kontrovers diskutiert. Schließlich haben sich diejenigen durchgesetzt, welche die Auffassung vertraten, daß es aus politischen Gründen nicht opportun sei, den Gewerkschaften per Gesetz *Pflichten* aufzuerlegen. Dies sei – so wurde argumentiert – jedenfalls Sache innergewerkschaftlicher bzw. satzungsmäßiger Demokratie. Es müsse – paradoxerweise – somit *außerrechtlich* festgelegt werden, daß es die *Pflicht* der Gewerkschaften sei, ihre *Rechte wahrzunehmen.*

1.4.2. Mitwirkungsrechte der Gewerkschaften

Zu dem aus heutiger Sicht interessantesten, was das Arbeitsrecht der DDR „zu bieten hat", gehören die sogenannten Mitwirkungsrechte der betrieblichen Gewerkschaftsorganisationen, namentlich der betrieblichen *Gewerkschaftsleitungen.*

Das im übrigen auch rechtstechnisch völlig chaotische Nebeneinander von politischer Deklaration einerseits und Rechten der betrieblichen Gewerkschaftsleitungen konstitutiver Natur andererseits erschwert den Blick auf die (tatsächlichen) Wirkungen gewerkschaftlicher Rechte im Betrieb in erheblichem Maße.

Die DDR-Arbeitsrechtswissenschaft nimmt selbst eine Einteilung in verschiedene Gruppen von gewerkschaftlichen Rechten vor, und zwar in

1. Vereinbarungsrechte
2. Zustimmungsrechte
3. Organisationsrechte
4. Kontrollrechte
5. Informationsrechte und Rechte zur Rechenschaftslegung
6. Vorschlagsrechte und Rechte auf Stellungnahmen
7. „das Selbstverwaltungsrecht" hinsichtlich der Sozialversicherung.[36]

Von den genannten Gruppen von Rechten haben letztlich nur die Vereinbarungsrechte und die Zustimmungsrechte konstitutiven Charakter; die anderen sind überwiegend deklaratorischer Natur. Gleichsam aus dem Rahmen fällt das sogenannte *Selbstverwaltungsrecht* der Gewerkschaften hinsichtlich der *Leitung der Sozialversicherung*; es geht weit über die Rechte der betrieblichen Gewerkschaftsleitung hinaus.

Kraft Gesetzes hat die Gewerkschaft durch die Leitung der Sozialversicherung eine ursprünglich staatliche Aufgabe übernommen; das hier so bezeichnete Selbstverwaltungsrecht reduziert sich aus dem Blickwinkel des Rechts betrieblicher Interessenvertretung auf die Kontrollrechte der Betriebsgewerkschaftsleitungen nach § 275 AGB der ehemaligen DDR. Es kann somit außer Betracht bleiben bzw. ist nur insofern von Bedeutung, als weiter unten von den Kontrollrechten die Rede sein wird.

Und: Die einzigen gewerkschaftlichen Rechte im Betrieb von konstitutiver Bedeutung (Vereinbarungsrechte und Zustimmungsrechte) standen ausschließlich *betrieblichen Gewerkschaftsleitungen* zu. (Siehe auch 4.1. der vorliegenden Studie.)

Zu den *Vereinbarungsrechten*:
Grundlegende Norm hierfür ist § 24 I a AGB, welche bestimmt, daß die betrieblichen Gewerkschaftsleitungen das Recht haben, *Betriebskollektivverträge* und *andere Vereinbarungen* mit dem Betriebsleiter abzuschließen.

36 Arbeitsrecht der DDR, Lehrbuch, a.a.O., Seite 107ff., Fn. 9

Ausdrücklich genannt sind in dieser Regelung lediglich die Betriebskollektivverträge; welche mit „anderen Vereinbarungen“ gemeint sind, läßt das Gesetz ausdrücklich offen. So hat es zumindest nach AGB DDR-spezifische „Betriebsvereinbarungen“ gegeben, formell hat jedenfalls damit eine „Vertragsfreiheit“ zum Abschluß von betrieblichen Vereinbarungen zwischen dem Betriebsleiter und den betrieblichen Gewerkschaftsleitungen bestanden.

Allerdings war diese „Vertragsfreiheit“ strikt in das hierarchische Rangprinzip des DDR-Arbeitsrechts eingeordnet. Dennoch bleibt festzuhalten: erstens war der Betriebskollektivvertrag nicht die einzige und auch nicht die einzig zulässige „Betriebsvereinbarung“ des DDR-Arbeitsrechts; zweitens war dieses Recht nach § 24 Ia AGB nicht auf einzelne „Vereinbarungsgegenstände“ beschränkt, wenngleich das AGB in verschiedenen Sachkapiteln gleichsam exemplifikativ solche Vereinbarungsgegenstände bezeichnet hat.

Ohne eine Argumentation vorwegnehmen zu wollen, welche erst im 4. und im 6. Kapitel dieser Studie erfolgen kann, sei schon jetzt angemerkt, daß sowohl das BAG als auch das arbeitsrechtliche Schrifttum nach der „Wende“ – sachlich völlig ungerechtfertigt – den Betriebskollektivvertrag über- und andere „Betriebsvereinbarungen“ unterbewertet. Aus gutem Grund haben Rechtsprechung des Obersten Gerichts der DDR und Arbeitsrechtswissenschaft den Betriebskollektivvertrag gegenüber den anderen „Betriebsvereinbarungen“ zwischen Betriebsleiter und betrieblichen Gewerkschaftsleitungen favorisiert und gleichsam hochgespielt. Es wurde ihm eine politische Sonderstellung eingeräumt, die ihm rechtlich in keiner Weise zukam. Man kann sich des Eindrucks nicht erwehren, daß das BAG dieser politisch-ideologischen Absicht der DDR-Arbeitsrechtswissenschaft zumindest teilweise juristisch aufgesessen ist und auch deshalb zu nicht immer haltbaren Ergebnissen und schwer nachvollziehbaren rechtlichen Argumentationen kommt. Denn: Der BKV war zwar die rechtlich priorisierte und deshalb auch für die Betriebsparteien zur Pflicht gemachte „Kernvereinbarung“ der DDR-Betriebspartner. In *rechtlicher* Hinsicht jedoch war der BKV von allen betrieblichen Vereinbarungen, die das DDR-Arbeitsrecht ermöglichte, die uninteressanteste und bedeutungsloseste. Aber auch hieraus konnten individuelle Rechtsansprüche der „Werktätigen“ hergeleitet werden.

Nicht nur der BKV, sondern auch die anderen „kollektiven Vereinbarungen“ als eine „Form normativer betrieblicher Regelungen“[37] kamen durch übereinstimmende Willenserklärungen zwischen dem zuständigen Einzelleiter und der jeweiligen betrieblichen Gewerkschaftsleitung zustande. Einseitige Veränderungen durch den Betriebsleiter oder den „staatlichen Einzelleiter“

37 Arbeitsrecht der DDR, Lehrbuch, a.a.O., Seite 107, Fn. 9

waren somit, bezogen auf den jeweiligen Vereinbarungsgegenstand (z.B. betrieblicher Arbeitszeitplan nach § 167 AGB), nicht mehr möglich.

Interessant und – bei genauerer Betrachtung – willkürlich sind die im Arbeitsgesetzbuch geregelten Vereinbarungsgegenstände, welche

a) als Bestandteil des Betriebskollektivvertrages und
b) in Form selbständiger „betrieblicher Vereinbarungen“

genannt bzw. geregelt sind.

zu a):

- die Liste der Erschwerniszuschläge als Anlage des Betriebskollektivvertrages (§ 112 II AGB)
- die Liste des arbeitsrechtlichen Zusatzurlaubs als Anlage zum Betriebskollektivvertrag (§ 191 III0 AGB)
- die Vereinbarung betrieblicher Auszeichnungen im Betriebskollektivvertrag (§ 93 II AGB)
- die Vereinbarung der Prämienformen und der Prämienbedingungen im Betriebskollektivvertrag (§ 116 II AGB)
- die Vereinbarung der Verwendung der Mittel des Kultur- und Sozialfonds im Betriebskollektivvertrag (§ 2037 II AGB)
- die Vereinbarung der Voraussetzungen für die Gewährung und die Höhe der Jahresendprämie im Betriebskollektivvertrag (§ 118 I AGB)
- die Vereinbarung der Zahlung von Jahresendprämien im Betriebskollektivvertrag (§ 117 I AGB)
- der Frauenförderungsplan als Teil des Betriebskollektivvertrages (§ 30 II AGB)

zu b):

- betriebliche Vereinbarungen über verschiedene betriebsspezifische Lohnbedingungen, hier: die Vereinbarung der zutreffenden Lohn- bzw. Gehaltsgruppe nach § 101 I AGB
- die Vereinbarung der Lohnform und der Termin ihrer Einführung nach § 104 I AGB
- die betriebliche Vereinbarung über auftragsgebundene Prämien nach § 119 I AGB
- die betriebliche Vereinbarung über betriebliche Zuschläge für Arbeitserschwernisse nach § 112 III AGB
- die betriebliche Vereinbarung über den Arbeitszeitplan nach § 167 II AGB.

Sachlich-inhaltliche Kriterien, nach denen eine „betriebliche Vereinbarung“ zwischen betrieblichem Einzelleiter und betrieblicher Gewerkschaftsleitung entweder im Betriebskollektivvertrag oder *außerhalb* desselben durch selbständige betriebliche Vereinbarung außerhalb des Betriebskollektivvertrages erfolgte, läßt das AGB nicht erkennen; Aussagen der Arbeitsrechtswissenschaft der DDR liegen hierzu nicht vor.

Das einzige – allerdings formelle – Kriterium ließe sich höchstens daraus ableiten, daß der Betriebskollektivvertrag jährlich neu zu vereinbaren war, andere betriebliche Vereinbarungen jedoch – zumindest von der Konstruktion des AGB her – unbefristeter Natur waren.

Jedenfalls – so sah es die hierarchische DDR-Arbeitsrechtsordnung vor – waren Betriebsleiter und Gewerkschaftsleitung ermächtigt, im Rahmen der normativen Rangordnung auf betrieblicher Ebene rechtsetzend und somit – bezogen auf subjektive Rechte – konstitutiv tätig zu werden. Als Beispiel mag die Regelung nach § 167 II AGB – der betriebliche Arbeitszeitplan – dienen.

Darin heißt es, daß die betriebliche Arbeitszeit in Arbeitszeitplänen zwischen dem Betriebsleiter und der zuständigen betrieblichen Gewerkschaftsleitung zu vereinbaren ist. Der Betrieb ist verpflichtet, die Arbeitszeitpläne den Werktätigen mindestens eine Woche vor dem Inkrafttreten bekanntzugeben. Interessant ist an dieser Regelung bzw. ihrer Umsetzung nur das Widersprüchliche: Einerseits die ausdrückliche Öffnung „der Vertragsfreiheit" und die normative Ermächtigung der Betriebspartner, die betriebliche Regelung der Arbeitszeit *zu vereinbaren*; andererseits die damit korrespondierende Einschränkung der individuellen Vertragsfreiheit:

Auf der 4. Plenartagung des Präsidiums des Obersten Gerichts der DDR heißt es ausdrücklich: „Das Arbeitszeitregime im Betrieb bzw. in Betriebsabteilungen und damit auch die Regelung, ob und in welchem Schichtsystem gearbeitet wird, ergibt sich aus dem Arbeitszeitplan, der im Ergebnis gründlicher Beratung mit den Werktätigen in Abstimmung mit territorialen Belangen und unter Beachtung der Verkehrsverbindungen zwischen dem Betriebsleiter und der zuständigen betrieblichen Gewerkschaftsleitung vereinbart wird. (§ 167 II AGB)

Im Arbeitsvertrag sind keine Vereinbarungen über die Teilnahme an der Schichtarbeit zu treffen (Hervorhebung – der Verf. –). Das gilt auch für den Wechsel des Schichtsystems. Im Interesse der möglichst umfassenden Nutzung moderner Technik kann es aber geboten sein, daß Werktätige an bestimmten Tagen oder auch unregelmäßig abweichend vom betrieblichen Arbeitszeitplan eingesetzt werden (z.B. bei Gewährung anderer freier Zeit über das planmäßige Arbeitsende hinaus). Hierzu sind gesonderte Festlegungen zu treffen und mit dem Werktätigen zu vereinbaren."[38]

38 Bericht des Präsidiums an die 4. Plenartagung des Obersten Gerichts, „Aufgaben der Arbeitsrechtsprechung in Auswertung des 11. FDGB-Kongresses", in: Informationen

An diesem Beispiel läßt sich gut erkennen, auf welche Weise im DDR-Arbeitsrecht – namentlich auch durch höchstrichterliche Rechtsanwendung – mit der Vertragsfreiheit umgegangen wurde. So sind – wie dargestellt – verschiedene und zum Teil gegenläufige Tendenzen erkennbar.

Einerseits die „Öffnung" einer scheinbar unbegrenzten kollektiven Vereinbarungsfreiheit nach § 24 I a AGB, andererseits bereits eine effektive normative Beschränkung dieser Vereinbarungsfreiheit dadurch, daß bestimmte Vereinbarungsgegenstände zwingend Inhalt des BKV waren und somit generell nur für ein Jahr Gültigkeit besaßen.

Und: Wenn das Gesetz – wie im § 167 II AGB – eine so weitgehende kollektive Vereinbarungsfreiheit zuließ, gab es keine rechtliche Garantie dafür, daß nicht etwa durch höchstrichterliche Entscheidungen eine weitergehende (individuelle) Vertragsfreiheit eingeschränkt wurde.

Grundsätzlich bestand jedoch in Rechtsprechung und Rechtswissenschaft der DDR Einigkeit darüber, daß durch betriebliche Vereinbarungen zwischen Betriebsleiter und Gewerkschaftsleitung subjektive Rechtsansprüche für die „Werktätigen" konstituierbar waren, welche auch im Gerichtswege durchgesetzt werden konnten.

Zu den *Zustimmungsrechten*:
Ebenso bemerkenswert wie selbstentlarvend formuliert das Lehrbuch Arbeitsrecht zum Zustimmungsrecht:

„Eine weitere Form wirkungsvoller Einflußnahme der Gewerkschaftsleitungen auf die betriebliche Leitung und Planung ist die Zustimmung. Sie ist sowohl bei wichtigen Einzelleiterentscheidungen mit normativer Wirkung als auch bei Regelungen individueller Bedingungen im Interesse der erhöhten Rechtssicherheit der Werktätigen vorgesehen ... Gemäß § 24 III AGB ist eine durch Rechtsvorschriften geforderte Zustimmung *Wirksamkeitsvoraussetzung für die Einzelleiterentscheidung* (Hervorhebungen von mir – der Verf. –). Bei fehlender oder gar versagter Zustimmung der betrieblichen Gewerkschaftsleitung werden die Leiterentscheidungen nicht wirksam. (! – der Verf. –) Grundsätzlich bedarf es keines besonderen Verfahrens (! – der Verf. –), um dies zu erreichen. Der Werktätige kann also beispielsweise unter Berufung auf fehlende Zustimmung die Befolgung gemäß § 198 I AGB angeordneter Urlaubsunterbrechung ablehnen.

Dagegen muß bei fehlender Zustimmung zur betrieblichen Kündigung oder Entlassung entsprechend § 60 AGB fristgemäß Einspruch bei der Konfliktkommission bzw. der Kammer für Arbeitsrecht des Kreisgerichts einge-

---

des Obersten Gerichts der Deutschen Demokratischen Republik Nr. 4/87 („Nur für den Dienstgebrauch" veröffentlicht) legt werden, wenn der Werktätige die Rechtsunwirksamkeit herbeiführen will.“[39]

Allein die erhebliche Sorglosigkeit der arbeitsrechtlichen Regelung der Zustimmungsrechte der betrieblichen Gewerkschaftsleitung und der ebenso sorglose Umgang der Arbeitsrechtswissenschaft mit dieser Regelung – („es bedarf keines besonderen Verfahrens“) – zeigt, daß die Schere zwischen positivem Recht und Rechtsverwirklichung gerade auf diesem Gebiet des Arbeitsrechts so groß war wie kaum anderswo. Es ist tatsächlich unter rechtsstaatlichem Blickwinkel kaum vorstellbar, daß einem Rechtssubjekt des Arbeitsrechts (hier: betriebliche Gewerkschaftsleitungen) derartig weitgehende Zustimmungs- (als Veto-)Rechte eingeräumt worden sind, ohne daß die Wahrnehmung dieser Rechte auch nur eines (rechtsförmigen) Verfahrens bedurft hätte!

Man stelle sich vor: der Betriebsleiter kann *ohne Zustimmung* der zuständigen betrieblichen Gewerkschaftsleitung keine einzige Überstunde anordnen, keinen Arbeitnehmer kündigen oder fristlos entlassen, ja nicht einmal die betriebliche Arbeitsordnung in Kraft setzen. Das heißt: Zwar *kann* er das, all diese Entscheidungen sind jedoch rechtlich nicht wirksam, wenn die Gewerkschaftsleitung ihre Zustimmung rechtswirksam verweigert. Dies wird in der arbeitsrechtlichen Literatur der DDR nahezu nicht problematisiert, oder es finden sich lapidare Sätze wie: Bei fehlender Zustimmung der zuständigen betrieblichen Gewerkschaftsleitung darf der zuständige Leiter die Maßnahme nicht in Kraft setzen. Oder: Die Leiterentscheidungen werden nicht wirksam.

Im Klartext: Die Wahrnehmung bzw. Verwirklichung der gewerkschaftlichen Zustimmungsrechte der DDR in größerem Umfang durch die zuständigen betrieblichen Gewerkschaftsleitungen hätte das System der „betrieblichen Einzelleitung“ in wesentlichen Teilen völlig lahmlegen können.

Daß es dazu nicht kam, hat selbstredend politische Gründe, rechtliche jedenfalls nicht. Genaugenommen zeugt es entweder von erheblichem politischem Zynismus des Gesetzgebers oder von unbegrenzter „Blauäugigkeit“, wenn den zuständigen betrieblichen Gewerkschaftsleitungen derartig weitgehende Zustimmungsrechte eingeräumt werden, welche potentiell dazu führen können, daß der „demokratischen Zentralismus“ gleichsam auf den Kopf gestellt wird.

Für den Konfliktfall, nämlich, daß die gewerkschaftlichen Leitungen tatsächlich ihre Zustimmungsrechte wahrnehmen und Einzelleiterentscheidungen „in Größenordnungen“ aushebeln, hatte das Gesetz nicht vorgesorgt. Gerichtliche Entscheidungen zu diesem Problem sind meines Wissens nicht

---

39 Arbeitsrecht der DDR, Lehrbuch, a.a.O., Seite 108, Fn. 9

getroffen worden bzw. wurden nicht veröffentlicht oder sind mir nicht bekannt.

Es dürfte zudem auch höchst fraglich sein, wie die Arbeitsrechtskammern bei den Kreisgerichten oder auch die höherrangige „Arbeitsgerichtsbarkeit" der DDR entschieden hätte, wären solche Konfliktfälle zur Entscheidung beantragt worden.[40] Es erscheint aus heutiger Sicht eher wahrscheinlich, daß die Gerichte sich für sachlich unzuständig bzw. den Gerichtsweg für unzulässig erklärt hätten. Für derartig weitgehende Zustimmungsrechte der betrieblichen Gewerkschaftsleitungen hätte jedenfalls eine gerichtliche Mißbrauchskontrolle mit gewerkschaftlichem Antragsrecht eingeräumt werden müssen; hierfür war jedoch offensichtlich „kein Bedarf". Dafür sorgte das *politische* System.

Nach menschlichem Ermessen hätte es zu erheblichen Differenzen bzw. Widersprüchen zwischen einzelrichterlichen Entscheidungen und den (Zustimmungsverweigerungs-) Entscheidungen der Gewerkschaftsleitungen kommen müssen. Daß es hierzu in der DDR offensichtlich nicht kam, spricht zuletzt für die Gewerkschaften.

Um zu zeigen, wie weit die von den Gewerkschaftsleitungen, jedenfalls nicht im Wege der Verweigerung, genutzten Zustimmungsrechte nach DDR-Arbeitsrecht gingen, sei nachfolgend eine nahezu lückenlose Aufzählung vorgenommen:

1. Zustimmungsrechte der Betriebsgewerkschaftsleitung
   a) Zustimmung zu den betrieblichen Regelungen des Gesundheits- und Arbeitsschutzes sowie Brandschutzes § 202 II AGB
   b) Zustimmung zum Erlaß der Arbeitsordnung § 92 I AGB
   c) Zustimmung zur fristgemäßen Kündigung, fristlosen Entlassung und zur vorübergehenden Übertragung einer anderen Arbeit an betriebliche Gewerkschaftsfunktionäre (außer Mitgliedern der BGL) § 26 I AGB

2. Zustimmungsrechte der zuständigen betrieblichen Gewerkschaftsleitung
   a) vorherige Zustimmung zur Anordnung von Überstunden § 173 II AGB

40 Eine auf die Prozeßfähigkeit ausgedehnte Rechtssubjektivtät der betrieblichen Gewerkschaftsleitungen war jedoch nur in einem Ausnahmefall gegeben, und zwar bei der gerichtlichen Durchsetzung sogenannter Betriebsdarlehen durch die „Kasse der gegenseitigen Hilfe". Hier hatte der BGL-Vorsitzende oder der Vorsitzende der „Kasse der gegenseitigen Hilfe" ein selbständiges Klagerecht. (vgl. die Konfliktkommission, ein Leitfaden, Berlin, 1984, Seite 122)

b) vorherige Zustimmung zur Beschäftigung von Lehrlingen in den Nachtstunden § 170 II AGB
c) vorherige Zustimmung zur fristgemäßen Kündigung und fristlosen Entlassung § 57 AGB
d) vorherige Zustimmung zur Kündigung des Qualifizierungsvertrages § 157 II AGB
e) vorherige Zustimmung zu Arbeitsnormen und andere Kennzahlen der Arbeitsleistung § 78 I AGB
f) vorherige Zustimmung zum Urlaubsplan § 197 II AGB
g) vorherige Zustimmung zu Änderungen des Urlaubsplanes § 197 III AGB
h) vorherige Zustimmung zur Anordnung außerplanmäßiger Arbeitsbereitschaft § 180 I AGB
i) vorherige Zustimmung zur Anordnung der Unterbrechung oder vorfristigen Beendigung des Erholungsurlaubes § 198 I AGB
j) vorherige Zustimmung zur Anordnung von Nacharbeit bei Ausfallzeiten § 115 AGB
k) vorherige Zustimmung zur Auszeichnung durch den Betriebsleiter § 93 III AGB
l) vorherige Zustimmung zur Festlegung der auftragsgebundenen Prämien § 119 II AGB
m) vorherige Zustimmung zur Festlegung der Gehaltszulage bei vorübergehender Übertragung einer anderen Arbeit an Angestelle § 90 II AGB
n) vorherige Zustimmung zur Festlegung der Jahresendprämie § 118 II AGB
o) vorherige Zustimmung zur Gewährung anteiliger Jahresendprämie § 117 II AGB
p) vorherige Zustimmung zur Gewährung der Vergünstigungen für alleinstehende vollbeschäftigte Väter § 185 IV AGB und § 251 AGB (beim Hausarbeitstag)
q) vorherige Zustimmung zur Nacharbeit bei ärztlichen Untersuchungen und Behandlungen gem. § 183 III AGB
r) vorherige Zustimmung zur Verwendung der Mittel des Kultur- und Sozialfonds nach § 237 II AGB
s) vorherige Zustimmung zur vorübergehenden Übertragung einer anderen Arbeit nach § 88 AGB
t) vorherige Zustimmung zur Zahlung von finanziellen Unterstützungen aus dem Kultur- und Sozialfonds nach § 238 AGB

Aus dieser Aufzählung ergibt sich nicht nur der weitreichende und breitgefächerte Inhalt der gewerkschaftlichen Zustimmungsrechte, sondern auch die

Tatsache, daß das AGB zwischen ausdrücklich geregelter vorheriger Zustimmung und „einfacher Zustimmung“ unterschied. Da das AGB jedoch keine Differenzierung von Einwilligung und Genehmigung vornahm, hatte diese Unterscheidung letztlich keine Rechtswirkung.

Hören wir die herrschende Auslegung von Walter Hantsche und Hans-Joachim Wolf: „Die Zustimmung der betrieblichen Gewerkschaftsleitung ist vom Betriebsleiter immer vor seiner Entscheidung einzuholen. Bei der fristgemäßen Kündigung ist dies auch in § 57 I AGB ausdrücklich vorgeschrieben. In Ausnahmefällen kann bei der fristlosen Entlassung die Zustimmung der betrieblichen Gewerkschaftsleitung innerhalb einer Woche nach erfolgter Entlassung nachgeholt werden.

Alle anderen Zustimmungen müssen im Prinzip ebenfalls vorher erteilt werden. (sämtliche Hervorhebungen in diesem Absatz von mir – der Verf.) Tritt jedoch der Fall ein, daß die Entscheidung eines Leiters ohne Zustimmung der Gewerkschaften getroffen wurde, *kann diese Zustimmung auch nachträglich erteilt werden,* soweit das Arbeitsgesetzbuch nicht die vorherige Zustimmung fordert, wie bei der Kündigung eines Qualifizierungsvertrages durch den Betrieb (§ 157 II AGB). Wurde beispielsweise der Urlaubsplan des Betriebes ohne Zustimmung der BGL inkraftgesetzt, ist es möglich, eine *nachträgliche Zustimmung* zu erteilen.

Wird dem nachträglichen Antrag des Betriebsleiters zur Gewährung einer Prämie oder von Mitteln aus dem Kultur- und Sozialfonds von der zuständigen betrieblichen Gewerkschaftsleitung nicht zugestimmt, sollte eine solche Ablehnung in der Regel nicht dazu führen, daß eine dem Werktätigen bereits ausgezahlte einmalige Leistung wieder von ihm zurückgefordert wird. Nur wenn die betriebliche Gewerkschaftsleitung aus schwerwiegenden Gründen dies ausdrücklich fordert, sollte § 126 I AGB zur Anwendung kommen. Der Werktätige soll also aufgrund mangelhafter Leitungstätigkeit nicht benachteiligt werden. Geht es jedoch um wiederkehrende Leistungen, für die die Zustimmung der Gewerkschaft fehlt, beispielsweise der Festlegung eines höheren Lohnes innerhalb der Von-bis-Spanne, darf eine Weitergewährung nicht erfolgen. In allen diesen Fragen müssen schnellstens Klärungen zwischen dem Betriebsleiter und der zuständigen betrieblichen Gewerkschaftsleitung herbeigeführt werden, um die Rechte des betroffenen Werktätigen voll zu wahren.

Die betrieblichen Gewerkschaftsleitungen sollten in solchen Fällen genau prüfen, ob gegen den verantwortlichen Leiter die Geltendmachung der disziplinarischen und gegebenenfalls auch der materiellen Verantwortlichkeit vom übergeordneten Leiter verlangt werden sollte. Die Mißachtung gewerkschaftlicher Rechte darf in keinem Falle ohne entsprechende Reaktion hingenommen werden.

Dies gilt auch für Verletzungen des Vereinbarungsrechts, z.B. durch einseitige Festlegung von Lohn- und Gehaltsgruppen gemäß § 101 I AGB durch den Betriebsleiter."[41]

Damit ist eindeutig gesagt: für die Umsetzung bzw. Durchsetzung der gewerkschaftlichen Zustimmungsrechte kannte das DDR-Arbeitsrecht nicht nur kein rechtsförmiges Verfahren; die Verweigerung der Zustimmung zur „Einzelleiterentscheidung" war nicht justitiabel. Der Gerichtsweg war unzulässig, allenfalls hatten die betrieblichen Gewerkschaftsleitungen das Recht, daß durch den Vorgesetzten des eine rechtsfehlerhafte Entscheidung treffenden Leiters die „disziplinarische oder materielle Verantwortlichkeit" durchgesetzt wurde. Dieses Herangehen ist nahezu grotesk, weil es praesumiert, daß stets die *Verweigerung der Zustimmung richtig und rechtmäßig* ist. Unabhängig davon, daß die Gewerkschaftsleitungen nur in absoluten Ausnahmefällen von einem Vorgesetzten gefordert haben dürften, daß der die Entscheidung treffende Leiter disziplinarisch oder materiell zur Verantwortung gezogen, also abgemahnt oder schadensersatzpflichtig gemacht werden sollte, gab es für den Einzelleiter keinerlei Rechtsschutz vor Mißbrauchskontrolle durch die Gewerkschaftsleitungen.

Alles in allem: die rechtliche Regelung der Zustimmungsrechte wie der Vereinbarungsrechte war für den Konfliktfall letztlich nicht programmiert. Er fand im Denken des Gesetzgebers keinen Platz und ist offensichtlich auch nur sehr selten vorgekommen.

Zu den *Organisationsrechten:*

Die gewerkschaftlichen Organisationsrechte bezogen sich auf die „Mobilisierung der Masseninitiative".[42] Sie waren lediglich politisch-deklaratorischer Natur und arbeitsrechtlich vollständig ohne Belang.

Zu den *Kontrollrechten*:

Diese Kontrollrechte zu verstehen, fällt mit rechtsstaatlichen Maßstäben schwer. Man muß sich vorstellen, daß die Gewerkschaften im Betrieb – bezogen auf die Durchsetzung des „sozialistischen Arbeitsrechts" – im DDR-Selbstverständnis so etwas wie ein „Betriebsstaatsanwalt" gewesen sind. Die „Gesetzlichkeitsaufsicht", bezogen auf die Durchsetzung des Arbeitsrechts, haben sich der Staatsanwalt und die betrieblichen Gewerkschaftsleitungen gleichsam geteilt, wenngleich ein arbeitsteiliges Vorgehen durch das Recht nicht vorgesehen war. Gewerkschaftsleitungen, welche sich selbst und ihre

---

41 Walter Hantsche/Hans-Joachim Wolf, Grundsätze des sozialistischen Arbeitsrechts und ihre Verwirklichung im Betrieb, Schriftenreihe zum Arbeitsgesetzbuch der DDR, Band 1, Berlin 1989, Seite 42

42 Arbeitsrecht der DDR, Lehrbuch, a.a.O., Seite 108, Fn. 9

Kontrollrechte tatsächlich ernst nahmen, konnten einem Einzelleiter, der es mit der Durchsetzung des Arbeitsrechts nicht besonders ernst nahm, oder der wirtschaftliche Erwägungen gegenüber arbeitsrechtlichen präferierte, das Leben in der Tat schwer machen. Ob und inwieweit die Gewerkschaften von ihrem Recht, gegenüber „übergeordneten staatlichen Leitern" die Anwendung der „disziplinarischen oder materiellen Verantwortlichkeit" zu verlangen, wirklich Gebrauch gemacht haben, dürfte rechtssoziologisch völlig ungeklärt sein. Aber auch in bezug auf die Erfüllung der gewerkschaftlichen Kontrollrechte muß weit eher von einer Partnerschaft als von einer Gegnerschaft zwischen Betriebsleiter und gewerkschaftlichen Leitungen ausgegangen werden. Es kann im Rahmen dieser Studie darauf verzichtet werden, den Inhalt der Informations- bzw. Vorschlagsrechte zu untersuchen; auch letztere zeichnet aus, daß es sich entweder um politische Deklarationen oder aber um im Konfliktfalle nicht durchsetzbare Rechte handelt (so z.B. die Befugnis zur Einsichtnahme in betriebliche Unterlagen (§ 24 II AGB)).

Fazit: Das System der gewerkschaftlichen Mitwirkungsrechte hat der Gesetzgeber – offenbar beabsichtigt – gesetzestechnisch im hohen Maße lükkenhaft, ja laienhaft geregelt. Der rechtliche Konfliktfall bleibt ausgeblendet; die Durchsetzung gewerkschaftlicher Rechte ist nicht justitiabel. Dennoch sind die Zustimmungsrechte so gelagert, daß bei vollständiger Inanspruchnahme derselben eine „Einzelleitung" in dem nach AGB gewollten Sinne nicht mehr hätte stattfinden können.

Immerhin wurden durch die „DDR-Betriebspartner" im Wege eines normativen Betriebsrechts durch „kollektive" Vereinbarungen zwischen Betriebsleitern und betrieblicher Gewerkschaftsleitung subjektive Rechte der Arbeitnehmer begründet, welche sodann auch im Gerichtswege durchsetzbar waren.

Allerdings: die gewerkschaftlichen Rechte beziehen sich regelmäßig auf personelle und soziale Angelegenheiten, in wirtschaftlicher Hinsicht sind diese im hohen Maße unterentwickelt bzw. unterprivilegiert. Dies wird darin deutlich, daß nennenswerte Vereinbarungs- oder Zustimmungsrechte im wirtschaftlichen Bereich nicht bestehen. Dies darf jedoch schon deshalb nicht Wunder nehmen, weil die Rechte der betrieblichen Gewerkschaftsleitungen in wirtschaftlichen Angelegenheiten jedenfalls nicht hätten weitergehen können, als die durch die zentrale Leitung und Planung stark eingeschränkte wirtschaftliche Entscheidungsbefugnis der betrieblichen „Einzelleiter".

1.4.3. Mitwirkungsrechte „sonstiger gesellschaftlicher Organisationen" im Betrieb

Wie bereits angedeutet, ging die Konzeption des Arbeitsgesetzbuches der DDR davon aus, daß die betriebliche Interessenvertretung der „Werktätigen" insonderheit „über die gewählten Organe der Betriebsgewerkschaftsorganisation" stattfindet.[43]

Aber auch gewählte „Organe" von im Betrieb bestehenden weiteren gesellschaftlichen Organisationen, wie der Freien Deutschen Jugend, dem Deutschen Turn- und Sportbund, der Gesellschhaft für deutsch-sowjetische Freundschaft, der Kammer der Technik hatten ausdrücklich im AGB geregelte Mitwirkungsrechte.

Der Inhalt und die Grenzen dieser Mitwirkungsrechte waren durch den Gegenstandsbereich bzw. den personellen Geltungsbereich der jeweiligen „gesellschaftlichen Organisation" begrenzt. Relativ weitgehende Mitwirkungsrechte übte die FDJ aus. (vgl. §§ 4, 18, 20 I, 31 II, 33 II, 34 III, 35, 37 I, 130 I und II, 136 II, 148 II, 223 II, 226 II, 292 III AGB).

Aber auch die anderen „gesellschaftlichen Organisationen" werden – bezogen auf die Mitwirkung bzw. betriebliche Interessenvertretung der „Werktätigen" – im AGB ausdrücklich erwähnt.

Deren Erwähnung hat jedoch weniger rechtlichen als vielmehr politisch-deklaratorischen Charakter.

Auch die oben zitierte Aussage des Lehrbuches „Arbeitsrecht", in dem von arbeitsteiligem Vorgehen der „gesellschaftlichen Organisationen" bei der Interessenvertretung der „Werktätigen" die Rede ist, dürfte lediglich propagandistischen Erwägungen geschuldet sein. Von einer juristischen Arbeitsteiligkeit jedenfalls kann regelmäßig nicht die Rede sein.

Selbständige Mitwirkungsformen bestehen allhöchstens im Rahmen der Berufsausbildung, so im „sozialistischen Berufswettbewerb" der Lehrlinge oder bei den sogenannten Partnerschafts- oder auch Patenschaftsbeziehungen zwischen „Arbeits- und Lehrlingskollektiven".[44]

Von einer Arbeitsteiligkeit im juristischen Sinne kann schon deshalb nicht die Rede sein, weil sich nicht das gesamte Spektrum der Rechte beispielsweise auch auf die FDJ als Interessenvertreter der Jugendlichen und Lehrlinge im Betrieb bezieht.

Die Leitungen der FDJ können nicht Vertrags- bzw. Vereinbarungspartner des Betriebsdirektors sein; sie haben auch keinerlei Zustimmungsrechte.

---

43 Arbeitsrecht der DDR, Lehrbuch, a.a.O., Seite 103, Fn. 9

44 vgl. Fritz Gericke u.a., Schriftenreihe zum Arbeitsgesetzbuch der DDR, Berufsausbildung, Aus- und Weiterbildung, Berlin 1979, Seite 37ff.

Ihre Rechte verbleiben vielmehr im Bereich politischer Deklaration. Dies wird z.B. auch daran deutlich, daß der sogenannte Jugendförderungsplan, propagandistisch des öfteren BKV für die Jugend genannt, eben gerade nicht im Wege betrieblicher Vereinbarungen zustande kommt.

Nach § 31 AGB ist er vielmehr Führungsrichtlinie des Direktors. Er ist zwar nach § 31 II AGB „im Zusammenwirken" mit der Leitung der Grundorganisation der Freien Deutschen Jugend sowie in Abstimmung mit der Betriebsgewerkschaftsleitung, den Leitungen der Betriebssportgemeinschaft und der Gesellschaft für Sport- und Technik vorzubereiten und mit der Jugend zu beraten; er wird jedoch durch den Betriebsleiter „inkraftgesetzt".

Allerdings: Sofern mit der normativen Hierarchie des Arbeitsrechts vereinbar, entstanden aus der Regelung des Jugendförderungsplanes durchaus subjektive Rechte bzw. Ansprüche der jugendlichen Arbeitnehmer, welche im Zweifel im Gerichtswege durchsetzbar waren.

Der Jugendförderungsplan könnte – legt man Rechtsfiguren des bundesdeutschen Arbeitsrechts zugrunde – allenfalls mit einer Gesamtzusage verglichen werden.[45]

1.5. Der Betriebskollektivvertrag

Nach dem Arbeitsrechtsverständnis der DDR ist der Betriebskollektivvertrag (BKV) eine auf der Grundlage des Betriebsplanes zwischen dem Betriebsleiter und der Betriebsgewerkschaftsleitung (BGL) in allen Betrieben, in denen eigene Betriebsgewerkschaftsorganisationen bestehen, jährlich abzuschließende Vereinbarung.[46]

Er ist somit eine kollektive Vereinbarung des DDR-Arbeitsrechts im Sinne des § 24 I a AGB. Das BAG hat in seiner Entscheidung vom 26. Mai 1992[47] die Auffassung vertreten, daß er seiner Funktion und Wirkung nach der Betriebsvereinbarung im Sinne des Betriebsverfassungsgesetzes entspreche. Selbst die Tatsache, daß der eine Vertragspartner, nämlich die Betriebsgewerkschaftsleitung, ausschließlich von den Gewerkschaftsmitgliedern des Betriebes gewählt worden sei, spreche nicht gegen die Ähnlichkeit und Gleichwertigkeit zwischen Betriebskollektivvertrag und Betriebsvereinbarung im Sinne des bundesdeutschen Arbeitsrechts.[48]

---

45 Er wurde meist gemeinsam mit dem BKV gedruckt und an die Arbeitnehmer verteilt.

46 Arbeitsrecht von A – Z, Lexikon, Leitung Frithjof Kunz, Berlin 1987, Stichwort: Betriebskollektivvertrag, Seite 98

47 BAG-Urteil vom 26.5.1992, in: Arbeit und Arbeitsrecht, Sonderheft 1993, Seite 23

48 a.a.O., unter B I 4. der Gründe, Fn. 46

Bekanntlich ist der BKV der DDR gerade aufgrund der o.g. BAG-Entscheidung wie niemals zuvor – die DDR eingeschlossen – zum Gegenstand wissenschaftlicher Auseinandersetzungen in Literatur und Rechtsprechung geworden.

Welchen Bedenken begegnet der BKV bei Anlegung rechtsstaatlicher Maßstäbe?

1. Der BKV ist ein normativer betrieblicher Vertrag. Da ein Betriebspartner – wie im DDR-Arbeitsrecht immer – eine Betriebsgewerkschaftsleitung oder zumindest eine betriebliche Gewerkschaftsleitung ist, dürfte sich normalerweise sein personeller Geltungsbereich nur auf Gewerkschaftsmitglieder erstrecken. Dies ist jedoch nicht der Fall.
2. Fraglich ist nicht nur die rechtliche Legitimation der BGL als Vertretungskörperschaft aller „Werktätigen" des Betriebes; fragwürdig ist auch stets die demokratische Legitimation der Gewerkschaftsleitungen selbst. Dies ist jedoch ein Phänomen, welches sich auf das gesamte Recht der betrieblichen Interessenvertretung der DDR bezieht und in bezug auf die Bewertung des Betriebskollektivvertrages keine Spezifik aufweist.
3. „Nach umfassender Diskussion mit den Werktätigen ist der BKV der Gewerkschaftsmitgliederversammlung bzw. der Vertrauensleutevollversammlung zur Beratung und Beschlußfassung vorzulegen."[49]
   Also: Das höchste gewerkschaftliche Gremium beschließt den Entwurf; das „Exekutivorgan" – also die gewerkschaftliche Leitung – besitzt das Vereinbarungsrecht. Selbst erhebliche Abweichungen zwischen dem durch die Gewerkschaftsmitgliederversammlung beschlossenen Entwurf und der durch die Gewerkschaftsleitung abgeschlossenen „Endvereinbarung" gehen zu Lasten des „höchsten Organs", der Gewerkschaftsmitgliederversammlung. Der BKV ist somit auch rechtswirksam, wenn er erheblich in den Inhalten abweicht, welche von der Gewerkschaftsmitgliederversammlung beschlossen wurden.
4. Der BKV ist letztlich nicht Ergebnis eines Vereinbarungs*rechts*, sondern einer Vereinbarungs*pflicht*. Nach § 28 I AGB *ist* der Betriebskollektivvertrag zwischen dem Betriebsleiter und der Betriebsgewerkschaftsleitung *abzuschließen*. Dieses ius cogens bezieht sich nicht nur darauf, daß der Betriebskollektivvertrag zwischen dem Betriebsleiter und der Betriebsgewerkschaftsleitung abgeschlossen werden soll, sondern auch darauf, daß er abzuschließen *ist*. Weder Betriebsleiter noch Betriebsgewerkschaftsleitung haben somit ein Wahlrecht, ob sie einen Betriebskollektivvertrag abschließen wollen oder nicht. Niemand dürfte in der DDR darüber nachgedacht haben, welche Sanktionsmöglichkeit es gegeben hätte,

49 Arbeitsrecht von A – Z, Lexikon, a.a.O., Seite 99, Fn. 45

würden sich Betriebsleiter und Betriebsgewerkschaftsleitung darüber geeinigt haben, auf den Abschluß einen BKV zu verzichten.

5. Der BKV ist ein *normativ befristeter* Vertrag.
Nach dem Beschluß des Ministerrats der DDR und des Bundesvorstandes des FDGB über die Richtlinie zur Arbeit mit dem Betriebskollektivvertrag[50] hat die Ausarbeitung des BKV jährlich zu erfolgen, und zwar ausgehend vom Volkswirtschaftsplan. Er ist bis zum 31. Januar des jeweiligen Planjahres abzuschließen. Die Betriebsparteien sind somit nicht frei, eine unbefristete „Betriebsvereinbarung im Wege des BKV abzuschließen. Selbst „sich wiederholende bewährte betriebliche Festlegungen, die grundsätzlich für den Fünfjahrplanzeitraum gelten, sind jährlich zu überprüfen und nur bei Vorliegen volkswirtschaftlicher und betriebswirtschaftlicher Erfordernisse zu ergänzen bzw. zu verändern.“[51]
6. Der BKV folgt strikt dem arbeitsrechtlichen Rangprinzip; seine subjektiven Rechte sind zwar konstitutiver Natur, „Günstigkeitsregelungen“ sind nur sehr eingeschränkt möglich (siehe hierzu 6.2. der vorliegenden Studie). DDR-Selbstverständnis: „Bei der Ausarbeitung und inhaltlichen Ausgestaltung des BKV sind die Rechtsvorschriften zu beachten. Festlegungen, die dagegen verstoßen, sind unwirksam (§§ 12, 28 II AGB).“[52]

Trotz all der Bedenken weist der Betriebskollektivvertrag eine Zwitterfunktion auf.

Er ist einerseits bloßes Leitungs- und Führungsdokument des Betriebsleiters zur Erfüllung des Planes und legt damit die „Werktätigen“ auf die Planerfüllung, den „sozialistischen Charakter“ der Mitwirkung der „Werktätigen“ sowie die Treue zu den Verpflichtungen im sozialistischen Wettbewerb fest. Andererseits enthält er eine Vielzahl von subjektiven Rechten und Pflichten des Betriebsleiters und der Betriebsgewerkschaftsleitung in bezug auf die Arbeits- und Lohnbedingungen im Betrieb und konstituiert – tarifvertragsähnlich – eine Vielzahl subjektiver Rechtsansprüche der Arbeitnehmer. Diese Zwitterstellung kann man – wenngleich „verschämt“ und in einschlägiger Terminologie – im Schrifttum der DDR finden.

So heißt es bei Hochbaum und anderen: „Charakteristisch für den BKV ist, daß er einerseits gemeinsame Verpflichtungen des Betriebsdirektors und der Betriebsgewerkschaftsleitung zur Einbeziehung der Werktätigen in die Leitung und Planung des Betriebes und andererseits Festlegungen zur Verbesserung der Arbeits- und Lebensbedingungen der Werktätigen enthält. Aus ihnen ergeben sich mannigfaltige Rechtsansprüche des Kollektivs und der

50 vom 23.5.1985, GBl. I 1985, Nr. 14 Seite 173
51 Arbeitsrecht der DDR, Lehrbuch, a.a.O., Seite 111, Fn. 9
52 a.a.O., Fn. 9

einzelnen Werktätigen. Das gilt z.B. hinsichtlich der Aufteilung und der Verwendung des Betriebsprämienfonds vor allem in bezug auf die Höhe der durchschnittlichen Jahresendprämie, hinsichtlich der gesundheitlichen und sozialen Betreuung der Werktätigen, der Verwendung des Kultur- und Sozialfonds, der Urlaubsvereinbarung usw."[53]

Dieser „zweite Teil" des Betriebskollektivvertrages ist es vor allem, welchen ihn in die Nähe einer Betriebsvereinbarung rückt. Hierzu gehören insbesondere

1. Regelungen über subjektive Rechtsansprüche, sofern diese „entsprechend den Rechtsvorschriften" im BKV zu vereinbaren sind (vgl. z.B. § 150 II AGB); a,5
2. die Betriebsprämienordnung.
   Sie enthält Anspruchsgrundlagen über Grund und Höhe der Jahresendprämienansprüche der Arbeitnehmer sowie weiterer zu zahlender Prämien.
3. Vereinbarungen über Auszeichnungen, Jubiläen, Leistungen bei langjähriger Betriebszugehörigkeit sowie Regelungen im Wege der sogenannten Betriebsveteranenbetreuung;
4. die Liste der Arbeitserschwernissc;
5. die Liste des arbeitsbedingten Zusatzurlaubs (Urlaubsvereinbarung). So ergibt sich für diejenigen Arbeitnehmer, welche Anspruch auf arbeitsbedingten Zusatzurlaub haben, die jeweilige effektive Höhe des Urlaubsanspruchs nicht bereits aus Gesetz oder Rahmenkollektivvertrag, sondern erst im Zusammenhang mit der betrieblichen Urlaubsvereinbarung.
6. Zu möglichen Vereinbarungen im Rahmen des Betriebskollektivvertrages gehörten auch Maßnahmen sowie Rechtsansprüche zum Schutze der „Werktätigen" vor bzw. bei Rationalisierung. (Die Zulässigkeit solcher Vereinbarungen ergibt sich ausdrücklich aus der sogenannten Richtlinie zur Arbeit mit dem Betriebskollektivvertrag vom 23. Mai 1985, welche im normativen Rang einer Rechtsverordnung Gesetzescharakter hat.)[54]

Wer diese „Doppelnatur" des Betriebskollektivvertrages übersieht, wird eine differenzierte rechtliche Bewertung auch der aus dem BKV resultierenden Rechtsansprüche für die Zeit nach dem 1. Juli 1990 nicht erfolgreich vornehmen können.

Allerdings läßt sich nicht verhehlen, daß große Teile der arbeitsrechtlichen Literatur der DDR eine solch differenzierte Bewertung erschweren.

53 Hans-Ullrich Hochbaum u.a., Leitung und Organisation im Kombinatsbetrieben, Rechtsfragen, Berlin 1982, Seite 153

54 Als Anlage A 1 wird ein vollständiger Betriebskollektivvertrag abgedruckt.

Dies um so mehr, als der Betriebskollektivvertrag gerade im Schrifttum der DDR-Gewerkschaftsautoren völlig einseitig und fehlerhaft lediglich als Instrument zur Förderung der Masseninitiative der Werktätigen herabgewürdigt wird.[55]

1.6. Interessenvertretung durch „Masseninitiative"

1.6.1. Plandiskussion

Was „Masseninitiative" sei, erfährt man aus der einschlägigen arbeitsrechtswissenschaftlichen Literatur der DDR nicht. Gesagt wird lediglich, worauf sie beruhe und welche Ziele respektive funktionalen Aspekte mit ihr verfolgt werden.[56]

Da die „Masseninitiative" im arbeitsrechtlichen Schrifttum der DDR überwiegend neben bzw. unabhängig von gewerkschaftlichen Rechten abgehandelt wird, vermutet der Leser, daß es sich hierbei gleichsam um Reste bzw. Formen außergewerkschaftlicher Interessenvertretung der „Werktätigen bzw. ihrer Kollektive" handeln würde. Man gewinnt optisch zunächst den Eindruck, daß diese sogenannte Masseninitiative nichts anderes sei als ein unmittelbar basisdemokratisches, gleichsam die Interessen der Arbeitnehmerschaft ohne Vertretungskörperschaften „zum Ausdruck bringendes" Element.

Dieser optische Eindruck erweist sich bei der Beschäftigung mit der Materie jedoch als enormer Trugschluß.

Demokratische Initiative etwa von unten nach oben – etwa durch Planvorschläge – findet nicht oder (im Rahmen des „sozialistischen Wettbewerbs") allhöchstens auf Nebenschauplätzen statt.

Die „Masseninitiative" erweist sich als „von oben" verordnete Marschrichtung. Es geht um Treue und nicht um Initiative. Eine Rechtsform für diese „Masseninitiative" besteht nicht.

---

55 vgl. Walter Hantsche/Werner Kulitzscher/Hans-Joachim Wolf/Peter Gerull/Wolfgang Büttner/Jutta Mohnhaupt, Die Rechte der betrieblichen Gewerkschaftsleitungen, Berlin 1986, Seite 10ff. und Walter Hantsche/Hans-Joachim Wolf, Grundsätze des sozialistischen Arbeitsrechts und ihre Verwirklichung im Betrieb, Schriftenreihe zum Arbeitsgesetzbuch der DDR, Heft 1, a.a.O., Seite 53ff., Fn. 40

56 Arbeitsrecht der DDR, Lehrbuch, a.a.O., Seite 111ff., Fn. 9; Walter Hantsche/Hans-Joachim Wolf, Grundsätze des sozialistischen Arbeitsrechts und Ihre Verwirklichung im Betrieb, a.a.O., Seite 53ff., Fn. 40; Hans-Ulrich Hochbaum u.a., Leitung und Organisation in Kombinatsbetrieben, a.a.O., Seite 184ff., Fn. 52

Ebenso charakteristisch wie entmutigend ist die Feststellung, daß im Rahmen der „Masseninitiative" regelmäßig nicht etwa Rechte der „Werktätigen oder der Arbeitskollektive", sondern vielmehr Pflichten der Leiter zur Organisation und damit Kanalisierung jedweder Arbeitnehmerinitiative geregelt werden.

Gewählt sei ein Zitat, welches für sich spricht: „Der Direktor des Kombinatsbetriebes ist verpflichtet, mit den Werktätigen die Planaufgaben und andere grundlegende Fragen der Entwicklung des Betriebes zu beraten (§ 27 Kombinatsverordnung). Darüber hinaus haben alle leitenden Mitarbeiter die Pflicht, den Werktätigen, die dem Betrieb staatlich gestellten politischen, ökonomischen und sozialen Ziele und Aufgaben zu erläutern und gemeinsam mit den Gewerkschaftsleitungen und den Leitungen der FDJ die Plandiskussion so zu führen, daß reale anspruchsvolle Planentwürfe entstehen. Das setzt eine weitgehende Aufschlüsselung der Kennziffern des Planes bis auf die Arbeitskollektive bzw. Arbeitsplätze voraus. Gemäß § 32 AGB muß der Betriebsdirektor den Arbeitskollektiven konkrete Aufgaben *vorgeben*! (Hervorhebung von mir – der Verf.) sowie die Schwerpunkte und Lösungswege zur Überbietung der staatlichen Aufgaben und die mit der Übernahme hoher Verpflichtungen verbundene materielle Anerkennung erläutern.

Die Planaufschlüsselung erfolgt unter Berücksichtigung der Struktur des Betriebes auf der Grundlage des demokratischen Zentralismus von oben nach unten (!! – der Verf. –), bis zum Meisterbereich, zur Brigade und möglichst bis zu jedem einzelnen Arbeitsplatz.

Dabei kommt es besonders darauf an, solche Planaufgaben aufzuschlüsseln, deren Kennziffern die Werktätigen unmittelbar beeinflussen können."[57]

Damit ist zur Plandiskussion eigentlich alles gesagt: Es handelt sich tatsächlich um pseudodemokratische Selbstbefriedigung, bei welcher die „Arbeitskollektive" insbesondere die ihnen vorgegebenen, aus den Planziffern abgeleiteten Aufgaben Schwerpunkte und Lösungswege beraten.

Die „rechtliche Ausgestaltung" der oben bezeichneten Demokratiekonzeption wird nirgendwo deutlicher als hier. Nicht nur die Demokratie „selbst" wird von oben verordnet, sondern zugleich Zielrichtung und Inhalt derselben.

---

57 Hans-Ulrich Hochbaum u.a., Leitung und Organisation in Kombinatsbetrieben, Rechtsfragen, a.a.O., Seite 186, Fn. 52

1.6.2. „Sozialistischer Wettbewerb“

Eine Rechtsform des „sozialistischen Wettbewerbes“ hat es im Arbeitsrecht der DDR nicht gegeben, konnte es – genau genommen – auch nicht geben, so es denn überhaupt einen „sozialistischen“ Wettbewerb gibt und dieser nicht eine contradictio in adjecto darstellt. Wenn „die Partei“ und damit der Gesetzgeber tatsächlich eine (sozialismustypische) Wettbewerbsform gewollt oder auch nur geduldet hätte, so wären seriöse Überlegungen über eine (relativ selbständige) arbeitsrechtliche Stellung der „Arbeitskollektive“ unabdingbar gewesen.

Natürlich hat es solche Überlegungen gegeben – namentlich in der ehemaligen Sowjetunion, aber auch in der DDR –; diese sind jedoch niemals rechtlich gestaltet, weil von „der Partei“ beargwöhnt, worden.

So verblieb es letztlich bei den diffusen Regeln des § 34 AGB. Sozialistischer Wettbewerb war letztlich nichts anderes als kanalisierte und deshalb besser überprüfbare Planerfüllung. Es handelt sich hierbei m.E. um eines der verlogensten Kapitel des gesamten DDR-Sozialismus. Der „sozialistische Wettbewerb“ war nicht nur keine dem Sozialismus eigene Triebkraft[58], er erwies sich zudem vielmehr als zusätzliche Effektivitätsbremse.

Nirgendwo wird das Demokratieverständnis „der Partei“ deutlicher als hier: Es geht gar nicht um die rechtliche Regelung von Arbeitnehmerinteressen oder Arbeitnehmerinitiativen, es geht vielmehr um deren Kanalisierung und Ausrichtung auf staatliche Vorhaben und Vorgaben.

1.6.3. Neuererbewegung

Auch „Neuereraufgaben“, also Arbeitnehmererfindungen, sollten sich nach dem Selbstverständnis der DDR-Arbeitsrechtswissenschaft in der Regel aus den Planaufgaben des Betriebes ableiten.[59]

Wie den „sozialistischen Wettbewerb“, so „organisieren“ die betrieblichen Gewerkschaftsleitungen auch die „schöpferische Mitwirkung der Werktätigen in der Neuererbewegung“ (§ 36 II AGB). Von Rechts wegen soll die Neuererbewegung Bestandteil des sozialistischen Wettbewerbs sein (§ 36 II AGB). Damit wird auch diese – ursprünglich als schöpferische Erfinderinitiative der Arbeitnehmerschaft gedacht – durch Wettbewerb und Planerfüllung kanalisiert und ausgerichtet. So wird auch der Inhalt des Erfinderpotentials

58 so aber: Arbeitsrecht der DDR, Lehrbuch, a.a.O. Seite 112, Fn. 9
59 Arbeitsrecht der DDR, Lehrbuch, a.a.O., Seite 114, Fn. 9

der Arbeitnehmer sachlich durch „Wettbewerb“ und Planerfüllung vorgegeben.

Der Versuch dieser Kanalisierung dürfte jedoch nicht durchgängig gelungen sein. Es entstand mit dem Neuererrecht ein vom Arbeitsrecht unabhängiges und letztlich nur über die Arbeitsgerichtsbarkeit verbundenes Rechtsgebiet, welches die mit den Arbeitnehmererfindungen korrespondierenden komplizierten Strukturen rechtlich regelte. Das war nötig, denn Anspruch auf Neuerervergütung bestand nur dann, wenn die Neuerervorschläge inhaltlich über die arbeitsvertraglich vereinbarten Arbeitsaufgaben hinausgingen.[60]

60 J. Hemmerling u. a. Neuererbewegung – Arbeiterinitiative zur sozialistischen Rationalisierung, Berlin 1979, S. 220ff.

2. Kapitel: Kritik

2.1. Methodisches: Maßstäbe der Kritik

Eine – wissenschaftliche – Kritik des DDR-Rechts, so auch des DDR-Arbeitsrechts, steht noch aus.

Das kann nach einem halben Jahrzehnt seit dem staatlichen und rechtlichen Untergang der DDR auch nicht anders sein. Der von Uwe-Jens Heuer und anderen unternommene Versuch, eine Bewertung der Rechtsordnung der DDR vorzunehmen, ist ohne Zweifel verdienstvoll, jedoch überwiegend dürftig und zum Teil apologetisch ausgefallen.[61] In diesem Zusammenhang eine Bemerkung in parenthesii, aber nicht neben der Sache:

Auch Neuauflagen von arbeitsrechtlichen Lehrbüchern[62] bzw. Grundrissen sparen das DDR-Arbeitsrecht vollständig oder nahezu vollständig aus. Es entsteht der Eindruck, als ob es in der deutschen Arbeitsrechtsgeschichte nicht vorkommt. Dies darf und wird sicher auch nicht so bleiben. Die Rechtswissenschaft muß gleichsam dafür „sensibilisiert" werden, daß das DDR-Arbeitsrecht ein wichtiger Teil der deutschen Arbeitsrechtsgeschichte ist, und zwar nicht nur im Hinblick auf deren *Diskontinuität*, sondern auch unter dem Aspekt der *Kontinuität* des Rechtsgeschichtsprozesses.

Streng genommen bedarf es für die Ausarbeitung einer Kritik des DDR-Rechts (hier: des DDR-Arbeitsrechts respektive des Rechts der betrieblichen Interessenvertretung) einer eigenständigen Methodologie. Soll nämlich das Arbeitsrecht der DDR – aus heutiger Sicht – einer Kritik unterzogen werden, so sind hierzu Kriterien respektive Maßstäbe vonnöten, welche selbst einer wissenschaftlichen Überprüfung standhalten.

Aus dem gegenwärtigen arbeitsrechtlichen Schrifttum – die Rechtsprechung eingeschlossen – gewinnt man jedoch überwiegend den Eindruck, daß eine Kritik des DDR-Arbeitsrechts vorgenommen wird, in der das geltende bundesdeutsche Arbeitsrecht als Meßlatte angelegt wird. Das dürfte wissen-

---

61 Uwe-Jens Heuer (Hrsg.), Die Rechtsordnung der DDR, Baden Baden 1995

62 Alfred Söllner, Grundriß des Arbeitsrechts, München 1994, S. 333ff.; Wolfgang Däubler, Das Arbeitsrecht 2, Leitfaden für Arbeitnehmer, Reinbek b. Hamburg 1995, S. 1077ff.; Wilhelm Dütz, Arbeitsrecht, München 1990; Hans Brox/Bernd Rüthers, Arbeitsrecht, Stuttgart/Berlin/Köln 1995

schaftlich im hohen Maße fragwürdig sein, denn der Maßstab für die Beurteilung einer gesamten Rechtsordnung kann – abgesehen von einer *menschenrechtlichen* Bewertung – allhöchstens außerrechtlicher Natur sein.

Das (untergegangene) DDR-Arbeitsrecht am (geltenden) Arbeitsrecht der Bundesrepublik zu messen, kann allenfalls ein methodisches Hilfsmittel sein, darf jedoch mit der Bewertung selbst nicht verwechselt werden.[63]

Zudem geht es nicht um eine „Kritik" des DDR-Arbeitsrechts im umgangssprachlichen Sinne.

Kritik meint „eigentlich die Kunst des fachmäßigen Urteilens oder Beurteilens in Sachen der Künste und Wissenschaften"[64]. Wenn im folgenden von „Kritik" die Rede ist, so soll darunter eine nach wissenschaftlichen Maßstäben (Kriterien[65] und Indikatoren) erfolgende Bewertung respektive Beurteilung verstanden werden. Das Auffinden solcher (objektiver) Bewertungsmaßstäbe für die Kritik der untergegangenen DDR-Rechtsordnung dürfte ein methodologisch bisher nicht bzw. unzureichend gelöstes Problem sein.

Zur wissenschaftlichen Bewertung respektive Beurteilung des DDR-Rechts (hier: das DDR-Arbeitsrecht) ist zum ersten eine *immanente Kritik* geboten. Das bedeutet: Bewertungsmaßstäbe können und müssen *innerhalb* des politischen und Rechtssystems der ehemaligen DDR gefunden werden.

a) Erstes Kriterium:
Inwieweit spiegelt das (positive) DDR-Arbeitsrecht (hier: das Recht der betrieblichen Interessenvertretung) die (offiziellen) sozialen Ziele wider? Inwieweit ist das Recht der betrieblichen Interessenvertretung der DDR bloße Widerspiegelung respektive lediglich „Ausdruck" einer durch die herrschende Doktrin vorgegebenen Demokratiekonzeption?

---

63 Selbst wenn sich die nachfolgend genannten Untersuchungen dem Kriterienproblem leider nicht ausdrücklich widmen, können sie m.E. als (gute) Beispiele gelten, eine Bewertung des DDR-Rechts vorgenommen zu haben: Hubert Rottleuthner, Steuerung der Justiz in der DDR, Köln 1994; Jörg Arnold, Die Normalität des Strafrechts der DDR, Freiburg im Breisgau 1995; Falco Werkentin, Politische Strafjustiz in der Ähra Ulbricht, Berlin 1995

64 Jacob und Wilhelm Grimm, Deutsches Wörterbuch, Band 11, München 1991, Stichwort: Kritik, Seite 23, 34

65 „Die Versuchung nach Kriterien zu forschen, ist eine besondere Ausprägung der allgemeineren Versuchung, sich die Welt oder das menschliche Selbst in Besitz einer imannenten Natur, eines Wesens zu denken. Das heißt, dieses Denken ist das Resultat der Versuchung, unter den vielen Sprachen eine auszuzeichnen, in der wir gewohnt sind, die Welt oder uns selbst zu beschreiben. ... Die Konsequenz kann nicht sein, daß objektive Kriterien für die Wahl eines Vokabulars durch subjektive ersetzt werden, Vernunft durch Willen oder Gefühl." Richard Rorty, Kontingenz, Ironie und Solidarität, Frankfurt am Mai 1989, S. 26, 27

b) Zweites Kriterium:
Wie groß ist die „Schere“ zwischen dem positiven und dem verwirklichten Arbeitsrecht? Gehen Rechtsanwendung und „lebendiges“ Recht inhaltlich über die normativen Vorgaben hinaus oder bleiben sie gar hinter ihnen zurück?

c) Drittes Kriterium:
Inwieweit hat das Recht der betrieblichen Interessenvertretung systemerhaltend oder systemüberwindend gewirkt? Oder: Ließ der Inhalt der Arbeitsrechtsnormen genügend Spielraum für eine Rechtsanwendung, welche demokratisch-reformatorisches Gedankengut in sich aufnehmen kann?

Stimmt also die rechtsnormative Geltung mit der soziologisch-faktischen bzw. soziologisch-funktionalen überein oder geht diese über jene hinaus?

Diese (und sicher noch weitere) Kriterien sind m.E. zugrunde zu legen, wenn eine fundierte *immanente Kritik* des DDR-Arbeitsrechts erfolgen soll.

Freilich darf man auf der Stufe der immanenten Bewertung nicht stehen bleiben.

Ihr zur Seite zu stellen ist eine gleichsam *transzendente Kritik*. Die Bewertungsmaßstäbe (Kriterien) für das DDR-Recht stellen in diesem Zusammenhang Prinzipien respektive Leitlinien dar, wie sie für alle freiheitlichen respektive demokratischen Rechtsordnungen und dementsprechend verfaßte Gesellschaftssysteme gelten müssen.

Kriterien einer solchen transzendenten Bewertung sind

- die Realisierung der Freiheits- und Menschenrechte;
- das Demokratiegebot;
- das Sozialstaatsgebot;
- das Rechtsstaatsgebot;
- das Gewaltenteilungsprinzip;
- das Gleichheitsgebot bzw. Gleichheitsprinzip;
- das Prinzip der Justitiabilität des Rechts bzw. des gerichtlichen Rechtsschutzes.

Werden diese Maßstäbe im Rahmen einer sogenannten transzendenten Kritik für die Bewertung von DDR-Recht angelegt, so darf nicht vergessen werden, daß sie nur *insoweit Geltung haben*, als sie – wenngleich sozialistisch verbrämt respektive „ausgeformt“ – *auch* in der DDR-Rechtsordnung *Geltung hatten*.

Aus all dem ist zu folgern, daß wir zu einer rationalen Kritik des DDR-Rechts nur gelangen, wenn wir die Maßstäbe der immanenten *und* der transzendenten Kritik sinnvoll miteinander verknüpfen. Dieser methodologische Ausgangspunkt müßte freilich inhaltlich detailliert ausgearbeitet werden, um ihn für eine rechtstheoretische bzw. rechtssoziologische Analyse fruchtbar zu machen. Im Rahmen dieser Studie kann somit nur ein konzeptioneller Vorschlag unterbreitet werden, dessen Tragfähigkeit überprüft werden muß. Die nachfolgenden Abschnitte zur Kritik des DDR-Arbeitsrechts wollen hieran jedenfalls gemessen sein.

2.2. Demokratieverständnis

Uwe-Jens Heuer und Eckehard Lieberam bringen das Rechts- und damit das Demokratieverständnis der DDR wie folgt auf den Punkt:

„Der eigentliche, aber nie offiziell ausgedrückte Widerspruch des Rechtsverständnisses im DDR-Sozialismus, der nie überwunden wurde, lag in der Annahme, daß es möglich sein könne, die Interessen des Volkes ohne seine ernsthafte Mitwirkung aufzudecken. Diese Annahme fand in der Konsequenz ihren Ausdruck, daß Rechte gegen den ‚eigenen' Staat überflüssig seien.

Unmittelbare Eingriffe in den Prozeß der Rechtsanwendung, wie sie ihren stärksten Ausdruck in den Waldheimer Prozessen fanden, aber nie gänzlich ausgeschaltet werden konnten, wurzelten in der Vorstellung der Parteiführung, Vollstrecker objektiver Notwendigkeiten und insofern unfehlbar zu sein. Damit hing auch die Auffassung zusammen, daß in der Gesellschaft keine Interessenwidersprüche bestünden. Die nie gänzlich überwundene Staats- und Rechtskonzeption Karl Polaks ging von der Identität der Interessen von Staat, Volk und Individuen aus. Sie leugnete den Widerspruch des ‚eigenen' Staats, der aus dem staatlichen Eigentum an den Produktionsmitteln hervorging, leugnete objektive politische Widersprüche überhaupt. Auf dieser Grundlage waren subjektive Rechte letztlich systemfremd."[66]

Also: Da das „Volk" in Form der „führenden Arbeiterklasse" ohnehin herrsche, kann eine – rechtsförmige – Vermittlung zwischen staatlicher Führung und demokratischer Mitgestaltung genaugenommen entfallen. Da die objektiven Interessen der „führenden Arbeiterklasse" ohnehin mit den „objektiven Interessen" des gesamten „werktätigen Volkes" als identisch angesehen werden, geht die offizielle Doktrin letztlich davon aus, daß die Installation eines sozialistischen Staates und eines sozialistischen Rechts selbst bereits die Verwirklichung eines allgemeinen Demokratiegebotes *darstellen.*

Bezogen auf die Demokratie im Betrieb und damit das Recht der betrieblichen Interessenvertretung kann dies nur heißen, daß die „staatliche Leitung" (– und die findet in Form einer Einzelleitung statt –) bereits die

66 Uwe-Jens Heuer/Eckehard Lieberam, Rechtsverständnis in der DDR, in: Uwe-Jens Heuer (Hrsg.), Die Rechtsordnung der DDR, a.a.O., Seite 61, Fn. 19

höchstmögliche Verwirklichungsform von Demokratie überhaupt darstellt. Diese Identitätsdoktrin führte in der DDR bekanntermaßen nicht dazu, daß etwa das Volk – im Betrieb in Form der Belegschaft – uneingeschränkte demokratische Selbstbestimmungsrechte zur Realisierung seiner eigenen „Eigentümerfunktion“ innegehabt hätte. Aufgrund der Tatsache, daß die „Diktatur des Proletariats“ – von Lenin konzipiert als „wahre Demokratie der Herrschaft der Mehrheit über die Minderheit“ – zur Diktatur der Partei bzw. zu einer Parteidiktatur und damit zu einer Herrschaft ganz Weniger über die Gesamtheit des Volkes – verkam, wurde auch der ursprüngliche Grundgedanke „sozialistischer Demokratie“ vernichtet. Nicht mehr das Volk, nicht mehr „die Arbeiterklasse“, ja streng genommen nicht einmal mehr „die Partei“, sondern lediglich eine Parteiaristrokatie durfte sich als „Träger“ sozialistischer Demokratie und damit als Interessenvertreter des Volkes gerieren. Die Folgen für die innerbetriebliche Demokratie waren fatal:

- Wirklich „sozialistische Demokratie“ im Betrieb hätte bedeuten müssen, daß die Belegschaft Eigentumsrechte realisiert hätte, gewählte Belegschaftsvertretungen die eigentlichen Entscheidungsträger gewesen wären, zumindest jedoch „staatliche Einzelleiter“ einem demokratischem Prinzip der Wählbarkeit und Abwählbarkeit unterworfen gewesen wären. Dies fand bekanntlich nicht statt.
- Sogar auf eine „selbstbestimmte“ Mitwirkung der Belegschaft oder gewählter Interessenvertretungskörperschaften hat sich das System nicht eingelassen. Jede demokratische Mitwirkung oder Mitgestaltung im Betrieb durfte nur einen durch die Zentrale vorgegebenen Rahmen inhaltlich ausfüllen. So war die demokratische Mitwirkung durch die Belegschaft in Form der gewerkschaftlichen Interessenvertretungskörperschaften letztlich *fremdbestimmt* statt *selbstbestimmt.*
- Die im ersten Kapitel der vorliegenden Studie dargestellten weitgehenden Zustimmungs- und Vereinbarungsrechte der betrieblichen Gewerkschaftsleitungen waren somit nur scheinbar systemgefährdend oder systempolarisierend. Der Arbeitsgesetzgeber konnte sich die Regelung dieser Rechte „leisten“, weil deren vollständige Realisierung schon allein aufgrund des Mangels an Rechtsförmigkeit in materiell-rechtlicher sowie verfahrensrechtlicher Hinsicht überhaupt nicht zu befürchten war. So ist die – rigide – Wertung von Ulrich Lohmann durchaus zutreffend: „Die von der DDR gewählte plakative Bezeichnung – VEB: Volkseigener Betrieb – indiziert das Volk als Inhaber der aus dem Eigentum fließenden Verfügungsbefugnis. Aber auch nach dem Selbstverständnis der DDR nimmt das Volk diese Eigentümerfunktion nicht in Form etwa der Bürger einer Gemeinde, in der der Betrieb gelegen ist, wahr, obwohl wegen der hohen Umweltbelastung moderner Industrien eine Beteiligung der

Anrainer nicht abwegig wäre. Ebenso, wie hinsichtlich von allgemeineren Strukturformen in der DDR, geht eine solche Erwartung basisdemokratischer Kompetenzverteilung mit Anklängen etwa an das Schweizer System jedoch fehl. Auch die zweite rätedemokratische Verständnismöglichkeit, daß das Volk in Form der Belegschaft – wie etwa in Jugoslawien – die Verfügungsmacht innehat, trifft auf die DDR nicht zu. Dort fungiert bestenfalls das Volk in Form des Staates als Eigentümer. Die jeweiligen exekutiven Staatsorgane (Räte des Kreises, der Stadt, des Bezirkes, Ministerrat) ernennen und berufen die Betriebsleiter ab, ohne verbindliche Einwirkungsmöglichkeiten der Bevölkerung oder Belegschaft. Der Betriebsleiter seinerseits leitet den Betrieb nach dem Prinzip der Einzelleitung, das heißt, er ist allen anderen Mitarbeitern gegenüber weisungsbefugt. Als ein ‚Beauftragter der Arbeiter- und Bauernmacht‘ geht seine fachlich-sachliche und patriarchalisch-paternalistische Verpflichtung dahin, ‚die geplanten Aufgaben des Betriebes zu erfüllen und gezielt zu überbieten, die Entwicklung der Werktätigen zu sozialistischen Persönlichkeiten zu fördern und ihre Arbeits- und Lebensbedingungen ständig zu verbessern‘ (§ 18 AGB). Die rigide hierarchische Strukturierung geht auf Lenin zurück, der den ‚demokratischen Zentralismus‘ zum Organisationsprinzip zunächst der Partei, später des sowjetischen Staates und der Wirtschaft machte. Die ökonomische Notwendigkeit der heteronomen Steuerung ergibt sich aus dem Fehlen äußerer Entscheidungsparameter in Form von konkurrenten Marktbeziehungen. Da der sozialistische Betrieb aufgrund seiner geplanten Monopolstellung nicht in Konkurs gehen kann, muß seine stufenweise Ausrichtung auf die Erfüllung des ihm gesetzten Zwecks – bei vermutetem betrieblichem Gruppenegoismus – jeweils direktiv von oben erfolgen.“[64]

Aus all dem resultiert übrigens, daß die Mitwirkungsrechte der betrieblichen Gewerkschaftsleitungen als „Interessenvertretungskörperschaft“ – jedenfalls sofern diese konstitutiver Natur waren – auf personelle und soziale Sachfragen im Betrieb beschränkt blieben. Das eigentlich „Sozialismustypische“ der Mitgestaltung der „wirtschaftlichen Basis“ hat in der DDR nicht stattgefunden; dies entlarvt im übrigen sehr wohl die Kenntnis der Herrschenden darüber, daß derjenige, der Entscheidungen über wirtschaftliche Sachverhalte von gesamtgesellschaftlicher Relevanz aus der Hand gibt, auch seine politische Macht gefährdet.

Andere, in der „Gesellschaftwissenschaft“ der DDR durchaus vorhandene Demokratiekonzeptionen konnten sich nicht durchsetzen und haben somit auch keine juristische Anerkennung gefunden.

---

64 Ulrich Lohmann, Das Arbeitsrecht der DDR, Berlin 1987, Seite 21f.

So schreibt Michael Brie im Jahre 1990:

„Da sich sozialistisches Eigentum historisch als ein kompliziertes Geflecht von Verhältnissen einer Mannigfaltigkeit realer Subjekte erwiesen hat, steht der Staat vor der Aufgabe, die Gesamtheit der wesentlichen Interessen dieser sozialen Kräfte bei der Bildung und Durchsetzung des staatlichen Willens zu berücksichtigen. Damit muß er aber einen komplizierten Widerspruch austragen:

Einerseits ist er der Vertreter des gesellschaftlichen Gesamtinteresses par exellence und muß vor allem dieses Interesse formieren und durchsetzen. Andererseits ist er Organ der gesellschaftlichen Reproduktion als Ganzes und muß sich damit auch als Mittel der Durchsetzung der besonderen individuellen, kollektiven, betrieblichen, territorialen und anderen Interessen erweisen. Das verlangt die konsequente Unterordnung des Staatsapparates, der Exekutive, unter die demokratischen Volksvertretungen. Sozialistische Demokratie[65] ist jene politische Form, durch deren umfassende Entfaltung es möglich ist, diesen Widerspruch in der Stellung des Staates auszutragen. Sie ist keinesfalls zu reduzieren auf das ‚Mitwirken' der Werktätigen und ihrer Kollektive an der Ausübung der gesamtgesellschaftlichen Angelegenheiten, wozu sie sich vorher auf die ‚Höhe' der Einsichten in die gesamtgesellschaftlichen Zusammenhänge erheben müßten. Eine solche Vorstellung hätte eine Reihe von folgenschweren Konsequenzen: erstens wäre damit die Vertretung der unmittelbar selbst einsehbaren persönlichen, kollektiven und territorialen Interessen und Lebensbezüge aus dem demokratischen Prozeß ausgeschlossen. Damit ist zweitens die Frage gestellt, wie jemand, der durch Berufstätigkeit und familiäre Hausarbeit faktisch völlig ausgelastet ist, die gesamtgesellschaftlichen Angelegenheiten bewußt als eigene erfahren kann, wenn er nicht teilnimmt an ihrer Verbindung mit seinen besonderen Interessen.

Drittens wären die Werktätigen damit eigentlich von den demokratischen Prozessen ausgeschlossen, da sie infolge der Arbeitsteilung (und nicht zu Ende aufgehobener knechtender Unterordnung unter die Teilung der Arbeit) nur sehr begrenzt jene besonderen Kenntnisse und Fähigkeiten erwerben können, die zur Regelung der gesamtgesellschaftlichen Angelegenheiten notwendig sind. Politische Führung selbst wie aber auch die Tätigkeit in staatlichen Institutionen werden für die gesamte absehbare Zeit mehr oder minder besondere Funktionen besonderer Schichten bleiben.

Die weitere Gestaltung der sozialistischen Demokratie zielt m.E. weniger auf die Unterstützung und Mitwirkung bei der Ausübung der Funktionen der

---

65 „Sozialistische Demokratie ist die Ausübung aller politischen Macht durch die Arbeiterklasse im Bündnis mit den anderen Klassen und Schichten der Werktätigen unter Führung der marxistisch-leninistischen Partei.", Marxistisch-leninistische Staats- und Rechtstheorie, Lehrbuch, Berlin 1980, Seite 279

Politiker selbst bzw. des Staatsapparates ab, sondern auf die Entwicklung eines umfassenden politischen Lebens, indem Politik und Staat immer konsequenter in ein Instrument der Austragung der widersprüchlichen Interessen sozialistischer Eigentümer verwandelt werden. Die Erhöhung der demokratisch gewählten Volksvertretungen ist ein bedeutungsvoller Teil dieser Entwicklung. Ziel des politischen Lebens ist das Auffinden und Durchsetzen der gesellschaftlichen Formen der produktiven und solidarischen Verbindung dieser Interessen in allen Bereichen, in denen die Werktätigen ihr gesellschaftliches Leben produzieren. Dazu bedarf es eines ständig erneuerten demokratischen Prozesses als der entscheidenden Bedingung, damit die Gesamtheit von besonderen Interessen tatsächlich in gesellschaftlich möglichem und notwendigem Maße berücksichtigt wird."[66]

Genau das ist die Konzeption, auf welcher der letzte Versuch eines demokratischen Erneuerungsprozesses der alten sozialistischen Gesellschaft innerhalb der sogenannten Wendezeit beruht.

Gerade die (im dritten Kapitel der vorliegenden Studie aufgeführten) Gesetzesentwürfe und wissenschaftlichen Positionen können aus heutiger Sicht kaum verstanden werden, wenn nicht hinterfragt wird, welche gesellschaftstheoretischen Ansätze bzw. Konzeptionen ihnen zugrunde liegen.

Ansonsten nämlich erscheinen sie lediglich – schon wegen der Kürze des Zeitraums – als historisch vergebliche Liebesmüh' oder gar als Versuche sozialreformerischer Träumer, welche nicht wahrhaben wollten, daß nun der Kapitalismus kommt.

2.3. Interessen, Interessenvertretung und „sozialistisches Arbeitsrecht"

Aus dem weiter oben dargestellten Demokratieverständnis als Basis des „sozialistischen Arbeitsrechts" resultiert, daß das Arbeitsgesetzbuch der DDR und damit das „sozialistische Arbeitsrecht" letztlich von einer – wenngleich widersprüchlichen – Einheit respektive Identität von gesellschaftlichen, kollektiven und persönlichen Interessen ausging bzw. ausgehen mußte. Das wird an zwei Passagen aus der Präambel des AGB unverblümt deutlich.

Darin heißt es, daß die Arbeit im Sozialismus der steten Mehrung des gesellschaftlichen Reichtums im *Interesse der Arbeiterklasse* und der *ganzen Gesellschaft* sowie *jedes Einzelnen* dient. Und folgerichtig heißt es weiter: Mit dem Arbeitsgesetzbuch werden die verfassungsmäßig garantierten Rech-

66 Michael Brie, Wer ist Eigentümer im Sozialismus?, Berlin 1990, Seite 180f.

te der Gewerkschaften als der umfassendsten Klassenorganisation der Arbeiterklasse zur *Wahrnehmung der Interessen der Werktätigen in Staat, Wirtschaft und Gesellschaft* weiter ausgestaltet. Kein Wort findet sich somit etwa von besonderen „kollektiven“ Interessen von „Arbeitskollektiven“ oder gar Betrieben.

Dem entsprach die herrschende Arbeitsrechtslehre, welche das sozialistische Arbeitsrecht als „Instrument zur Verwirklichung der Einheit von gesellschaftlichen, kollektiven und persönlichen Interessen“ ansah.[67]

Dies mutet auf den ersten Blick um so merkwürdiger an, als unter Philosophen, Wirtschaftswissenschaftlern, aber auch Juristen in der DDR ein nahezu dreißig Jahre währender Streit über die Frage entbrannte, ob und inwieweit im DDR-Sozialismus eine „Interessenübereinstimmung“ bestehe und ob es tatsächlich so sein könne, daß die *Übereinstimmung* von gesellschaftlichen, kollektiven und persönlichen Interessen eine Triebkraft gesellschaftlicher Entwicklung sein kann.[68]

Das Spektrum der Ansichten war in der Tat breit: Es reichte von Interessenübereinstimmung über die Ausarbeitung einer „Interessendialektik“ bis hin zur Annahme von sogenannten Interessenantagonismen.[67]

Diese auch wissenschaftshistorisch überaus interessante Debatte mündete schließlich in eine für die DDR-Gesellschaft späte bzw. viel zu späte Erkenntnis von Michael Brie, welcher schrieb: „Heute wissen wir, daß nicht nur der Aufbau der neuen Gesellschaft, sondern auch der Sozialismus selbst und m. E. überhaupt jede zukünftige Gesellschaft sich nur dann progressiv entwickeln können, wenn sie aufgrund des *persönlichen Interesses*, der persönlichen Interessiertheit bewegt werden. Die Identifikation der persönlichen mit gesellschaftlichen Zielen im Enthusiasmus kann immer nur helfen, diese persönliche Interessiertheit richtig zu orientieren und dazu führen, daß sie in extremen Situationen über sich hinaus wächst. *Es gibt keinen anderen Weg der Entwicklung einer sozialistischen Gesellschaft und seines wesentlichen Eigentumsverhältnisses als den, der vom persönlichen Interesse der Werktätigen ausgeht und dieses mit den kollektiven und gesamtgesellschaftlichen Interessen verbindet.*“[68]

---

67 So auch der Titel einer Monographie von Frithjof Kunz u.a.: Sozialistisches Arbeitsrecht – Instrument zur Verwirklichung der Einheit von gesellschaftlichen, kollektiven und persönlichen Interessen, Berlin 1980, Fn 10

68 Uwe-Jens Heuer referiert diese wissenschaftsgeschichtliche Entwicklung in: Marxismus und Demokratie, a.a.O., Seite 402ff., Fn. 13

67 vgl. Jürgen Kuczynski, Gesellschaftliche Widersprüche, Deutsche Zeitschrift für Philosophie 1972, Seite 1269

68 Michael Brie, Wer ist Eigentümer im Sozialismus, a.a.O., Seite 47, Fn. 66

Jedenfalls hat in arbeitsrechtlicher Hinsicht – Rechtsetzung und Rechtsanwendung eingeschlossen – die Diskussion über die Widersprüchlichkeit der Interessen im Sozialismus der DDR keinen oder zumindest keinen nennenswerten Niederschlag gefunden. Das Arbeitsrecht der DDR und namentlich das Recht der betrieblichen Interessenvertretung fußt auf einer – durchaus nicht widersprüchlichen – Einheit von gesellschaftlichen, kollektiven und persönlichen Interessen. Es kann allhöchstens dazu dienen, diese, aus welchen Gründen auch immer, mitunter ein wenig aus den Fugen geratene Einheit im Wege der Rechtsanwendung gleichsam wieder herzustellen.

Positives Arbeitsrecht und Rechtsanwendung in der DDR ließen nicht zu, daß sich etwa kollektive Interessen eines Arbeitskollektivs oder eines „Betriebskollektivs" zu den gesamtgesellschaftlichen Interessen im Widerspruch begeben oder gar im Einzelfall eine Vorrangstellung behaupteten. Dies war – so zynisch dies vielleicht klingen mag – nicht nur nicht möglich, sondern auch im eigentlichen Sinne nicht „erforderlich". Es bestand tatsächlich nicht die Notwendigkeit, daß sich etwa Interessen von Teilen einer Belegschaft oder der Gesamtbelegschaft eines Betriebes von den „staatlich-unternehmerischen" Interessen etwa dergestalt abheben mußten, weil die Existenz eines Unternehmens, eines Betriebes oder auch nur eines Betriebsteiles gefährdet war. Selbst dort, wo Arbeitskräfte „freigesetzt" wurden, fand diese Freisetzung immer nur in einen anderen Betrieb und damit in ein anderes Beschäftigtenverhältnis statt. Eine Interessenvertretung der Arbeitnehmer, um diese vor einer sozialen Existensbedrohung oder Vernichtung zu schützen, war somit tatsächlich objektiv nicht erforderlich. Eine soziale Interessenartikulation der Belegschaft war somit in der DDR nicht „nötig", weil der Rechtsschutz vor Kündigungen ohnehin so weit entwickelt war, daß er einem Kündigungsverbot nahezu gleichkam.

Eine politische Interessenartikulation war – siehe erstes Kapitel – sogar rechtlich gefordert, aber jedenfalls lediglich im Wege von politischen Treuebekenntnissen bzw. der Mitwirkung an zentralen Vorgaben. Eine ökonomische Interessenartikulation hinsichtlich der Realisierung der „Eigentümerrechte" der Werktätigen einerseits war verboten, bezogen auf Planerfüllung und Mitwirkung an zentralen staatlichen Festlegungen andererseits jedoch war sie mindestens erwünscht. So erwies sich eine Interessenvertretung der Arbeitnehmer im sozialen Bereich als überwiegend entbehrlich, weil „mehr" Interessenvertretung als das positive Recht ohnehin gewährte, kaum möglich war.

Eine betriebliche Interessenvertretung im politischen bzw. vor allem auch wirtschaftlichen Bereich konnte entweder nur unter den gesetzlich ausdrücklich eingeschränkten Rahmenbedingungen oder aufgrund der Tatsache, daß wichtige ökonomische Entscheidungen anderswo – jedenfalls nicht im Betrieb – getroffen wurden, erfolgen. Somit unterblieben sie im wesentlichen.

Aus alldem wird ersichtlich: Betrachtet man die Sachlage aus dieser Sicht, erscheint es kaum noch verwunderlich, daß wissenschaftliche Debatten über Interessenstrukturen und die Widersprüchlichkeit bzw. Gegensätzlichkeit individueller, kollektiver und gesellschaftlicher Interessen weder in das positive Arbeitsrecht Eingang gefunden haben noch durch Rechtsetzung oder Rechtsanwendung vermittelt wurden.

2.4. Gewerkschaftliches Interessenvertretungsmonopol

Natürlich ist es im Rahmen der DDR-Geschichte historisch alles andere als zufällig, daß nach der Abschaffung bzw. dem Verbot von Betriebsräten die Gewerkschaftsorganisation immer mehr Einzug in die Betriebe hielt und schließlich ein gewerkschaftliches Interessenvertretungsmonopol der Arbeitnehmer auch juristisch fixiert wurde. Sämtliche anderen sogenannten gesellschaftliche Organisationen (z.B. FDJ) führten allhöchstens ein scheindemokratisches Schattendasein ohne nennenswerte Rechte zur Interessenvertretung. Da die politische Ausrichtung der Gewerkschaften als „Massen- und Klassenorganisation“ ebenfalls gesetzlich festgelegt ist, hat die Partei- und Staatsführung vermittelst der Tätigkeit der Gewerkschaften zugleich eine umfassende Kontrollmöglichkeit über etwaige Mitwirkungsinhalte oder Mitwirkungsformen der Arbeitnehmerschaft, welche den normativ vorgeschriebenen Inhalten der Mitgestaltung etwa widersprechen könnten.

Ein etwaiger Versuch, politisch anderweitig ausgerichtete Gewerkschaften ins Leben zu rufen oder andersartige Koalitionen zu installieren, waren durch das Straf- bzw. Ordnungswidrigkeitsrecht der DDR unter Strafe gestellt. (So z.B. die Straftatbestände des verfassungsfeindlichen Zusammenschlusses nach § 107 StGB oder – in weniger schweren Fällen – des Zusammenschlusses zur Verfolgung gesetzeswidriger Ziele (§ 218 StGB))

Ähnliche Sanktionen finden sich in den Rechtsverordnungen über die Gründung und Tätigkeit von Vereinigungen (Gesetzblatt 1975, Seite 723) sowie in der Veranstaltungsordnung (Gesetzblatt I 1980, Seite 235).

Ein solches Interessenvertretungsmonopol der Gewerkschaften hat es im Arbeitsrecht der DDR nicht immer gegeben.

Während der Geltungsdauer des Gesetzbuches der Arbeit (GBA), und zwar in der geänderten Fassung von 1966, hat es drei „außergewerkschaftliche“ Vertretungskörperschaften gegeben, und zwar: den gesellschaftlichen

Rat bei der Vereinigung volkseigener Betriebe (VVB), das Produktionskomitee sowie das ökonomische Aktiv.

Nach dem Wortlaut des § 4 a GBA trägt der gesellschaftliche Rat bei der VVB in Übereinstimmung mit den gesellschaftlichen Interessen dazu bei, daß die Tätigkeit der VVB auf der Grundlage des Planes erfolgt. Er unterstützt und kontrolliert den Generaldirektor der VVB bei der Erfüllung der ihm gestellten Aufgaben und berät ihn bei der Herbeiführung volkswirtschaftlich wichtiger Entscheidungen. Er hilft dadurch, die Leitungstätigkeit der VVB und ihres Generaldirektors ständig zu vervollkommnen. In ihm wirken Persönlichkeiten mit, die die Probleme des Industriezweiges vom Gesichtspunkt der Interessen der gesamten Gesellschaft beurteilen und davon ausgehend die Tätigkeit der VVB aktiv beeinflussen können (§ 4 a I GBA). Das GBA verschweigt allerdings, auf welche Weise der gesellschaftliche Rat legitimiert sein könnte. Von einer etwaigen Wahl ist im GBA nichts zu lesen. Aus dem arbeitsrechtlichen Schrifttum ist lediglich erkennbar, daß Persönlichkeiten im Sinne des Gesetzes, welche Mitglieder des gesellschaftlichen Rat es sein können, insbesondere „die besten Neuerer und qualifizierten Arbeiter, Ingenieure und Ökonomen des Zweiges, hervorragende Wissenschaftler aus Instituten, Hoch- und Fachschulen, Universitäten sowie anderen wissenschaftlichen Einrichtungen, verantwortliche Vertreter der Kooperationspartner der wichtigsten Zuliefer- und Abnehmerzweige sowie der Binnen- und Außenhandelsorgane, erfahrene Funktionäre der gesellschaftlichen Organisationen sowie Abgeordnete aus den Volksvertretungen und verantwortliche Mitarbeiter zentraler staatlicher Organe“.[69]

Offensichtlich – die im § 4 a III GBA genannten Aufgaben des gesellschaftlichen Rates weisen darauf hin – stellte sich der Gesetzgeber hierbei vor, so etwas wie einen „sozialistischen Aufsichtsrat“ zu konstituieren.

Auch das sogenannte *Produktionskomitee* war eine gleichsam außergewerkschaftliche Interessenvertretungskörperschaft.

Wie der gesellschaftliche Rat und das ökonomische Aktiv ist auch das Produktionskomitee ein Kind des Neuen Ökonomischen Systems der Planung und Leitung der Volkswirtschaft.

Im § 10 a GBA heißt es, „daß das Produktionskomitee des volkseigenen Großbetriebes ein gesellschaftliches Organ der bewußten und schöpferischen Teilnahme der Werktätigen an der Verwirklichung des Neuen Ökonomischen Systems der Planung und Leitung im Betrieb ist. Es wird *von der Belegschaft* gewählt und ist ihr gegenüber rechenschaftspflichtig. In ihm wirken die qualifiziertesten Arbeiter, Ingenieure, Ökonomen, Wissenschaftler und leitenden Kader sowie die Vertreter der gesellschaftlichen Organisation mit.

69 Joachim Michas u.a., Arbeitsrecht der DDR, Berlin 1970, Seite 123f.

Das Produktionskomitee trägt dazu bei, daß die entscheidenden Fragen des Betriebs kollektiv beraten werden und der Betriebsleiter auf dieser Grundlage wissenschaftlich begründete Entscheidungen treffen kann. Es hilft, die Übereinstimmung der Interessen des Kollektives und der einzelnen Werktätigen mit den Interessen der sozialistischen Gesellschaft ständig herbeizuführen und den Werktätigen die gesellschaftlichen Zusammenhänge zu erläutern.

Die beratende und kontrollierende Tätigkeit des Produktionskomitees besteht darin:

a) an der Ausarbeitung und Durchführung der Perspektiv- und Jahrespläne sowie der Rationalisierungskonzeption des Betriebes mitzuwirken,
b) die Erreichung des wissenschaftlich-technischen Höchststandes bei weltmarktfähigen, hochveredelten und qualitativ hochwertigen Erzeugnissen zu beschleunigen und die ständige Senkung der Kosten aller Erzeugnisse und Leistungen zu beeinflussen,
c) die Einhaltung der Koordinierungsvereinbarungen und Kooperationsverträge sowie die termin-, sortiments- und qualitätsgerechte Erfüllung der vertraglich eingegangenen Verpflichtungen ständig zu analysieren und daraus Schlußfolgerungen für die Verbesserung der Leitungstätigkeit auf diesen Gebieten abzuleiten,
d) auf die Qualifizierung und Entwicklung der Kader auf der Grundlage des Perspektivplanes Einfluß zu nehmen,
e) sich um die planmäßige Verbesserung der Arbeits- und Lebensbedingungen der Werktätigen zu sorgen.

Das Produktionskomitee stützt sich in seiner Tätigkeit auf die besten Erfahrungen der Werktätigen im sozialistischen Wettbewerb, der sozialistischen Gemeinschaftsarbeit und der Neuererbewegung und sorgt dafür, daß diese Erfahrungen zur Erreichung des höchsten volkswirtschaftlichen Nutzens im Betrieb von allen Leitern in ihrer Arbeit berücksichtigt werden." (§ 10 a GBA)

Läßt man alle politische Deklaration in dieser „Norm" beiseite, so handelte es sich hierbei immerhin um eine von der Belegschaft gewählte Interessenvertretungskörperschaft, welche Beratungs- und Kontrollfunktionen in bezug auf die wirtschaftlichen Entscheidungen inne hatte.

Bezogen auf das ökonomische Aktiv nach § 10 b GBA heißt es im Schrifttum der DDR-Arbeitsrechtswissenschaft: „Während das Produktionskomitee als ständiges gesellschaftliches Organ des Betriebes alle Hauptfragen der Entwicklung (technisch-ökonomische, politisch-ideologische, soziale und kulturelle Fragen) berät, ist das ökonomische Aktiv des volkseigenen Großbetriebes ein Spezialistengremium, das vom Betriebsleiter insbesondere zur Lösung wichtiger ökonomisch-politischer Probleme *einberufen* wird, um ihn bei der Durchführung seiner Aufgaben zu unterstützen (§ 10 b GBA). Im ökonomischen Aktiv werden die Hauptaufgaben des Betriebsplanes, die nächsten Schritte zur Erreichung des wissenschaftlich-technischen Höchststandes, die Aufgaben zur Senkung der Selbstkosten und zur Erhöhung der Qualität und ähnliche Probleme beraten. Dabei ist der Betriebsdirektor verpflichtet, dem ökonomischen Aktiv den Stand der Planerfüllung und die vom Betrieb zu lösenden Aufgaben darzulegen und zu erläutern.

Das ökonomische Aktiv setzt sich aus den besten Arbeitern, Neuerern und Rationalisatoren, den besten Mitarbeitern der Rationalisierungsgruppen, den erfahrensten Ingenieuren und Ökonomen sowie den verantwortlichen Wirtschaftsfunktionären zusammen (§ 25 II VEB-Verordnung). ...

Die Mitarbeiter dieses Organs beraten stellvertretend für alle Werktätigen des Betriebes wichtige ökonomische Probleme.“[70]

Warum das Produktionskomitee durch die Belegschaftsversammlung gewählt, das ökonomische Aktiv jedoch durch den Betriebsleiter „einberufen“ wurde, ist schwer erklärlich und aus heutiger Sicht kaum noch nachvollziehbar. Interessant ist jedenfalls der – mit dem AGB wieder aufgegebene – Versuch, „Mitwirkungsgremien“ zu installieren, welche insbesondere auf die Interessenvertretung im ökonomischen Bereich abzielen sollten. Sie sind somit „rechtlicher Ausdruck“ einer gewissen Dezentralisierung und Erhöhung der eigenverantwortlichen Entscheidungsbefugnisse von Betrieben, die im Zuge der Durchsetzung des sogenannten Neuen Ökonomischen Systems der Planung und Leitung der Volkswirtschaft für politisch opportun gehalten und somit durch den Gesetzgeber fixiert wurden. Interessant ist schließlich auch, daß es sich um „Interessenvertretungskörperschaften“ handelte, welche letztlich nicht von den Gewerkschaften abhängig waren. Natürlich darf hierbei nicht vergessen werden, daß die wirtschaftliche Entscheidungstätigkeit des betrieblichen Einzelleiters hierdurch letztlich kaum beschränkt werden konnte; ein rechtsförmiges Verfahren etwa für die wechselseitigen Rechte und Pflichten zwischen Einzelleiter und diesen beratenden Gremien bestand nicht. Schließlich wurden diese „Mitwirkungsorgane“ mit dem AGB wieder abgeschafft; mit dem AGB war somit das Interessenvertretungsmonopol der Gewerkschaft manifest. Die – in der Realität sicher nicht besonders hohe – „Gefahr“, daß sich etwa aus den Produktionskomitees ein betriebsratsähnliches Gremium hätte entwickeln können, war damit wieder gebannt. Die Frage, wie sich die betriebliche Interessenvertretung in der DDR bei einem etwaigen Dualismus zwischen gewerkschaftlichen Leitungen und Betriebsräten entwickelt hätte, kann somit dahingestellt bleiben.[71]

---

70 Joachim Michas, Arbeitsrecht der DDR, a.a.O., Seite 124f., Fn. 68

71 Wir kommen auf diese Frage im 3. Kapitel zurück.

Bleibt zu resümieren: Als Vertretung der Belegschaft soll die Betriebsgewerkschaftsleitung die Interessen der Werktätigen im Betrieb vertreten. Die Wahrung des Betriebswohls – wie den Betriebsräten nach § 2 I BetrVG – ist ihnen nicht expressis verbis auferlegt.[72]

„Das ergibt eine interessante Überkreuzkonstruktion: in der DDR ist nicht die betriebliche Belegschaftsvertretung, sondern die Gesamtgewerkschaft dem Gemeinwohl verpflichtet, in der Bundesrepublik der Betriebsrat, nicht jedoch die überbetriebliche Gewerkschaftsorganisation."[73]

2.5. Mittelbare und unmittelbare Mitwirkung

Basisdemokratische Elemente – Formen der unmittelbaren Interessenvertretung im Betrieb – sind in der DDR durch die Herrschenden stets beargwöhnt worden. Aber auch in der Bundesrepublik wird Basisdemokratie mitunter für verfassungswidrig gehalten.[74]

Von einem sich sozialistisch gerierenden System müßte man allerdings gerade auch bei der betrieblichen Interessenvertretung ein effektives Zusammenwirken basisdemokratischer (unmittelbarer) und repräsentativer (mittelbarer) Mitwirkung von Arbeitnehmern in entsprechenden Vertretungskörperschaften erwarten.

In der DDR-Arbeitsrechtswissenschaft wurde dieses Problem zumindest thematisiert: „Zur Sicherung einer hohen Effektivität erfolgt die Mitwirkung arbeitsteilig in der dafür rechtlich vorgesehen Form. Entsprechend Artikel 42 Abs. 1 der Verfassung wirken die Werktätigen *unmittelbar und mit Hilfe ihrer gewählten Organe an der Leitung* (Hervorhebungen von mir – der Verf.) der Betriebe mit. Das geschieht vor allem über die gewählten Organe der Betriebsgewerkschaftsorganisation. ... Unmittelbare Mitwirkung kann sowohl durch die einzelnen Werktätigen als auch durch die kollektive oder bestimmte Beschäftigten- bzw. Personengruppen wie Frauen, Jugendliche usw. praktiziert werden (vgl. z.B. §§ 93 III, 256 III AGB u.a.). Das geschieht teilweise kombiniert, wie das Beispiel der Erarbeitung des Jugendförderungsplanes nach § 31 AGB anschaulich beweist."[75]

Die Gewährung bestimmter Rechte für Arbeitskollektive ist ein Charakteristikum des DDR-Arbeitsrechts, welches schon zu DDR-Zeiten nahezu unbeachtet blieb.

---

72 Vgl. Ulrich Lohmann, Das Arbeitsrecht der DDR, a.a.O., Seite 23, Fn. 64

73 Ulrich Lohmann, Das Arbeitsrecht der DDR, a.a.O., Seite 23, Fn. 64

74 Vgl. Uwe Wesel, Juristische Weltkunde, Frankfurt am Main 1992, Seite 112

75 Arbeitsrecht der DDR, Lehrbuch, a.a.O., Seite 103f., Fn. 9

Dennoch kann nicht bestritten werden, daß das AGB in nachfolgenden Bestimmungen „den Arbeitskollektiven“ bestimmte Rechte einräumte, und zwar in den §§ 2 V, 4, 6 III, 21, 32 I, 35, 67 I, 68 II, 72 I und II, 81 I, 91 II, 93 III, 103 I, 108, 117 I, 119 II, 129 IV, 203 I, 218, 223 I AGB.

Als Beispiele hierfür seien angeführt:
Der Betrieb hatte zu sichern, daß die Beurteilung, also das Arbeitszeugnis, im Arbeitskollektiv beraten wird und der Werktätige an dieser Beratung teilnehmen kann (§ 67 II AGB).

Nach 91 II a AGB waren in der Arbeitsordnung zwingend Regelungen über die „Zusammenarbeit in den Arbeitskollektiven“ festzulegen.

§ 256 III AGB bestimmte, daß der Disziplinarbefugte das Disziplinarverfahren unter *Mitwirkung der Werktätigen* so durchzuführen hatte, daß der Werktätige seine Fehler erkennen und künftig seine Arbeitspflichten ordnungsgemäß wahrnehmen konnte.

Und gerade in bezug auf die Beurteilungen und die Mitwirkung des Arbeitskollektivs bei sogenannten Disziplinarverfahren ist in der arbeitsrechtlichen Literatur diskutiert worden; hier ging es um das Problem, ob die Mitwirkung des „Arbeitskollektivs“ Rechtswirksamkeitsvoraussetzung für die jeweilige „Leiterentscheidung“, also die Beurteilung bzw. die Disziplinarmaßnahme, sei.

Die Arbeitsrechtsprechung hat hierbei schließlich die Auffassung vertreten, daß es sich nicht um Rechtswirksamkeitsvoraussetzungen, sondern um „Ordnungsvorschriften“ handele.

„Die Einbeziehung der Werktätigen in das Disziplinarverfahren gemäß § 256 III AGB ist ein allgemeines rechtliches Erfordernis zur Erzielung einer erzieherischen Einwirkung, aber keine Wirksamkeitsvoraussetzung für eine im Disziplinarverfahren ausgesprochene Disziplinarmaßnahme.“[76]
Zumindest war damit „das Arbeitskollektiv“ als Interessenvertretungskörperschaft der Arbeitnehmer nicht vollständig eliminiert.

Ein außergewerkschaftliches Gegengewicht etwa zum tatsächlichen Interessenvertretungsmonopol der Gewerkschaften war damit freilich nicht gegeben. Von einer etwaigen Rechtssubjektivität des „Arbeitskollektivs“ waren sowohl Arbeitsgesetzgebung als auch Arbeitsrechtswissenschaft der DDR weit entfernt.

76 Urteil des Stadtgerichts Berlin – 111 BAB 128/80, in: Schlag nach Arbeitsrecht 6, Leitfaden und Quellenverzeichnis, Berlin 1981, Seite 25f.

2.6. Kollektives DDR-Arbeitsrecht: Rudimente oder Perversionen?

Die Frage, ob es ein kollektives DDR-Arbeitsrecht gibt bzw. gegeben hat, ist alles Andere als nur akademischer Natur. Es erscheint mir jedenfalls fehlerhaft, nach dem Maßstab des bundesdeutschen kollektiven Arbeitsrechts zu urteilen und somit ganz „folgerichtig" zu dem Ergebnis zu gelangen, daß ein kollektives DDR-Arbeitsrecht nicht existiert habe. Fest dürfte jedenfalls stehen, daß zwischen dem DDR-Arbeitsrecht und dem kollektiven Arbeitsrecht der Bundesrepublik vergleichbare und ähnliche Rechtsfiguren bzw. Regelungsmechanismen herrschten, die – bezogen auch auf das Arbeitsrecht der DDR – auf Traditionslinien des Rechts der Weimarer Republik zurückgehen. Jedenfalls sind auch im DDR-Arbeitsrecht kollektivrechtliche Rechtsfiguren in das normative System ein- bzw. zwischengeschaltet. Die Regelungsgegenstände bzw. Regelungsinhalte der Rahmenkollektivverträge sowie der betrieblichen Vereinbarungen einschließlich dem Betriebskollektivvertrag sind denen des bundesdeutschen Arbeitsrechts sehr ähnlich bzw. vergleichbar. Auch für das Arbeitsrecht der DDR war durch die Rahmenkollektivverträge ein Industriezweig- bzw. branchenspezifisches Arbeitsrecht erkennbar bzw. notwendig. Freilich hat das kollektive Arbeitsrecht der DDR keine Pufferfunktion gegen individuell etwa ausufernde Vertragsfreiheit. Man kann sowohl das Recht der Rahmenkollektivverträge als auch das Recht der betrieblichen Mitbestimmung im DDR-Arbeitsrecht nur verstehen, wenn man es in die stringente normative Hierarchie arbeitsrechtlicher Rechtsvorschriften einordnet. Aber auch hier bestehen selbständige arbeitsrechtliche Regelungsbereiche und: es werden Rechtsnormen bzw. betriebliche Normen durch Vereinbarung der überbetrieblichen RKV-Partner respektive der Betriebspartner geschaffen. Eine verfassungsrechtlich gesicherte Tarifautonomie bestand freilich in der DDR nicht; eine exakte Analyse des damalig geltenden Rahmenkollektivvertragsrechts zeigt jedoch, daß eine Vielzahl von Praeterlegem-Regelungen geduldet, weil registriert wurden, die häufig auf ein zumindest faktisches Bestehen eines Günstigkeitsprinzips in diesem Punkt hindeuten.

Auch die konstitutive Rolle im Normsetzungsprozeß der Gewerkschaften verweist auf die Spezifik eines kollektiven Arbeitsrechts. Dies um so mehr, als bestimmte individualrechtliche Regelungen nur Wirksamkeit erlangen konnten, wenn sie gleichsam kollektivrechtlich überprüft worden waren.

Ein nach rechtsstaatlichen Maßstäben jedenfalls nicht wieder gutzumachender Makel des kollektiven DDR-Arbeitsrechts besteht auch darin, daß eine Rechtssubjektivität der betrieblichen oder überbetrieblichen Gewerkschaftsleitungen respektive -organe im Sinne einer Prozeßfähigkeit nicht bestanden hat. Für die Durchsetzung gewerkschaftlicher Rechte im Rahmen der betrieblichen Interessenvertretung waren auch die Konfliktkommissionen nicht zuständig; Einigungsstellen oder vergleichbare Gremien bestanden nicht. Das Rahmenkollektivvertragsrecht hatte in der DDR keinen schuldrechtlichen oder schuldrechtsähnlichen Charakter. Rechte und Pflichten zwischen den Vertragspartnern (Staat und Gewerkschaft) zu regeln, war nahezu entbehrlich. Dennoch wurden durch die RKV- bzw. Betriebspartner im DDR-Arbeitsrecht entweder durch normative Verträge subjektive Rechtsansprüche der „Werktätigen" konstituiert, welche auch im Gerichtswege durchsetzbar waren oder aber durch betriebliche Interessenvertretungskörperschaften – zumindest partiell und im Rahmen staatlicher Vorgaben – Mitbestimmungsrechte realisiert.

Ein solcher Ausgangspunkt ist vor allem für die Bewertung bis in die heutige Zeit fortwirkenden DDR-Arbeitsrechts bedeutsam, sofern demokratische Legitimation (z.B. von Interessenvertretungskörperschaften) ein Kriterium für das Bestehen respektive Fortwirken von Ansprüchen nach DDR-Arbeitsrecht ist. So darf nach meinem Dafürhalten nicht vergessen werden, daß es sich hierbei stets um eine systemimmanent zu bewertende Legitimation handeln muß. Das Bestehen oder Nichtbestehen eines Rechtsanspruchs, welcher aus DDR-Arbeitsrecht oder aus übergangsrechtlichen Regelungen resultiert, kann weder der Legalität noch der Legitimität altbundesdeutscher Maßstäbe unterworfen werden. Hierauf wird namentlich im 5. Kapitel zurückzukommen sein.

3. Kapitel: Genesis und Chronologie des Übergangs: (hier: Recht der betrieblichen Interessenvertretung)

3.1. Phasen (Etappen) normativer Geltung einerseits und faktischer Geltung andererseits

Es ist ebenso hilfreich wie notwendig, das Recht der betrieblichen Interessenvertretung, ausgehend von „reinem" DDR-Arbeitsrecht über ein besonderes „Recht des Übergangs" bis hin zu bundesdeutschem Arbeitsrecht in verschiedene Phasen respektive Etappen einzuteilen.

Hierbei ist evident, daß gerade in bezug auf sich wandelnde Inhalte und Formen betrieblicher Mitbestimmung die Etappen von normativer Geltung einerseits und soziologisch funktionaler bzw. faktischer Geltung andererseits nicht übereinstimmen.

Rolf Wank hat für das Recht der ehemaligen DDR folgende Phasen unterschieden:

1. DDR-Recht vor dem Staatsvertrag
2. DDR-Recht nach dem Staatsvertrag
   a) sofortige Änderungen
   b) spätere Änderungen
3. DDR-Recht nach dem Einigungsvertrag
   a) sofortige Änderungen
   b) spätere Änderungen
4. Übereinstimmende Rechtsordnung spätestens nach dem 31.12.1995[77]

Diese grobe Einteilung kann für das Recht der betrieblichen Interessenvertretung nur bedingt gültig sein; zudem ist damit noch nichts über die jeweilige essentielle Spezifik des Rechts in der jeweiligen Phase ausgesagt. Für das Recht der betrieblichen Interessenvertretung unterscheiden wir:

---

77 vgl. Rolf Wank, Das Arbeits- und Sozialrecht nach dem Einigungsvertrag, RdA 1991, S. 2

1. Phase: die uneingeschränkte Geltung des „sozialistischen" Arbeits- bzw. Mitbestimmungsrechts bis zum Ende des Jahres 1989.
2. Phase: die Herausbildung eines reform-demokratischen Arbeits- bzw. Mitbestimmungsrechts DDR-eigener Provenienz in den Monaten Januar bis Mai 1990.
3. Phase: das eigentliche Übergangsrecht von ganz überwiegend metarechtlicher Ausprägung zwischen dem Abschluß des Staatsvertrages am 18.5.1990 bis zum Inkrafttreten des Einigungsvertrages am 3.10. 1990.
4. Phase: die Einführung des bundesdeutschen Betriebsverfassungsrechts in den neuen Bundesländern bis zur erstmaligen Wahl der Betriebsräte nach dem Betriebsverfassungsgesetz bis zum 30.6.1991.
5. Phase: die vollständige und uneingeschränkte normative Geltung des bundesdeutschen Betriebsverfassungsrechts nach dem 30.6.1991.

Bezogen auf das Recht der betrieblichen Mitbestimmung bzw. Interessenvertretung ist die erste Phase dadurch gekennzeichnet, daß das im DDR-Arbeitsgesetzbuch niedergelegte Interessenvertretungsmonopol der betrieblichen Gewerkschaftsleitungen zumindest normativ im vollen Umfang gilt. Es besteht als ausschließlich „sozialistisches" DDR-Mitbestimmungsrecht.

Unabhängig davon bilden sich bereits Ende 1989 die ersten freigewählten bzw. neugewählten Interessenvertretungskörperschaften heraus, und zwar – genau genommen – contra legem. Die zweite Phase ist dadurch gekennzeichnet, daß zwar das bestehende Arbeitsgesetzbuch und damit das System der betrieblichen Mitbestimmung noch gilt, jedoch eine Reihe von Gesetzen und Rechtsverordnungen erlassen werden, die darauf abzielen, das bestehende Interessenvertretungsrecht demokratisch zu reformieren (z.B. neues Gewerkschaftsgesetz, Joint-Venture-Verordnung, Umwandlungsverordnung).

Das bestehende DDR-Mitbestimmungs- bzw. Interessenvertretungsrecht wird – gesetzes- bzw. rechtstechnisch mitunter sorglos – reformiert, und zwar offensichtlich unter dem Blickwinkel, daß die DDR als Staat bestehen bleibt oder aber ein langer Vereinigungsprozeß bevorsteht.

Diese Phase findet ihren Abschluß und Höhepunkt mit der Veröffentlichung des Entwurfs für ein Gesetz über die Interessenvertretung der Beschäftigten in Betrieben und Unternehmen (Mitbestimmungsgesetz). Es ist dies die Phase eines DDR-spezifischen demokratisch-reformerischen Konsolidierungsversuchs. Interessenvertretungen *neben* den betrieblichen Gewerkschaftsleitungen sind bzw. werden etabliert (vor allem Betriebsräte, Betriebswirtschaftsräte etc.), und zwar in dieser Phase nicht mehr contra legem sondern praeter legem.

Spätestens mit dem Vertragsabschluß zum Staatsvertrag erhält der Einigungsprozeß erste rechtliche Gestalt. Es ist dies die höchst aufregende Etappe einer Vielzahl von metarechtlichen Regelungen, welche den Übergang von der DDR-Arbeitsrechtsordnung zur bundesdeutschen Rechtsordnung regeln. Diese Etappe endet mit dem 3.10.1990, also mit Inkrafttreten des Einigungsvertrages. Diese Phase beginnt somit mit der Inkraftsetzung des bundesdeutschen Betriebsverfassungsgesetzes und reicht bis zum Inkrafttreten des Einigungsvertrages.

Die relative Selbständigkeit der Etappe zwischen dem 3.10.1990 und dem 30.6.1991 resultiert daraus, daß das Betriebsverfassungsgesetz formell zwar galt, gleichzeitig jedoch die Verordnung zur Übergangsregelung bis zur erstmaligen Wahl der Betriebsräte nach dem Betriebsverfassungsgesetz vom 11.7.1990 aus der DDR in Kraft blieb.

Erst nach dem 30.6.1991 kann somit von einer voraussetzungslosen und uneingeschränkten Geltung und Wirkung des Betriebsverfassungsgesetzes gesprochen werden.

Denn: Bis zu diesem Zeitpunkt wurde von einer gesetzlichen Fiktion ausgegangen: Soweit schon vor dem 3.10.1990 betriebliche Arbeitnehmervertretungen nach demokratischen Grundsätzen gewählt worden waren, bleiben sie bis spätestens 30.6.1991 als Betriebsräte im Amt, das heißt: Sie *galten* als Betriebsräte, obwohl sie von ihrer normativen Geltung her keine waren. Im V. Kapitel wird der Versuch unternommen, die hier dargestellten Phänomene rechtstheoretisch-soziologisch zu bewerten.

3.2. Betriebliche Interessenvertretung im Übergangsrecht der DDR

Vorbemerkung:

Unabhängig von ihrem normativem Rang werden die nachfolgenden rechtlichen Regelungen chronologisch abgehandelt.

3.2.1. Das Gesetz zur Änderung der Verfassung der Deutschen Demokratischen Republik vom 12.1.1990[78]

Dieses Gesetz stellt durch Artikel 14 a Absatz 2 der Verfassung den Beginn einer Demokratisierung des bestehenden Mitbestimmungsrechts dar. Es heißt hier lakonisch: Die Mitbestimmung der Werktätigen an der Leitung der Unternehmen mit ausländischer Beteiligung wird gewährleistet. Kein Wort somit in bezug auf eine etwa politische Ausrichtung der Mitbestimmung, wie dies sonst immer in interessenvertretungsrechtlichen Regelungen der Fall war; wie sich später zeigen wird, lag es durchaus in der Absicht des Gesetzgebers, eine politisch neutrale Mitbestimmungsregelung zu schaffen und damit gleichsam das Tor für eine weitere Demokratisierung zu öffnen.

3.2.2. Die Joint-Venture-Verordnung

Die erste mitbestimmungsrechtlich relevante Rechtsvorschrift war die *Verordnung über die Gründung und Tätigkeit von Unternehmen mit ausländischer Beteiligung in der DDR vom 25.1.1990 (Gesetzblatt I Nr. 4 Seite 16).*

Hier heißt es in § 31 II: „Die Werktätigen haben in allen Angelegenheiten, die sie betreffen, ein Mitbestimmungsrecht bei der Leitung der Unternehmen auf der Grundlage der Verfassung der DDR und der hierfür geltenden Rechtsvorschriften."

Der Gesellschaftsvertrag bzw. die Unternehmenssatzung sind entsprechend zu gestalten. In Rechtsvorschriften vorgesehene Mitbestimmungsrechte dürfen nicht ausgeschlossen werden (§ 31 II Satz 3 Joint-Venture-Verordung). Verschiedene Regelungen – so vor allem auch die Mitbestimmungsklausel – sind inhaltlich dunkel und formell nicht unbedenklich. Hierauf haben frühzeitig Wolfgang Däubler und Thomas Klebe hingewiesen.[79]

Die Joint-Venture-Verordnung verzichtet darauf, etwas zum Inhalt oder gar zu einer politischen Ausrichtung der Mitbestimmung zu sagen. Da das (alte) Arbeitsgesetzbuch mit der im ersten Kapitel dieser Studie gekennzeichneten politischen Ausformung der betrieblichen Interessenvertretung noch vollständig in Kraft ist, müßte sich genaugenommen die in der Joint-Venture-Verordnung geregelte Mitbestimmung daran messen lassen.

Das hat der Verordnungsgeber jedoch offensichtlich nicht gemeint; er gewährleistet „die Mitbestimmung der Werktätigen" schlechthin und rückt

---

78 Gbl. I, Nr. 4, S. 15

79 Wolfgang Däubler/Thomas Klebe, Mitbestimmung – ein Angebot für die DDR?, in: Wolfgang Däubler, Rechtsexport, a.a.O. S. 61ff.

damit – wenngleich nicht expressis verbis – von den im AGB ausdrücklich geregelten Mitbestimmungszielen und -inhalten ab. Auf welche Weise und durch welche Interessenvertretungskörperschaften die Mitbestimmung erfolgen darf, wird allerdings nicht geregelt.

Damit werden auch die Betriebsräte bzw. ähnliche Vertretungskörperschaften, welche sich bisher in der DDR contra legem gebildet hatten, zwar nicht ausdrücklich verboten, aber auch nicht zur Kenntnis genommen.

Die Verordnung muß daher als ersten Versuch des DDR-Gesetzgebers zu einer demokratischen Öffnung respektive Umgestaltung der Mitbestimmung gewertet werden.

3.2.3. Die Verordnung zur Arbeit mit den Personalunterlagen vom 22.2.1990[80]

Die mitbestimmungsrechtliche Relevanz dieser Verordnung ist offenbar bisher übersehen worden.

Es heißt hier in § 3 III 2. Anstrich: Eine Einsichtnahme in die Personalunterlagen durch dritte Personen ist nur mit Zustimmung des Werktätigen möglich – dies haben die Leiter der Organe und Betriebe „zu sichern".

Durch diese Regelung wollte der Verordnungsgeber ganz offensichtlich ein bisher bestehendes Recht auf Einsichtnahme in Personalunterlagen bzw. Personalakten durch die zuständige betriebliche Gewerkschaftsleitung aufheben. Gesetzestechnisch wäre dies freilich nicht möglich, denn eine nachrangige Vorschrift (hier: eine Verordnung des Ministerrates) kann ein Gesetz (das AGB) nicht aufheben bzw. ein dort ausdrücklich fixiertes Recht weder abändern noch aufheben. Dies sollte jedoch offenbar geschehen; Vertreter von Gewerkschaftsleitungen – genaugenommen ohne Legitimation – sollten nicht mehr das Recht haben, in Personalakten Einsicht zu nehmen. Vielmehr hatten die „Leiter der Organe und Betriebe" nach § 3 II der Personalunterlagenverordnung zu gewährleisten, daß „dem Werktätigen auf Ersuchen Einsicht in seine Personalunterlagen zu gewähren ist." Bis dahin jedenfalls war der rechtliche Zustand genau entgegengesetzt:

Der „Werktätige" selbst hatte kein Recht, in seine Personalakte einzusehen; dafür konnte er jedoch einen zuständigen Gewerkschaftsvertreter Einsicht nehmen lassen. Mitbestimmungsrechtlich interessant ist an dieser Verordnung, daß die Vernichtung eines bisher bestehenden – politisch motivierten – Mitbestimmungsrechts den Weg für ein völlig neues, bisher nicht

80 GBl. I, Nr. 11, Seite 84

dagewesenes Recht des Arbeitnehmers frei machte, nämlich, in seine eigenen Personalunterlagen einzusehen.

3.2.4. Die Umwandlungsverordnung

Die *Verordnung zur Umwandlung von volkseigenen Kombinaten, Betrieben und Einrichtungen in Kapitalgesellschaften vom 1.März 1990*[81] ist insoweit von arbeits- bzw.mitbestimmungsrechtlicher Relevanz, als der § 9 erstmalig in einer Rechtsvorschrift der DDR die Bildung eine *Aufsichtsrats* zuläßt. Nachdem die Betriebe in GmbH und Aktiengesellschaften umgewandelt wurden, ist innerhalb von 3 Monaten nach Umwandlung ein Aufsichtsrat zu bilden. Der Aufsichtsrat setzt sich zusammen aus mindestens vier Aufsichtsratsmitgliedern, die durch die Belegschaft (darunter ein leitender Mitarbeiter) entsandt werden, vier Aufsichtsratsmitgliedern, die durch die Anteilseigner bestimmt werden und einem Aufsichtsratsmitglied, das durch die vorgenannten Aufsichtsratsmitglieder gewählt wird.Bei Unternehmen mit weniger als 500 Beschäftigten kann die Zahl der Aufsichtsratsmitglieder proportional reduziert werden.

Rechtstechnisch sehr fragwürdig dürfte sein, daß die erstmalige Installation von Aufsichtsräten in der DDR im Verordnungswege erfolgt; man muß bedenken, daß zum Zeitpunkt des Inkrafttretens dieser Verordnung das Arbeitsgesetzbuch noch im vollem Umfange gültig war.Jedenfalls bestätigt sich mit dieser Verordnung der mit den o.g. Rechtsvorschriften eingeschlagene Weg einer Demokratisierung der Mitbestimmung. Ansonsten blieb alles beim „alten“ Gesellschaftsrecht.

Auf Aktiengesellschaften findet das Aktiengesetz von 1937, auf Gesellschaften mit beschränkter Haftung das GmbH-Gesetz von 1892 Anwendung: beide waren in der DDR nie aufgehoben worden, besaßen jedoch keine faktische Geltung.

3.2.5. Verfassungsänderung II

Das *Gesetz über die Änderung der Verfassung vom 6. März 1990*[82] enthält eine für die DDR nahezu revolutionäre Regelung: Mit der Neufassung der Artikel 44 und 45 der DDR-Verfassung wird gewerkschaftliche Mitbestimmung gewährleistet, erstmalig ein Streikrecht bei gleichzeitigem Verbot jeglicher Form der Aussperrung garantiert. Mit spätestens dieser – mitbestim-

81 GBl. I, Nr. 14, Seite 107
82 GBl. I, Nr. 15, Seite 110

mungsrechtlich relevanten – zweiten Verfassungsänderung ist die politische Ausformung des Interessenvertretungsrechts aus dem ersten und zweiten Kapitel des Arbeitsgesetzbuches obsolet geworden.

3.2.6. Das „neue" Gewerkschaftsgesetz

Das *Gesetz über die Rechte der Gewerkschaften in der Deutschen Demokratischen Republik vom 6. März 1990*[83] berührt sowohl die tarifliche als auch die betriebliche Ebene, ohne beide exakt voneinander zu trennen.[84]

Das Gewerkschaftsgesetz setzt zwar den Demokratisierungstrend der Mitbestimmung generell fort, geht aber offensichtlich von einem gewerkschaftlichen „Alleinvertretungsanspruch" für die Arbeitnehmer aus. Wer meinen könnte, es wäre nicht Aufgabe des Gewerkschaftsgesetzes gewesen, eine normative Öffnung in Richtung der Schaffung von Betriebsräten oder ähnlicher Vertretungskörperschaften vorzunehmen, verkennt die Zustände in der DDR zum damaligen Zeitpunkt. Es ist dies zwar (noch) die Zeit des Versuchs demokratisch-reformerischer Erneuerung, jedoch vor dem Hintergrund, die Zweistaatlichkeit in Deutschland zu erhalten oder die Einheit langfristig oder zumindest mittelfristig hinauszuzögern.

So hat das Gewerkschaftsgesetz nicht nur progressive, sondern zugleich auch restaurative Züge. In seinen Grundzügen ist folgendes geregelt:

1. Die Gewerkschaften sind zum Abschluß von Tarifverträgen und Vereinbarungen nicht nur über die Arbeits- sondern auch über die Lebensbedingungen der Werktätigen berechtigt (§ 3). Die Vertragspartner hierfür werden aber nicht benannt. Sie sollen ein ungehindertes Zutrittsrecht zum Betrieb und ein uneingeschränktes Mitbestimmungsrecht bei allen betrieblichen Fragen, die die Arbeits- und Lebensbedingungen der Werktätigen betreffen, haben (§ 11). Im § 3 ist ausdrücklich festgeschrieben, daß die Tarifautonomie gewährleistet ist.
2. Das Streikrecht ist garantiert, steht aber unter Vorbehalt, und zwar insofern, als daß ein Schlichtungsverfahren erfolglos geblieben sein muß oder daß der Streik dem Allgemeinwohl nicht schaden darf. In einem solchen Fall soll sogar die Regierung den Streik aussetzen können (vgl. § 18 I).

---

83 GBl. I, Nr. 15, Seite 110

84 vgl. zu weiteren Rechtsfragen der sozialen Sicherung in der DDR und zu Problemen des Mitbestimmungsrechts den instruktiven Aufsatz von E. Neifer-Dickmann/K. Kreizberg und C. Weinrich, in: Der Betrieb 1990, Seite 581ff.

3. Die Aussperrung ist verboten (§ 10 II). Die Regelung steht in Übereinstimmung mit dem Gesetz zur Änderung der Verfassung der Deutschen Demokratischen Republik vom 6. März 1990 (Gesetzblatt I Nr. 15 Seite 109), der den bisherigen Artikel 44 der Verfassung insofern ändert, als daß im Absatz 3 nunmehr geregelt ist, daß jede Form der Aussperrung verboten ist.
4. Schadensersatzansprüche infolge von Streiks sollen grundsätzlich ausgeschlossen sein (§ 19 I).
5. Es soll eine gesetzliche Lohnfortzahlungspflicht auch bei arbeitskampfbedingten mittelbaren Produktionsstörungen garantiert werden (§ 19 II).
6. Die Betriebsgewerkschaftsleitungen können Betriebsvereinbarungen abschließen (§ 12) und haben ein Vetorecht gegenüber allen Unternehmensentscheidungen, welche die Mitbestimmungsrechte mißachten (vgl. § 16). Diese Mitbestimmungsrechte beziehen sich offenbar „nur" auf die sogenannten Arbeits- und Lebensbedingungen. Dies ist zwar in der DDR ein gängiger Terminus technicus; sollte hierauf der Inhalt der Mitbestimmung künftig festgelegt werden müssen, könnte man freilich damit den Gegenstand der Mitbestimmung nicht exakt abgrenzen. Die Betriebsgewerkschaftsleitungen haben das Recht, die Aufhebung solcher Leiterentscheidungen, welche unter Mißachtung gewerkschaftlicher Mitbestimmungsrechte die sozialen Rechte der Werktätigen nachhaltig beeinträchtigen, bei dem jeweils „entscheidungsbefugten Organ" zu beantragen. Der Antrag hat aufschiebende Wirkung. Eine Entscheidung ist innerhalb von 21 Kalendertagen nach Antragstellung zu treffen.
   Diese Regelung ist sicher nicht uninteressant; von einem rechtsförmigen Verfahren hingegen ist sie weit entfernt.
7. Die Mitglieder der Betriebsgewerkschaftsleitungen sind bezahlt von der Arbeit freizustellen (vgl. §§ 15 und 21) und nur mit Zustimmung der Gewerkschaftsgrundorganisation kündbar (§ 20 II). Darüber hinaus haben die betrieblichen Gewerkschaftsvertreter einen Anspruch auf Weiterbildung und sind nach Beendigung ihrer Gewerkschaftstätigkeit zu beschäftigen (§ 23).
8. Die Betriebe mit freigestellten Gewerkschaftsvertretern sollen verpflichtet werden, in einen Fonds der zuständigen Gewerkschaft einen jährlich zu vereinbarenden Betrag monatlich einzuzahlen, dessen Höhe mindestens der Lohnsumme dieser Gewerkschaftsvertreter gemäß gewerkschaftlichem Gehaltsregulativ entspricht (§ 21 II).

Wie widersprüchlich und kompliziert die Situation ist, zeigen zwei Äußerungen hoher Gewerkschaftsfunktionäre der DDR, zum einen im Februar und zum anderen im März 1990: Auf dem außerordentlichen Gewerkschaftskongress äußerte der Vorsitzende des Vorbereitungskomitees des Kongresses, Werner Peplowski: „Wenn wir vor der Installation von Betriebsräten warnen, dann, weil wir die Konsequenz sehen, daß die Gewerkschaften auf diesem Weg nicht nur weiter geschwächt, sondern zunehmend entrechtet werden.

Unsere klare Haltung richtet sich nicht gegen die vielen Kollegen, die um die Bildung von Betriebsräten kämpfen. Wir sind vielfach enttäuscht, verbittert über ungenügende gewerkschaftliche Interessenvertretung bisher.

Viele wollen keine einfache Übernahme oder Kopie der Betriebsräte in der BRD, das zeigen schon die unterschiedlichen Begriffe für verschiedene Mitbestimmungsformen. Aber es wird diskutiert und diskutiert, um mögliche Formen demokratischer Mitbestimmung.

Das ist völlig verständlich, nachdem Mitbestimmung in diesem Lande nur auf dem Papier stand. Aber in der Zeit laufen die Verhandlungen mit Unternehmerverbänden und Unternehmern auf vollen Touren. Betriebsdirektoren und Unternehmer geben sich schon gegenseitig die Klinke in die Hand. Unternehmerverband in der DDR ist schon reale Tatsache. Unsere vielen und langen Diskussionen, ob nun solch ein Rat oder ein anderer, der ohnehin noch keine Rechte hat, arbeiten nur den Unternehmern in die Hände. Die lachenden Dritten werden sie sein.

Auf diesem Kongreß muß es darum gehen, dafür zu sorgen, daß es in diesem Land noch eine einheitliche und starke Kraft gibt, die die Interessen der Werktätigen schützen kann. Hier geht es um künftige Lebensbedingungen und Interessen von Millionen Menschen, die in diesem Land geblieben sind und weiter hier leben wollen.“[85]

Nach Verabschiedung des Gewerkschaftsgesetzes erklärte die FDGB-Vorsitzende Mausch, es könne nicht Aufgabe der Gewerkschaften sein, in die Leitung der Betriebe einzugreifen[86].

Fest steht jedenfalls:

Zum Zeitpunkt der Verabschiedung des neuen Gewerkschaftsgesetzes sind bereits – praeter legem – Betriebsräte, Betriebskontrollräte, Betriebswirtschaftsräte etc. entstanden, die an Stelle der Betriebsgewerkschaftsleitung oder der zuständigen betrieblichen Gewerkschaftsleitungen Interessen der Belegschaft wahrnehmen wollen.

Das Gewerkschaftsgesetz „hat diese Entwicklung schlicht ignoriert – vermutlich ging es der alten Volkskammermehrheit darum, bestehende Strukturen noch einmal abzusichern, wahrscheinlich auch, um ein Faustpfand für

---

85 Bericht des Vorbereitungskomitees des außerordentlichen Gewerkschaftskongresses, Berichterstatter: Werner Peplowski, in: Tribüne Nr. 23 vom 1. Februar 1990, Seite 3

86 Tribüne vom 8. März 1990, S. 3

die Beeinflussung der weiteren Entwicklung zu haben. Wenn nicht alles täuscht, wird sich der ‚Wildwuchs' an der Basis aber letztlich durchsetzen."[87]

Je weiter der Abschluß eines Staatsvertrages zwischen den beiden deutschen Staaten heranreifte und je mehr die Frage: Betriebsrat oder weiter Betriebsgewerkschaftsleitung? zugunsten der Betriebsräte entschieden wurde, desto mehr wurde letztlich auch das „neue Gewerkschaftsgesetz" obsolet.

Bobke von Camen schreibt klar und deutlich und gibt damit wohl auch die herrschende Meinung wieder: „In vielen DDR-Betrieben wurden bereits Ende letzten Jahres (also 1989 – der Verf.) spontan, teils ohne Rechtsgrundlage, teils aufgrund betrieblicher Vereinbarung und nach dem Muster des bundesdeutschen Betriebsverfassungsgesetzes, Betriebsräte gewählt. Teilweise firmierten die alten Betriebsgewerkschaftsleitungen als Betriebsrat, teilweise existierten beide Gremien nebeneinander. In anderen Betrieben erneuerten sich die Betriebsgewerkschaftsleitungen personell. In dieser Situation bereitete die Regierung Modrow ein Betriebsrätegesetz vor, das allerdings auf den schärfsten Protest des FDGB stieß.

Das Gewerkschaftsgesetz (§§ 20ff.) will das System der betrieblichen Gewerkschaftsvertretung aus der gescheiterten Kommandowirtschaft in die Periode des Wechsels des ökonomischen und politischen Systems und des staatlichen Vereinbarungsprozesses hinüberretten. Die Aussichten dafür, daß in einem geeinten Deutschland ein System der nurgewerkschaftlichen Interessenvertretung Anklang bei den Beschäftigten findet oder gar Aussichten hat, staatliches Recht zu werden, sind allerdings außerordentlich gering. Daraus ergibt sich für die DDR die Konsequenz, ihr System der betrieblichen Interessenvertretung umzustellen.

Das Gewerkschaftsgesetz bietet daher in dem Teil, in dem es nach wie vor den gewerkschaftlichen Alleinvertretungsanspruch im Betrieb sichern will, den größten Angriffspunkt.

Das duale Modell der betrieblichen Interessenvertretung, so wie es sich nach dem zweiten Weltkrieg in der Bundesrepublik durchgesetzt hat, ist – sieht man einmal von Österreich ab – in Europa und der Welt recht allein geblieben. Allerdings hat es gerade in jüngster Zeit im Zuge der EG-Integration im europäischen Ausland immer mehr Interesse gefunden.

Da sich die DDR auf die staatliche Einheit mit der Bundesrepublik vorbereitet und nicht auf den Zusammenschluß mit Italien oder Schweden, sind alle Überlegungen müßig, für die DDR-Betriebe ein System der betrieblichen Interessenvertretung allein durch Gewerkschaften vorzuschlagen.

An konkreten, in der Bundesrepublik etablierten und hierzulande in den Betrieben real vorhandenen Modellen der betrieblichen Interessenvertretung

87 Wolfgang Däubler/Thomas Klebe, a.a.O., Seite 6, Fn. 78

vorbei gehen aber auch jene Ratschläge, DDR-Betriebsräte explizit gegen die Gewerkschaften zu errichten.

Die ausschließliche Interessenvertretung durch gewählte Belegschaftsvertreter, die nur dem Wohl des Betriebes verpflichtet sind, mag zwar in der Bundesrepublik als Wunschvorstellung vorhanden sein, sie entspricht aber nicht dem gültigen System der betrieblichen Interessenvertretung. Trotz aller gewerkschaftlichen Widerstände gegen das Betriebsverfassungsgesetz 1952 und trotz aller Kritik auch am Betriebsverfassungsgesetz 1972, das nach gewerkschaftlicher Auffassung noch keinesfalls den Schlußpunkt der Entwicklung der betrieblichen Interessenvertretung darstellt, erkennt das Betriebsverfassungsgesetz die Aufgaben der Gewerkschaften in der Betriebsverfassung ausdrücklich an.“[88]

3.2.7. Das Gesetz über die Gründung privater Unternehmen und über Unternehmensbeteiligung

Hinsichtlich des *Gesetzes über die Gründung und Tätigkeit privater Unternehmen und über Unternehmensbeteiligungen vom 7. März 1990*[89] ist zunächst festzustellen, daß es nicht mit einem Niederlassungsgesetz ausländischer Unternehmen bzw. bundesdeutscher Betriebe verwechselt werden darf. Sein Geltungsbereich bezieht sich lediglich auf die Gründung privater DDR-Unternehmen. Die §§ 14 und 15 des Gesetzes sind von arbeitsrechtlicher Relevanz. Hierin heißt es, daß die Arbeitsrechtsverhältnisse und die Sozialversicherung der Beschäftigten der privaten Unternehmen in Übereinstimmung mit dem Arbeits- und Sozialversicherungsrecht sowie den tariflichen Regelungen der DDR zu gestalten sind.

Bei Rationalisierungsmaßnahmen, Strukturveränderungen, Auflösung von Unternehmen und anderen, die Arbeitsverhältnisse der Beschäftigten grundlegend verändernden, betrieblichen Entscheidungen sind durch die Leitung des Unternehmens entsprechend den Rechtsvorschriften soziale Maßnahmen festzulegen und deren Realisierung zu gewährleisten (vgl. § 14 II des Gesetzes). Gemäß § 15 des Gesetzes ist in den Unternehmen die Tätigkeit der Gewerkschaften und *anderer gewählter Interessenvertretungen* zum Schutz der Interessen der Beschäftigten auf der Grundlage der Rechtsvorschriften zu garantieren.

---

88 Manfred H. Bobke von Camen, Betriebsrat oder weiter Betriebsgewerkschaftsleitung?, in: Handelsblatt Nr. 85 vom 3.5.1989, Seite 8

89 GBl. I, Nr. 17, Seite 141

Erstmalig wird in einem DDR-Gesetz davon ausgegangen, daß neben der *gewerkschaftlichen Tätigkeit* auch *andere gewählte Interessenvertretungen* des Betriebes zulässig sind. Offenbar sind hiermit vor allem Betriebsräte gemeint, für welche jedoch bislang noch die Rechtsgrundlagen fehlen. Gerade dieses Gesetz verdeutlicht im Verhältnis zum Gewerkschaftsgesetz die Schnellebigkeit der Entwicklung. Der DDR-Gesetzgeber kann an der tatsächlichen Entwicklung nicht mehr vorbei.

Gleichsam heimlich und unterschwellig sowie ohne einen ausdrücklichen Verweis auf Betriebsräte oder ähnliche Vertretungskörperschaften werden diese in dem Gesetz im Wege einer „immanenten Regelung“ erwähnt, wenngleich der beschränkte Geltungsbereich des Gesetzes nicht verkannt werden darf. Immerhin: es erfolgte eine weitere und hastige Demontage des AGB-Mitbestimmungsmodells. Zumindest mit diesem Gesetz sind die Mitbestimmungs- bzw. Interessenvertretungsregelungen des I. und II. Kapitels des AGB trotz normativer Geltung faktisch außer Kraft getreten.

3.2.8. Staatsvertrag und Inkraftsetzungsgesetz

Der Staatsvertrag als erstes Vertragswerk des deutsch-deutschen Einigungsprozesses hat im Wege der Sozialunion die Grundsätze der bundesdeutschen Sozialrechtsordnung ab dem 1. Juli 1990 auf die DDR übertragen. Gemäß Artikel 17 des Staatsvertrages gelten seit diesem Zeitpunkt in der DDR Koalitionsfreiheit, Tarifautonomie, Arbeitskampfrecht, Betriebsverfassung, Unternehmensmitbestimmung und Kündigungsschutz entsprechend dem Recht der Bundesrepublik Deutschland.[90]

Damit gilt ab 1. Juli 1990 das Betriebsverfassungsgesetz der Bundesrepublik Deutschland in der DDR.

Dem als Ergänzung zum Staatsvertrag vereinbarten gemeinsamen Protokoll über die Leitsätze (A III 4. BGBl. 1990 II Seite 545) heißt es daher folgerichtig: „Rechtsvorschriften, die besondere Mitwirkungsrechte des Freien Deutschen Gewerkschaftsbundes, von Betriebsgewerkschaftsorganisationen und betrieblichen Gewerkschaftsleitungen vorsehen, werden nicht mehr angewendet.“ Damit wurde nicht nur das „neue“ Gewerkschaftsgesetz der DDR wieder aufgehoben. Sämtliche – wenngleich zaghafte – „Versuche“ etwa ein arbeitsteiliges Vorgehen von betrieblichen Gewerkschaftsleitungen einerseits und Betriebsräten oder Betriebswirtschaftsräten andererseits bei der Realisie-

---

90 Staatsvertrag Anlage III Abschnitt III „Sozialunion“ Nr. 1, BGBl. II 1990, Seite 537, 557 umgesetzt in der DDR: § 7 Nr. 7 Gesetz über die Änderung oder Aufhebung von Gesetzen der Deutschen Demokratischen Republik vom 28. Juni 1990, GBl. I Nr. 38 Seite 485.

rung von betrieblicher Mitbestimmung bzw. Interessenvertretung der Arbeitnehmerschaft zu installieren, waren damit zerronnen.[91]

Der Auftrag zur Inkraftsetzung bundesdeutscher Rechtsvorschriften in Anlage II des Staatsvertrages ist durch ein eigenes Gesetz, das sogenannte Inkraftsetzungs- oder auch Mantelgesetz, umgesetzt worden. (Gesetz über die Inkraftsetzung von Rechtsvorschriften der Bundesrepublik Deutschland in der DDR vom 21. Juni 1990, Gesetzblatt I Nr. 34 Seite 357.)

In § 30 InkrG wurde die Anwendung des Betriebsverfassungsgesetzes 1972 in der DDR verfügt.

Die Aussage über die Betriebsverfassung wird ergänzt durch Artikel 29 des Staatsvertrages, der für den öffentlichen Dienst das Personalvertretungsgesetz für sinngemäß anwendbar erklärt. Somit war das Betriebsverfassungsgesetz in der Fassung der Bekanntmachung vom 23.12.1988 in seinem vollen Umfang anzuwenden; „die in der Vorbereitung aufgetretene Absicht, die Sozialplanvorschriften mit Rücksicht auf die notwendige Strukturanpassung der Wirtschaft der DDR nicht in Kraft zu setzen, ist nicht verwirklicht worden. Es fällt auf, daß das Gesetz über den Sozialplan im Konkurs- und Vergleichsverfahren mit seiner die Arbeitnehmer gegenüber sonstigen Gläubigern begünstigenden Regelung der Sozialplanforderungen nicht in den Katalog der in Geltung zu setzenden Vorschriften übernommen worden ist. Dies mag daran liegen, daß über das Insolvenzrecht in der DDR ohnedies erhebliche Unklarheit besteht und in Anlage VI unter Abschnitt II Nr. 3 das Insolvenzrecht unter den Regelungen aufgeführt ist, die in der DDR im weiteren Verlauf anzustreben sind."[92]

Immerhin hat § 30 Ziffer 3 InkrG berücksichtigt, daß sich gleichsam ein wildwüchsiges Betriebsverfassungsrecht in der DDR bereits vor dem 1.7.1990 herausgebildet hatte.[93] Nach § 30 Ziffer 3 InkrG finden die erstmaligen Be-

---

91 Auf dieses Problem wird weiter unten noch argumentativ einzugehen sein.

92 Otto Rudolf Kissel, Arbeitsrecht und Staatsvertrag, NZA 1990, 548

93 Aus sozialwissenschaftlicher Sicht hierzu: Jürgen Kädtler/Gisela Kottwitz, Betriebsräte zwischen Wende und Ende der DDR, Berliner Arbeitshefte und Berichte zur sozialwissenschaftlichen Forschung Nr. 42, FU Berlin, Oktober 1990; Martin Jander/Stefan Lutz, Betriebsräte in der ehemaligen DDR. Eine vernachlässigte Institutiond, Berliner Arbeitshefte und Berichte zur sozialwissenschaftlichen Forschung Nr. 66, FU Berlin, November 1991; Helmut Martens, Gewerkschaftlicher Organisationsaufbau und Mitbestimmung in Ostdeutschland, Sozialforschungsstelle Dortmund, Mai 1992; Silke Röbenack/Gabriele Hartung, Strukturwandel industrieller Beziehungen in ostdeutschen Industriebetrieben. Herausbildung neuer Beziehungen zwischen Arbeitgebern und Betriebsräten sowie Wandel in der Austragung von Interessenkonflikten, KSPW, Graue Reihe Nr. 302, Halle o. J.; Heidrun Fritzsche/Gabriele Hartung, Herausbildung und Probleme der betrieblichen Interessenver-

triebsratswahlen nach dem Betriebsverfassungsgesetz nach dem 30. Juni 1991 statt.

Betriebsräte oder andere Arbeitnehmervertretungen allerdings, welche vor dem 31. Oktober 1990 - so der Gesetzestext - „nach demokratischen Grundsätzen von der Belegschaft in geheimer Abstimmung gewählt worden sind“, bleiben bis zur Wahl eines Betriebsrates nach dem Betriebsverfassungsgesetz, längstens bis zum 30. Juni 1991, im Amt. Hierbei handelt es sich um eine gesetzliche Fiktion:

Diese Arbeitnehmervertretungen nehmen die den Betriebsräten nach dem Betriebsverfassungsgesetz 1972 und anderen Gesetzen eingeräumte Rechtsstellung wahr. Dies gilt aber nicht in den Betrieben, in denen nach dem Betriebsverfassungsgesetz kein Betriebsrat zu wählen ist. Kurz nach Inkrafttreten des Inkraftsetzungsgesetzes, nämlich am 11. Juli 1990, hat die DDR eine Verordnung zu Übergangsregelungen bis zur erstmaligen Wahl der Betriebsräte nach dem Betriebsverfassungsgesetz (Gesetzblatt I Nr. 44 Seite 715) erlassen. Hierin heißt es:

Arbeitnehmervertretungen im Sinne des § 30 Ziffer 3 des Inkraftsetzungsgesetzes (InkrG) sind auch die gewählten betrieblichen gewerkschaftlichen Interessenvertretungen, die nach demokratischen Grundsätzen in geheimer Abstimmung von der Mehrheit der Belegschaft gewählt worden sind.

Sofern mehrere betriebliche Arbeitnehmervertretungen in einem Betrieb nebeneinander bestehen, ist diejenige Arbeitnehmervertretung im Sinne des Betriebsverfassungsgesetzes legitimiert, die nach dem Wahlprotokoll von der Mehrheit der Belegschaft des Betriebes in geheimer Abstimmung demokratisch gewählt worden ist.

Diese Übergangsregelungen gelten bis zur erstmaligen Wahl eines Betriebsrates auf der Grundlage des Betriebsverfassungsgesetzes. Ab diesem Zeitpunkt gehen alle Rechte und Pflichten auf den neugewählten Betriebsrat über.

Hierzu heißt es bei Rolf Wank: „In der früheren DDR gab es das duale System der Interessenvertretung durch Gewerkschaften und Betriebsräte nicht. Dem bundesdeutschen Betriebsrat entsprach daher in etwa die Betriebsgewerkschaftsleitung.

Mit der Wende waren diese Betriebsgewerkschaftsleitungen teilweise ebenso diskreditiert wie der FDGB, und es wurden teils auch ohne Rechtsgrundlage neue Betriebsräte gewählt.

---

tretung und Mitbestimmung im Prozeß der Privatisierung ostdeutscher Unternehmen, KSPW, Graue Reihe Nr. 304, Berlin 1992

Teilweise wurden aber auch neue betriebliche gewerkschaftliche Interessenvertretungen gewählt; auch sie bleiben nach der genannten Verordnung mit der Funktion von Betriebsräten vorläufig in Kraft."[94]

Auch diese Regelung ist rechtstheoretisch überaus interessant: Obwohl per 1.7.1990 das Betriebsverfassungsgesetz in den neuen Bundesländern normativ in toto gilt, handelt es sich bei dieser Geltung um eine Geltung des Betriebsverfassungsgesetzes *ohne Betriebsräte im eigentlichen Rechtssinne.* Denn: *die bestehenden* Arbeitnehmervertretungen (Betriebsräte o.ä.) *waren* keine Betriebsräte im Sinne des Betriebsverfassungsgesetzes, da sie nicht auf dessen Grundlage gewählt wurden. Wollte man die *faktische* Geltung des Betriebsverfassungsgesetzes nicht weiter in die Zukunft verschieben, blieb gar keine andere Möglichkeit als die gesetzliche Fiktion. Diese allerdings sollte nur insoweit greifen, als es sich um demokratisch legitimierte Arbeitnehmervertretungen handelte. Daß es bei dieser Regelung um eine politische Selbstberuhigung des Gesetzgebers ohne eine wirkliche Chance zur juristischen Überprüfbarkeit der demokratischen Legitimation von Arbeitnehmervertretungen ging, liegt in der Natur der Sache.

3.2.9. Das neue Arbeitsgesetzbuch der DDR vom 1. Juli 1990

Das Gesetz zur Änderung und Ergänzung des Arbeitsgesetzbuches vom 22.6.1990[95] stellte eine grundlegende Änderung des bisher geltenden Arbeitsgesetzbuches der DDR vom 16. Juni 1977 (Gesetzblatt I Nr. 18 Seite 185) dar.

Die bisherige Arbeitsrechtsordnung der DDR[96] war damit zu einer „Rumpfkodifikation" des Individualarbeitsrechts geworden.[97] Schon der Entwurf des Staatsvertrages verlangte von der DDR, kurzfristig ein marktwirtschaftlich kompatibles AGB zu schaffen, und zwar sollte auf der Grundlage des bestehenden AGB eine vollständige „Überarbeitung" vorgenommen werden. Schon bei der Ausarbeitung des neuen AGB war klar, daß es lediglich

---

94 Rolf Wank, Das Arbeits- und Sozialrecht nach dem Einigungsvertrag, a.a.O., Seite 13, Fn. 76

95 GBl. I, Nr. 35, Seite 371

96 Peter Sander, Die Arbeitsrechtsordnung der DDR, Ausgangslage für die Rechtsangleichung, Deutsche Rechtsprechung extra, Beilage zu Heft 8 vom 1.6.1990; Stefan Nägele, Grundzüge des Arbeitsrechts der DDR, Der Betriebsberater, Beilage 9 zu Heft 7 1990

97 Stefan Nägele, Das Arbeitsgesetzbuch der DDR nach dem Staatsvertrag, Supplement der DDR-Rechtsentwicklungen, Folge 10, Seite 26ff.

Übergangscharakter haben konnte.[98] Sämtliche Regelungen des Mitbestimmungsrechts bzw. der Interessenvertretungen aus dem alten AGB waren gestrichen worden.

Die „Grundsätze des Arbeitsrechts" (Kap. 1) wurden insgesamt aufgehoben; hierzu gehörten auch die Rechte der Gewerkschaften und die Regelungen betreffend die Rahmenkollektivverträge.

Auch das zweite Kapitel fiel weg; somit gab es seit dem 1.7.1990 weder ein sozialistisch „unterlegtes" Mitbestimmungsrecht noch ein gewerkschaftliches Interessenvertretungsmonopol „an der Planung und Leitung des Betriebes". Der einzige Bezug zum ehemals kollektiven Arbeitsrecht der DDR findet sich in § 44 des neuen AGB, in dem es heißt:

Die Vereinbarungen im Arbeitsvertrag dürfen zwingenden Bestimmungen in Rechtsvorschriften, Tarifverträgen und Betriebsvereinbarungen nicht widersprechen. Anderenfalls sind sie rechtsunwirksam; an ihre Stelle treten die zwingenden Bestimmungen.

„Man wird den Sinn dieser Vorschrift dahingehend verstehen müssen, daß keine zum Nachteil des Arbeitnehmers abweichenden Regelungen im Arbeitsvertrag aufgenommen werden dürfen. Das Günstigkeitsprinzip wird auch in der DDR trotz der Neufassung des § 44 AGB Bedeutung erlangen."[99] An das Problem der rechtlichen Nachwirkungen von betrieblichen Vereinbarungen, Betriebskollektivverträgen und weiteren betrieblichen Regelungen hat bei der Neufassung des AGB offensichtlich niemand gedacht.

Es soll im 6. Kapitel diskutiert werden.

3.2.10. Der Einigungsvertrag

Für das Recht der betrieblichen Interessenvertretung brachte der Einigungsvertrag wenig Neues, da bereits seit dem 1.7.1990 auch im Osten Deutschlands das Betriebsverfassungsgesetz galt; nunmehr trat ab 3.10.1990 auch das Sprecherausschußgesetz in Kraft. Die erstmaligen Wahlen nach Betriebsverfassungsgesetz und Sprecherausschußgesetz (SprAuG) finden bis zum 30.6.1991 statt. In dieser Zeit bleiben bestehende Arbeitnehmervertretungen (unabhängig von ihrer Bezeichnung als Betriebsrat oder Gewerkschaftsleitung) im Amt, sofern sie nach demokratischen Grundsätzen in geheimer Abstimmung gewählt worden waren (Einigungsvertrag Anlage I Kapitel VIII Sachgebiet A Abschnitt III Nr. 12 b BGBl. II 1990, 1023).

---

98 Peter Sander, Das neue AGB hat Übergangscharakter, in: Arbeit und Arbeitsrecht 1990, S. 202

99 Stefan Nägele, Das Arbeitsgesetzbuch der DDR nach dem Staatsvertrag, a.a.O., Seite 26, Fn. 96

Für leitende Angestellte besteht in der Regel bis zur Wahl eines Sprecherausschusses kein Vertretungsorgan. Gewerkschaftsleitungen und Anfang des Jahres spontan gebildete Betriebsräte wurden von der Gesamtheit der Belegschaft gewählt. Eigenständige Vertretungen für leitende Angestellte wurden nicht gebildet. Die bestehenden Arbeitnehmervertretungen nach dem Einigungsvertrag Anlage I Kapitel VIII Sachgebiet A Abschnitt III Nr. 12 können aber, entsprechend dem Betriebsverfassungsgesetz, die Rechte dieser Beschäftigtengruppe mit wahrnehmen. Bis zum 31.12.1991 galten darüber hinaus noch spezifische Zuordnungskriterien für Arbeiter und Angestellte nach § 6 BetrVG.[100]

3.3. Gesetzesentwürfe/Vorschläge/Positionen

3.3.1. Die Betriebsratsverordnung: ein Entwurf

Die Regierung Modrow hatte zunächst Anfang des Jahres 1990 die Absicht, das gesamte Mitbestimmungsproblem im Verordnungswege zu regeln. Offen war hierbei zunächst, ob eine „Gesamtverordnung", welche die betriebliche und die Mitbestimmung auf Unternehmensebene enthält, geschaffen werden sollte oder ob eine selbständige Betriebsratsverordnung erlassen werden sollte.

Dieses Gesetzesvorhaben kann zumindest teilweise die sporadische respektive inhaltlich diffuse Regelung der Mitbestimmung der Gewerkschaften etc. in verschiedenen Gesetzeswerken in den Monaten Januar bis März 1990 erklären (siehe oben Kapitel II der vorliegenden Studie).

Der Bereich Arbeitsrecht der Humboldt-Universität zu Berlin wurde durch die Regierung Modrow sodann beauftragt, einen Vorschlag für eine „Betriebsratsverordnung" auszuarbeiten und ggf. eine Expertengruppe ins Leben zu rufen. Dieser Vorschlag[101] enthält folgende Grundzüge:

1. Die Werktätigen eines Betriebes sollten durch Mehrheitsbeschluß darüber entscheiden, ob ihre Interessen durch die „Organe der Betriebsgewerkschaftsorganisation oder den Betriebsrat" vertreten werden sollen.
2. Entscheidet sich die Belegschaft eines Betriebes für eine Vertretung durch den Betriebsrat, sollte der Betriebsrat sämtliche, im Arbeitsgesetz-

---

100 Annemarie Langanke, Die Entwicklung des Arbeitsrechts in der DDR von November 1989 bis zum Oktober 1990 und Probleme der Einführung der neuen Rechtsordnung, in: Peter Hanau/Annemarie Langanke/Ulrich Preis/Harald Widlak, Das Arbeitsrecht der neuen Bundesländer, Berlin 1991, Seite 28

101 unveröffentlichtes, undatiertes Manuskript vom Januar 1990

buch und anderen Rechtsvorschriften für die betriebliche Gewerkschaftsleitung geregelten Mitwirkungsrechte wahrnehmen.

3. Es sollte Aufgabe des Betriebes sein, alle materiellen Voraussetzungen für die Arbeit des Betriebsrates zu gewährleisten.
4. Für die geheime Wahl des Betriebsrates sollte ein von der Belegschaft des Betriebes gewählter Initiativrat die Wahlordnung bestimmen.
   Die Wahl des Betriebsrates sollte für die Dauer eines Jahres erfolgen.
   Ein Betriebsrat sollte in Betrieben mit mehr als zehn Werktätigen aus mindestens 3 Mitgliedern, in Betrieben mit mehr als 100 Werktätigen aus mindestens 9 Mitgliedern bestehen. In Betrieben mit 5 – 10 Werktätigen sollte ein Betriebsobmann gewählt werden.
5. Zur Erfüllung seiner Aufgaben hat der Betriebsrat das Recht, nach eigener Entscheidung Kommissionen zu bilden.
6. In Betrieben mit mehr als 500 Werktätigen sollte mindestens ein Mitglied des Betriebsrates von der Arbeit freigestellt werden.
   Er erhält eine Ausgleichszahlung in Höhe des Durchschnittslohnes. Ein interessanter Detailvorschlag aus dem Entwurf der Betriebsratsverordnung sei noch erwähnt: Für den Fall, daß der Betriebsrat eine nach § 57 AGB erforderliche Zustimmung zu einer fristgemäßen Kündigung oder fristlosen Entlassung verweigert, sollte diese Entscheidung „endgültig“ sein. (Dies zu regeln war durchaus nicht unwichtig, da das AGB eine hierarchische Prozedur zwischen Abteilungsgewerkschaftsleitung und Betriebsgewerkschaftsleitung vorsah; vgl. Kapitel I der vorliegenden Studie.)

Dieser Entwurf, der bekanntermaßen nie Gesetzeskraft erlangte, ist vor allem deshalb interessant, weil er eine demokratische Entscheidung darüber zulassen wollte, ob die Belegschaft des Betriebes ihre Interessenvertretung durch die Betriebsgewerkschaftsorganisation oder einen Betriebsrat realisiert wissen wollte.

Da in der DDR seit mehreren Jahrzehnten ein gewerkschaftliches Interessenvertretungsmonopol bestand, wäre es ebenso vernünftig wie demokratisch legitim gewesen, die Belegschaften selbst darüber entscheiden zu lassen, durch welche Vertretungskörperschaft sie vertreten werden will.

Sicher wäre es in dem historischen Zeitraum Anfang 1990 in der DDR auch richtig gewesen, eine solche Alternativentscheidung gleichsam basisdemokratisch herbeizuführen. Das gesetzestechnisch ohnehin fragwürdige Vorhaben, dieses Problem im Verordnungswege zu regeln, wich wenig später dem großen Gesetzgebungsvorhaben zur Schaffung eines Interessenvertretungsgesetzes. Auch dies scheiterte bekanntlich.[102]

---

102 vgl. ausführlich 3.3.10 der vorliegenden Studie

3.3.2. Rahmengesetz zur Demokratisierung der Wirschaftstätigkeit – ein Vorschlagspapier der Arbeitsgruppe Hochbaum

Unter der Ägide des Wirtschaftsministeriums der Regierung Modrow wurde Anfang des Jahres 1990 eine Expertengruppe unter Leitung des Wirtschaftsrechtlers Prof. Dr. Ulrich Hochbaum gebildet; diese Expertengruppe erarbeitete eine Konzeption für den Erlaß zweier sogenannter Rahmengesetze, und zwar

a) für ein Rahmengesetz zur Demokratisierung der Wirtschaftstätigkeit und
b) für ein Rahmengesetz zur Schaffung von Betriebsräten sowie Wirtschafts- und Sozialräten.[103]

Hauptmotiv für den erstgenannten Gesetzesvorschlag war die Konstituierung eines „Eigentumspluralismus" in der DDR.

Beide Gesetzesvorschläge gehen davon aus, daß eine Demokratisierung bzw. Reformgesetzgebung im Rahmen der bestehenden Staatlichkeit der DDR möglich sei.

Das Gesetz sollte regeln, daß sich die Wirtschaftstätigkeit im gleichberechtigten Wettbewerb unter marktwirtschaftlichen Bedingungen in verschiedenen Eigentumsformen, und zwar im Rahmen des

a) Volkseigentums
b) Genossenschaftlichen Eigentums
c) Handwerks-, Gewerbe- und anderen privaten Eigentums
d) gemischten Eigentums

vollziehe. Es sollte den „rechtsstaatlichen Schutz" sowie die Sozialbindung pluralen Eigentums, welches dem Gemeinwohl, sozialer Geborgenheit und ökologischem Gleichgewicht verpflichtet sei, regeln.

Alle Unternehmen – hierunter sollten Unternehmungen mit einer Wirtschaftstätigkeit ab zehn Arbeitskräften verstanden werden – können sich in den durch Gesetz geregelten Rechtsformen organisieren sowie sich in Verbänden und Vereinigungen zusammenschließen.

Mögliche Rechtsformen sollten sein

a) Kapital- und Personengesellschaften
b) Genossenschaften
c) „Gemeinschaften anderer Art"
d) Stiftungen und Anstalten des öffentlichen Rechts

---

103 a.a.O., Fn. 100

e) Volkseigene Betriebe in durch den Staat bestimmter Rechtsgestalt.

Gleichzeitig sollte dieses Gesetz Grundzüge rechtsstaatlicher Regulierung, Aufsicht und Kontrolle über Unternehmen enthalten.

Dieser Rahmengesetzentwurf enthielt – für die vorliegende Studie besonders interessant – den konzeptionellen Gedanken, daß „Personalvertretung“ durch Betriebsräte und die „Mitbestimmung an der Unternehmensführung“ durch Wirtschafts- und Sozialräte erfolgen solle. Geplant war somit ein arbeitsteiliges Vorgehen zwischen Betriebsräten einerseits und Wirtschafts- und Sozialräten andererseits.

Die Mitbestimmung der Betriebsräte sollte sich auf personelle und soziale Angelegenheiten beziehen, während eine Mitbestimmung an der Unternehmensführung, das heißt die Mitbestimmung in wirtschaftlichen Angelegenheiten durch Wirtschafts- und Sozialräte erfolgen sollte.

Dieser Gesetzesvorschlag war also darauf gerichtet, die sachlichen Geltungsbereiche der Mitbestimmung in personellen und sozialen sowie wirtschaftlichen Angelegenheiten verschiedenen Gremien zuzuordnen.

3.3.3. Rahmengesetz zur Schaffung von Betriebsräten sowie Wirtschafts- und Sozialräten – der Vorschlag der Arbeitsgruppe Hochbaum

Das Gesetz sollte – nach dem Wortlaut des Vorschlagspapiers – „in einer der objektiv existenten Interessenvielfalt der Glieder der Gesellschaft und dem bestehenden politischen Pluralismus entsprechenden Weise den realen Einfluß der Werktätigen als Schöpfer des gesellschaftlichen Reichtums auf Ziel- und Zwecksetzung der Wirtschaftstätigkeit sichern.“[104]

Das Vorschlagspapier enthält einerseits Regelungsthesen für die Konstituierung von Betriebsräten und andererseits von Wirtschafts- und Sozialräten.

Nach der Expertengruppe Hochbaum wären die Aufgaben eines Betriebsrates wie folgt zu regeln:

1. Betriebsräte sind Interessenvertretungskörperschaften der zum Unternehmen im Arbeitsrechtsverhältnis stehenden Werktätigen, die von allen Belegschaftsangehörigen – unabhängig von ihrer Zugehörigkeit zur Gewerkschaft oder zum Berufsverband – in geheimer und direkter Wahl zu wählen sind.

---

104 a.a.O., Fn. 100

2. In Betrieben mit einer Zahl von 5-10 Beschäftigten *ist* ein Betriebsobmann zu wählen, der die Aufgaben des Betriebsrates wahrnimmt. Ab einer Beschäftigtenzahl von 10 *ist* ein aus mindestens 3 Mitgliedern bestehender Betriebsrat zu wählen. Seine Größe ist abhängig von der Stärke der Belegschaft.
   Betriebsräte von mehr als 9 Mitgliedern bilden *Ausschüsse (Kommissionen)* zur Erfüllung ihrer Aufgaben.
3. Der Betriebsrat hat insbesondere folgende Befugnisse:
   a) Abschluß von Vereinbarungen über Arbeits-, Lohn- und Lebensbedingungen der Belegschaft mit dem Leiter/Vorstand des Unternehmens (Unternehmensleitung);
   b) Wahrnehmung der im Arbeitsgesetzbuch verankerten gewerkschaftlichen Mitwirkungs- und Zustimmungsrechte bei Begründung, Gestaltung und Beendigung von Arbeitsrechtsverhältnissen (Personalvertretung);
   c) Interessensicherung und Schutz von „Minderheiten" (Frauen, Jugendlichen, Müttern, Behinderten, Vorrentnern, ausländischen Werktätigen) sowie Vereinbarung von Maßnahmen zu ihrer besonderen Förderung mit der Unternehmensleitung.
4. Die *Belegschaftsversammlung entscheidet*, ob ihre Interessen durch den *Betriebsrat* oder durch die *Leitung der Betriebsgewerkschaftsorganisation* wahrgenommen werden.
5. Betriebsrat und Gewerkschaften *arbeiten* auf der Grundlage ihrer im AGB und anderen Rechtsvorschriften fixierten oder festzulegenden Befugnisse im Interesse der Gesamtbelegschaft und der einzelnen Werktätigen *verantwortungsbewußt zusammen.*
6. Wahlordnung und Geschäftsordnung werden durch den Betriebsrat festgelegt.
7. Soweit im Unternehmen *kein* Wirtschafts- und Sozialrat besteht, hat der Betriebsrat das Recht zur Mitwirkung an der Unternehmenspolitik (Anhörungs-, Unterrichtungs- und Informationsbefugnisse) sowie ein Vetorecht zur vorzulegenden Sozialstrategie des Unternehmens.

Der *Wirtschafts- und Sozialrat* sollte folgende Aufgaben und Befugnisse haben:

1. In Unternehmen mit 100 und mehr Beschäftigten wird (unabhängig von der Eigentumsform) ein Wirtschafts- und Sozialrat (WSR) gebildet. Er besteht aus mindestens 7 Mitgliedern und ist, abhängig von der Größe der Belegschaft, jeweils um eine durch drei teilbare Anzahl von weiteren Mitgliedern zu ergänzen. An seiner Spitze steht ein Vorsitzender.

2. Der WSR entspricht gemäß der jeweiligen Eigentumsform – soweit nicht eine besondere Regelung im Gesetz vorgenommen wird – dem Vorstand in Personengesellschaften bzw. dem Aufsichtsrat in Kapitalgesellschaften.
3. Der WSR setzt sich zusammen aus
   a) einem Drittel von durch die Belegschaft gewählten sachkompetenten Mitgliedern. Vorschläge für die Wahl dieser Mitglieder unterbreitet der Betriebsrat aus dem Kreise der Belegschaftsangehörigen, die zum Unternehmen in einem Arbeitsverhältnis stehen.
   b) einem Drittel von durch die „Fondseigner" des Unternehmens bestimmten Mitgliedern. Ihre Zusammensetzung bei gemischten Unternehmen wird durch Gesellschaftsvertrag bzw. Statut bestimmt. In volkseigenen (staats- oder kommunaleigenen) Unternehmen sind mindestens vertreten:
   - die staatlichen Gründer oder das aufsichtsführende Staatsorgan,
   - die zuständige Bank (oder fondsbeteiligte Banken, welche Aktien oder Anteile ausgeben),
   - weitere „fondsbeteiligte" Kooperationspartner.
   c) einem Drittel von durch die zuständige Volksvertretung gewählten Mitgliedern.
   Sie sind Vertreter der Kommune, unabhängige Experten, Vertreter von den die Wirtschaftstätigkeit des Unternehmens in ihren Interessen besonders tangierten ökologischen und anderen Interessengruppen, Verbraucherverbänden oder Vereinigungen sowie Vertreter der zuständigen Branchengewerkschaft.
   Die Mitglieder dieser Gruppe werden für Unternehmen, die sich aufgrund ihrer Lage bzw. aufgrund ihrer „beherrschenden Wirtschaftstätigkeit" über das überwiegende Staatsgebiet der DDR erstrecken, für Staatsbetriebe und Unternehmen mit mehr als 2000 Beschäftigten durch das Parlament gewählt. Ansonsten ist für die Wahl die Kommune zuständig, wo das Unternehmen seinen Sitz hat bzw. die entscheidende Wirtschaftstätigkeit konzentriert ist.
4. Der Wirtschaftsrat soll folgende Befugnisse haben:
   a) Bestimmung von Ziel und Durchsetzung der Unternehmenstätigkeit, insbesondere
   - Aufnahme und Veräußerung von Kapitalanteilen sowie die Ausgabe von Aktien und Anteilen,
   - Festlegung, Veränderung und Einstellung des wirtschaftlichen Tätigkeitsfeldes,
   - Bestimmung, Veränderung oder Beendigung der Organisationsstruktur des Unternehmens.

b) Grundsätze der Unternehmensführung, insbesondere
- Wahl- bzw. Bestätigung von Direktion/Direktor bzw. Vorstand/ Vorsitzender der Geschäftsleitung,
- Beratung von Innovations-, Erzeugnis- und Leistungsprofil, Markt- und Sozialstrategien des Unternehmens.
- Dem Betriebsrat steht gegen die Sozialstrategie ein Vetorecht zu.
- Bestätigung der Pläne, Bilanzen und Ergebnisrechnungen sowie des Geschäftsberichtes des Unternehmens,
- Antrag auf Sanierung, Vergleich bzw. Konkurs.

c) Entscheidung über die Verwendung des Unternehmensgewinns für Sozialzwecke, insbesondere
- Rücklagen für betriebliche Pensionskassen
- Abführungen für den Sozialfonds

d) Mitgliedschaft des Unternehmens in Verbänden und Vereinigungen (u.a. auch Interessengemeinschaften).

e.) Schlichtung von Streitigkeiten zwischen dem Betriebsrat und der Geschäftsleitung des Unternehmens (vorzusehen wäre für den Fall, daß Streitigkeiten zwischen Betriebsrat und Geschäftsleitung nicht beizulegen sind, ein Schlichtungsverfahren bzw. die Klage beim „Arbeits- und Sozialgericht".)
Für Schwierigkeiten, über die im WSR keine Einigung erzielbar wäre, sollte ggf. der Klageweg bei einem „Wirtschaftsgericht" eröffnet werden, welchem auch eine Normenkontrolle bestimmter Beschlüsse des WSR zustehen könnte.)

5. Der WSR arbeitet nach einer von ihm beschlossenen Geschäftsordnung, bei Stimmengleichheit entscheidet die Stimme des Vorsitzenden.

Eine umfassende Diskussion dieser Vorschlagspapiere bzw. Gesetzesentwürfe kann im Rahmen dieser Studie nicht erfolgen.

Bemerkenswert ist immerhin folgendes: Beide Entwürfe enthalten nicht bloß „akademische" oder theoretische Vorstellungen, sie spiegeln zumindest teilweise eine Realität in den Betrieben wider, in welchen oftmals „arbeitsteilige" Gremien (einerseits Betriebsräte, andererseits Wirtschafts- und Sozialräte, Betriebswirtschaftsräte etc.) gebildet wurden.

- Beide Vorschlagspapiere gehen von einem „sozialistischen Eigentumspluralismus" aus, dem eine „sozialismustypische" Mitbestimmung respektive Interessenvertretung eignen soll;
- Beide Papiere basieren darauf, daß jede Belegschaft das Recht haben soll, zwischen betrieblichen Gewerkschaftsleitungen und Betriebsräten zu wählen; diesem „Wahlrecht" widerspricht allerdings die Regelung, daß *zwingend* ein Betriebsrat zu wählen sei.

- Hoch interessant ist nicht nur der Vorschlag, Interessenvertretungskörperschaften für unterschiedliche Gegenstandsbereiche zu wählen, sondern auch die – allerdings zum Teil sonderbar anmutende – hierarchische Kompetenzverteilung zwischen Betriebsrat und WSR.
- Immerhin: es wird ein Modell eines rechtsförmigen Verfahrens entworfen (Schlichtungsverfahren bzw. Rechtswegezuständigkeit).

3.3.4. Rechtsvorschrift über die Aufgaben, Bildung und Arbeitsweise gesellschaftlicher Aufsichtsräte in Wirtschaftsunternehmen – ein „Normenvorschlag" der Arbeitsgruppe Streich

Nahezu parallel zu den o.g. Gesetzesentwürfen erarbeitete eine ebenfalls durch das Wirtschaftsministerium der Regierung Modrow berufene Arbeitsgruppe unter Leitung des Wirtschaftsrechtlers Prof. Dr. Rudolf Streich einen „Normenvorschlag" für eine Rechtsvorschrift über die Aufgabenbildung und Arbeitsweise „gesellschaftlicher Aufsichtsräte" in Wirtschaftsunternehmen.[105]

Dieser Gesetzesentwurf wurde ebenfalls zu einem Zeitpunkt erarbeitet, als es offenbar noch für opportun gehalten wurde, ein „DDR-spezifisches" Unternehmensmitbestimmungsrecht zu schaffen.

Er enthält u.a. folgende Regelungsvorschläge:

1. Ein „gesellschaftlicher Aufsichtsrat" sollte in Unternehmen mit einer Zahl von 500 und mehr Beschäftigten gebildet werden.
2. Soweit in Unternehmen kein gesellschaftlicher Aufsichtsrat besteht, soll die „Mitbestimmung der Werktätigen" durch Betriebsgewerkschaftsleitung oder Betriebsrat wahrgenommen werden.
3. Der gesellschaftliche Aufsichtsrat soll „Aufsichts- und Kontrollorgan zur Einhaltung gesellschaftlicher Interessen bei der Durchführung der Wirtschaftstätigkeit" sein.
   In auf vergesellschaftetem Eigentum beruhenden Unternehmen soll das „Arbeitskollektiv" durch den gesellschaflichen Aufsichtsrat als „realer Miteigentümer" seinen Einfluß auf Ziel- und Zwecksetzung der Wirtschaftstätigkeit und die Verwendung des verteilbaren Unternehmensgewinns verwirklichen.
4. Der gesellschaftliche Aufsichtsrat besteht aus mindestens 3 und höchstens 21 Mitgliedern; die Anzahl seiner Mitglieder muß stets durch 3 teilbar sein.

---

105 unveröffentlichtes Manuskript vom 22. 1. 1990

Mitglieder des Aufsichtsrats können sein:

- sachkompetente Belegschaftsmitglieder, die durch Wahl das Vertrauen der Belegschaft haben. Soweit es die Zahl der Aufsichtsratsmitglieder erlaubt, soll eine angemessene Repräsentanz der sozialen Struktur der Belegschaft gewährleistet sein. Die Vertreter der Belegschaft können zugleich Mitglieder des Betriebsrats sein.
- von den Kapital- oder Fondseignern entsandte Vertreter;
- von der zuständigen Volksvertretung entsandte sachkompetente Vertreter.

5. Ein Drittel der Mitglieder wird durch die Belegschaft des Unternehmens in direkter, gleicher und geheimer Wahl gewählt.
   Ein weiteres Drittel der Mitglieder wird durch die Fonds- bzw. Kapitaleigner bestimmt; das letzte Drittel der Mitglieder wird durch die zuständige Volksvertretung bestellt.
6. Die Wahl der Belegschaftsvertreter ist durch den Betriebsrat oder die Betriebsgewerkschaftsleitung zu organisieren. Es können Kandidaten bis zur dreifachen Anzahl der zu besetzenden Vertreter aufgestellt werden.
7. Als zuständige Volksvertretung im Sinne dieses Gesetzes gelten die Volkskammer der DDR, die Bezirks- bzw. Länderparlamente sowie die kommunalen „Volksvertretungen".
   Als Vertreter der zuständigen Volksvertretung können insbesondere in den gesellschaftlichen Aufsichtsrat entsandt werden:
   - sachkundige Mitglieder der Volksvertretung, ihrer Ausschüsse oder der Kommunalverwaltung, welche die Bürgerinteressen, die durch die Tätigkeit des Unternehmens in besonderer Weise berührt sind, wahrnehmen können;
   - unabhängige Experten auf dem Tätigkeitsgebiet des Unternehmens;
   - Vertreter von Bürgerbewegungen, Interessenvereinigungen und Verbraucherverbänden;
   - Vertreter der entsprechenden Branchengewerkschaften.
8. Der gesellschaftliche Aufsichtsrat wählt aus seiner Mitte einen Vorsitzenden und einen stellvertretenden Vorsitzenden; der Vorsitzende wird durch die Fonds- bzw. Kapitaleigner vorgeschlagen.
9. Der gesellschaftliche Aufsichtsrat sollte insbesondere folgende „Aufgaben" haben:
   a) Bestätigung der von der Geschäftsleitung des Unternehmens zu verfolgenden Ziele der Unternehmenstätigkeit
   b) „Genehmigung" über die Veränderung der Tätigkeitsfelder des Unternehmens
   c) „Genehmigung" für die Veränderung der Rechtsform bzw. Organisationsstruktur des Unternehmens

d) „Genehmigung" der Mitgliedschaft des Unternehmens in Verbänden, Vereinigungen und Interessengemeinschaften
e) „Genehmigung" zur Einsetzung und zur Entlassung der Mitglieder der Geschäftsleitung des Unternehmens
f) Beratung bei der Innovations-, Erzeugnis- und Leistungsprofil-, Markt- und Sozialstrategie des Unternehmens
g) „Entgegennahme" der Bilanz- und Ergebnisrechnung sowie des Geschäftsberichts und Vorschlagsrecht über die Verteilung des Unternehmensgewinns zur Beschlußfassung in der Gesellschafter- bzw. Hauptversammlung
h) Zustimmung über die Verwendung des Unternehmensgewinns für soziale Zwecke, insbesondere für Rücklage zur Bildung betrieblicher Pensionskassen und zur Abführung an einen Sozialfonds
i) Schlichtung von Streitigkeiten (!) zwischen der Geschäftsleitung und dem Betriebsrat

10. In dem auf „vergesellschaftetem Eigentum" beruhenden Unternehmen soll der Aufsichtsrat den „komplexen Betriebsplan" für das Geschäftsjahr, die Bilanz- und Jahresabschlußrechnung sowie den Geschäftsbericht des Unternehmens, die Gewinnbeteiligung für die Belegschaft und die Mitglieder der Direktion „bestätigen".
Der Aufsichtsrat kann in diesen Unternehmen Mitglieder der Direktion abberufen, wenn sie gegen die Richtlinien des Aufsichtsrats verstoßen.
11. Gegen Beschlüsse des gesellschaftlichen Aufsichtsrats zur „Sozialstrategie" soll dem Betriebsrat (!) ein Vetorecht zustehen.
12. Kann zwischen Aufsichtsrat und Betriebsrat bzw. der Geschäftsleitung des Unternehmens eine Einigung nicht herbeigeführt werden, soll eine Schlichtung durchgeführt werden, für die jede Seite einen Vertreter benennt, die sich gemeinsam auf einen Schlichter verständigen.

Versuchen wir eine kurze Wertung:

1. Dieser Gesetzesentwurf ging offenbar davon aus, daß es innerhalb einer zu erhaltenden Staatlichkeit der DDR gelingen würde, bei „Zulassung" einer Eigentumspluralität zumindest große Teile des bisherigen Staatseigentums in tatsächlich „vergesellschaftetes" Eigentum zu überführen.
2. Dieser Konzeption entspricht der Versuch, innerbetriebliche und „außerbetriebliche" Demokratie – namentlich durch die Einflußnahme der Volksvertretungen – zu verquicken und somit offenbar eine völlig neue Form „sozialistischer Demokratie" zu konstituieren.
3. Offensichtlich ging die Expertengruppe von einer Konzeption aus, die den Aufsichtsrat nicht „lediglich" zu einem Mitbestimmungsorgan son-

dern in weiten Teilen selbst zu einem wirtschaftlichen Entscheidungsgremium machen wollte.

4. Interessant auch hier: Der Betriebsrat oder die betrieblichen Gewerkschaftsleitungen sollten hinsichtlich der „sozialen Angelegenheiten“ eine Art „Obermitbestimmungskörperschaft“ werden.
5. Offensichtlich ging man von einer „einheitlichen“ Mitbestimmungskonzeption in Unternehmen und Betrieben aus, welche letztlich ein arbeitsteiliges Vorgehen zwischen „gesellschaftlichen“ Aufsichtsräten, Wirtschaft- und Sozialräten sowie Betriebsräten respektive betrieblichen Gewerkschaftsleitungen implizieren sollte. Inhaltliche Kriterien für eine solche „Arbeitsteiligkeit respektive Komplementarität“ dieses einheitlichen Mitbestimmungsmodells sind jedoch leider aus den vorliegenden Papieren bzw. Entwürfen nicht erkennbar.

3.3.5. Die Initiative für unabhängige Gewerkschaften (IFUG): Versuch einer Reform in der DDR bestehender Gewerkschaften und die Konstituierung einer unabhängigen gewerkschaftlichen Interessenvertretung

Am 20. Dezember 1989 konstituierte sich in Berlin die „Initiative für unabhängige Gewerkschaften“ (IFUG): eine Versammlung von Arbeitnehmerinnen und Arbeitnehmern aus 40 Betrieben und Behörden, um über eine „künftige Interessenvertretung der Werktätigen“[106] zu beraten. In diesem Gründungsaufruf wurden „alle Werktätigen zur Gründung von Basisgruppen“ aufgefordert, welche sich zu einer unabhängigen Gewerkschaft zusammenschließen sollten. Die Initiative für unabhängige Gewerkschaften vertrat die Auffassung, daß der FDGB nicht reformierbar sei und demzufolge eine unabhängige außerbetriebliche sowie betriebliche Interessenvertretung vonnöten wäre.

Die Initiative für unabhängige Gewerkschaften entwickelte zwar kein grundlegend neues Interessenvertretungsmodell, stellte jedoch inhaltliche Forderungen auf, auf die sich eine künftige Mitbestimmung zu beziehen habe:

1. Mitbestimmung bei der Wahl staatlicher Leiter
2. Mitbestimmung bei der „Erstellung und Verabschiedung“ des Plans
3. Mitbestimmung bei der Gewinnverwendung des Betriebes

---

106 vgl. Gründungsaufruf der Initiative für unabhängige Gewerkschaften, unveröffentlichtes Manuskript vom 20. Dezember 1989

4. Mitbestimmung bei Betriebsänderungen bzw. Strukturveränderungen im Betrieb
5. Mitbestimmung bei der „leistungsabhängigen Entlohnung" sowie der Arbeitszeitgestaltung
6. Einführung von Streikrecht und Tarifautonomie

In der Information Nr. 1 der IFUG heißt es:

„In sehr vielen Betrieben werden die Beitragsgelder, mindestens aber die ‚Solidaritätsbeiträge' zwar kassiert, aber eingefroren, und die alte BGL wird abgewählt. Gleichzeitig gibt es Versuche, in den Abteilungen und auf Betriebsebene *Sprecherräte* der Werktätigen zu wählen, welche die Interessen gegenüber der staatlichen Leitung vertreten sollen. Diskussionen kommen darüber in Gang, ob es nicht sinnvoll ist, *Betriebsräte* aus wirtschaftlich und technisch kompetenten Vertretern zu wählen, die rechenschaftspflichtig und absetzbar sind und ob diese Räte in Zukunft die oberste Leitungsinstanz des Betriebes werden sollen."[107]

Schließlich machte sich die IFUG eine Forderung zu eigen, welche offensichtlich zunächst aus dem Unternehmen „Bergmann-Borsig Berlin" kam: es sollten „provisorische Betriebsräte als Kontrollorgane der Werktätigen" bis zur Schaffung eines Mitbestimmungsgesetzes gewählt werden.[108]

Aus heutiger Sicht darf die sogenannte IFUG als eine reformdemokratische Bürgerinitiative der Arbeitnehmerschaft Berliner Betriebe angesehen werden, welche zwar auf eine „basisdemokratische" Neugründung freier und unabhängiger Gewerkschaften abzielte, dies jedoch im Rahmen einer fortbestehenden DDR-Staatlichkeit. Ein duales System zwischen betrieblichen und gewerkschaftlichen Interessenvertretungen thematisierte die IFUG nicht; sie begriff offenbar die Konstituierung von betrieblichen Sprecherräten bzw. Betriebsräten als eine Aufgabe, welche von den freien Gewerkschaften hätte gelöst werden müssen. Die durch die IFUG aufgestellte Forderung nach einem (DDR-eigenen) Mitbestimmungsgesetz wurde durch die damalige DDR-Regierung aufgegriffen. Diese installierte eine Expertengruppe, welche einen Entwurf eines Mitbestimmungsgesetzes erarbeitete (vgl. 3.3.10. der vorliegenden Studie).

---

107 Information Nr. 1 der Initiative für unabhängige Gewerkschaften, unveröffentlichtes Manuskript, Dezember 1989, Seite 2

108 vgl. Initiative für unabhängige Gewerkschaften, Information Nr. 2, unveröffentlichtes Manuskript vom Januar 1990, Seite 3

3.3.6. Die Initiative Vereinigte Linke (Gruppe Betriebsratsarbeit): Vorschlag für die Schaffung eines Betriebsverfassungsgesetzes

Die sogenannte Initiative vereinigte Linke – eine parteienähnliche linkssozialistische Gruppierung zur „Wendezeit" in der ehemaligen DDR – hat in ihrer „Gruppe für Betriebsratsarbeit" eine Konzeption für den Erlaß eines DDR-Betriebsverfassungsgesetzes erarbeitet, dessen wesentlicher Inhalt im folgenden referiert wird:[109]

1. Die Betriebsräte sollen in der Zukunft zum „höchsten Organ der selbstverwalteten Betriebe" werden.
2. Der Betriebsrat ist das „höchste demokratisch gewählte Gremium des Betriebes".
3. Je nach Struktur des Betriebes soll der Schlüssel für die Wahl der Kandidaten ausgearbeitet werden; für Betriebe, in denen große Unterschiede zwischen einzelnen Beschäftigtengruppen bestehen, z.B. Arbeiter, Angestellte, Wissenschafter, ist aus jeder Gruppe eine etwa gleich große Anzahl von Betriebsratsmitgliedern vorzusehen.
4. Für territorial getrennte Betriebsteile bzw. für große Betriebe werden „Betriebsteilräte" gewählt, die Mitglieder für den Betriebsrat vorschlagen.
5. Der Betriebsrat soll das Recht haben, in alle Unterlagen und Daten des Betriebes einzusehen.
6. Dem Betriebsrat soll die „Kontrolle der Preisbildung, der Gewinnberechnung und der ökonomischen Rechnungsführung" im Betrieb obliegen.
7. Dem Betriebsrat soll ein generelles Vetorecht für „Entscheidungen der Betriebsleitung" zustehen.
8. Der Betriebsrat soll die „Aufgabe" haben, die demokratische Entscheidungsfindung unter „Berücksichtigung der Vorschläge der Werktätigen" für alle grundsätzlichen Fragen der Planung und Entwicklung des Betriebes zu sichern.

   Das betrifft insbesondere:
   - Entscheidungen zur Veränderung der Eigentumsform;
   - Festlegung des Produktionsprofils;
   - Investitionen, Ausgaben für Forschung und Entwicklung;

---

109 vgl. Aufgaben und Rechte der Betriebsräte, Diskussionsgrundlage für den Inhalt eines Betriebsverfassungsgesetzes, unveröffentlichtes Manuskript der Initiative Vereinigte Linke, Gruppe für Betriebsarbeit vom 31. Januar 1990

- Einbeziehung von ausländischem Kapital;
- Änderungen der Struktur des Betriebes;
- Aufstellung der Entlohnungsgrundsätze einschließlich der Gewinnbeteiligung;
- Gestaltung der „Arbeits- und Lebensbedingungen";
- „Grundlegende Kaderfragen".

9. Der Betriebsrat soll die direkte Interessenvertretung „der Werktätigen übernehmen, sofern das nicht durch die Gewerkschaft gegeben ist."
10. Der Betriebsrat hat ein Schlichtungsrecht für Interessenkonflikte zwischen den „Werktätigen und der Betriebsleitung". Sofern die strittigen Fragen im Betriebsrat nicht mit Zweidrittelmehrheit gelöst werden können, soll der Betriebsrat das Recht haben, Belegschaftsversammlungen bzw. Vollversammlungen der Wahlbereiche einzuberufen.
    Auf dieser Belegschaftsversammlung sollen beide Konfliktparteien die Möglichkeit haben, ihre Standpunkte zu vertreten.
    Der Konflikt soll sodann (offenbar durch Mehrheitsbeschluß – der Verf. –) der Belegschaftsversammlung entschieden werden.
11. Der Betriebsrat soll das Recht haben, zur Entscheidungsfindung Arbeitsgruppen zu berufen und Gutachten anzufordern; die Kosten soll der Betrieb zu tragen haben.

Im Rahmen des Entwurfes für ein neues Betriebsverfassungsgesetz hat sich die „Vereinigte Linke" auch grundsätzlich zu einer Zusammenarbeit zwischen Gewerkschaften und Betriebsrat positioniert. Es heißt hier wörtlich:

„Das Recht der Werktätigen auf Teilhabe am Geschehen im ganzen Betrieb begründet sich aus der Form des kollektiven Eigentums (! – der Verf. –).

Die daraus erwachsende Mitbestimmung der Werktätigen wird mit dem Betriebsrat realisiert.

Das Recht der Werktätigen auf den Schutz ihrer Interessen als Produzent gegenüber dem Betrieb findet seinen Ausdruck in der Organisation der Gewerkschaften.

Aus dieser unterschiedlichen Bestimmung ergeben sich die Aufgabenabgrenzungen für Gewerkschaften und Betriebsräte.

Während der Betriebsrat für eine gute Entwicklung des ganzen Betriebes zu sorgen hat, kommt den Gewerkschaften der Kampf um höhere Entlohnung, des Schutzes der Arbeitsfähigkeit und der Gesundheit sowie der Gestaltung guter Arbeits- und Lebensbedingungen zu.

Weitere Unterschiede betreffen den Aufbau der Organisationen. Während der Betriebsrat zu einem Bestandteil des Betriebes wird und alle Werktätigen vertritt, ist die Gewerkschaft ein gesellschaftliches Organ mit eigenen Mitgliedsbeiträgen, eigenem Verwaltungsapparat und eigenen Leistungen, dem das Wirken im Betrieb gestattet ist. Damit diese Organisation tatsächlich für ihre Mitglieder wirken kann, muß sie ihre Unabhängigkeit vom Betrieb bewahren und darf nicht mit der Betriebsleitung verschmelzen.

Die unterschiedlichen Aufgaben von Betriebsrat und Gewerkschaft bedingen, daß Interessenkonflikte zwischen ihnen bestehen können.

Dabei ist es jedoch nötig, diese Konflikte so zu lösen, daß der Konkurrenzkampf mit anderen, auf dem Privateigentum der Produktionsmittel beruhenden Betriebe bestanden wird.

Da inzwischen starke gesellschaftliche Kräfte den Verkauf des kollektiven Eigentums der Werktätigen, das heißt die Privatisierung der Betriebe durch Aktienverkauf fordern, ist es jetzt notwendig, Betriebsräte zu bilden und die Existenz der volkseigenen Betriebe auch im direkten Konkurrenzkampf mit kapitalistischen Firmen zu sichern.

In Betrieben mit privatem Eigentum wird die Aufgabenteilung zwischen Betriebsrat und Gewerkschaft nicht so streng erfolgen, da hier die Verteidigung der unmittelbaren Interessen der Werktätigen gegenüber der Leitung in den Vordergrund rückt."[110]

Die Gruppe „Vereinigte Linke" hat sich darüber hinaus auch zur Konstituierung sogenannter „Wirtschaftsräte" positioniert:

„Betriebsräte tragen in sich die Gefahr von betriebsegoistischen Entscheidungen. Deshalb ist es sinnvoll, nach der Schaffung und stabilen Funktion insbesondere in großen volkseigenen Betrieben *Wirtschaftsräte* zu bilden (in Veröffentlichungen auch als gesellschaftliche Aufsichtsräte bezeichnet).

In diesen Räten werden die Interessen des Territoriums (Ökologie, Infrastruktur), der Hauptanwender und der kreditgebenden Banken durch entsprechende Vertreter gesichert. Der Betriebsrat und die Betriebsleitung sollten hier natürlich ebenso wie Vertreter der Gewerkschaft berücksichtigt werden. Der Wirtschaftsrat kann dann bestimmte Aufgaben des Betriebsrats übernehmen und weitergehende Befugnisse erhalten, z.B. die Bestätigung strategischer Entscheidungen und das Einsetzen der Betriebsleitung. Die Vorstellungen hierzu lassen sich jedoch sicher erst nach dem Vorliegen von größeren Erfahrungen in der Arbeit der Betriebsräte konkretisieren."[111]

Versuchen wir eine kurze Wertung:

Es scheint evident, daß dieses Mitbestimmungsmodell auf der Annahme basiert, daß ein, wie auch immer geartetes, „kollektives sozialistisches Eigentum" die beherrschende Eigentumsform in einer künftigen „sozialistischen" DDR sein wird.

---

110 Aufgaben und Rechte der Betriebsräte, a.a.O., Seite 5, Fn. 108
111 a.a.O., Fn. 108

Deshalb ist – m.E. folgerichtig – in der hier referierten Konzeption der Betriebsrat – streng genommen – nicht Interessenvertreter der Arbeitnehmerschaft, sondern eine Art „höchstes kollektives Entscheidungsorgan“ sich unter der Rechtsform eines Betriebes zusammenschließender Eigentümer. Nur vor diesem Hintergrund kann auch die vorgeschlagene Stellung des Betriebsrates als Schlichtungsgremium verstanden werden, welches zudem höchstens der Belegschaftsvollversammlung demokratisch-hierarchisch nachgeordnet ist.

Aber auch *im Rahmen* dieses Konzeptes ist die Position schwer nachvollziehbar, daß bei „sozialistischen“ Betrieben eine stringente Arbeitsteilung zwischen betrieblichen Gewerkschaftsorganisationen und Betriebsräten gefordert, dieselbe Komplementarität in Privatbetrieben jedoch nicht für erforderlich gehalten wird.

3.3.7. „Die Interessenvertretung der Werktätigen durch Betriebsräte“: die Position der Arbeitsrechtswissenschaft

Im Februar 1990 hat der Bereich Arbeitsrecht der damaligen Sektion Rechtswissenschaft der Humboldt-Universität zu Berlin ein Positionspapier erarbeitet, welches sich mit der arbeitsrechtshistorischen Entwicklung von Betriebsräten in Deutschland auseinandersetzt und zugleich eine eigene Konzeption zur Konstituierung von Betriebsräten in der DDR vorlegt.[112] Es heißt dort wie folgt:

„Wir betrachten die Bildung respektive Wahl von Betriebsräten als eine notwendige Form der Demokratisierung der Wirtschaft und unterstützen die beschleunigte Entwicklung dieser Vertretungskörperschaften. Zugleich machen wir darauf aufmerksam, daß sich in der Tätigkeit von Betriebsräten die Demokratie in der Wirtschaft nicht erschöpft. Um eine Wirtschaftsreform tragfähig zu gestalten und die notwendige Akzeptanz für Veränderungen zu erwirken, sind Unternehmensräte, Wirtschafts- und Sozialräte oder Aufsichtsräte zu bilden, die aus gewählten Vertretern der Werktätigen (das können Mitglieder des Betriebsrates und bei Kombinaten des Gesamtbetriebsrates sein), Experten, Kooperationspartnern, territorialen Organen, Banken u.a. bestehen sollten und für strategische Entscheidungen (eingeschlossen ökologische und soziale Fragen) zuständig sind. ...

---

112 vgl. Anmerkung zur Interessenvertretung der Werktätigen durch Betriebsräte, Positionspapier des Bereichs Arbeitsrecht der Sektion Rechtswissenschaft der Humboldt-Universität zu Berlin, unveröffentlichtes Manuskript, Februar 1990

Mit der Beseitigung der Betriebsräte und der Unterwerfung aller Interessenvertretungsorgane der Gewerkschaften unter den zentral geleiteten FDGB durch den Bundesvorstand entstand eine Verarmung der Subjektstruktur des Arbeitsrechts und der demokratischen Gestaltung der Arbeits-, Lebens- und Lohnbedingungen, die eine zur Bedeutungslosigkeit reduzierte eigenverantwortliche Tätigkeit der Branchengewerkschaften sowie eine praktisch nicht vorhandene Interessenvertretung des Gesamtbetriebskollektivs zur Folge hatten.

Gewerkschaftliche Tätigkeit im Betrieb reduzierte sich vorwiegend auf die Organisierung der Masseninitiative, auf Interessenvertretung einzelner Werktätiger (Personalvertretung) und auf die Gestaltung sozialer Bedingungen im Betrieb. Auf Selbständigkeit und Unabhängigkeit sowie auch eigenständige Politik und auf die produktive Lösung von Interessengegensätzen wurde verzichtet. Die notwendige Wirtschaftsreform wird den Betrieben und Unternehmensleitungen, den Produzentenkollektiven und ihren mehrgestaltigen Interessenvertretungskörperschaften neue Subjektrollen zuweisen, die es ihnen ermöglichen, Interessengegensätze in einer neuen, qualitativ höheren Form auszutragen, indem neue Entscheidungsfelder in ihre Entscheidungskompetenz rücken und Entscheidungsprozesse in demokratischen Formen ablaufen. In diesen Prozeß gliedern sich die Betriebsräte ein.

Für die Unterstützung der Wahl von Betriesräten als Vertretungskörperschaften der gesamten Belegschaft in einem Betrieb bzw. Unternehmen gibt es vor allem folgende Gründe:

- Betriebsräte können nur gewählte Interessenvertreter sein und leiten als solche ihre Legitimation, im Namen der Belegschaften rechtsverbindlich zu handeln, aus der demokratischen Wahl durch die Gesamtbelegschaft ab. Gewerkschaften und Berufsverbände als Organisationen der Werktätigen sind dagegen zunächst nur Interessenvertreter ihrer Mitglieder, deren Bedeutung in der Berufs-/Branchen- bzw. der gesamtgesellschaftlichen Interessenvertretung besteht.
- Betriebsräte und Gewerkschaften als unterschiedliche Formen der Interessenvertretung schließen sich folglich gegenseitig nicht aus, sondern ergänzen sich in einem System der Interessenvertretung; sie erstrecken sich auf unterschiedliche Ebenen.
- Für die Entscheidung, Betriebsräte zu bilden, sollten auch solche Tatsachen in Betracht gezogen werden, daß eventuell weitere Gewerkschaften entstehen können, sich aber auf jeden Fall zahlreiche Berufsverbände etablieren werden, die Gruppeninteressen vertreten, niemals jedoch für die Gesamtbelegschaft sprechen können.

  Es muß eine Interessenvertretung etabliert werden, die in der Lage ist, die Interessen der Belegschaft zu vertreten, indem sie die Interessen pluralistisch in sich aufnimmt.

- Schließlich wird sich, wie heute bereits abzusehen ist, die Einheitsgewerkschaft (die unter allen Umständen zu erneuern ist) in ihrer Mitgliedschaft stark verringern, so daß sie nicht mehr die Legitimation besitzt, die Betriebsbelegschaft als Ganzes zu vertreten.

Die aus diesen Gründen zu befürwortenden Betriebsräte als Organe der Interessenartikulation und Interessenvertretung aller Werktätigen eines Betriebes bzw. eines Unternehmens sind keine Organe, die den Einzelleiter oder das Management ersetzen und keine Organe der Entscheidungsvorbereitung des Leitung bzw. der Leitung in strategischen Fragen. *Das können nur Unternehmens- oder Aufsichtsräte sein, in denen der Betriebsrat als Interessenvertreter der Werktätigen ebenso wie die Branchengewerkschaft vertreten ist.*

Die Befugnisse des Betriebsrats erstrecken sich auf folgende Formen der Mitgestaltung:

- In bezug auf wirtschaftsstrategische Entscheidungen des Betriebes – eingeschlossen Rationalisierungsstrategien – haben die Betriebsräte ein allgemeines Mitwirkungsrecht.
- Die Betriebsräte schließen mit dem Betriebsleiter bzw. der Betriebsleitung kollektive Verträge über Arbeits-, Lohn- und Lebensbedingung ab (BKV, Betriebsvereinbarungen, Arbeitszeitpläne, betriebliche Lohnbedingungen u.a.).
- Die Betriebsräte haben Mitbestimmungs- bzw. Mitwirkungsrechte bei der Gestaltung der individuellen Arbeitsrechtsverhältnisse, von der Begründung, Ausgestaltung bis zur Beendigung des Arbeitsrechtsverhältnisses (Personalvertretung).
  Die Betriebsräte sollten die gleichen Befugnisse haben, wie sie bisher die zuständigen betrieblichen Gewerkschaftsleitungen nach AGB besitzen bzw. besaßen. (Dabei ist zu prüfen, inwieweit mit dem neuen AGB die Gesamtheit dieser Rechte aufrecht erhalten werden müssen bzw. können).
- Der Betriebsrat sichert die Rechte besonderer Personengruppen und hat deshalb Befugnisse in bezug auf Frauen- und Jugendförderung, Beschäftigung von Schwerbeschädigten, Rehabilitanden und von Werktätigen im höheren Lebensalter.

Die wesentliche Funktionsabgrenzung von Betriebsrat einerseits und Gewerkschaften andererseits besteht in der Ebene ihrer Tätigkeit. Künftiger Interessenvertreter der Werktätigen auf Betriebsebene wird der Betriebsrat werden, auf Branchen-/Industriezweigebene hingegen die Gewerkschaften. Das bedeutet, daß die Gewerkschaften bei Existenz eines Betriebsrates auf Betriebsebene keine eigenständige Funktion im Verhältnis zur Betriebsleitung haben. Die Interessen der Gewerkschaften können auf Betriebsebene *nur über den Betriebsrat* (Hervorhebung von mir – der Verf.) vermittelt werden. Deshalb werden die Gewerkschaften bemüht sein, möglichst stark in den Betriebsräten vertreten zu sein. Nach bisheriger rechtlicher Regelung werden die Gewerkschaften im Betrieb soziale Funktionen ausüben. Welche Befugnisse den Gewerkschaften auf Industriezweig-/Branchenebene außer der Tarifautonomie im einzelnen zukommen, wird die Entwicklung zeigen. Von dieser Entwicklung wird es wesentlich abhängen, inwieweit der Werktätige Interesse daran hat, Mitglied der Gewerkschaft zu sein bzw. zu bleiben. In einer jetzt beginnenden Übergangsperiode wählen sich die Belegschaften die Formen ihrer Interessenvertretung nach ihren Vorstellungen. Von den Belegschaften allein hängt es ab, ob die Befugnisse der bisherigen Betriebsgewerkschaftsorganisationen und ihrer Leitungen weiterhin durch diese oder aber durch einen gewählten Betriebsrat künftig wahrgenommen werden sollen. Klar aber muß sein, daß die im AGB verbrieften Rechte der BGL nur durch ein legitimiertes Gremium vertreten werden.

Wir gehen davon aus, daß den Belegschaften die Form ihrer Interessenvertretung nicht per Gesetz aufgezwungen werden kann.

Bei allen neuen Überlegungen zu demokratischen Gestaltungsformen in der Wirtschaft sollten wir an den Errungenschaften und Forderungen der Arbeiterklasse im Kapitalismus und an den eigenen Errungenschaften, die bewahrenswert und entwicklungsfähig sind, festhalten. Zu den bewahrenswerten gehört ein einheitliches Arbeitsrecht, das in einem Gesetz kollektives und individuelles Arbeitsrecht umfaßt. Aus diesem Grunde sind wir der Auffassung, daß wir weder ein selbständiges Tarifvertragsgesetz noch ein Betriebsrätegesetz oder Betriebsverfassungsgesetz benötigen.

Wir sollten mit der Neukonzipierung des Arbeitsrechts der DDR die erforderlichen Regelungen ins AGB aufnehmen. Erforderliche sofortige Änderungen (die Tätigkeit gewählter Betriebsräte als eine Form der Interessenvertretung der Werktätigen), können in der vorstehenden Novellierung des AGB in den genannten alternativen Formen des Übergangs berücksichtigt werden."[113]

Durch diese Argumentation wird deutlich, daß die Arbeitsrechtswissenschaft der ehemaligen DDR Anfang 1990 ihre Argumentation weitestgehend an der historisch gewachsenen Rechtsstellung der Betriebsräte in Deutschland orientiert, zugleich jedoch offenbar eine Demokratisierung des Wirtschaftssystems im Rahmen der DDR-Staatlichkeit für möglich gehalten hat. Dies wird auch daran deutlich, daß eine „Neukonzipierung des Arbeitsrechts der DDR" gefordert wird, welche diese Demokratisierung auch des kollektiven Arbeitsrechts in sich aufnehmen sollte. Hervorhebenswert ist die – auch in

113 Anmerkung zur Interessenvertretung ..., a.a.O., Fn. 111

anderen Expertengruppe (siehe oben) ersichtliche – Position, daß die Arbeitnehmerschaft selbst entscheiden soll, ob sie im Betrieb durch eine betriebliche Gewerkschaftsleitung oder durch einen Betriebsrat vertreten werden will.

Darüber hinaus wird auch hier ein offenbar arbeitsteilig gemeintes Vorgehen verschiedener Interessenvertretungskörperschaften (Wirtschafts- und Sozialräte, Aufsichtsräte, Betriebsräte) im Rahmen eines „demokratisch-sozialistischen Mitbestimmungsmodells" für erforderlich gehalten.

Jedenfalls dürfte aus dieser Konzeption zu erkennen sein, daß ein Nebeneinanderbestehen von Betriebsräten und betrieblichen Gewerkschaftsleitungen als Interessenvertretungsgremien offenbar für denkunmöglich bzw. obsolet gehalten wird.

3.3.8. Das Sömmerdaer Mitbestimmungsmodell – ein letzter „Rettungsversuch"

Im Büromaschinenwerk Sömmerda Robotron wurde im März 1990 ein Mitbestimmungsmodell entwickelt, „über Belegschaftsaktien Mitbestimmungsrechte der Arbeitnehmer zu sichern und dennoch Fremdkapital einen günstigen Einstieg zu bieten."[114]

Dieser Vorschlag darf wohl als gewerkschaftliches Mitbestimmungsmodell bezeichnet werden, da es von Experten der IG Metall West und Ost erarbeitet wurde. Es verfolgte drei Ziele:

a) Das „anonyme" Volkseigentum soll „konkret erfahrbar" gemacht und für die Belegschaft gesichert werden;
b) paritätische Mitbestimmung wird erhalten;
c) das Unternehmen bleibt attraktiv für die Beteiligung westlicher Unternehmen.[115]

Die vorgeschlagene Lösung sah folgende Regelungen vor:

Das Eigenkapital sollte zu 75 % von der Belegschaft und zu 25 % als Treuhandvermögen gehalten werden. Das Belegschaftskapital wird „Eigentum zur gesamten Hand".[116]

Dadurch sollte sichergestellt werden, daß einzelne Belegschaftsmitglieder ihre Kapitalanteile *nicht* verkaufen können.

Für die zu gründende Aktiengesellschaft war eine paritätische *Mitbestimmung* vorgesehen:

---

114 vgl. Balance zwischen Kapital und Arbeit, Sömmerdaer Mitbestimmungsmodell, in: Tribüne Nr. 107 vom 7. 7. 1990, Seite 3

115 a.a.O., Fn. 113

116 a.a.O., Fn. 113

Danach sollte der zu bildende Aufsichtsrat aus 16 Mitgliedern bestehen.

8 Mitglieder kommen von der Belegschaft und der Gewerkschaft; 8 Kapitalvertreter werden so gewählt, daß nur hochqualifizierte Vertreter mit mehrjähriger Erfahrung in der Unternehmensführung zugelassen sind.

Das Vorstandsmitglied für Personalwesen, sprich der Arbeitsdirektor, kann nicht gegen die Stimmen der Arbeitnehmer gewählt werden.

Nach Bildung der Aktiengesellschaft als erstem Schritt sollte im zweiten Schritt über die Beteiligung von „West“firmen verhandelt werden. Damit – so meinte man – hätte die Attraktivität für westliche Kapitalbeteiligungen erhalten werden können.

Das Sömmerdaer Modell geht von der Grundposition aus, daß ein Unternehmen – wie es dort heißt – „eine hochkomplexe Veranstaltung“ ist.[117]

„Höchstqualifikation“ ist dabei auf der Ebene der Entscheidungsfindung unerläßlich. Das schließt Tendenzen zu überholten Experimenten der Arbeiterselbstverwaltung ebenso aus, wie Fehlbesetzungen im Aufsichtsrat.[118] Die professionelle Besetzung der Kapitalbank im Aufsichtsrat sowie die professionelle Vertretung des Belegschaftskapitals in der Hauptversammlung (HV) sind zentrale Bestandteile des Sömmerdaer Modells. Dies setzte nach Auffassung der IG Metall die Dezentralisierung des bisher in der Berliner Treuhandanstalt anonym zentral verwalteten Volkseigentums voraus.

Die DDR-Gewerkschaftszeitung „Tribüne“ schreibt hierzu:

„Eine zentrale Behörde wie die Treuhandanstalt – so die IG Metall – erweist sich als unfähig, eine Neuordnung des Produktivkapitals durchzuführen.

Beweis: Das schleppende Tempo, mit dem die derzeitige Umwandlung von Betrieben und Kombinaten in GmbH vorsichgeht.

Die bevorstehende Aufgabe verlangt erstens, Tausende von Unternehmen zu bewerten, und zweitens, den Austausch zwischen jedem einzelnen Unternehmen und den entsprechenden Westpartnern zu organisieren.

Beides kann exakt nur an Ort und Stelle und gemeinsam von Betriebsdirektoren und Belegschaftsvertretern befriedigend gelöst werden.

Auch beim Verkauf von Volkseigentum durch die Treuhand zum Zwekke der Sanierung von Staat und Wirtschaft – wie im Staatsvertrag deklariert – liegt die Gefahr nahe, daß das Volkseigentum auf falschem Wege dahin wandert, wo die D-Mark sitzt.

Die Regierung der DDR hat bereits angekündigt, die Treuhand umzugestalten. Nach wie vor unklar ist jedoch, auf welche Wege dies geschehen soll.

---

117 a.a.O., Fn. 113
118 a.a.O., Fn. 113

Nach Vorstellungen der IG Metall in Ost und West bleibt nur die Möglichkeit offen, das Volkseigentum jetzt schnell – und zwar noch vor dem 1. Juli – innerhalb der DDR zu dezentralisieren. Dazu wäre es notwendig, die zentralistische Treuhandanstalt zunächst in regionale und sektorale Fonds zu überführen. Von da müßte das Eigentum an Produktivkapital noch weiter in die Unternehmen selbst heruntergezogen werden.

Wer aber soll hier das Eigentum halten?

Einzelpersonen scheiden aus.

In Frage kommen deshalb nur die Belegschaften insgesamt.

Diesen Weg weist das Sömmerdaer Mitbestimmungsmodell."[119]

Interessant ist, daß noch Anfang Juni 1990 zumindest Teile der Gewerkschaften eine Umwandlung des DDR-Staatseigentums in „wahres Volkseigentum zur gesamten Hand" für realistisch hielten. Interessant ist vor allem auch, daß eine paritätische Mitbestimmung durch Aufsichtsräte gefordert wurde, die zur Hälfte aus Belegschaftsmitgliedern und Vertretern der Gewerkschaft bestehen sollten. Wie man sich die Lösung von Pattsituationen bei der paritätischen Mitbestimmung vorstellte, bleibt leider ebenso im Dunkeln wie das Verhältnis zwischen Aufsichtsräten und anderen Interessenvertretungsgremien der Betriebe. Es ist freilich aus heutiger Sicht leicht, auf die wirtschaftliche Irrationalität dieses Vorschlages zu verweisen. Jedenfalls wird deutlich, wie eng Eigentumssysteme und Mitbestimmungsmodelle miteinander korrelieren bzw. korrespondieren.

3.3.9. „Ein Mehr an Mitbestimmung" – Die Position (bundesdeutscher) Gewerkschaften zu einer Neuordnung des Rechts der betrieblichen Interessenvertretung

Es ist aus historischer Sicht ebenso logisch wie legitim, daß der Deutsche Gewerkschaftsbund und – allen voran – die Industriegewerkschaft Metall für die Bundesrepublik Deutschland sowie die DGB-Gewerkschaft Holz und Kunststoff gerade in den Monaten Januar bis Mai 1990 ernsthafte Versuche unternommen haben, ihre Vorstellungen bzw. Konzeptionen für die Reform eines Betriebsverfassungsrechts in die Waagschale zu werfen und hierbei insbesondere auf die Stärkung der gewerkschaftlichen Rechte im Betrieb zu drängen. In einem Positionspapier der Industriegewerkschaft Metall für die Bundesrepublik Deutschland vom 27. März 1990 heißt es:

„In näherer Zukunft wird in der DDR ein Betriebsverfassungsgesetz verabschiedet werden, das im Zuge der Rechtsangleichung im wesentlichen die

119 a.a.O., Fn. 113

Strukturen des bei uns geltenden Rechts übernehmen wird. Diese Entwicklung muß konstruktiv genutzt werden. Unser System der Betriebsverfassung mit der Interessenvertretung durch Betriebsrat und Gewerkschaft hat sich bewährt, weil Betriebsräte in aller Regel den starken Einheitsgewerkschaften des DGB angehören, mit diesen eng zusammenarbeiten und so Betriebsegoismus und Abhängigkeit vom Unternehmen in der Regel vermieden werden. Dringend erforderlich ist allerdings eine Weiterentwicklung des geltenden Rechts auf der Basis der DGB-Vorschläge von 1985[120], die insbesondere eine Verbesserung der Mitbestimmungsrechte und Handlungsmöglichkeiten der Betriebsräte beinhalten. Der DGB-Entwurf ist auch als Ausgangspunkt für ein modernes Betriebsverfassungsrecht in der DDR geeignet. Hinzutreten müssen in der DDR wie in der Bundesrepublik allerdings folgende weitere Punkte:

- die Gewerkschaftsrechte im Betrieb (Zutrittsrecht, Versammlungsrecht usw.) müssen ausgebaut werden;
- im Hinblick auf die fortschreitende Internationalisierung der Unternehmen (z.B. Binnenmarkt 1992) müssen die Handlungsbedingungen der Betriebsräte, insbesondere für Kontakte mit Arbeitnehmervertretungen in anderen Ländern, verbessert werden;
- die Regelungen zur Sicherung der Interessenvertretung bei Unternehmensteilungen und anderen organisatorischen Maßnahmen/Manipulationen der Arbeitgeber müssen verstärkt werden;
- die im Entwurf des DGB vorgesehene Öffnungsklausel für tarifvertragliche Regelungen der Interessenvertretung sollte ausgeweitet werden, nicht zuletzt auch, um Besonderheiten in der DDR Rechnung zu tragen;
- schließlich sollte die Forderung des DGB nach einem einheitlichen Recht der Interessenvertretung für öffentlichen Dienst und private Wirtschaft realisiert werden.

Die vorstehende Bewertung gilt für eine zukünftige gesetzliche Regelung und hierauf zielende Aktivitäten der Gewerkschaften. In der Zwischenzeit kommt es allerdings darauf an, die bestehenden Gesetze der DDR konsequent anzuwenden, das heißt insbesondere, daß die *Betriebsgewerkschaftsleitungen ihre Rechte wahrnehmen* (Hervorhebung von mir – der Verf.). Eine betriebliche Interessenvertretung, die lediglich aufgrund von Zusagen der Betriebsleitung im Amt ist, hat keine Rechtsgrundlage und könnte jederzeit von dieser instrumentalisiert oder ignoriert werden. Die Beschäftigten wären dann insoweit schutz-

---

120 Gesetzesvorschlag des DGB zur Änderung des Betriebsverfassungsgesetzes, DGB-Materialien 10/1985 (Hrsg. DGB-Bundesvorstand Düsseldorf) Gesetzesvorschlag des DGB zur Änderung des Bundespersonalvertretungsgesetzes; DGB-Materialien 11/ 1985 (Hrsg. DGB-Bundesvorstand Düsseldorf)

los. Deswegen kann eine weitere Interessenvertretung zur Zeit nur aufgrund vertraglicher Regelungen mit der Gewerkschaft in Frage kommen."[121]

Ein solches durch die Gewerkschaft gefordertes „Mehr" an Mitbestimmung enthielt die „Mustervereinbarung für die Wahl von Betriebsräten im Organisationsbereich der IG Bau Holz für den Holz-, Kunststoff- und Kulturwarenbereich in der DDR".[122]

In diesem Zusammenhang sind die Thesen des DGB-Bundesvorstandes für ein Betriebsverfassungsgesetz der DDR vom März 1990 von besonderer Bedeutung, daß sie in zusammengefaßter Form nicht nur die Gewerkschaftskonzeption für die Schaffung eines DDR-Betriebsverfassungsrechts enthalten, sondern zugleich Reformvorstellungen im Hinblick auf die Veränderung des bundesdeutschen Betriebsverfassungsrechts enthalten.[123]

In diesen Thesen ist eine Vielzahl von ebenso interessanten wie (politisch) brisanten Veränderungsvorschlägen enthalten:

1. In Betrieben mit regelmäßig fünf oder mehr Arbeitnehmern *müssen* Betriebsräte gewählt werden.
2. Der Betriebsrat hat die Interessen der Arbeiter und Angestellten gegenüber (! – der Verf.) der Betriebsleitung (Arbeitgeber) zu vertreten.
3. Der Betriebsrat führt seine Aufgaben in Zusammenarbeit mit der im Betrieb vertretenen Gewerkschaft und mir ihrer Unterstützung durch. Die Betriebsratsmitglieder dürfen in ihrer gewerkschaftlichen Tätigkeit nicht eingeschränkt werden.
4. Die Gewerkschaft hat das Recht, sich im Betrieb zu organisieren und dem Betriebsrat eigene Vorschläge zur Mitbestimmung zu unterbreiten. Sie ist berechtigt, entsprechend ihrer Satzung einen *Vertrauensleutekörper* und dessen Organe zu bilden und im Betrieb dazu Wahlen durchzuführen. Die demokratisch gewählten Vertrauensleute genießen den gleichen Rechtsschutz wie Betriebsratsmitglieder.
   Zur Wahrung ihrer Aufgaben und Rechte ist den Beauftragten der im Betrieb vertretenen Gewerkschaft jederzeit Zutritt zum Betrieb und Arbeitsplätzen zu gewähren.
5. Betriebsrat und Gewerkschaft regeln ihre Zusammenarbeit selbst; sie unterliegen keinerlei Beschränkungen.

---

121 Zur gewerkschaftlichen Interessenvertretung in der DDR, Positionspapier der Industriegewerkschaft Metall für die Bundesrepublik Deutschland vom 27. März 1990, unveröffentlichtes Manuskript, Seite 3

122 Diese Mustervereinbarung ist vom März 1990; sie wird im Anhang als Anlage A 4, S. 289 abgedruckt.

123 vgl. Thesen für ein Betriebsverfassungsgesetz der DDR, unveröffentlichtes Manuskript des DGB-Bundesvorstandes

6. Arbeiter und Angestellte *müssen* entsprechend ihrem zahlenmäßigen Verhältnis im Betriebsrat vertreten sein.
7. Die Geschlechter sollen entsprechend ihrem zahlenmäßigen Verhältnis vertreten sein.
8. Beauftragte der im Betrieb vertretenen Gewerkschaft haben das Recht, an den Sitzungen des Betriebsrats mit beratender Stimme teilzunehmen.
9. Die Mitglieder des Betriebsrats *sind* von ihrer *vertraglichen Tätigkeit befreit*, soweit dies für die ordnungsgemäße Durchführung ihrer Aufgaben und Befugnisse erforderlich ist.
10. Der Betriebsrat hat das Recht, in *alle Dokumente und Daten des Betriebes einzusehen.*
11. Dem Betriebsrat ist auf alle Anfragen durch die Betriebsleitung innerhalb von fünf Werktagen ausreichend und wahrheitsgetreu Antwort zu geben.
12. Die Betriebsleitung hat mindestens einmal in drei Monaten dem Betriebsrat einen Bericht zur ökonomischen und finanziellen Lage und Entwicklung des Betriebes zu geben.
13. Es besteht ein *Mitbestimmungsrecht* in wirtschaftlichen, sozialen und personellen Angelegenheiten.
    Mitbestimmung bedeutet, daß alle Angelegenheiten bzw. Maßnahmen, die ihr unterliegen, nur dann als geregelt gelten bzw. durchgeführt werden können, wenn der Betriebsrat vorher zugestimmt hat. Mitbestimmung bedeutet weiterhin, daß der Betriebsrat ein Initiativrecht in diesen Angelegenheiten hat. Er kann eigene Vorschläge machen und bereits getroffene Entscheidungen bei Vorliegen neuer Erkenntnisse zurückweisen.
    Das Mitbestimmungsrecht in wirtschaftlichen Angelegenheiten bezieht sich z.B. auf die Änderung der Eigentumsverhältnisse und den Umfang von Fremdkapitalbeteiligung sowie die Einschränkung oder Stillegung von Betrieben oder Betriebsteilen sowie deren Verlegung und Zusammenschluß.
14. Die Mitbestimmung in sozialen Angelegenheiten erstreckt sich unter anderem auf die Planung, Gestaltung und Änderung der Arbeitsplätze, die Festlegung der Arbeitsinhalte und des Arbeitsumfangs einschließlich der Zahl der einzusetzenden Werktätigen sowie die Fragen des Arbeitszeitsystems und der Arbeitszeit einschließlich Beginn und Ende der täglichen Arbeitszeit, der Pausen sowie der Verteilung der Arbeitszeit auf die einzelnen Wochentage sowie die Schaffung von Sozialplänen für Rationalisierungsvorhaben.
15. Der Mitbestimmung in personellen Angelegenheiten unterliegen unter anderem die Personalplanung und Leistungsbewertung, der Abschluß und die Ausgestaltung von Arbeitsverträgen sowie die Einstellung und Entlassung, Umsetzung und Eingruppierung sowie die Befristung von Arbeitsverhältnissen und deren Fortsetzung nach Fristablauf.

Dieses Thesenpapier ging somit davon aus, daß es sich beim Betriebsrat und der Gewerkschaft um zwei selbständige und rechtlich voneinander unabhängige Organe der Interessenvertretung im Betrieb handelt. Allerdings: dem Betriebsrat sollte das alleinige Recht auf die gesetzlich garantierte Mitbestimmung der gesamten Belegschaft zustehen.

Das Thesenpapier basierte darauf, daß ein Betriebsverfassungsgesetz der DDR unter Verwendung der Erfahrungen des Betriebsverfassungsgesetzes der Bundesrepublik, der Vorschläge des DGB zur Veränderung des Betriebsverfassungsgesetzes und des geltenden Arbeitsrechts der DDR eigene spezifische Regelungen enthalten muß.

So werden folgende wesentliche Unterschiede zum Betriebsverfassungsgesetz der Bundesrepublik vorgeschlagen:

- Der Betriebsrat wird eindeutig als ein Organ der Interessenvertretung der Belegschaft (aller Arbeiter und Angestellten) definiert, das nicht an eine gesetzliche Friedenspflicht gebunden ist.
- Anstelle einer Betriebsversammlung, welche in der Bundesrepublik lediglich Informationen des Betriebsrates und Unternehmens entgegennimmt, wird eine Belegschaftsversammlung vorgeschlagen, die Mitbestimmungsfunktion hat.
- Den Gewerkschaftsvertretern ist das Recht eingeräumt, jederzeit uneingeschränkten Zugang zum Betrieb und zu den Arbeitsplätzen zu haben.
- Die Rechte des Betriebsrates sind eindeutig und differenziert als Informationsrecht, Mitwirkungsrecht und Mitbestimmungsrecht definiert und wurden vor allem für soziale, personelle und wirtschaftliche Angelegenheiten formuliert.

In den Erläuterungen und der Begründung zu den Thesen für eine Betriebsverfassungsgesetz der DDR heißt es, daß sich die für die Tätigkeit starker Gewerkschaften im Betrieb ergebenden Aufgaben durch die IG/Gewerkschaften neu bestimmt und in die Satzung aufgenommen werden müssen.

Dazu sollen unter anderem gehören:

- Die Wahl eines Vertrauensleutekörpers und dessen Sprecherrat anstelle der BGL sowie die Bildung von Kommissionen;
- die gewerkschaftliche Einflußnahme auf die Tätigkeit des Betriebsrates durch die Gewerkschaftsmitglieder im Betriebsrat;
- die Aufstellung eigener Kandidaten für den Betriebsrat;
- Bildungsmaßnahmen für die Mitglieder des Betriebsrates;
- die Gestaltung des gewerkschaftlichen Mitgliederlebens im Betrieb;

– die Kontrolle über die Einhaltung der tarifvertraglichen Bestimmungen.[124]

Die hier verfolgte Konzeption ist so eindeutig, daß sie keiner besonderen Bewertung bedarf: Die (bundesdeutschen) Gewerkschaften versuchten zwar – sozusagen „gelegentlich" eines Demokratisierungsprozesses in der DDR und ggf. in Vorbereitung der Einheit Deutschlands – formell am dualen System festzuhalten; die Tendenz dürfte jedoch eindeutig sein: angestrebt wurden letztlich gewerkschaftlich beherrschte Betriebsräte unter gleichzeitiger Aufgabe oder jedenfalls erheblicher Modifizierung des im § 2 I formulierten Grundsatzes der vertrauensvollen Zusammenarbeit „zum Wohl der Arbeitnehmer und des Betriebes". Historisch noch interessanter als dieser Versuch ist die Tatsache, daß sich die Gewerkschaften mit dieser Konzeption in den Monaten April, Mai und Juni 1990 nicht einmal in der „Noch-DDR" durchzusetzen vermochten.

Dies jedenfalls zeigt eindeutig der Entwurf des Gesetzes über die Interessenvertretung der Beschäftigen in Betrieben und Unternehmen, welcher im nachfolgenden Abschnitt vorgestellt wird.

3.3.10. Der Höhepunkt des Übergangsrechts: Entwurf des Gesetzes über die Interessenvertretung der Beschäftigen in Betrieben und Unternehmen („Das Mitbestimmungsgesetz")

Der Entwurf über ein einheitliches „Mitbestimmungsgesetz" ist durch eine Expertengruppe erarbeitet worden, die ihren Auftrag noch zur Zeit der Regierung Modrow, und zwar exakt aus dem Wirtschaftsministerium der DDR erhielt. Ihm gehörten DDR-Arbeitsrechts- und Wirtschaftsrechtswissenschaftler, Richter sowie DDR-Gewerkschaftsfunktionäre an.[125]

Dem Gesetzesentwurf wurde eine Präambel vorausgeschickt, in der es heißt:

„Der Entwurf des Gesetzes über die Interessenvertretung der Beschäftigten in Betrieben und Unternehmen wurde von einer Expertengruppe, bestehend aus Arbeitsrechtswissenschaftlern der DDR, der Industriegewerkschaften und Ge-

---

124 Erläuterung und Begründung der Thesen für ein Betriebsverfassungsgesetz der DDR, unveröffentlichtes Manuskript, Seite 3

125 Der Entwurf des Gesetzes über die Interessenvertretung der Beschäftigten in Betrieben und Unternehmen wurde in der Zeitung „Tribüne" Nr. 86 vom 7. Mai 1990, Seite 3ff. veröffentlicht. Der Expertengruppe gehörten u.a. die Rechtswissenschaftler Jürgen Pawelzig, Rudolf Streich, Gerhard Pflicke, Hans-Joachim Wolf und Wera Thiel sowie die Mitarbeiterin der Rechtsabteilung des Bundesvorstandes des FDGB, Sabine Langer, an. Der Gesetzesentwurf wird in der Anlage A S. 203ff. abgedruckt.

werkschaften, Mitarbeitern des Dachverbandes des FDGB sowie mit hilfreicher Unterstützung der Gewerkschaften der Bundesrepublik erarbeitet."[126]

Dieser Vorspann ist historisch nur partiell richtig. Er verschweigt, daß vor Ausarbeitung der Endfassung des Entwurfs die Gespräche zwischen den DGB-Experten und den aus der DDR stammenden Mitgliedern der Expertengruppe abgebrochen wurden. Der alleinige Grund für den Rückzug der (bundesdeutschen) DGB-Experten bestand darin, daß sie ihre weitgehenden reformdemokratischen Vorstellungen in bezug auf die Erneuerung der Betriebsverfassung nicht realisieren konnten. (siehe oben Abschnitt 3.3.9.)

Der Mitbestimmungsgesetzentwurf verfolgte insbesondere nachfolgende Ziele:

1. Alle Mitbestimmungsformen, Gremien und Möglichkeiten sollten in einem Gesetz zusammenfassend geregelt werden; es handelt sich hierbei gleichsam um eine Kodifizierung des gesamten Mitbestimmungsrechts.
2. Es sollten nicht nur die Rechte der Betriebsräte einerseits und der Aufsichtsräte andererseits gesetzlich fixiert werden; der Gesetzesentwurf verfolgt zugleich das Ziel, entsprechende Interdependenzen respektive Komplementaritäten zwischen Betriebsrat und Aufsichtsrat zu erfassen.
3. Es sollten die Rechte der Gewerkschaften im Betrieb festgeschrieben und – bezogen auf das bundesdeutsche Betriebsverfassungsrecht – teilweise und „behutsam" erweitert werden, jedoch ohne den Gewerkschaften eine dominierende Position oder gar eine „selbständige" Interessenvertretung zuzugestehen.
4. Den Betriebsräten sollten – namentlich in wirtschaftlichen Angelegenheiten – weitergehende Rechte als im bundesdeutschen Betriebsverfassungsgesetz zugestanden werden.
5. Schließlich bestand die Intention der Expertengruppe darin, ein übersichtliches, handhabbares und verständliches Gesetz zu schaffen, und zwar in einer Gesetzessprache, welche in der DDR üblich war.
   Das bezieht sich insbesondere auf die klare Abgrenzung zwischen „Mitbestimmung" im engeren und Mitwirkung im weiteren Sinne.

Der Gesetzentwurf enthält acht Teile:

1. Teil: allgemeine Regelung insbesondere über Geltungsbereich, Interessenvertretungsorgane, Rechte der Gewerkschaften im Betrieb, grundsätzliche Rechte der Betriebsräte, Beschäftigtenvertreter im Aufsichtsrat und eine sogenannte Öffnungsklausel (Weiterentwicklung durch Tarifvertrag im Wege eines Günstigkeitsprinzips)

---

126 Gesetz über die Interessenvertretung der Beschäftigten in Betrieben und Unternehmen, a.a.O. Seite 3, Fn. 124

2. Teil: Betriebsrat, Betriebsversammlung, Gesamtbetriebsrat
Hierbei handelt es sich gewissermaßen um die Regelungen des formellen Betriebsverfassungsrechts: Wahlberechtigung und Wählbarkeit, Zahl der Betriebsratsmitglieder, Zeitpunkt der Betriebsratswahlen, Wahlvorschriften, Zusammensetzung des Betriebsrats, Amtszeit, Pflichtverletzung des Betriebsrates, Vorsitzender, Ausschüsse des Betriebsrats, Betriebsratssitzungen, Beschlüsse des Betriebsrats, Geschäftsordnung, Freistellung der Betriebsratsmitglieder, materielle und finanzielle Aufwendungen, Belegschaftsversammlung, Gesamtbetriebsrat.

3. Teil: Regelungen über Mitbestimmung und Mitwirkung des Betriebsrats; insbesondere über die Grundsätze der Zusammenarbeit, die Mitwirkungs- und Mitbestimmungsrechte, Betriebsvereinbarungen, allgemeine Aufgaben des Betriebsrats, Mitbestimmungs- und -beratungsrechte in sozialen Angelegenheiten, Arbeitsschutz, Beteiligungsrechte in personellen Angelegenheiten, Förderung der Berufsbildung, Mitbestimmung und Mitwirkungsrechte in wirtschaftlichen Angelegenheiten, Rechte des Wirtschaftsausschusses, Beilegung von Meinungsverschiedenheiten, Betriebsänderungen, Interessenausgleich, Sozialplan und Nachteilsausgleich.

4. Teil: Mitwirkungsrechte der Beschäftigten:
Unterrichtungspflichten der Leitung vor Abschluß des Arbeitsvertrages, Unterrichtung der Beschäftigten bei Aufnahme der Tätigkeit, Freiheit der Meinungsäußerung, Anhörungs- und Beschwerderechte, Vorschlagsrechte, Einsicht in die Personalakten.

5. Teil: Mitbestimmung der Beschäftigten im Aufsichtsrat:
Geltungsbereich, Bildung des Aufsichtsrats, Befugnisse des Aufsichtsrats, Zusammensetzung des Aufsichtsrats, Wahl der Aufsichtsratsmitglieder aus dem Kreis der Beschäftigten, Rechte und Pflichten der Aufsichtsratsmitglieder, Schutz der Tätigkeit.

6. Teil: Beilegung von Meinungsverschiedenheiten:
Einigungsstelle, Entscheidung durch das Arbeitsgericht

7. Teil: Buß- und Ordnungsgeld, Strafbestimmungen

8. Teil: Übergangs- und Schlußbestimmungen

Der Gesetzentwurf wurde – kurz vor dem Ende der DDR – durch das arbeitsrechtliche Schrifttum kaum noch zur Kenntnis genommen.[127] Das erscheint um so bemerkenswerter, als dieser Entwurf m.E. bei den vielfältigen Re-

127 vgl. eine der wenigen Ausnahmen: Wolfgang Schneider, Betriebliche Interessenvertretung in der DDR, in: Der Personalrat, 1990, Seite 157

formversuchen des Mitbestimmungs- bzw. Betriebsverfassungsrechts jedenfalls verdient, in die Diskussion einbezogen zu werden.

Im einzelnen:

Der Gesetzentwurf über die Interessenvertretung der Beschäftigten in Betrieben und Unternehmen sieht eine betriebliche Vertretung sowohl durch Betriebs- als auch durch Personalräte vor.

Dabei wird festgelegt, daß die im Gesetzentwurf für den Betriebsrat im einzelnen beschriebenen Rechte und Aufgaben gleichermaßen für den Personalrat gelten.

Die Interessenvertretung im Unternehmen erfolgt durch Belegschafts- und Gewerkschaftsvertreter im Aufsichtsrat. Interessant ist auch die Regelung über die Rechte der Gewerkschaften im Betrieb:

Der Betrieb führt seine Aufgaben in enger Zusammenarbeit mit den im Betrieb vertretenen Gewerkschaften durch (§ 4 I).

Die Gewerkschaften nehmen ihre Rechte im Betrieb insbesondere durch gewählte Vertrauensleute wahr. Zu ihrem Rechten zählen insbesondere:

a) Mitgliederwerbung und Informationen,
b) Durchführung von Gewerkschaftsveranstaltungen im Betrieb,
c) Aktivitäten im Zusammenhang mit Tarifbewegungen,
d) Kontrolle der Durchführung der geltenden Tarifverträge,
e) Unterstützung des Betriebsrats.

Zur Wahrnehmung ihrer Rechte ist den Beauftragten der im Betrieb vertretenen Gewerkschaften jederzeit Zutritt zum Betrieb und zu den Arbeitsplätzen zu gewähren. Sie haben das Recht, an Belegschaftsversammlungen teilzunehmen und Stellungnahmen abzugeben.

Bezogen auf die „grundsätzlichen" Rechte der Betriebsräte ist hervorzuheben, daß ihnen die „Wahrnahme der Mitwirkungs- und Mitbestimmungsrechte der Beschäftigten in wirtschaftlichen, personellen und sozialen Angelegenheiten" nach Maßgabe der Bestimmungen dieses Gesetzes obliegen und daß Betriebsräte und Leitungen des Betriebes verantwortungsbewußt im Interesse der Beschäftigten und des Betriebszweckes zusammenarbeiten sollen (§ 5 II).

In seinen Grundzügen lehnt sich der Entwurf wesentlich an das westdeutsche Betriebsverfassungsrecht an.[128]

Dies gilt namentlich für das formelle Betriebsverfassungsrecht (§ 8ff.). Ein wesentlicher Unterschied zum bundesdeutschen Betriebsverfassungsgesetz besteht darin, daß die Betriebsräte alle zwei Jahre, statt alle vier Jahre gewählt werden sollen (§ 10). Die Wahl folgt prinzipiell den Grundsätzen der

---

128 a.a.O., Fn. 126, Seite 158

Mehrheitswahl. Die Belegschaft kann jedoch ein anderes Wahlverfahren beschließen (§ 11). Der Betrieb hat die materiellen Voraussetzungen für die Betriebsratstätigkeit zu gewährleisten und die finanziellen Aufwendungen für die Wahl und die Amtstätigkeit sowie für die Schulung der Betriebsratsmitglieder zu tragen (§ 21).

Interessant und gesetzestechnisch durchaus vorbildhaft, ist die Regelung der Mitwirkungs- und Mitbestimmungsrechte nach § 25.

Es heißt dort, daß der Betriebsrat Mitwirkungs- und Mitbestimmungsrechte nach Maßgabe der folgenden Bestimmungen in sozialen, personellen und wirtschaftlichen Angelegenheiten hat.

Mitwirkungsrechte sind:

- Informationsrechte
- Vorschlagsrechte
- Anhörungsrechte
- Beratungsrechte
- Kontrollrechte.

Mitbestimmungsrechte sind:

- Zustimmungs- bzw. Zustimmungsverweigerungsrechte
- Vereinbarungsrechte.

Soweit eine Angelegenheit der Mitbestimmung unterliegt, kann sie nur einvernehmlich geregelt werden. Kommt eine Einigung zwischen Leitung des Betriebes und Betriebsrat nicht zustande, entscheidet die Einigungsstelle. Der Spruch der Einigungsstelle ersetzt die Einigung.

Nach dieser Maßgabe werden sodann im einzelnen und mit hoher Übersichtlichkeit

- die Mitbestimmungs- und Beratungsrechte in sozialen Angelegenheiten (§ 28)
- die Beteiligungsrechte in personellen Angelegenheiten (§ 30)
- die Mitbestimmungs- und Mitwirkungsrechte in wirtschaftlichen Angelegenheiten (§ 32)

geregelt.

Der Gesetzentwurf sieht in sozialen Angelegenheiten nachfolgende Mitbestimmungsrechte vor:

1. Planung, Gestaltung und Änderung der Arbeitsplätze, der Arbeitsumgebung und der Arbeitsorganisation einschließlich der Arbeitsverfahren und der Arbeitsabläufe;
2. Einführung, Anwendung, Änderung und Erweiterung technischer Einrichtungen und Verfahren, die geeignet sind, Daten oder Signale aufzu-

nehmen, zu erfassen, zu speichern, zu verarbeiten, zu übertragen oder auszugeben;
3. Einführung, Anwendung, Änderung oder Erweiterung sonstiger technischer Einrichtungen und Verfahren, welche geeignet sind, das Verhalten oder die Leistung der Beschäftigten zu überwachen;
4. Festlegung der Arbeitsinhalte und des Arbeitsumfangs einschließlich der Zahl der einzusetzenden Beschäftigten;
5. Fragen des Arbeitszeitsystems und der Arbeitszeit einschließlich des Beginns und des Endes der täglichen Arbeitszeit, der Pausen sowie der Verteilung der Arbeitszeit auf die einzelnen Wochentage;
6. Verlängerung oder Verkürzung der betriebsüblichen Arbeitszeit; bei vorübergehenden Maßnahmen erstreckt sich die Mitbestimmung auch auf den Zeitpunkt der Rückkehr zur betriebsüblichen Arbeitszeit;
7. Fragen der betrieblichen Lohngestaltung einschließlich der Entgeltsysteme, Aufstellung von Entlohnungsgrundsätzen, Einführung und Anwendung von Entlohnungsmethoden sowie deren Änderung;
8. Zeit, Ort und Art der Auszahlung der Arbeitsentgelte;
9. Einführung, Ausgestaltung und Änderung des betrieblichen Vorschlagswesens einschließlich der zu zahlenden Prämien;
10. Maßnahmen des Gesundheits- und Arbeitsschutzes, einschließlich der Ausarbeitung von Arbeitsschutzprogrammen sowie Einzelmaßnahmen, die, sei es auch mittelbar, der Verhütung von Arbeitsunfällen und Berufskrankheiten sowie dem Gesundheitsschutz dienen;
11. Aufstellungen allgemeiner Urlaubsgrundsätze und des Urlaubsplanes sowie die Festsetzung der zeitlichen Lage des Urlaubs für einzelne Beschäftigte, wenn zwischen der Leitung des Betriebes und den beteiligten Beschäftigten kein Einvernehmen erzielt wird;
12. Form, Ausgestaltung und Verwaltung von Sozialeinrichtungen, soweit sich ihr Wirkungsbereich auf den Betrieb erstreckt, einschließlich der Mietverhältnisse über Werkswohnungen und der Einrichtungen zur Kinderbetreuung.

Ein Vergleich zu den Mitbestimmungsrechten in sozialen Angelegenheiten nach dem geltenden Betriebsverfassungsgesetz lohnt in der Tat – gerade in bezug auf die Rechte hinsichtlich der Regelung von Arbeitszeit und Lohn.

In *personellen Angelegenheiten* gibt der Gesetzesentwurf dem Betriebsrat ein Mitbestimmungsrecht bei der Personalplanung einschließlich aller Maßnahmen zu deren Vorbereitung, wie Personalbeschaffung, Personalentwicklung, dem Personaleinsatz und bei Maßnahmen zum Ausbau oder Abbau des Personals. Bei der Aufstellung, Einführung, Anwendung oder Änderung von Personalführungs- und -beurteilungsgrundsätzen bestimmt der Betriebsrat ebenso mit. Entsprechendes gilt für die Erarbeitung und Verwendung von Personalfragebögen und personenbezogener Daten von Beschäftigten, die Gestaltung von Auswahlrichtlinien für personelle Einzelmaßnahmen und die Gestaltung von Arbeitsverträgen, welche vom Betrieb allgemein oder eine Vielzahl von Beschäftigten verwendet werden (Formular-Arbeitsverträge).

In wirtschaftlichen Angelegenheiten hat der Betriebsrat zunächst ein umfassendes Beratungsrecht (§ 32 I). Bei Betriebsänderungen ist sowohl ein Interessenausgleich als auch die Möglichkeit vorgesehen, Sozialplanregelungen zu erstellen.

Aus § 35 des Gesetzentwurfes wird sichtbar, daß geringere Anforderungen daran gestellt werden, was unter Betriebsänderungen im Rechtssinne zu verstehen ist. So hat die Leitung des Betriebes den Betriebsrat über geplante Betriebsänderungen, „die Nachteile für die Belegschaft, Teile der Belegschaft oder einzelne Beschäftigte" zur Folge haben können, zu unterrichten und die geplanten Betriebsänderungen mit dem Betriebsrat zu beraten. Wenngleich § 35 des Gesetzentwurfs sich darüber hinaus stark an § 111 Betriebsverfassungsgesetz anlehnt, so wird z.B. ein neuer Tatbestand geschaffen, in dem als Betriebsänderungen auch „Rationalisierungsmaßnahmen und Rationalisierungssysteme" zu verstehen sind, auch wenn diese schritt- oder versuchsweise eingeführt werden sollen (§ 35 Nr. 6).

Die Prozedur, bezogen auf Interessenausgleich und Sozialplan, ist wie folgt gestaltet:

Kommt zwischen der Leitung des Betriebes und dem Betriebsrat ein Interessenausgleich über die geplante Betriebsänderung zustande, ist dieser schriftlich niederzulegen und vom Leiter des Betriebes und dem Betriebsrat zu unterschreiben.

Das gleiche gilt für eine Einigung über den Ausgleich oder die Minderung der Nachteile, die der Belegschaft oder einzelnen Beschäftigten infolge der geplanten Betriebsänderungen entstehen (Sozialplan). Interessenausgleich und Sozialplan haben die Wirkung einer Betriebsvereinbarung (§ 36 I).

Kommt ein Interessenausgleich über die geplante Betriebsänderung oder eine Einigung über den Sozialplan nicht zustande, so können die Leitung des Betriebes oder der Betriebsrat den Direktor des Arbeitsamtes des Bezirkes um Vermittlung ersuchen. Geschieht dies nicht oder bleibt der Vermittlungsversuch ergebnislos, können die Leitung des Betriebes oder der Betriebsrat die Einigungsstelle anrufen (Jenes ist offensichtlich als Rechtswirksamkeitsvoraussetzung für dieses gemeint!).

Auf Ersuchen des Vorsitzenden der Einigungsstelle nimmt der Direktor des Arbeitsamtes des Bezirkes an der Verhandlung teil (§ 36 II).

Leitung des Betriebes und Betriebsrat sollen der Einigungsstelle Vorschläge zur Beilegung der Meinungsverschiedenheiten über den Interessenausgleich und den Sozialplan machen. Die Einigungsstelle hat eine Einigung der Parteien zu versuchen. Kommt eine Einigung zustande, so ist sie schriftlich niederzulegen und von den Parteien und dem Vorsitzenden zu unterschreiben (§ 36 III).

Kommt eine Einigung zwischen der Leitung des Betriebes und dem Betriebsrat über den Interessenausgleich nicht zustande, entscheidet die Einigungsstelle. Der Spruch der Einigungsstelle ersetzt die Einigung zwischen der Leitung des Betriebs und dem Betriebsrat insoweit, als er Auflagen zur Gestaltung der personellen, arbeitsmäßigen und sozialen Auswirkungen vorsieht (§ 36 IV).

Kommt eine Einigung über den Sozialplan nicht zustande, so entscheidet die Einigungsstelle über die Aufstellung eines Sozialplanes. Die Einigungsstelle hat dabei sowohl die sozialen Belange der betroffenen Beschäftigten zu berücksichtigen als auch auf die wirtschaftliche Vertretbarkeit ihrer Entscheidung für den Betrieb zu achten.

Der Spruch der Einigungsstelle ersetzt die Einigung zwischen der Leitung des Betriebes und dem Betriebsrat.

Die Bewertung, die Wolfgang Schneider bereits im Jahre 1990 in bezug auf den Mitbestimmungsgesetzentwurf gegeben hat, ist m.E. nach wie vor gültig. Man kann sich ihm getrost anschließen, wenn er schreibt:

„Auch wenn an einzelnen Punkten Kritik geübt werden kann, ist das Bestreben erkennbar, ein zeitgemäßes Betriebsverfassungsrecht zu schaffen. Der Gesetzentwurf über die Interessenvertretung der Beschäftigten in Betrieben und Unternehmen, die erwähnten Mustervereinbarungen zur Bildung von Betriebsräten (– vgl. die in der Anlage A 4, S. 289 abgedruckte Mustervereinbarung für die Wahl von Betriebsräten im Organisationsbereich der IG Bau Holz für den Holz-, Kunststoff- und Kulturwarenbereich in der DDR – der Verf.) sowie die zahlreichen, in der DDR auf Betriebsebene bereits abgeschlossenen Vereinbarungen zur Bildung von Betriebsvertretungen, zeigen das Bestreben, eigene Wege für die Tätigkeit betrieblicher Interessenvertretungen einzuschlagen. Das entspricht auch dem Willen der die Regierungsverantwortung tragenden politischen Kräfte in der DDR. So haben die Fraktionen der Volkskammer, die in der Regierungskoalition zusammengeschlossenen sind, zwar festgelegt, daß das Betriebsverfassungsgesetz der Bundesrepublik grundsätzlich übernommen werden soll, aber ‚in angepaßter Form‘[129]. Die Grundlagen des westdeutschen Betriebsverfassungsgesetzes werden

129 Grundsätze der Koalitionsvereinbarung zwischen den Fraktionen der CDU, der DSU, dem DA, den Liberalen und der SPD vom 12. 4. 1990, Abschnitt Soziales und Gesundheit, erste Sozialunion

somit durchaus akzeptiert und als übernahmefähig angesehen. Nicht akzeptiert werden, wie der bisherige Ablauf gezeigt hat, bestimmte Eckpunkte.

Dazu gehört die Erkenntnis, daß das Betriebsverfassungsgesetz der Bundesrepublik reformbedürftig ist und vor allem im Mitbestimmungsbereich der Fortschreibung bedarf. Das ist keineswegs der einzige Punkt, bei dem erkennbar abgewichen wird.

Angestrebt werden auch vereinfachte Regelungen, die das Betriebsverfassungsrecht handhabbarer machen. In der Tat ist das westdeutsche Betriebsverfassungsgesetz sehr rechtsförmlich. Es fällt schon vielen Betriebsräten in der Bundesrepublik schwer, das Gesetz in der Praxis umfassend umzusetzen, trotz einer langen Gewöhnungszeit, die von intensiven gewerkschaftlichen Schulungen begleitet war.

Die Kompliziertheit des Betriebsverfassungsgesetzes ist durch die am 1.1.1989 in Kraft getretenen Änderungen noch erheblich gestiegen. Gegen den gewerkschaftlichen Widerstand hat die Regierungskoalition betriebsverfassungsrechtliche Vorschriften geschaffen, die die Gefahr einer Schwächung der betrieblichen Interessenvertretung mit sich gebracht haben. Es geht dabei um überspitzte Minderheitenregelungen bei der Wahl und Zusammensetzung des Betriebsrates sowie um Gesetzesgrundlagen zur Bildung von Sprecherausschüssen für leitende Angestellte. Neben dem Ausbau der Mitbestimmung und dem Bestreben nach einer vereinfachten Anwendung des Betriebsverfassungsrechts ist die Erkenntnis, daß überspitzte Minderheitenregelungen einer gemeinsamen und effektiven betrieblichen Interessenvertretung entgegenstehen, ein weiteres Charakteristikum des oben angeführten Entwurfs, der Mustervereinbarungen und bereits praktizierter Grundlagen für die Bildung und Tätigkeit von Betriebsvertretungen in der DDR.

Auch auf übersteigerte Minderheitenregelungen, wie sie das westdeutsche Betriebsverfassungsrecht kennt, wird grundsätzlich verzichtet. Das ist eine gute Entwicklung."[130]

Im übrigen ist dieser Gesetzesentwurf vom arbeitsrechtlichen Schrifttum nahezu nicht zur Kenntnis genommen worden. In dem – ansonsten überaus interessanten – Aufsatz von Monika Schlachter über die Reformbedürftigkeit des Betriebsverfassungsrechts findet er nicht einmal in einer Fußnote Erwähnung.

Benötigen wir tatsächlich kein einheitliches, überschaubares und verständliches Mitbestimmungsrecht?

Wäre dies nicht ein kleiner, aber dennoch wesentlicher Schritt auf dem Wege zur Kodifikation des Arbeitsrechts, hier: im kollektiven Bereich? Man

---

130 Wolfgang Schneider, Betriebliche Interessenvertretung in der DDR, a.a.O., Seite 159f., Fn. 126

sollte denken, daß gerade dieser Gesetzesentwurf geeignet gewesen wäre, eine Lawine loszutreten. Aber: Es fiel nur eine Schneeflocke, und die ist auf dem Wege zur Erde getaut.

4. Kapitel: Vergleich

4.1. Rechte von betrieblichen Gewerkschaftsleitungen einerseits und Betriebsräten andererseits

Der Vergleich zwischen Rechten betrieblicher Gewerkschaftsleitungen einerseits und Betriebsräten andererseits müßte (eigentlich) nicht nur die unterschiedlichen Regelungen im Rahmen des Rechts aufzeigen. Zugleich müßte er die jeweils unterschiedliche Rechtsanwendungspraxis implizieren und somit die Schere zwischen Rechtsetzung und Rechtsverwirklichung offenlegen.

Dies allerdings kann nur im Wege einer (seriösen) Rechtstatsachenforschung erfolgen.

Der im Rahmen dieser Studie vorzunehmende Vergleich beschränkt sich daher auf das positive Recht (Rechte der betrieblichen Gewerkschaftsleitungen in der DDR einerseits und Rechte des Betriebsrats in der Bundesrepublik andererseits).

Die Intention dieses Vergleiches ist mehrgliedrig:

1. Er soll die – zum Teil deutlichen – Unterschiede, aber auch die – bis zur Identität vorhandenen – Gemeinsamkeiten in den Rechten von betrieblichen Gewerkschaftsleitungen einerseits und Betriebsräten andererseits offenlegen *(Informationsaspekt).*
2. Er soll die – nicht ganz neue – Erkenntnis vertiefen, daß gleiche Rechte in unterschiedlichen Rechtssystemen durchaus nicht dieselben Rechtswirkungen zeitigen bzw. zeitigen müssen *(Ergebnisaspekt).*
3. Er soll Defizite in den Rechten der betrieblichen Gewerkschaftsleitungen gegenüber den Rechten der Betriebsräte aufzeigen. (Die Defizite in „umgekehrter Richtung“ sind allhöchstens von historischem Interesse – *Fortentwicklungsaspekt.*)
4. Er soll klarstellen, daß subjektive Rechte materiell-rechtlicher Natur ohne rechtsförmiges Verfahren respektive ohne Chance auf die Durchsetzbarkeit im Gerichtswege höchst zweifelhafter Natur sind *(Verfahrensaspekt).*
5. Schließlich soll der Vergleich als Argumentationshilfe dienen, um fortwirkendes DDR-Arbeitsrecht unter den gegenwärtigen Bedingungen richtig auszulegen und anzuwenden *(Auslegungsaspekt).*

A. Rechtsstellung/Kooperation mit Betriebsdirektor/Arbeitgeber

	Betriebsrat	Betriebliche Gewerkschaftsleitungen
1. Rechtsstellung	Repräsentant der Belegschaft; handelt als Organ der Betriebsverfassung im eigenen Namen und nicht als Stellvertreter der Belegschaft; Keine rechtsfähige juristische Person, aber teilrechts- und teilprozeßfähig im Rahmen des ihm zugewiesenen betriebsverfassungsrechtlichen Wirkungskreises.[131] (§§ 2a, 10, 80ff. ArbGG)	Die Betriebsgewerkschaftsorganisation und ihre Organe vertreten die Interessen der Werktätigen im Betrieb (§ 22 I AGB). Sie sind damit ebenfalls Repräsentant der gesamten Belegschaft. Die Gewerkschaftsleitung ist keine rechtsfähige juristische Person, sie darf im arbeitsrechtlichten Verfahren nicht als Partei auftreten (Ausnahme: Rechtsstreitigkeiten über Darlehen aus der „Kasse der gegenseitigen Hilfe“). Sie haben jedoch in jedem arbeitsrechtlichen Verfahren die Stellung eines Prozeßbeteiligten, sofern sie das wünschen (Mitwirkungsrecht durch Stellungnahme, Empfehlung zur Sachaufklärung und Stellen von Beweisanträgen) (vgl. § 301 I AGB)
2. Ziel	In § 2 I Betriebsverfassungsgesetz wird als Ziel der vertrauensvollen Zusammenarbeit von Arbeitgeber und Betriebsrat das Wohl der Arbeitnehmer und des Betriebes genannt.	Eine gesetzliche Verpflichtung auf das „Betriebswohl“ besteht nicht; es werden „nur“ die Interessen der „Werktätigen“ vertreten. Im Rahmen der gewerkschaftlichen Hierarchie besteht allerdings eine Verpflichtung auf das staatliche Gemeinwohl.
3. Friedenspflicht	Beide Betriebspartner haben Betätigungen zu unterlassen, durch die der Ablauf oder der Frieden des Betriebes beeinträchtigt werden (§ 74 II Satz 2 BetrVG), insbesondere besteht ein Arbeitskampfverbot (§ 74 II Satz BetrVG).	Ein normatives Friedenspflichtgebot besteht nicht, ist aufgrund des Streikverbots auch obsolet. Aber: Nachdem im Jahre 1990 das Streikrecht garantiert war, muß man wohl formal von einer Zulässigkeit auch betrieblicher Streiks ausgehen.
4. Parteipolitische Betätigung	Das Gebot, den Betriebsfrieden zu wahren, hat ein ausdrückliches Verbot der parteipolitischen Betätigung von Arbeitgeber und Betriebsrat im Betrieb zur Folge (§ 74 II Satz 3 BetrVG).	Ein Verbot parteipolitischer Betätigung im Betrieb existiert (natürlich) nicht. Dies gilt jedenfalls für die SED, denn es bestanden Betriebsparteiorganisationen. Die parteipolitische Betätigung von Mitgliedern der betrieblichen Gewerkschaftsleitungen im Rahmen der Betriebsparteiorganisation war somit nicht nur nicht verboten, sondern politisch erwünscht, ohne daß dieser Zustand rechtlich geregelt worden wäre.
5. Öffentlichkeit	Der Betriebsrat ist kein übergeordnetes Kontrollorgan; er darf insbesondere nach § 77 I Satz 2 BetrVG nicht durch einseitige	Formal-juristisch stehen der betrieblichen Gewerkschaftsleitung alle Wege in die Öffentlichkeit offen; irgendwelche normativen

131 Wilhelm Dütz, Arbeitsrecht, a.a.O., München 1990, Seite 289, Fn. 61

	Betriebsrat	Betriebliche Gewerkschaftsleitungen
	Handlungen in die Leitung des Betriebes eingreifen.[132] Der Betriebsrat darf Dritten keine Mitteilungen machen, die dem Ruf des Unternehmens abträglich sein könnten, gleichgültig, ob es sich dabei um wahre oder unwahre Tatsachen handelt.[133] BAG: Der Betriebsrat soll das Recht haben, in einem Beschlußverfahren klären zu lassen, ob eine bestimmte Arbeitgebermaßnahme gegen Gesetze, Tarifverträge usw. verstößt (BAG AP-Nr. 4 zu § 15 BAT = BB 1983, 1280).	Verbote existieren nicht. Der Weg in die Öffentlichkeit allerdings ist im allgemeinen Gebot, auf das „Gemeinwohl" (zu deutsch: Staat, Partei und Regierung) verpflichtet zu sein, vorgegeben. Immerhin: Die Gewerkschaftsleitungen können sich an die „übergeordneten Leiter" zum Zwecke der Beseitigung von Rechtsverletzungen ebenso wenden wie an die Territorien oder den Staatsanwalt. Sie haben im Rahmen des arbeitsrechtlichen Verfahrens sogar das Recht, eine Gerichtskritik sowie eine besondere Verfahrensauswertung durch das Gericht zu beantragen (§ 301 II AGB), sofern Rechtsverletzungen von „staatlichen Leitern" dies geboten erscheinen lassen.
6. Leitende Angestellte	Leitende Angestellte werden vom Betriebsrat nicht vertreten (§ 5 III BetrVG), aber: seit dem 1.1.1989 besteht das Sprecherausschußgesetz.	Auch die leitenden Angestellten (DDR-deutsch: leitende Mitarbeiter) werden von der Interessenvertretung durch die betrieblichen Gewerkschaftsleitungen vollständig erfaßt.
7. „Organe"	Das wichtigste Organ der Betriebsverfassung ist selbstredend der Betriebsrat, daneben bestehen Sonderformen des Betriebsrates, Ausschüsse und die Betriebsversammlung: Gesamtbetriebsrat, Konzernbetriebsrat, Bildung von Ausschüssen, z.B. Betriebsausschüsse oder Wirtschaftsausschüsse, Jugend- und Auszubildenenvertretung, Gesamtjugend- und -auszubildendenvertretung, Betriebsversammlung gem. §§ 42ff. BetrVG	Wichtigstes Organ der Interessenvertretung ist die Betriebsgewerkschaftsleitung bzw. die Abteilungsgewerkschaftsleitung, daneben bestehen nachfolgende Interessenvertretungs-„Organe": Mitgliederversammlung, Vertrauensleutevollversammlung, Betriebsversammlung (normativ nicht geregelt), der BGL-Vorsitzende, gewerkschaftliche Kommissionen (wie: Kommission für Arbeit und Löhne, Rechtskommissionen, Arbeitsschutzkommissionen, Wettbewerbskommissionen, Räte für Sozialversicherung, Neueraktive, Frauenausschüsse), Gewerkschaftsgruppen und Gewerkschaftsgruppenfunktionäre (Vertrauensleute).
8. Kosten	Der Arbeitgeber trägt die notwendigen Kosten für Räume, für Sitzungen und Sprechstunden, Büropersonal, Telefon, Literatur, Kosten gerichtlicher Verfahren, Fahrtkosten etc. (vgl. § 40 BetrVG).	Eine normative Kostenregelung besteht nicht, ist auch obsolet, denn der Betriebsleiter hat dafür Sorge zu tragen, daß die Gewerkschaft ihr Mitbestimmungsrecht im Betrieb voll wahrnehmen kann (§ 18 AGB). Das schließt die Übernahme finanzieller Aufwendungen ein.

132 BAG AP-Nr. 1 zu § 80 BetrVG 1972
133 LAG Saarland, Kritische Justiz 1971, S. 323

	Betriebsrat	Betriebliche Gewerkschaftsleitungen
9. Tarifverträge/Rahmenkollektivverträge	Ob und inwieweit eine Erweiterung der Mitbestimmung durch Tarifvertrag möglich ist, bestimmt sich nach dem Rahmen des § 3 BetrVG. Es handelt sich somit um eine normativ eingeschränkte Erweiterungsmöglichkeit.[134]	Soweit sich die Rahmenkollektivverträge selbst im Rahmen des strikten Rangprinzips bewegen, ist einen unbeschränkte Erweiterung der Mitbestimmungsrechte der betrieblichen Gewerkschaftsleitungen zulässig.

B. Allgemeine Aufgaben

	Betriebsrat	Betriebliche Gewerkschaftsleitung
1. Kontrollrecht/Überwachungsrecht	Überwachungsrecht bei der Durchführung der zugunsten der Arbeitnehmer geltenden Gesetze, Verordnungen, Unfallverhütungsvorschriften, Tarifverträge und Betriebsvereinbarungen (§ 80 I Nr. 1 BetrVG).	Umfassendes Kontrollrecht über „die Wahrung der Rechte der Werktätigen" (§ 24 I e AGB, § 292 AGB).
2. Antragsrecht	Allgemeines Antragsrecht beim Arbeitgeber für Maßnahmen, die dem Betrieb und der Belegschaft dienen (§ 80 I Nr. 2 BetrVG).	Ein derartig „schwaches" Antragsrecht ist im AGB nicht vorgesehen; es ist vielmehr in den weitergehenden Rechten, Rechenschaft zu verlangen, enthalten (vgl. § 23 AGB).
3. Entgegennahme von Anregungen	Der Betriebsrat nimmt Anregungen der Arbeitnehmer und der Jugend- und Auszubildendenvertretung entgegen und wirkt auf die Erledigung dieser Anregungen durch Verhandlung mit dem Arbeitgeber hin (§ 80 I Nr. 3 BetrVG).	Auch in diesem Fall ist ein so „schwaches" Entgegennahmerecht in „stärkeren" Kontroll- und Rechtenschaftslegungsrechten enthalten (vgl. § 292 III AGB).
4. Förderung Schwerbehinderter	Der Betriebsrat hat die Aufgabe, die Eingliederung Schwerbehinderter oder sonstiger besonders schutzbedürftiger Personen zu fördern (§ 80 I Nr. 4 BetrVG).	Ein solches Recht besteht nach AGB nicht; einer solchen spezifischen Aufgabe durch die betrieblichen Gewerkschaftsleitungen bedurfte es nicht, sie standen ohnehin unter dem besonderen Schutz und genossen die besondere Förderung durch das Arbeitsrecht (vgl. § 5 AGB).
5. Vorbereitung und Durchführung der Wahl einer Jugend- und Auszubildendenvertretung	Er hat die Wahl einer Jugend- und Auszubildendenvertretung vorzubereiten und durchzuführen und mit dieser zur Förderung der Belange dieser Arbeitnehmer eng zusammenzuarbeiten; er kann von der Jugend- und Auszubildendenvertretung Vorschläge und Stellungnahmen anfordern (§ 80 I Nr. 5 BetrVG).	Auch hier ist so ein „schwaches" Recht obsolet, weil die Leitungen der Freien Deutschen Jugend (FDJ) ein eigenständiges Recht besitzen, gemeinsam mit den Vorständen und Leitungen der Gewerkschaften die Einhaltung der arbeitsrechtlichen Bestimmungen zur Förderung und zum Schutz der werktätigen Jugend zu kontrollieren. (vgl. § 292 III AGB i.V. mit §§ 3,4 AGB).
6. Förderung der Beschäftigung älte-	Der Betriebsrat hat die Beschäftigung älterer Arbeitnehmer im Betrieb zu fördern (§ 80 I Nr. 6 BetrVG).	Eine solche Aufgabe ist generell unter den Schutz des Arbeitsrechts gestellt (vgl. § 5 AGB), nicht jedoch als Recht der betrieblichen Gewerkschaftsleitung ausgestaltet.

134 vgl. hierzu ausführlich Otto-Rudolf Kissel, NZA 1986, 73

	Betriebsrat	Betriebliche Gewerkschaftsleitung
rer Arbeitnehmer im Betrieb		
7. Ausländische Arbeitnehmer	Er hat die Aufgabe, die Eingliederung ausländischer Arbeitnehmer im Betrieb zu fördern und zum Verständnis zwischen ihnen und den deutschen Arbeitnehmern beizutragen (§ 80 I Nr. 7 BetrVG).	Das Problem ausländischer Arbeitnehmer wurde im Arbeitsrecht der DDR nach Möglichkeit nicht thematisiert; so gab es auch keine spezifischen Rechte der betrieblichen Gewerkschaftsleitungen. Lediglich der Geltungsbereich des AGB weist auf ausländische Arbeitnehmer hin.

C. Mitwirkungsrechte/Mitbestimmungsrechte[135]

Vorbemerkung:
Wir versuchen eine Systematisierung nach der Art bzw. dem Gegenstand von Mitwirkungsrechten, und zwar zunächst übergreifend, das heißt in diesem Falle, ohne Rücksicht auf die Einteilung der Beteiligung in solche bei sozialen, personellen oder wirtschaftlichen Angelegenheiten.

	Betriebsrat	Betriebliche Gewerkschaftsleitung	Wertung
1. Informationsrechte	Unterrichtungsanspruch in nahezu allen betrieblichen Angelegenheiten, die für den Betriebsrat relevant sind. (vgl. §§ 80 II, 89 II, 90, 92, 99, 106 BetrVG) Hierzu gehört auch das Einsichtsrecht in die Lohn- und Gehaltslisten.	Genereller Informations- bzw. Unterrichtungsanspruch, welcher nach § 24 I dAGB keinerlei sachlicher Einschränkung unterliegt; darüber hinaus nach § 23 AGB Informationsrecht „zu grundlegenden Fragen der Entwicklung des Betriebes und der Arbeits- und Lebensbedingungen der Werktätigen“.	Der Informations- bzw. Unterrichtungsanspruch des Betriebsrats ist auf die im Betriebsverfassungsgesetz genannten Fälle eingeschränkt; eine solche Einschränkung der Informationsrechte der betrieblichen Gewerkschaftsleitung nach AGB besteht nicht.

135 Die Systematisierung der Mitwirkungs- bzw. Mitbestimmungsrechte des Betriebsrats erfolgt im arbeitsrechtlichen Schrifttum der Bundesrepublik auf jede andere als einheitliche Weise. Einigkeit besteht lediglich darüber, daß Rechte unterschiedlicher Intensität und Rechtswirkung bestehen und daß in den Fällen der „vollen“ oder „weitestgehenden“ Mitbestimmung eine Verpflichtung zur Einigung besteht. Selbst die sogenannten Widerspruchs- oder Vetorechte des Betriebsrats werden von einigen Autoren lediglich als Mitwirkungsrechte, von anderen dagegen als Mitbestimmungsrechte verstanden.
vgl. hierzu u.a.: Günter Schaub, Arbeitsrechtshandbuch, München 1987, Seiten 1467ff.; Brunhilde Steckler, Kompendium Arbeitsrecht und Sozialversicherung, Ludwigshafen 1989, Seite 243; Ulrich Halser, Die Betriebsvereinbarung, Berlin 1995, Seiten 70ff.; Wilhelm Dütz, Arbeitsrecht, Lehrbuch, 1990, a.a.O., Seite 301ff.; Fn. 61, Wolfgang Däubler, Das Arbeitsrecht I – Leitfaden für Arbeitnehmer, Reinbek bei Hamburg 1989, Seite 403f.; Schmidt/Trenk-Hinterberger, Grundzüge des Arbeitsrechts, München 1994, Seite 325ff.; Peter Hanau/Klaus Adomeit, Arbeitsrecht – Juristisches Lehrnbuch, Neuwied, Triftel, Berlin, 1992, Seite 133ff.; Alfred Söllner, Grundriß des Arbeitsrechts, a.a.O., Seite 179ff., Fn. 61;

	Betriebsrat	Betriebliche Gewerkschaftsleitung	Wertung
2. Recht auf Rechenschaftslegung	Ein solches Recht kennt das Betriebsverfassungsgesetz für den Betriebsrat nicht; der Betriebsrat kann nicht vom Arbeitgeber Rechenschaft darüber fordern, warum er eine unternehmerische Entscheidung so und nicht anders getroffen hat; allhöchstens könnte man aus § 106 Betriebsverfassungsgesetz in eingeschränkter Hinsicht einen solchen „Rechenschaftslegungsanspruch" ableiten.	Nach § 24 I d AGB i.V. mit § 23 AGB muß der Betriebsleiter uneingeschränkt „Rechenschaft legen". Diese Rechenschaftslegungspflicht bezieht sich auch auf durch die Betriebsgewerkschaftsorganisation gemäß § 20 I AGB unterbreitete Vorschläge.	Hierbei handelt es sich um ein „sozialismustypisches" Mitwirkungsrecht; es gibt nichts, was die Gewerkschaft im Betrieb nichts anging und worüber sie demzufolge keine „Rechenschaft" fordern könnte.[136] Eine Grenze liegt hier lediglich in der Rechtsmißbräuchlichkeit bzw. im Grundsatz der sogenannten verantwortungsbewußten Rechtsausübung, der jedoch nicht im AGB sondern ausdrücklich nur im ZGB verankert ist.
3. Vorschlagsrecht	Der Betriebsrat kann in normativ ausdrücklich vorgesehen Fällen dem Arbeitgeber „Vorschläge" unterbreiten. (z.B. Vorschläge für die Einführung einer Personalplanung und ihre Durchführung nach § 92 II und Vorschläge über die Berufsbildungsförderung nach § 96 I BetrVG).	Es besteht ein normativ nicht eingeschränktes Vorschlagsrecht nach § 20 AGB.	Auch hier ist erkennbar: ein normativ eingeschränktes Vorschlagsrecht des Betriebsrats steht einem grundsätzlich uneingeschränkten Vorschlagsrecht der betrieblichen Gewerkschaftsleitungen gegenüber. Während der Arbeitgeber nach Betriebsverfassungsgesetz grundsätzlich „nur" verpflichtet ist, sich mit dem Verlangen des Betriebsrats ernsthaft und sachlich aus-

136 Formal-juristisch betrachtet könnte die betriebliche Gewerkschaftsleitung den Betriebsdirektor mit ständigen und fortgesetzten Rechenschaftslegungsforderungen „bombardieren" und ihn auf diese Weise an der Unternehmensleitung hindern. Offenbar ist dies selbst durch das arbeitsrechtliche Schrifttum der DDR erkannt worden, wenn es dort heißt:
„Dieses Recht, Informationen und Rechenschaftslegung zu fordern, ist nicht beschränkt auf einzelne Gebiete. Auch hier gilt wie beim Vorschlagsrecht, daß die Gewerkschaften in allen betrieblichen Fragen mitsprechen können. Es ist aber notwendig, daß jede Gewerkschaftsleitung auf der Grundlage ihres Arbeitsplanes sehr genau abwägt, zu welchen Fragen Informationen bzw. Rechenschaft verlangt werden soll. Die Ausübung dieses Rechts darf nicht dazu führen, daß die Betriebsleiter und leitenden Mitarbeiter unnötig belastet werden und ihnen damit Zeit für die Erfüllung anderer wichtiger Aufgaben genommen wird."
Walter Hantsche/Hans-Joachim Wolf, Grundsätze des sozialistischen Arbeitsrechts und ihre Verwirklichung, a.a.O., Seite 44, Fn. 40

	Betriebsrat	Betriebliche Gewerkschaftsleitung	Wertung
			einanderzusetzen, jedoch keine Verpflichtung zur Durchführung der vom Betriebsrat vorgeschlagenen Maßnahme besteht[137] enthält § 20 II AGB einen (nur schwer verständlichen) Sanktionsmechanismus. Auf ihn wird weiter unten noch einzugehen sein.
4. Initiativrechte[138]	Das Recht, die Angelegenheit zur verbindlichen Entscheidung vor die Einigungsstelle zu bringen, wird z.B. nach §§ 87 II, 94, 95 II, 98 IV, 112 IV BetrVG geregelt. Das Initiativrecht ist somit das Antragsrecht zur Ingangsetzung des betrieblichen Schlichtungsverfahrens (Einigungsstelle).	Fehlanzeige insofern, als es ein Einigungsstellenverfahren nach DDR-Arbeitsrecht nicht gegeben hat. Selbst das Gesetz über die Errichtung und das Verfahren der Schiedsstellen für Arbeitsrecht vom 29.7.1990, Gesetzblatt I Nr. 38, welches am 1. Juli 1990 in Kraft trat, sah kein selbständiges Antragsrecht für betriebliche Gewerkschaftsleitungen oder Betriebsräte vor. Allerdings: Die sehr weitgehenden Rechte der betrieblichen Gewerkschaftsleitungen im Verfahren vor den Konfliktkommissionen und im arbeitsrechtlichen Verfahren vor den Kreisgerichten sind sehr wohl als Initiativrechte zu bewerten: Nach § 301 II haben die Vorstände und Leitungen der Gewerkschaften das	Die funktionalen Seiten dieser Initiativrechte sind somit durchaus vergleichbar, wenngleich die verfahrensrechtlichen Regelungen erhebliche Unterschiede offenbaren.

137 Ulrich Halser, Die Betriebsvereinbarung, a.a.O., Seite 70, Fn. 134

138 Verschiedentlich werden im arbeitsrechtlichen Schrifttum der Bundesrepublik die Vorschlags- und Initiativrechte synomym verwendet.So heißt es bei Günter Schaub: „Bei den Initiativrechten kann die Betriebsvertretung von sich aus mit Vorschlägen an den Arbeitgeber herantreten." Arbeitsrechtshandbuch, a.a.O., Seite 1468, Fn. 134. Hanau und Adomeit hingegen verstehen unter einem Initiativrecht das Recht des Betriebsrats, die Angelegenheit zur *verbindlichen* Entscheidung vor die Einigungsstelle zu bringen („Regelungsanspruch"). Peter Hanau/Klaus Adomeit, Arbeitsrecht – Juristisches Lehrnbuch, a.a.O. Seite 135. Fn. 134. So auch Wiese, Das Initiativrecht nach dem Betriebsverfassungsgesetz, Berlin 1977. Wir verstehen das Initiativrecht im letztgenannten Sinne.

	Betriebsrat	Betriebliche Gewerkschaftsleitung	Wertung
		Recht, in Arbeitsrechtssachen mitzuwirken, insbesondere Stellung zu nehmen, Empfehlungen zur Sachaufklärung zu geben und Beweisanträge zu stellen. Sie haben das Recht, eine Gerichtskritik sowie eine besondere Verfahrensauswertung durch das Gericht zu beantragen. Die Vorstände des FDGB hatten (sogar) das Recht, eine Berichterstattung durch die Gerichte über die „gewerkschaftliche Mitwirkung in Arbeitsrechtssachen und über die Anwendung des sozialistischen Arbeitsrechts in den Betrieben" zu verlangen (§ 301 III AGB).	
5. Beratungsrechte	Der Arbeitgeber hat insbesondere in bezug auf Gestaltung von Arbeitsplätzen, Arbeitsabläufen und Arbeitsumgebungen sowie über Art und Umfang der erforderlichen Maßnahmen und über Vermeidung von Härten bei Personalplanungsmaßnahmen mit dem Betriebsrat zu beraten (§ 90 II und § 92 I Satz 2 BetrVG). Vergleichbares gilt auch über Beratungserfordernisse bei Betriebsänderungen nach § 111 BetrVG. Die Entscheidung verbleibt bei den Beratungsrechten ebenso wie bei den Informations- und Vorschlagsrechten beim Arbeitgeber.	Ein ausdrückliches Beratungsrecht kennt das AGB nicht. Es dürfte zudem in dem „stärkeren" Recht auf Rechenschaftslegung enthalten sein, da dies regelmäßig Beratung voraussetzt.	Die Beratungsrechte des Betriebsrats sind im Betriebsverfassungsgesetz normativ festgeschrieben; obwohl ausdrückliche Beratungsrechte der betrieblichen Gewerkschaftsleitung nicht geregelt sind, darf aufgrund des stärkeren Rechenschaftslegungsrechts davon ausgegangen werden, daß ein umfassender Beratungsanspruch der betrieblichen Gewerkschaftsleitung gegenüber dem Betriebsleiter bestanden hat.
6. Antragsrechte	Es besteht ein allgemeines Recht des Betriebsrats, Maßnahmen, die dem Betrieb und der Belegschaft dienen, beim Arbeitgeber zu	Ein Antragsrecht besteht nach AGB-Regelung expressis verbis nicht; es dürfte zudem sachlich-inhaltlich in den weiterge-	

	Betriebsrat	Betriebliche Gewerkschaftsleitung	Wertung
	beantragen (§ 80 I Nr. 2 BetrVG).	henden Vorschlagsrechten enthalten sein.[139]	
7. Anhörungsrecht	Es besteht vor jeder Kündigung; eine ohne Anhörung des Betriebsrates ausgesprochene Kündigung ist unwirksam. Aber auch nach §§ 82 I und 85 BetrVG bestehen Anhörungsrechte. Die Anhörungsrechte verpflichten den Arbeitgeber, den Betriebsrat ordnungsgemäß anzuhören und erst danach eine Rechtsanwendungsentscheidung zu treffen.	Ein Anhörungsrecht kennt das AGB nicht; bezogen auf den Ausspruch von Kündigungen oder fristlosen Entlassungen nach dem AGB der DDR ist es in dem stärkeren Zustimmungsrecht enthalten.	Die betriebliche Gewerkschaftsleitung konnte durch Verweigerung der Zustimmung jede Kündigung durch den Arbeitgeber verhindern; im Bundesarbeitsrecht ist es für die Wirksamkeit der Kündigung bedeutungslos, ob der Betriebsrat einer Kündigung zustimmt oder nicht, lediglich der Widerspruch – bezogen auf ausdrücklich normativ geregelte Fälle – hat rechtliche Konsequenzen. Allerdings: die ordnungsgemäße Anhörung ist Wirksamkeitsvoraussetzung für den Ausspruch der (arbeitgeberseitigen) Kündigung.
8. Kontrollrechte	Im arbeitsrechtlichen Schrifttum der Bundesrepublik werden Kontrollrechte des Betriebsrates nicht thematisiert; es ist aber durchaus legitim, das Recht nach § 80 I Nr. 1 BetrVG als ein solches zu bezeichnen.	Das Kontrollrecht der betrieblichen Gewerkschaftsleitung ist überaus weit gespannt; sie haben das Recht, „die Kontrolle über die Wahrnehmung der Rechte der Werktätigen auszuüben" – § 24 I e AGB. Hervorzuheben ist das umfassende Kontrollrecht auf dem Gebiet des Gesundheits- und Arbeitsschutzes nach § 201 II AGB bis hin zur Kontrolle und „Auswertung" des Krankenstandes sowie des Unfallgeschehens im Betrieb sowie der Maßnahmen zur Beseitigung von Krankheits- und Unfallursachen nach § 275 II AGB.	Die weitgehenden „Kontrollrechte" der betrieblichen Gewerkschaftsleitungen können nur aus der Rechtsstellung der Gewerkschaft bzw. ihrer politischen Funktion heraus erklärt werden (vgl. Kapitel 1 der vorliegenden Studie).

139 Es ist sicher kein Zufall, daß das sogenannte Antragsrecht nur selten im arbeitsrechtlichen Schrifttum der Bundesrepublik als selbständiges Beteiligungsrecht des Betriebsrats angesehen wird, vgl. hierfür Brunhilde Steckler, Kompendium Arbeitsrecht und Sozialversicherung, a.a.O., Seite 243, Fn. 134

	Betriebsrat	Betriebliche Gewerkschaftsleitung	Wertung
9. Organisationsrechte	Ein solches Recht kennt das Betriebsverfassungsgesetz nicht.	Recht zur „Organisation" des „sozialistischen Wettbewerbs" sowie der gesamten Neuererbewegung, das heißt des Arbeitnehmererfindungswesens. (vgl. § 34 AGB)	Es besteht eine politische Bedeutung insofern, als durch die rechtliche Regelung der Organisationsrechte der Eindruck erweckt werden sollte, daß sowohl der „Wettbewerbs- als auch der Neuerergeist" nicht (auch noch) staatlich verordnet, sondern von unten „organisiert" worden sei.
10. Vereinbarungsrechte	Diese – genau genommen – wichtigsten Rechte des Betriebsrats werden im bundesdeutschen arbeitsrechtlichen Schrifttum merkwürdigerweise expressis verbis so nicht bezeichnet; gemeint sind Betriebsvereinbarungen durch gemeinsamen Beschluß der Betriebspartner nach § 77 II BetrVG oder durch einen Spruch der Einigungsstelle nach § 77 I und II BetrVG. Daneben bestehen die sogenannten formlosen Vereinbarungen (Betriebsabsprachen) in Form von Regelungsabreden bzw. betrieblichen Einigungen.[140]	Hier sind Betriebskollektivverträge und andere betriebliche Vereinbarungen gemäß § 24 I a AGB zu nennen.	(Näheres hierzu unter 4.1.2. der vorliegenden Studie.)
11. Zustimmungsrechte	Betriebsverfassungsrechtliche Vetorechte gegenüber Arbeitgebermaßnahmen bestehen prinzipiell nicht.[141] Sie sind vielmehr auf Ausnahmefälle beschränkt; der Betriebsrat kann durch seinen Widerspruch nach § 102 III BetrVG den Arbeitgeber nicht am Ausspruch einer Kündigung hindern; es bestehen aufgrund des Widerspruchs „lediglich"	Das AGB hingegen kennt exakt 23 Zustimmungsrechte der betrieblichen Gewerkschaftsleitungen, welche als Vetorechte ausgestaltet sind (vgl. 1.4.2. der vorliegenden Studie). Diese durch die Rechtsfigur der Zustimmung ausgestalteten Vetorechte sind neben den „Vereinbarungsrechten" die eigentlichen Mitbestimmungsrechte des DDR-	Zustimmungs- und Vereinbarungsrechte sind nach dem Recht der betrieblichen Interessenvertretung der DDR die „stärksten" Rechte. Der grundlegende Unterschied zu den „vollen" Mitbestimmungsrechten nach bundesdeutschen Arbeitsrecht besteht darin, daß die betrieblichen Gewerkschaftsleitungen (lediglich) die Möglichkeit haben,

140 vgl. hierzu Wilhelm Dütz, Arbeitsrecht – Lehrbuch, a.a.O., Seite 308ff., Fn. 61
141 vgl. Wilhelm Dütz, Arbeitsrecht – Lehrbuch, a.a.O., Seite 302, Fn. 61

	Betriebsrat	Betriebliche Gewerkschaftsleitung	Wertung
	individualrechtliche Konsequenzen. Zu anderen personellen Einzelmaßnahmen muß der Arbeitgeber jedoch nach § 99 I Satz 1 BetrVG die Zustimmung des Betriebsrats einholen, die dieser nur unter der Voraussetzung des § 99 II BetrVG verweigern darf.	Arbeitsrechts.	durch ein Veto- (Zustimmungs-)recht eine Rechtsanwendungsentscheidung des Betriebsdirektors zu verhindern. Die rechtliche Möglichkeit, eine bestimmte Rechtsanwendungsentscheidung positiv zu erzwingen, sieht die Rechtsordnung hingegen nicht vor.
12. Abberufungsrechte/ Entfernungsrechte	Der Betriebsrat kann in besonderen, ausdrücklich geregelten Fällen die Abberufung bzw. Entfernung bestimmter Personen verlangen, und zwar nach § 98 II BetrVG. Die Abberufung einer mit der betrieblichen Berufsbildung beauftragten Person, sofern dieser die berufs- bzw. arbeitsspezifische Eignung im Sinne des BBiG fehlt oder auch die Entfernung betriebsstörender Arbeitnehmer können verlangt werden.	Die Forderung nach einer solchen Abberufung besteht auch nach AGB, und zwar gemäß § 292 II. Unter bestimmten Voraussetzungen können die Gewerkschaftsleitungen verlangen, daß „verantwortliche Leiter" disziplinarisch zur Verantwortung gezogen werden, das heißt im Extremfall: den Ausspruch einer fristlosen Entlassung, da dies nach dem Arbeitsrecht der DDR nicht nur Beendigungsform des Arbeitsverhältnisses, sondern zugleich schärfste Disziplinarischmaßnahme ist.	Das ebenso interessante wie überaus weitgehende Recht nach § 292 II AGB war „graue Theorie". Falls Betriebsdirektoren oder andere „staatliche Leiter" abberufen wurden, sorgte hierfür regelmäßig „die Partei", nicht jedoch die Gewerkschaft.
13. Mitbestimmungsrechte	Hierbei handelt es sich um die eigentlichen, auch als „echte" oder „volle" bezeichneten Mitbestimmungsrechte. Betriebsrat und Arbeitgeber entscheiden gemeinsam. Jede Seite kann die Initiative ergreifen und bestimmte Regelungen vorschlagen. Sofern es zu keiner Einigung kommt, entscheidet die Einigungsstelle. Der Arbeitgeber kann die Maßnahmen der sogenannten echten Mitbestimmung nur im einvernehmlichen Zusammenwirken mit dem Be-		Es ist juristisch eigentlich unrichtig, diese Mitbestimmungsrechte nicht als Veto- bzw. Zustimmungsrechte zu qualifizieren. Zumindest sind sie dies auch, denn ohne Zustimmung des Betriebsrats darf der Arbeitgeber die Maßnahme nicht durchführen. Erst die Einigungsstelle entscheidet; jedenfalls bis dahin bleibt die Maßnahme gegen den Willen des Betriebsrats unwirksam.

	Betriebsrat	Betriebliche Gewerkschaftsleitung	Wertung
	triebsrat treffen (vgl. §§ 87 I, 91 Satz 1, 94 I Satz 1 und II, 95 I Satz 1 und II Satz 1 BetrVG).		
14. Selbstverwaltungsrechte/Selbstentscheidungsrechte	Diese sind sehr begrenzt und im Betriebsverfassungsgesetz ausdrücklich genannt. Das betrifft die Organisation der Betriebsratsarbeit an sich wie die Anberaumung von Sitzungen oder den Erlaß einer Geschäftsordnung. Dasselbe gilt auch für die Arbeitsbefreiung nach § 37 II BetrVG wie für die Freistellung von Betriebsratsmitgliedern zu Bildungszwecken.	Die Regelung der innerbetrieblichen Gewerkschaftstätigkeit ist nicht im AGB, sondern in der Satzung des FDGB geregelt. In die Selbstverwaltung und damit in die Selbstentscheidung des FDGB fällt die Leitung der Sozialversicherung der Arbeiter und Angestellten; „die Betriebsgewerkschaftsleitungen führen in den Betrieben die Aufgaben des FDGB auf dem Gebiet der Sozialversicherung durch". (§ 275 I AGB) Sie treffen in den ihnen durch Rechtsvorschriften und Richtlinien des Bundesvorstandes des FDGB übertragenen Fällen die notwendigen Entscheidungen, sofern der Betrieb die Geldleistungen der Sozialversicherung auszahlt. Darüber hinaus bestehen nach § 275 II AGB umfassende Kontrollrechte. Diese Entscheidungstätigkeiten waren zum Teil sehr weitreichend: Die Entscheidung, ob ein Arbeitsunfall bzw. eine Berufskrankheit vorliegt, hatte nach § 222 AGB die Betriebsgewerkschaftsleitung zu treffen.	Die Vorstellung, betrieblicher Interessenvertretungskörperschaften, ob betriebliche Gewerkschaftsleitungen oder Betriebsräte, zu „Entscheidungsgremien" zu machen, dürfte wohl eine linkssozialistische Utopie der „Wendezeit" bleiben.

D. Rechtsfolgen bei Verletzungen von Mitwirkungs- bzw. Mitbestimmungsrechten

a) Rechtsfolgen bei Verletzungen von Rechten der betrieblichen Gewerschaftsleitungen durch den Betriebsleiter

1. Der Gerichtsweg ist generell ausgeschlossen: Da die betrieblichen Gewerkschaftsleitungen auch nicht teilrechtsfähig sind, konnten sie weder vor den Konfliktkommissionen noch vor den Kammern für Arbeitsrechtssachen bei den zuständigen Kreisgerichten die Erfüllung ihrer Mitwirkungs- bzw. Mitbestimmungsrechte verlangen respektive erzwingen.
   Ein dem Beschlußverfahren bundesdeutscher Ausprägung adäquates Verfahren existierte nicht.
2. Allerdings war es möglich, daß die „Werktätigen" – sofern sich aus dem Rechtsstreit zwischen dem Betrieb und der Gewerkschaftsleitung das Bestehen oder Nichtbestehen eines subjektiven Rechts bzw. Anspruchs ergäbe – gerichtliche Hilfe in Anspruch nehmen.
3. Eine betriebliche Einigungsstelle zur Klärung von rechtlichen Meinungsverschiedenheiten zwischen dem Betrieb und den betrieblichen Gewerkschaftsleitungen bestand ebenfalls nicht; weder die Konfliktkommissionen noch später die Schiedsstellen waren hierfür sachlich zuständig; von einer erzwingbaren Mitbestimmung im Rahmen des DDR-Arbeitsrechts kann somit nicht gesprochen werden.
   Wenn das AGB die Pflicht zur Vereinbarung bestimmter Regelungsgegenstände (z.B. BKV, Arbeitszeitplan etc.) festlegte, so gab es hierfür kein rechtsförmiges Verfahren.
   Jedenfalls waren die Gerichte hierfür nicht zuständig.
4. Für die Verletzung des Vorschlagsrechts nach § 20 II AGB galt das sogenannte Eingabenrecht. (Hierunter hat man sich eine Art verwaltungsrechtliches Vorverfahren vorzustellen.) Dessen Regeln waren nach § 20 II AGB analog anzuwenden.
5. Bei Verletzung eines jedweden Mitwirkungsrechts, gleichviel, ob z.B. eine Verletzung des Zustimmungsrechts, die eine Nichterfüllung eines Vereinbarungsrechts oder die unbegründete Ablehnung eines Vorschlagsrechts vorlag, hatten die betrieblichen Gewerkschaftsleitungen das Recht, „bei mangelhafter Erfüllung der Aufgaben, bei Verletzung der sozialistischen Gesetzlichkeit und bei Mißachtung der Rechte und Vorschläge der Werktätigen und ihrer Gewerkschaften durch den Betriebsleiter oder leitende Mitarbeiter von dem übergeordneten Leiter zu fordern, daß die Betreffenden zur Verantwortung gezogen werden." (vgl. § 24 IV AGB)
   „Zur Verantwortung ziehen" im Sinne des § 24 IV AGB erfaßt auch die Anwendung der sogenannten disziplinarischen oder materiellen Verantwortlichkeit gegenüber dem rechtsverletztenden Leiter (Verweis, strenger Verweis, fristlose Entlassung, Schadensersatz).
6. Darüber hinaus waren die Gewerkschaftsleitungen berechtigt, von den zuständigen Leitern Auskünfte und Stellungnahme anzufordern und in Unterlagen einzusehen, sie konnten bei Verletzung arbeitsrechtlicher Bestimmungen fordern, daß die „Gesetzlichkeit" wiederhergestellt wird und die Verantwortlichen auf der Grundlage der Rechtsvorschriften disziplinarisch oder materiell zur Verantwortung gezogen, Ordnungsstrafverfahren eingeleitet oder andere geeignete Erziehungsmaßnahmen angewendet wurden. Der zuständige Leiter hatte innerhalb von 2 Wochen schriftlich mitzuteilen, was auf Grund der gewerkschaftlichen Forderung veranlaßt wurde bzw. aus welchen Gründen ihr nicht gefolgt werden konnte.
   Auch hier handelt es sich um einen quasi-verwaltungsrechtlichen Weg, der jedoch nicht gerichtsförmig ist. Es versteht sich, daß auch entsprechende Forderungen oder ein Verlangen gegenüber den „übergeordneten Organen" oder Vorgesetzten nicht mit einem rechtsförmigen Verfahren verwechselt werden darf. Eine unabhängig zusammengesetzte Einigungs- oder Schlichtungskommission oder gar ein Gericht dürfte und konnte bei Verletzung von gewerkschaftlichen Mitwirkungs- bzw. Mitbestimmungsrechten nicht entscheiden.
   Dennoch: Der rechtlich geregelte Zwang, daß Betriebsdirektoren oder leitende Angestellte durch die Tätigkeit betrieblicher Gewerkschaftsleitungen gezwungen werden konnten, „Stellung zu nehmen" oder aber im Wege einer „Gerichtskritik" zu einer solchen Stellungnahme gezwun-

gen wurden, war zumindest geeignet, die rechtliche Autorität der gewerkschaftlichen Mitwirkungsrechte im gewissen Maße zu gewährleisten bzw. jedenfalls nicht vollständig ins Leere laufen zu lassen.

b) Rechtsfolgen bei Verletzung der Beteilungsrechte des Betriebsrats durch den Arbeitgeber

1. Bei Verletzung der sogenannten schwachen Mitwirkungsrechte, wie Informationsrechte, Beratungsrechte, Vorschlagsrechte, Anhörungsrechte etc. sind im Wege des kollektiven Arbeitsrechts in der Regel keine Sanktionen möglich. Die Entscheidung liegt hier bei dem Arbeitgeber.
2. Nur wenn der Arbeitgeber „grob" gegen seine Pflichten aus dem Betriebsverfassungsgesetz verstößt – führt er z.B. Betriebsvereinbarungen nicht durch – so können der Betriebsrat oder eine im Betrieb vertretene Gewerkschaft nach § 23 III BetrVG beim Arbeitsgericht beantragen, dem Arbeitgeber aufzugeben, eine Handlung zu unterlassen, die Vornahme einer Handlung zu dulden oder eine Handlung vorzunehmen. Hierbei ist zu berücksichtigen, daß das Verfahren nach § 23 III Betriebsverfassungsgesetz nur auf ein künftiges arbeitgeberseitiges Verhalten richten kann, Rechtsverletzungen aus der Vergangenheit jedoch nicht mehr beseitigt werden können.
3. Hat die Behinderung der Betriebsratstätigkeit oder die Störung seiner Tätigkeit durch den Arbeitgeber bereits kriminogenen Charakter, so kann nach § 119 I Ziffer 2 BetrVG Strafantrag gestellt werden.
4. Bei der Realisierung von Beteiligungsrechten des Betriebsrats muß bekanntermaßen zwischen Rechtstreitigkeiten und Regelungsstreitigkeiten unterschieden werden.
   - Sind zwischen den Betriebspartner betriebsverfassungsrechtliche Fragen streitbefangen, so können sie das Arbeitsgericht anrufen, welches im Beschlußverfahren entscheidet.
   - Im Bereich der erzwingbaren Mitbestimmung erfolgt bei Regelungsstreitigkeiten zwischen den Betriebsparteien eine Zwangsschlichtung durch die Einigungsstelle.

Hervorzuheben ist, daß die sogenannte „Wendezeit", also der Zeitraum zwischen November 1989 und Oktober 1990, nicht eine einzige konstruktive Überlegung hervorgebracht hat, um das Recht der betrieblichen Interessenvertretung der DDR auch *verfahrensrechtlich* zu demokratisieren.

Es hat – soweit dem Verfasser bekannt – keine ernstzunehmenden Versuche gegeben, die rechtsstaatlich im Prinzip völlig unbedenklichen und für die Lösung von Arbeitsstreitfällen im übrigen effektiven Konfliktkommissionen zu erhalten oder auf ganz Deutschland auszudehnen. Immerhin haben – jedenfalls DDR-Statistiken zufolge – die Konfliktkommissionen über 90 % aller Arbeitsstreitfälle „abschließend und richtig" entschieden. Da staatsanwaltschaftliche Gesetzlichkeitskontrolle diesbezüglich strikt ausgeübt wurde, kann an der Richtigkeit dieser Aussage – zumindest nach Maßgabe der Anwendung des DDR-Arbeitsrechts – kaum gezweifelt werden. Auch das Schiedsstellengesetz verschwand beinahe ebenso schnell von der rechtlichen Bühne, wie es installiert worden war. Einen Versuch, etwa durch Konstituierung einer Teilrechtsfähigkeit von bestehenden betrieblichen Gewerkschaftsleitungen oder neugebildeten Betriebsräten, in der Übergangszeit eine „Legitimation durch Verfahren" zu erreichen, hat es nach Wissen des Verfassers nicht gegeben. Hierbei handelt es sich um eine historisch zwar nachvollziehbare, inhaltlich jedoch unverzeihliche Unterschätzung des formellen, also des Verfahrensrechts gegenüber dem materiellen Recht.

4.2. Betriebsvereinbarung und Betriebskollektivvertrag

Da im arbeitsrechtlichen Schrifttum die Bewertung des Betriebskollektivvertrages zwar zum Teil extrem vielfältig, oftmals jedoch pauschalisierend und undifferenziert vorgenommen wird, unterzieht sich die vorliegende Studie der Mühe eines völlig neutralen Vergleichs. Neutral deshalb, weil zwar ein Vergleich unabdingbar ist, dabei jedoch der Versuchung widerstanden werden muß, die Rechtsfigur der Betriebsvereinbarung zum Maßstab für die Rechtsnatur des BKV zu machen und diese an jener zu messen. Gerade auch in der Relation Betriebskollektivvertrag – Betriebsvereinbarung müssen diejenigen Maßstäbe (Kriterien) berücksichtigt werden, welche im Abschnitt 2.1. der vorliegenden Studie angedeutet wurden.

Wohlgemerkt: Die Vielfalt der Bewertungen im Schrifttum ist weitreichend: sie reicht von der ebenso verharmlosenden wie undifferenzierten Einschätzung, daß der BKV eine Art Betriebsvereinbarung sei[142] bis hin zu der politisch-tendenziösen und darüber hinaus völlig unsinnigen Bewertung, der Betriebskollektivvertrag sei ein Vertrag zu Lasten Dritter.[143]

Der nachfolgende Vergleich wertet sparsam und ist gleichsam objektivistisch.

Er will nicht mehr, aber auch nicht weniger, als den Boden zu bereiten für die rechtliche Argumentation im sechsten Kapitel der vorliegenden Studie.

	Betriebsvereinbarung	Betriebskollektivvertrag	Wertung
1. Partner	Arbeitgeber und Betriebsrat	Betriebsdirektor und Betriebsgewerkschaftsleitung	
2. Zustandekommen	a.) durch gegenseitige Willensübereinstimmung der Vertragspartner nach privatrechtlichen Regeln („gemeinsamer Beschluß") b.) durch Spruch der Einigungsstelle	Durch gegenseitige Willensübereinstimmung der Vertragspartner im Wege einer vertraglichen Vereinbarung in analoger Anwendung des § 41 I AGB Aber: der Entwurf des BKV muß im vorhinein durch die gewerkschaftliche Mitglieder-	Man beachte die prozeduale Vorschrift hinsichtlich des Zustandekommens des BKV: ein BKV der nicht durch die Mitgliederversammlung oder die Vertrauensleutevollversammlung bestätigt worden wäre, ist nach der Ar-

142 BAG, Beschluß vom 26. 5. 1992 – 10 ABR 63/91, NZA 1992, S. 1135 (1137)

143 Burkhard von Seggern, Zur Zukunft von Arbeitsrecht und Interessenvertretung in der DDR, Arbeitsecht im Betrieb, 1990, S. 100

	Betriebsvereinbarung	Betriebskollektivvertrag	Wertung
		versammlung des Betriebes oder die sogenannte Vertrauensleutevollversammlung bestätigt worden sein.	beitsrechtsdogmatik der DDR unwirksam. Da Einigungsstellen in der DDR nicht bestanden, konnte ein BKV entsprechend auch nicht durch die Entscheidung eines Spruchkörpers zustande kommen; dies galt im übrigen auch für die Konfliktkommissionen: sie waren hierfür nicht zuständig.
3. Rechtliche Grundlagen	Betriebsverfassungsgesetz Tarifverträge	AGB Gemeinsame Beschlüsse des Ministerrats und des Bundesvorstandes des FDGB Rahmenkollektivverträge	Die sogenannten BKV-Richtlinien hatten Gesetzescharakter; aufgrund der Beteiligung des Ministerrates der DDR waren diese einer Rechtsverordnung vergleichbar. Inhaltliche Anforderungen des BKV ergeben sich nicht nur aus den §§ 28 und 29 AGB, sondern auch aus den weiteren Sachkapiteln des AGB, so z.B. nach §§ 93 II, 112 II und 191 III AGB.
4. Formfreiheit?	Schriftform und Unterschrift sind zwingend vorgeschrieben.	Schriftform und Unterschrift sind zwingend vorgeschrieben.	
5. Abschlußfreiheit?	Eine Abschlußfreiheit besteht generell; sie kann jedoch bei der sogenannten erzwingbaren Mitbestimmung im Wege eines Spruchs der Einigungsstelle eingeschränkt respektive ersetzt werden.	Nein, denn für den Abschluß des BKV besteht ein durch Gesetz vorgeschriebener Abschlußzwang.	Es liegt in der Natur der Sache: Eine Betriebsvereinbarung ohne Betriebsrat ist nicht möglich; ganz ähnlich ist dies in der DDR gewesen: „Die Rechtsgrundlage für die konkrete Ausarbeitung und inhaltliche Gestaltung des BKV stellt die Richtlinie zur Arbeit mit dem Betriebskollektivvertrag vom 23. Mai 1985 dar, die gemäß § 28 III AGB vom Ministerrat und vom Bundesvorstand des FDGB beschlossen wurde. Danach ist ein BKV in jedem Kombinatsbetrieb und anderen volkseigenen Betrieben

	Betriebsvereinbarung	Betriebskollektivvertrag	Wertung
			sowie diesen gleichgestellten Betrieben auszuarbeiten, darüber hinaus in staatlichen und haushaltgeplanten Einrichtungen, in denen eine eigene Betriebsgewerkschaftsorganisation besteht. Er ist auch in solchen territorial getrennten Betriebsteilen volkseigener Betriebe auszuarbeiten, denen Planaufgaben und Teile finanzieller Fonds zur planmäßigen eigenverantwortlichen Verwendung übertragen werden und in denen auch eine eigene Betriebsgewerkschaftsorganisation besteht."[144]
6. Inhaltsfreiheit?	Die Inhaltsfreiheit ist „nur" durch den Schutz der Tarifautonomie respektive die Sperrwirkung des § 77 III BetrVG beschränkt. Es greift somit eine Regelungssperre zugunsten des Tarifvertrages, wenn die in der Betriebsvereinbarung vorgesehenen Fragen zur Tarifautonomie gehören; dies gilt insbesondere für Arbeitsentgelte und sonstige Arbeitsbedingungen. Darüber hinaus sind Betriebsvereinbarungen auch über mitbestimmungspflichtige soziale Angelegenheiten nicht zulässig, soweit diese bereits in einem für diesen Betrieb geltenden Tarifvertrag geregelt sind.[145]	Es bestehen normativ vorgeschriebene Anforderungen, den Inhalt des BKV betreffend.	Bezüglich der Betriebsvereinbarung bestehen normativ geregelte Einschränkungen (Regelungsgrenzen). Hinsichtlich des BKV gibt der Gesetzgeber vor, was zwingend Inhalt des BKV zu sein hat. Diese normativen Vorgaben sind allerdings exemplikativer, nicht enumerativer Natur! (Argumentation hierzu: siehe 6. Kapitel der vorliegenden Studie)
7. Vertragsfreiheit	Siehe Inhaltsfreiheit: Bezogen auf den Aufgabenbereich des Betriebsrates ist „alles erlaubt", Ausnahme: § 77 III BetrVG. Im Verhältnis	Es besteht Vertragsfreiheit, aber unter der stringenten und nicht abdingbaren Geltung des Rangprinzips. „Der Betriebskollektivvertrag	Das Nichtbestehen einer vergleichbaren Regelung wie § 77 III BetrVG hat letztlich die Wirkung einer „größeren" Vertragsfreiheit. Praeter-

144 Walter Hantsche/Hans-Joachim Wolf, Grundsätze des sozialistischen Arbeitsrechts und ihre Verwirklichung im Betrieb, a.a.O., Seite 54, Fn. 40

145 vgl. für viele andere: Brunhilde Steckler, Arbeitsrecht und Sozialversicherung, a.a.O., Seite 37, Fn. 134

	Betriebsvereinbarung	Betriebskollektivvertrag	Wertung
	zu Tarifvertrag und Gesetz gilt im übrigen das Rangprinzip. Es gilt im übrigen Günstigkeitsprinzip bis zu den komplizierten Regeln des sogenannten kollektiven Günstigkeitsvergleichs.	muß den Rechtsvorschriften entsprechen. Festlegungen, die dagegen verstoßen, sind rechtsunwirksam." (§ 28 II letzter Satz AGB)	legem-Regelungen im BKV – unter Beachtung des Rangprinzips – sind (genau genommen) kein Problem und somit zulässig.
8. Frist-/ Zeitdauer	Generell unbefristet, jedoch ist eine zeitliche Befristung ebenso wie eine Zweckbefristung erlaubt.	Der BKV ist stets ein auf ein Jahr befristeter Vertrag. Er gilt jährlich vom 1. Februar bis zum 31. Januar des Folgejahres. Für den jährlich bis zu diesem Zeitpunkt zu vereinbarenden Inhalt des BKV enthält die Richtlinie im Abschnitt III in acht Schwerpunkten die Einzelheiten, die den Betrieben bei der Ausarbeitung als Orientierung dienen.[146]	Die Befristungsvorschrift für den BKV ist juristisch eine Befristung in Gänsefüßchen. Denn: Der normative Zwang, jedes Jahr einen neuen BKV abzuschließen, läuft sachlich-inhaltlich auf einen unbefristeten Vertrag hinaus. Dies auch deshalb, weil der normative Inhalt des BKV durch die Vertragspartner „lediglich" jährlich zu überprüfen war und „erforderlichenfalls" verändert werden mußte. Es konnte somit eine ausdrückliche oder auch stillschweigende „Verlängerung" bereits bestehender Vereinbarungen erfolgen.
9. Regelungsgegenstand	Alle Gegenstände, die in den Aufgabenbereich des Betriebsrats fallen.	Alle Regelungsgegenstände, die gesetzlich oder durch Richtlinie geregelt sind. Aber: Es bestehen keine enumerativen Vorgaben. Dies ergibt sich aus § 28 II AGB, weil es heißt: „das betrifft vor allem Verpflichtungen ..."	
10. Erzwingbarkeit?	Grundsätzlich sind die Betriebsparteien frei, ob sie eine Betriebsvereinbarung schließen wollen (siehe oben: Abschlußfreiheit). Eine Erzwingbarkeit der Betriebsvereinbarung ist nur in den Angelegenheiten der zwingenden Mitbestimmung möglich.	Er ist zwingend abzuschließen, aber nicht „erzwingbar". Die Betriebsparteien haben keine Wahl, ob sie einen Betriebskollektivvertrag schließen.	An den Fall, daß sich die BKV-Partner über den Inhalt des BKV nicht einigen könnten, hat der Gesetzgeber nicht gedacht. Er hat somit auch keine Prozedur für die rechtliche Erzwingbarkeit eines ohne Einschränkungen zwingend vorgeschriebenen Betriebskollektivvertrages

146 Walter Hantsche/Hans-Joachim Wolf, Grundsätze des sozialistischen Arbeitsrechts und ihre Verwirklichung im Betrieb, a.a.O., Seite 55, Fn. 40

	Betriebsvereinbarung	Betriebskollektivvertrag	Wertung
			vorgesehen. Die Sanktionsmöglichkeit ist somit auf § 292 II AGB beschränkt. Am interessantesten und gleichsam am „verrücktesten" ist die Vorstellung, was geschehen wäre, wenn die Betriebsparteien des BKV zwar generell zum Abschluß desselben bereit waren, sich jedoch in einigen Punkten dem Grunde oder der Höhe nach nicht hätten einigen können.
11. Geltungsbereich räumlich	der Betrieb, für den sie abgeschlossen ist; hat ein Unternehmer jedoch mehrere Betriebe, so kann für jeden eine andere Betriebsvereinbarung gelten. Eine Gesamtbetriebsvereinbarung oder Konzernbetriebsvereinbarung gilt für alle Betriebe des Unternehmens bzw. Konzerns; nach umstrittener, aber wohl falscher Meinung ohne Rücksicht auf die Betriebsratsfähigkeit der einzelnen Betriebe.	für den gesamten Betrieb oder für ein Betriebsteil (BKV) oder Abteilungskollektivverträge (AKV).	
12. Persönlicher Geltungsbereich	alle Arbeitnehmer, auch wenn sie später eingestellt werden.	für alle Werktätigen, auch wenn sie später eingestellt werden.	
13. Zeitlicher Geltungsbereich	derjenige, für den die Betriebsvereinbarung abgeschlossen wird.	normativ jährlich befristet.	
14. Rechtswirkung/ Rechtsnatur	Nach ganz überwiegend herrschender Meinung handelt es sich um einen sogenannten Normenvertrag, der aus einem normativen und einem schuldrechtlichen Teil besteht – ganz ähnlich wie	In der Sprache des DDR-Arbeitsrechts: a.) Der BKV enthält konkrete, abrechenbare und termingebundene Verpflichtungen des Betriebsleiters und der BGL (§ 28 II AGB)	Eine wie auch immer geartete schuldrechtliche Betrachtungsweise war der Arbeitsrechtsdogmatik der DDR vollständig fremd. Betriebsdirektor und Betriebsgewerkschaftsleitung traten somit im

	Betriebsvereinbarung	Betriebskollektivvertrag	Wertung
	bei einem Tarifvertrag. Es handelt sich somit gleichsam um eine „rechtsetzende Vereinbarung".[147]	Das wäre gleichsam der „schuldrechtliche" Teil. b.) Er enthält weiterhin arbeitsrechtliche Regelungen, die entsprechend den Rechtsvorschriften im BKV zu vereinbaren sind (§§ 12, 28 II AGB der DDR). Das wäre gleichsam der „normative" Teil, der auf das individuelle Arbeitsverhältnis wirkt und die Rechtsansprüche der „Werktätigen" konstituiert.	Rahmen des BKV nicht als Gläubiger und Schuldner in Erscheinung; jeder Betriebspartner hatte „seine" aus dem BKV resultierende Verpflichtungen zu erfüllen, aber diese Verpflichtungen waren weder korrelativ noch komplementär. Also: Eine aus dem BKV resultierende Pflicht der BGL korrespondierte nicht zwingend mit einem Recht des Betriebsdirektors oder umgekehrt. Hinsichtlich der normativen Wirkung in bezug auf das einzelne Arbeitsverhältnis konstituierte der BKV allerdings eine Vielzahl von subjektiven Rechtsansprüchen der „Werktätigen". Letztlich scholastisch, aber akademisch hoch interessant ist der im arbeitsrechtlichen Schrifttum der DDR ausführlich geführte Streit darüber, ob eine „betriebliche Rechtsetzung" möglich ist, weil es den „Rechtsnormen" des Betriebes an der Staatlichkeit ermangele.[148]

147 vgl. hierzu Günter Schaub, Arbeitsrechtshandbuch, a.a.O., Seite 1475 und die dort angegebene Literatur, Fn. 134

148 „Zum rechtlichen Charakter der vereinbarten Normativakte gibt es noch keine einheitliche Ansicht. Zum Teil differieren die Ansichten nur hinsichtlich des Charakters der auf Betriebsebene geschaffenen Regelungen gegenüber denen, die auf darüberliegenden Ebenen geschaffen werden." vgl. zum Charakter aller vereinbarten Normativakte und betrieblichen Regelungen Frithjof Kunz/Klaus Rosenfeld, Aufgaben und Probleme bei der weiteren Entwicklung von Arbeitsordnungen des VEB, Arbeit und Arbeitsrecht, 1971, Seite 433ff.; Sowjetisches Arbeitsrecht, Berlin 1974, Seite 62ff.; Steffen Hultsch/Käthe Zinke, Lokale Normen des Arbeitsrechts, Staat und Recht, 1977, Seite 206ff.; J. Seeländer, Zur Weiterentwicklung der Arbeitsrechtsordnung des VEB, Arbeit und Arbeitsrecht 1973, Seite 24ff.; sowie Recht für die Landwirtschaftspraxis, Berlin 1978, Seite 44; andere Auffassung: G. Dietrich, Kann der Betrieb arbeitsrechtliche Normen setzen?, Arbeit und Arbeitsrecht 1971, Seite 722; Joachim Michas/Wera Thiel, Rechtsetzende Tätigkeit oder Rechtsverwirklichung, Arbeit und Arbeitsrecht 1973, Seite 319; H. D. Ebbecke, Warum der Betrieb

	Betriebsvereinbarung	Betriebskollektivvertrag	Wertung
			Ob der BKV „Recht" im Sinne staatlich gesetzten Rechtes ist, war somit in der Arbeitsrechtswissenschaft der DDR umstritten; daß es sich hierbei jedoch um einen Vertrag zugunsten Dritter handelte, war durchaus unstreitig.
15. Verhältnis zum Einzelarbeitsvertrag	Durch eine Betriebsvereinbarung können zwar Ansprüche, die aus einer arbeitsvertraglichen Einheitsregelung, einer Gesamtzusage des Arbeitgebers oder einer betrieblichen Übung beruhen, neu geregelt, nicht aber der Inhalt eines Arbeitsvertrages geändert werden. Soweit Normen einer Betriebsvereinbarung für den Arbeitnehmer günstiger sind als die arbeitsvertragliche Vereinbarung, verdrängen sie diese lediglich für die Dauer ihrer Wirkung, machen diese aber nicht nichtig.[149] Eine für den Arbeitnehmer günstigere arbeitsvertragliche Vereinbarung wird jedoch nicht durch diese Regelung der Betriebsvereinbarung verdrängt.	Ein Günstigkeitsprinzip besteht generell nicht; ein „Günstigkeitsprinzip" existiert nur dann, wenn eine dispositive vertragliche Ausgestaltung – für den „Werktätigen" günstiger – durch Gesetz ausdrücklich zugelassen wird. (vgl. Kündigungsfristen, Teilbeschäftigung)	Was geschehen wäre, wenn eine bestehende einzelarbeitsvertragliche Vereinbarung durch einen „neuen" BKV verschlechtert würde, ist in der Arbeitsrechtswissenschaft nicht eigentlich thematisiert worden. In diesem Falle wäre jedoch regelmäßig von einem Bestandsschutz auszugehen gewesen.
16. Beendigung/	Verschiedene Beendigungsformen sind möglich und zu-	Die Beendigung des BKV erfolgt aufgrund seiner Befri-	Was sich gerade aus diesem Problem bei Inkrafttreten des

keine Rechtsetzungsbefugnis haben kann, Arbeit und Arbeitsrecht 1973, Seite 716; Rolf Schüsseler/Siegfried Seidel, Warum der Betrieb keine Rechtsnormen setzen kann, Arbeit und Arbeitsrecht 1974, Seite 430ff.; Ingo Wagner, Betriebliche Ordnungen erhöhen die Rechtssicherheit der Werktätigen, Arbeit und Arbeitsrecht 1974, Seite 621ff. „Alle zuletzt aufgeführten Beiträge befassen sich anhand der Arbeitsrechtsordnung allerdings nur mit der Schaffung betrieblicher arbeitsrechtlicher Regelungen. Insgesamt herrscht jedoch ungeachtet des noch nicht abgeschlossenen Meinungsstreits über den Charakter dieser Normativakte als Rechtsquellen oder bzw. und Akte der Rechtsverwirklichung Einigkeit über ihren Platz in der Hierarchie der Normativakte und die normativ verbindliche Wirkung auf die Arbeitsrechtsverhältnisse in ihrem Geltungsbereich.", Arbeitsrecht, Lehrbuch, a.a.O., Seite 78., Fn. 9

149 BAG vom 21. 9. 1989, DB 1990, in: Der Betrieb, S. 692

	Betriebsvereinbarung	Betriebskollektivvertrag	Wertung
Nachwirkung	lässig: so der Aufhebungsvertrag, die Kündigung, der Abschluß einer neuen Betriebsvereinbarung. Keine Nachwirkung besteht bei freiwilligen Betriebsvereinbarungen, sofern diese rechtlich zulässig beendet werden. Eine Nachwirkung hingegen existiert bei Betriebsvereinbarung hinsichtlich sogenannter erzwingbarer Mitbestimmung.	stung stets durch Zeitablauf, spätestens somit zum 31. Januar eines jeden Jahres. Aber: Es besteht jeweils eine Rechtspflicht der Betriebspartner zum Neuabschluß des Betriebskollektivvertrages sowie zur Überprüfung bestehender Regelungen. Das Nachwirkungsproblem tritt somit rechtlich nicht auf, da ein Betriebskollektivvertrag juristisch zwingend vorgeschrieben ist und es sich hierbei genaugenommen um eine „kollektives Dauerarbeitsrechtsverhältnis“ handelt.	Bundesarbeitsrechts in den neuen Bundesländern für Rechtswirkungen ergeben, wird im letzten Kapitel der Studie diskutiert werden.

Nur eines sei schon jetzt festgestellt:

Der hier angestellte Vergleich zwischen dem Betriebskollektivvertrag nach DDR-Arbeitsrecht und der bundesdeutschen Betriebsvereinbarung zeigt, daß ein Verständnis und damit eine (gerechte) Bewertung nur möglich ist, wenn die unterschiedliche Rechtsdogmatik und das somit jeweils unterschiedene Verständnis für kollektives Arbeitsrecht zugrunde gelegt wird. Hierbei ist nicht zuletzt auch der unterschiedliche funktionale Sinn von Betriebskollektivvertrag einerseits und Betriebsvereinbarung andererseits zu beachten. Das – hier notwendigerweise vernachlässigte – Phänomen von grundsätzlicher Bedeutung wird im letzten Kapitel der Studie besprochen werden.

5. Kapitel: Exkurs (Rechtstheoretisch-methodische Überlegungen zu Geltung und Wirkung des Arbeitsrechts im Übergang)

5.1. Ausgangsüberlegungen

Die nachfolgenden Überlegungen können und sollen mehr Fragen aufwerfen als Antworten geben. Immerhin: Wir benötigen eine theoretische Reflexion des Rechts in „Übergangsgesellschaften"; wir benötigen zugleich eine Theorie des Wandels von Rechtssystemen.

Robert Alexy spricht ein großes Wort gelassen aus: Er formuliert die „Aufgabe einer Theorie des Wechsels des Rechtssystems"[150].

Spätestens der (vorerst) letzte Wechsel des staatlichen und rechtlichen Systems feudalsozialistischer Ausprägung in der DDR zu dem (bereits bestehenden bzw. bestanden habenden) rechtlichen System der alten und nunmehr neuen Bundesrepublik dürfte selbst den „letzten" dialektisch-materialistischen Theoretiker von der Richtigkeit seiner eigenen Theorie überzeugt haben, denn: So wie es ist, bleibt es nicht. Aber für Zynismen ist hier kein Platz. Schließlich haben die marxistischen „Dialektiker" keinesfalls die Entwicklung vom „Niederen" zum „Höheren" negiert, nur hielten sie den Sozialismus (– und zwar noch dazu den „real existierenden" in der DDR und den der anderen „sozialistischen" Staaten –) für das „Höhere".

Jedenfalls: „Der Wettstreit um die ideale Gesellschafts-, Staats- und Weltordnung, die das höchste Glück der Menschen gewährt, ist ... auch nach 1989 nicht zu Ende. Er beginnt nach den großen Katastrophen stets aufs Neue.

Man mag das bedauern und kritisieren. Auch die Sehnsucht nach einer rein rationalen, ideologiefreien Weltordnung ist eine Utopie. Sie bestätigt die Lebenskraft und existentielle Notwendigkeit von Ideologien und Utopien für eine humane Existenz.

Der Mensch bleibt – auch und gerade nach großen Enttäuschungen, ein ideologisches Wesen. Offenbar braucht die Menschheit Ideologien und Utopien, um leben zu können.

---

150 Robert Alexy, Begriff und Geltung des Rechts, Freiburg/München 1994, Seite 146

Man mag hoffen, daß totalitäre Ideologien von der staatlich sanktionierten Vorherrschaft einer Rasse, einer Klasse oder einer Religion im Sinne eines Zwangsbeglückungssystems in Europa auf absehbare Zeit keine Chance haben, weil die vielfachen Erfahrungen des Terrors nachwirken und eine neue Nüchternheit fördern könnten. Aber sicher ist das – wie die Konflikte nach der Wende von 1989 zeigen – keineswegs.

Ideologien und Utopien versuchen, die Sinnfrage zu beantworten. Diese läßt sich, gerade in der Erschütterung epochaler geistiger und politischer Umbrüche, nicht einfach ausschalten, wie ein elektrisches Aggregat oder zudecken durch Technologie, Zivilisation und Wohlstand."[151]

(Zu dieser klaren und scheinbar nüchternen Kenntnis kommt Bernd Rüthers in seinem soeben erschienenen, streitbaren, spannenden und letztlich von einem konservativen Humanismus geprägten Buch „Die Wendeexperten".)

Eben weil das so ist, eben weil wir alle in mehrfacher Hinsicht „betroffen" sind, können und wollen wir uns nicht abfinden mit der zwar naheliegenden, aber wohl doch eher pessimistischen bzw. zynischen Sentenz Richard Wagner's, der Gott Wotan im Stile des „teilnehmenden Beobachters" sagen läßt: „Wandel und Wechsel liebt, wer lebt, das Spiel drum kann ich nicht sparen!"

Vielmehr: Es gilt, die Sinnfrage neu zu stellen. Das impliziert, auch die Möglichkeiten des Rechts gerade im Wechsel von Gesellschaftssystemen, zumindest aber *gelegentlich* eines solchen Wechsels, neu zu durchdenken.

Nämlich vor dem Hintergrund der vielfältigen Systemwechsel im letzten Jahrhundert haben gerade wir Deutschen allen Grund, das Diskontinuierliche und das Revolutionäre für normal zu halten, ohne dabei die „Sinnfrage" aus dem Auge zu verlieren.

Bernd Rüthers formuliert das so: „Die Wechsel der politischen Systeme waren in Deutschland immer und nicht etwa zufällig mit einem Wechsel der jeweils herrschen Staatsideologie verbunden. Wir Deutsche haben das – als ungewollte ‚Weltmeister' im Wechsel der Systeme und Ideologien – hinreichend oft erlebt. Jedes politische System braucht seine Systemideologie, um damit die bestehende Form der Herrschaft und der Machtausübung zu legitimieren.

Das Kaiserreich von 1871 stützte sich, unbeschadet seiner Verfassungsstruktur als konstitutionelle Monarchie mit nicht unbeträchtlichen Einflußmöglichkeiten des frei und gleich gewählten Reichstages, auf die Doktrin einer Herrschaft des Kaiserhauses ‚von Gottes Gnaden'.

151 Bernd Rüthers, Die Wendeexperten, München 1995, Seite 223f.

Die Weimarer Republik sah die Volkssouveränität in der Form einer prinzipiell schrankenlosen Mehrheitsherrschaft als ihre staatstheoretische Grundlage an. Der staatsrechtliche Positivismus war in seiner neuen demokratietheoretischen Prägung der Weimarer Verfassung die staatsphilosophische Grundlage, die von der ganz überwiegenden Mehrheit der Staatsrechtler geteilt wurde.

Der NS-Staat verpflichtete alle ‚Volksgenossen' auf die nationalsozialistische Weltanschauung mit den Kerngehalten des Vorrangs der nordischen Rasse, eines primitiven Antisemitismus (‚die Juden sind unser Unglück') und eines von der ‚Vorsehung' charismatisch begnadeten Führertums Hitlers.

Für den realen Sozialismus der DDR galt der Marxismus-Leninismus als ‚wissenschaftliche Wahrheit' und zugleich als pseudoreligiöse transzendentale Geschichtsphilosophie.

Für jedermann bis hin zu manchen Kirchenvertretern war der ‚Aufbau des Sozialismus' selbstverständliche Bürgerpflicht, die eine verfassungsgesetzliche Pflicht zu gesellschaftlich nützlicher Arbeit einschloß.

Die Bundesrepublik Deutschland bekennt sich im Grundsatz zu unveräußerlichen, jedem Staat vorgegebenen Menschenrechten und damit zu einer Grundrechtsdemokratie mit Kerngehalten (Artikel 1, 20, 79 III GG), die dem Mehrheitsprinzip entzogen sind. Das schließt weitgehende weltanschauliche Neutralität, also verfassungsgesetzlich gewährleistete Pluralität des Staates ein. Aus diesen verkürzten Andeutungen zu den unterschiedlichen Staatsideologien folgt: jede Staatsform und jede staatliche Machtausübung tendiert dazu, eine systemgemäße Staatsideologie zu entwickeln, welche die jeweilige Herrschaftsform legitimiert, ihr dadurch über die Faktizität der Machthabe hinaus die Akzeptanz der Staatsbürger einbringen soll und sie damit befestigt. Machthabe strebt nach Legitimationsideologie."[152]

Diese (vermeintliche) Normalität von Systemwechseln erfordert rechtstheoretisch-methodisch, die Rechtssysteme (z.B. das der DDR und das der Bundesrepublik) nicht nur dann zu vergleichen, wenn sich diese Rechtssysteme „legalistisch" etabliert haben und also stabil sind. Vonnöten ist methodisch gleichwohl, die Rechtsspezifiken der *Übergangs*gesellschaften zu vergleichen. Gerade Rechtswissenschaftler neigen dazu, den (theoretischen) Blick auf das Recht aus der Sicht *eines*, und zwar eines *stabilen* und *etablierten Rechtssystems* zu richten. Methodologisch unabweisbar ist jedoch gerade auch die Erforschung des Rechts *während des Wechsels* politischer Systeme bzw. des Rechts von „Übergangsgesellschaften". Ein solcher methodischer Ansatz bezieht nicht nur eine – unausweichliche – historische Perspektive ein, sondern bewahrt unter anderem auch vor dem ebenso atheoretischen wie

152 Bernd Rüthers, Die Wendeexperten, a.a.O., Seite 78f., Fn. 150

ahistorischen Unfug, beispielsweise das Recht der DDR am (positiven) Recht der Bundesrepublik zu messen.

Im Rahmen dieser Studie kann diese methodologische Überlegung lediglich als Forderung erhoben werden; ihre „Durchführung“ dürfte gewiß noch viel Zeit in Anspruch nehmen.

5.2. Die Spezifik des Arbeitsrechts der „Übergangsgesellschaft“ – ein wissenschaftlich unreflektiertes Phänomen?

Arbeiten, welche das Arbeitsrecht in Übergangsgesellschaften charakterisieren und theoretisch zu werten versuchen, hat es auch in der Vergangenheit gegeben.[153]

Das dritte Kapitel der vorliegenden Studie hat belegt, daß im Zeitraum der Übergangsgesellschaft – also von November 1989 bis September 1990 – nicht lediglich zwei unterschiedliche Arbeitsrechtsnormensysteme (das der DDR einerseits und das der Bundesrepublik andererseits) „bestanden“ haben oder einfach das eine Normensystem durch das andere schlechthin „abgelöst“ worden ist. Die rechtliche Wirklichkeit war viel komplexer und viel komplizierter.

Zunächst, jedenfalls von November 1989 bis Ende Juni 1990, *galt* das Normensystem des DDR-Arbeitsrechts in Gestalt der Kodifikation des AGB *in juristischem Sinne* nach wie vor.

Keine einzige Norm des Arbeitsgesetzbuches der DDR – einschließlich des oben beschriebenen Rechts der betrieblichen Interessenvertretung – wur-

---

153 vgl. Joachim Heilmann, Das Arbeitsrecht der sowjetischen Besatzungszone (1945 – 1949), Ein Beitrag zur Entstehungsgeschichte der DDR, Dissertationsschrift, 1973 Joachim Heilmann, Zur Rolle des Rechts in der Übergangsgesellschaft, Beispiel: Arbeitsrecht, in: Hubert Rottleuthner (Hrsg.), Probleme der marxistischen Rechtstheorie, Frankfurt am Main 1975, Seite 359ff. Der letztgenannte Beitrag, geschrieben wohl noch unter der Euphorie der „68iger“, meint freilich die „Übergangsgesellschaft auf dem Wege vom Kapitalismus zum Sozialismus“. Gleichwohl enthält der Aufsatz eine Vielzahl von überaus interessanten Ansätzen und Überlegungen, die unter dem Aspekt der Notwendigkeit, das Arbeitsrecht in Übergangsgesellschaften generell aufzuarbeiten, zumindest von methodischer Relevanz sind. Im übrigen hätte der Aufsatz gerade wegen seiner auf marxistischen Überlegungen fußenden Kritik an der bestehenden DDR-Arbeitsrechtsentwicklung in der DDR niemals erscheinen dürfen und ist – soweit ich das übersehe – dort auch „vorsichtshalber“ nicht zur Kenntnis genommen worden.

de im Gesetzgebungsverfahren juristisch aufgehoben; man hat somit von einer juristischen Geltung des Normensystems des „sozialistischen“ Arbeitsrechts jedenfalls bis zu diesem Zeitpunkt auszugehen.

Dennoch wurde, beginnend mit der Verfassungsänderung vom 12. Januar 1990, auch eine normative Veränderung des positiven Arbeitsrechts auf dem Gebiet der betrieblichen Interessenvertretung in Gang gesetzt.

Das Recht der betrieblichen Interessenvertretung in der Joint-Venture-Verordnung oder auch in der Umwandlungsverordnung befand sich inhaltlich bereits nicht mehr in Übereinstimmung mit dem gültigen Normensystem des AGB der DDR.

Dies läßt sich wie folgt belegen:

Erstens: Spätestens mit der zweiten Verfassungsänderung vom 6. März 1990 wird durch die Legalisierung des Streikrechts ein essentielles Element einer „fremden“ Rechtsordnung eingeführt, welches, genau genommen, das gesamte erste und zweite Kapitel des juristisch noch gültigen Arbeitsgesetzbuches der DDR außer Kraft setzte, ohne es jedoch expressis verbis aufzuheben. Spätestens zu diesem Zeitpunkt also haben wir es mit der antinomischen Vermischung zweier Arbeitsrechtskonzeptionen unterschiedlicher politischer Systeme zu tun. Da zum gleichen Zeitpunkt auch noch die Tarifautonomie durch das neue Gewerkschaftsgesetz eingeführt wurde, war die inhaltliche Entgegensetzung zweier politisch konträrer Interessenvertretungssysteme perfekt. Tarifautonomie und Streikrecht – allerdings bei gleichzeitigem absolutem Aussperrungsverbot – galten juristisch als DDR-Arbeitsrecht. Mehr noch: Setzt man das zu dieser Zeit bestehende „altsozialistische“ DDR-Interessenvertretungsrecht zu dem nunmehr neuen, demokratischen Mitbestimmungsrecht ins Verhältnis, so hätte man jedenfalls für diesen Zeitraum wohl von einer Legalisierung eines Arbeitskampfes auf betrieblicher Ebene auszugehen!

Wie jedenfalls der nach DDR-AGB vorausgesetzte und auf Planerfüllung und Sozialismusdoktrin ausgerichtete „Betriebsfrieden“ mit dem nunmehr bestehenden Recht von Tarifautonomie und Arbeitskampf in positiv-rechtlicher Hinsicht zusammengehen sollte, ist zumindest aus heutiger Sicht schwer vorstellbar. Die Widersprüche der aufgezeigten Normensysteme waren allerdings durchaus nicht formaler Natur; sie konnten scheinbar widerspruchsfrei in juristischer Hinsicht friedlich *nebeneinander gelten*.

Das heißt: Sie galten *formal nebeneinander* (wenngleich auch „nur“ in juristischer Hinsicht), *wirkten* inhaltlich jedoch in *entgegengesetzter Richtung*.

Wohlgemerkt: Diese nahezu groteske juristische Situation charakterisiert das gesamte DDR-Interessenvertretungsrecht, jedenfalls zwischen Januar und Juni 1990.

Es handelt sich bei dem, noch zu DDR-Zeiten geschaffenen, „neuen" Mitbestimmungs- bzw. Interessenvertretungsrecht zwar um Rechtsnormen „quasi-bundesdeutscher" Provenienz, diese wurden jedoch originär als DDR-Arbeitsrecht gesetzt. Faktisch, wenngleich nicht juristisch, stießen somit bereits in dem genannten Zeitraum zwei unterschiedliche Rechtssysteme aufeinander. Es wurden somit Rechtsnormen des einen in ein grundlegend anderes Rechtssystem implantiert. Daß die *Wirkungen* dieses Vorgehens *nicht verheerender Natur* waren, insbesondere durch die Legalisierung von Betriebsstreiks, hatte somit *keineswegs juristische*, sondern *höchstens politische Ursachen*. Ein „Streikrecht" hat zwar juristisch gegolten, jedoch lediglich als verfassungsrechtlich garantiertes Recht ohne normative Ausgestaltung, ohne Rechtsform, ohne Verfahren und selbstredend ohne entsprechende Präzedenzfälle durch die Rechtsprechung.

Darüber hinaus galt zwar das Mitbestimmungsrecht nach DDR-AGB jedenfalls bis zum 30. Juni 1990 rechtlich noch in toto, wurde jedoch nur noch teilweise angewandt bzw. umgesetzt. Diese teilweise Anwendung reduzierte sich auf Vereinbarungs- und Zustimmungsrechte der betrieblichen Gewerkschaftsleitungen sowie in gewisser Hinsicht auch auf die sogenannten Kontrollrechte. Von einer soziologischen respektive faktischen Geltung des gesamten betrieblichen DDR-Interessenvertretungsrechts konnte zumindest seit Januar 1990 insoweit nicht mehr die Rede sein.

Diese – oben beschriebenen – Fakten können als eine spezifische Geltungs- und Wirkungsbesonderheit des Übergangsrechts bezeichnet werden. Jedenfalls darf diese Aussage für das Recht der betrieblichen Interessenvertretung getroffen werden.

Zweitens: Eine zweite Entwicklungstendenz des DDR-Übergangsrechts, bezogen auf die betriebliche Interessenvertretung, bestand für den Zeitraum bis zum 30. Juni 1990 darin, daß durch die Konstituierung von Betriebsräten, Betriebswirtschaftsräten, gesellschaftlichen Aufsichtsräten etc. Praeterlegem-Mitbestimmungsmodelle völlig unterschiedlicher Natur – mitunter betriebsbezogen – praktiziert wurden. Es entwickelte sich noch in der DDR bis zum 30. Juni 1990 ein „Recht" der betrieblichen Interessenvertretung zum Teil ohne jegliche normative Grundlage. Dieses „Recht" *galt soziologisch*, obgleich *nicht juristisch*, und es entfaltete („rechtliche") Wirkungen, die mitunter selbst solchen Gesetzen versagt blieben, welche durch ein ordentliches Verfahren in Kraft gesetzt worden waren. Es gibt somit kaum einen historisch besseren Beleg für die normative Kraft des Faktischen als die fieberhafte und dennoch wirksame Installation von Interessenvertretungsgremien in den Betrieben der DDR zur Übergangszeit noch bis Mitte 1990. Es wäre im übrigen zu dieser Zeit niemand auf die Idee gekommen, dem auf diese Weise durch soziologische Wirkung geschaffenen Recht seine normative bzw. juristische Geltung abzusprechen. Der „Staat" der Noch-DDR – oder was immer noch von ihm übrig geblieben war – hat die soziologische Geltung dieses „neuen" Mitbestimmungsrechts nicht verhindert, nicht verhindern können und sicher nicht verhindern wollen. Man muß sich vor diesem Hintergrund wohl zu der theoretischen Aussage durchringen, daß eine soziologische und damit quasi-rechtliche Geltung von Recht auch ohne die Tätigkeit des Staates bzw. dessen Organe möglich ist. Dies jedenfalls dann, wenn der Staat durch „Unterlassen" die Rechtserzeugung duldet.

Drittens: Eine dritte Entwicklungstendenz des Rechts der betrieblichen Interessenvertretung der DDR ist darin zu sehen, daß der Staat selbst sowohl unter der Regierung Modrow als auch noch unter der Regierung de Maizière versucht hat, ein neues, DDR-spezifisches Mitbestimmungsrecht zu schaffen. (siehe die im dritten Kapitel der vorliegenden Studie referierten Gesetzesentwürfe bzw. Positionspapiere)

Diese hatten jedoch allenfalls den Charakter von *Rechtsforderungen*, erlangten jedoch in ihrer zum Teil sehr detaillierten Ausformung – siehe Mitbestimmungsgesetz vom Mai 1990 – weder juristische Geltung noch soziologische Wirkung. Diese dritte Entwicklungstendenz ist jedoch davon begleitet, daß, jedenfalls in inhaltlicher Hinsicht, von Vorwirkungen bzw. Vorauswirkungen noch nicht geltenden bundesdeutschen Arbeitsrechts gesprochen werden muß. Dies bezieht sich z.B. auf weite Teile des Gesetzesentwurfs über die Interessenvertretung der Beschäftigen in Betrieben und Unternehmen (Mitbestimmungsgesetz).

Nach dem 1. Juli 1990 ist das alte Normensystem des sozialistischen DDR-Arbeitsrechts – jedenfalls bezogen auf das Recht der betrieblichen Interessenvertretung – auch juristisch außer Kraft getreten. Es galt nunmehr auch juristisch ein Übergangsrecht insofern, als die Rechte der betrieblichen Gewerkschaftsleitungen einerseits und die Rechte der Betriebsräte andererseits identisch waren bzw. jene durch diese im Erlaubniswege ersetzt wurden.

Fassen wir die Spezifik des Rechts der betrieblichen Interessenvertretung in der Übergangsphase zusammen, so ist folgendes erkennbar:

a.) Es galt partiell und temporär noch das „altsozialistische" Normensystem des DDR-Arbeitsrechts; (in juristischer Hinsicht vollständig bis zum 30. Juni 1990; in soziologischer Hinsicht nicht bzw. zunehmend verringert seit Januar 1990).
b.) Es galt in juristischer Hinsicht ein völlig neues DDR-spezifisches, reformdemokratisches Recht der betrieblichen Interessenvertretung.

(Diese Geltung war eine durchaus juristische, sofern es zulässig ist, von einer rechtlichen Geltung ohne rechtsförmig geregelte Prozeduren bzw. Verfahrensregelungen zu sprechen.)

c.) Es galten in soziologischer, nicht jedoch juristischer Hinsicht, weite Teile des Mitbestimmungsrechts der alten Bundesrepublik, und zwar quasi als „Vorwirkungen" juristisch bis zum 30. Juni 1990 noch nicht geltenden Rechts, ab 1. Juli 1990 sodann mit voller juristischer Geltung mit den im dritten Kapitel dieser Studie beschriebenen Einschränkungen.

5.3. Geltung von nichtgeltendem Recht?

Aus den obigen Reflexionen lassen sich eine Reihe interessanter rechtstheoretischer Schlußfolgerungen ziehen; diese beziehen sich insbesondere auf das Geltungsproblem.[154]

Soll die Frage nach der Geltung des Übergangsrechts (hier: des Rechts der betrieblichen Interessenvertretung im Transformationsprozeß auf dem Wege zur deutschen Einheit) nachvollziehbar beantwortet, zumindest aber schlüssig problematisiert werden, muß zunächst Klarheit darüber herrschen, von welchem Rechtsbegriff ausgegangen wird. Ein positivistischer Rechtsbegriff korrespondiert nur mangelhaft mit nichtpositivistischem Geltungsverständnis und umgekehrt.

---

154 Die Überlegungen zum Geltungsproblem fußen auf nachfolgenden Werken: Robert Alexy, Begriff und Geltung des Rechts, Freyburg/München 1994, Fn. 149. Manfred Rehbinder, Einführung in die Rechtswissenschaft, Berlin/New York 1988, Thomas Raiser, Rechtssoziologie, Frankfurt am Main 1987, Klaus Röhl, Rechtssoziologie, München 1986, Manfred Rehbinder, Rechtssoziologie, Berlin/New York 1989, Manfred Rehbinder und Helmut Schelsky (Hrsg.), Zur Effektivität des Rechts, Jahrbuch für Rechtssoziologie und Rechtstheorie, Düsseldorf 1972, Ralf Dreier, Recht und Gerechtigkeit, in: Dieter Grimm (Hrsg.), Einführung in das Recht, Heidelberg 1985, Seite 95ff. Klaus Röhl, Rechtsgeltung und Rechtswirksamkeit, JZ 1971, Seite 576 bis 580. Theodor Geiger, Vorstudien zu einer Soziologie des Rechts, Berlin 1964, Seite 200ff. Ralf Dreier, Der Begriff des Rechts, in: ders.: Recht, Staat, Vernunft, Frankfurt am Main, Seite 95 bis 119. Norbert Hoerster, Die rechtsphilosophische Lehre vom Rechtsbegriff, in: Juristische Schulung 1987, Seite 181 bis 188. Max Weber, Wirtschaft und Gesellschaft (1921), 5. Auflage Tübingen 1976. Gustav Radbruch, Gesetzliches Unrecht und übergesetzliches Recht (1946), in: der s.: Rechtsphilosophie 8. Auflage Stuttgart 1973, Seite 339 bis 350. Hubert Rottleuthner, Rechtstheorie und Rechtssoziologie, Freiburg/München 1981. Hubert Rottleuthner, Einführung in die Rechtssoziolgie, Darmstadt 1987.

Wir gehen deshalb nachfolgend von einem „weiten“, nichtpositivistischen Rechtsbegriff aus und beziehen uns hierbei namentlich auf Robert Alexy.[155]

Es wird keinesfalls bestritten, daß es eine Vielzahl guter Gründe für einen positivistisch orientierten Rechtsbegriff geben mag.

Nicht die Theorie, jedoch die Geschichte lehrt allerdings, daß zumindest zwei historischen Situationen die Fragwürdigkeit, wenn nicht sogar Unbrauchbarkeit bzw. Unzweckmäßigkeit eines positivistischen Rechtsbegriffs besonders deutlich zeigen:

Zum einen der historische Zeitraum nach Überwindung einer Diktatur (Beispiel: Nationalsozialismus in Deutschland), zum anderen die Geschichte eines autoritären Staats- und Rechtssystems mit einer Vielzahl von Unrechtselementen (Beispiel: DDR), auch wenn hier der Widerspruch zwischen dem gesetzten Recht und der Gerechtigkeit nicht unbedingt in toto ein so unerträgliches Maß erreicht, daß das Gesetz als unrichtiges Recht der Gerechtigkeit zu weichen hat und damit das Normensystem als Ganzes etwa als Unrechtssystem qualifiziert werden müßte.[156]

---

155 Robert Alexy, Begriff und Geltung des Rechts, a.a.O., Seite 201, Fn. 149

156 Die Frage, ob die DDR ein Unrechtsstaat und ihr Rechtssystem in toto als Unrechtssystem zu qualifizieren sei, mag hier dahingestellt bleiben. Hubert Rottleuthner schreibt: „Die Klassifikation der Deutschen Demokratischen Republik als ein ‚Unrechtsystem‘ oder ‚Unrechtsstaat‘ mag Bedürfnisse der politischen Rhetorik befriedigen; für wissenschaftliche Zwecke verbaut man sich durch eine derartige Klassifikation die Möglichkeit von genaueren Unterscheidungen, Abstufungen und Vergleichsmöglichkeiten. So blendet die klassifikatorische Zusammenordnung sowohl des Dritten Reiches wie der Deutschen Demokratischen Republik zu ‚Unrechtsstaaten‘ oder ‚totalitären Diktaturen‘ die höllenweiten Unterschiede aus.“ Hubert Rottleuthner, Steuerung der Justiz in der DDR, Köln 1994, Seite 13. Richtig ist an diesem Satz jedenfalls die Forderung nach Differenzierung und historischer Bewertung. Eine solche Bewertung muß stets einschließen, daß auch die DDR nicht „war“, sondern „geworden“ ist. Die Rechts- oder Unrechtsqualität ihres staatlichen und rechtlichen Systems bedarf zu verschiedenen historischen Zeiträumen gewiß unterschiedlicher und differenzierter Bewertungen. Dabei darf nicht vergessen werden, daß selbst die DDR im Übergang, also von 1989 bis 1990, eine „Noch-DDR“ mit einem eigenen „sozialistischen“ Rechtssystem auf dem Wege zur Demokratisierung gewesen ist. Die Aussage: „die DDR war ein Unrechtsstaat“ ist nicht nur höchst abstrakt, sondern zeugt auch von einer wenig historischen Betrachtungsweise. Das Rechtssystem der DDR war weder im großen und ganzen sozial unwirksam noch extrem ungerecht; man beachte hierbei die Kriterien, die von Alexy, Hart und Fuller aufgestellt worden sind (Rober Alexy, a.a.O., Seite 57ff., Fn. 149; H.L.A. Hart, Der Positivismus und die Trennung von Recht und Moral, in: ders.: Recht und Moral, Göttingen 1971, Seiten 14 bis 57; Lon L. Fuller, The morality of law, rev. ed. New Haven and London 1969). Dennoch muß es erlaubt sein, diktatorische Rechtssysteme (des Nationalsozialismus und der DDR) miteinander zu vergleichen, und es muß deutlich heraus-

So sei die These aufgestellt, daß ein positivistischer Rechtsbegriff wohl eher zur Rechtfertigung eines diktatorischen Systems geeignet ist, als ein solcher unter Einschluß von moralischen und soziologischen Komponenten.

Das gilt auch für die sogenannte Übergangsgesellschaft. Gerade in der Übergangsgesellschaft der „Noch-DDR" zur Bundesrepublik zeigte sich, daß das positive Recht gegenüber dem „lebenden", werdenden Recht von sekundärer, wenn nicht untergeordneter Bedeutung gewesen ist. In einer Übergangsgesellschaft vermag der positivistische Rechtsbegriff nur sehr wenig zu leisten, weil sich das Verhältnis zwischen seiendem und werdendem Recht gleichsam umkehrt. Bringen wir es auf eine Formel, ohne dies im einzelnen ausführen zu können:

Die Diktatur legt die moralische Fragwürdigkeit eines positivistischen Rechtsbegriffes offen; die Übergangsgesellschaft offenbart die soziologische Unzweckmäßigkeit des positivistischen Rechtsbegriffes, weil damit die eigentlich interessanten „Übergangszustände" zwischen Nichtrecht und Recht unzulänglich erklärbar sind.

Für die Bewertung des Rechts der Übergangsgesellschaft (hier: des Rechts der betrieblichen Interessenvertretung) gehen wir somit von einem nichtpositivistischen Rechtsbegriff, welcher mit einem ebenso nichtpositivistischen Geltungsbegriff korrespondiert, aus.

Mit „den drei Elementen des Rechtsbegriffs, der sozialen Wirksamkeit, der inhaltlichen Richtigkeit und der ordnungsgemäßen Gesetztheit, korrespondieren drei Geltungsbegriffe: der soziologische, der ethische und der juristische Geltungsbegriff."[157]

Bei den nachfolgenden Überlegungen wird somit davon auszugehen sein, daß dem Element der sozialen Wirksamkeit des Rechts der soziologische Geltungsbegriff, dem Element der inhaltlichen Richtigkeit des Rechts der ethische Geltungsbegriff und dem Element der ordnungsgemäßen Gesetztheit des Rechts der juristische Geltungsbegriff entspricht.

---

gearbeitet werden, wo die Unterschiede eben durchaus nicht „höllenweit", also nicht quantitativer, sondern höchstens qualitativer Natur gewesen sind. Wer von Amts wegen aus politischen Gründen Morde verübt, kann sich jedenfalls in dieser Hinsicht kaum erfolgreich auf den „Rechtscharakter" seines Systems berufen. Jedenfalls war Genozid in der DDR niemals Staatsdoktrin und ist auch nicht praktiziert worden. Aber auch ein System, welches nur einen einzigen politischen Mord von Amts wegen begeht, muß sich vorhalten lassen, daß, jedenfalls in dieser Hinsicht, der Unterschied zum Faschismus kein qualitativer, sondern nur ein quantitativer gewesen ist. Allein dieses (extreme) Beispiel zeigt, wie sorgfältig die Suche nach den Kriterien (Maßstäben) erfolgen muß, um eine historisch tatsächlich gerechte Einschätzung von staatlichen und Rechtssystemen vornehmen zu können.

157 Robert Alexy, Begriff und Geltung des Rechts, a.a.O., Seite 139, Fn. 149

Die Übergangsgesellschaft von der DDR zur Bundesrepublik im Zeitraum von November 1989 bis September 1990 zeigte, daß wir es in erheblichem Maße mit „Geltungskollisionen"[158] zu tun haben.

„Das Problem der Geltung eines Normensystems als Ganzes stellt sich mit größter Schärfe, wenn zwei miteinander unvereinbare Normensysteme konkurrieren. Diese Situation kann etwa im Falle einer Revolution, eines Bürgerkrieges oder einer Sezession eintreten. Es ist leicht zu sagen, was nach dem Sieg der einen oder der anderen Partei gilt. Es gilt dann das Normensystem, das sich gegenüber dem anderen durchgesetzt hat, denn, daß es sich durchgesetzt hat, bedeutet, daß es nunmehr das einzige Normensystem ist, das im großen und ganzen sozial wirksam ist. Nicht so leicht zu sagen ist, was während der Zeit der Konkurrenz der Normensysteme, also während der Zeit des politischen Kampfes gilt. Es gibt drei Möglichkeiten. Die erste ist, daß keines der beiden Normensysteme als Normensystem gilt, weil keines im großen und ganzen sozial wirksam ist. Die zweite Möglichkeit besteht darin, daß bereits das am Ende siegreiche Normensystem gilt, obwohl noch niemand weiß, welches dies sein wird. Die dritte Möglichkeit ist, daß das alte Normensystem, obgleich es nicht mehr im großen und ganzen wirksam ist, so lange gilt, bis das neue Normensystem sich durchgesetzt hat, also im großen und ganzen sozial wirksam ist. Diese Möglichkeit einschließlich zahlreicher Zwischenformen zu erforschen, ist Aufgabe einer Theorie des Wechsels des Rechtssystems."[159]

Wenden wir diesen Kategorisierungsversuch von Robert Alexy auf das Übergangsrecht der betrieblichen Interessenvertretung an, so ist – bezogen auf die erstgenannte Möglichkeit – erkennbar, daß im ersten Halbjahr des Jahres 1990 das Arbeitsrechtsnormensystem der DDR juristisch galt; soziologisch jedoch zunehmend von der Geltung des Normensystems der Bundesrepublik abgelöst wurde. Etwas vereinfacht kann man sagen, daß eine rechtliche Geltung des Arbeitsrechtsnormensystems der DDR und eine immer stärker zunehmende soziale Geltung des Arbeitsrechtsnormensystems der Bundesrepublik miteinander „korrespondierten".

Bezogen auf die – von Alexy benannte – zweite Möglichkeit ist zu sagen, daß spätestens im März 1990 klar gewesen ist, welches das „am Ende siegreiche Normensystem" sein werde.

Dies allerdings schloß nicht aus, daß in diesem Zeitraum durch die DDR der Versuch unternommen wurde, ein eigenes, sowohl vom altsozialistischen als auch vom bundesdeutschen Normensystem unterschiedenes Rechtssystem zu schaffen. Historisch kann man das als Versuch eines „dritten Weges" bewerten. Und schließlich – bezogen auf die dritte von Alexy genannte Mög-

---

158 Robert Alexy, Begriff und Geltung des Rechts, a.a.O., Seite 144, Fn. 149
159 Robert Alexy, Begriff und Geltung des Rechts, a.a.O., Seite 145f. , Fn. 149

lichkeit – ist festzustellen, daß Teile des altsozialistischen Normensystems der DDR in Verbindung mit „neuen demokratischen Elementen“ sogar noch fortwirkten, als das neue Normensystem der Bundesrepublik juristisch in Kraft gesetzt war. Diese „Fortwirkung“ des „alten“ Rechts galt und gilt sogar teilweise unabhängig davon, ob diese Fortwirkung im Einigungsvertrag ausdrücklich sanktioniert ist oder nicht. (Beispiel: das Recht der betrieblichen Vereinbarungen und Betriebskollektivverträge der DDR).

Diese von Robert Alexy als Zwischenformen bezeichneten Zustände verdeutlichen, daß jedenfalls das von uns in dieser Studie untersuchte Übergangsrecht in sozialer Hinsicht galt, ohne daß zwingend eine im engeren Sinne juristische Geltung vorgelegen hätte.

Daraus ist die – vielleicht nur prima facie gewagte – These abzuleiten, daß eine Geltung von (im engeren Sinne) juristisch nicht geltendem Recht nicht nur denkbar war, sondern praktische Wirklichkeit dargestellt hat.

Ja mehr noch: *Das soziologisch geltende Recht hat das normativ geltende Recht weitgehend dominiert.* Allein aufgrund dieser tatsächlichen Dominanz hat die soziologische Geltung von Normen das bestehende (rechtliche) Normensystem beherrscht und teilweise verdrängt. Max Weber hat das so ausgedrückt, daß die Menschen „bestimmte Ordnungen als subjektiv geltend ansehen und praktisch behandeln, also ihr eigenes Handeln an ihnen orientieren“[160].

Thomas Raiser verweist zu Recht darauf, daß sich, so gesehen, der Sinn des Wortes „Rechtsordnung“ völlig ändert. „Sie bedeutet dann nicht einen Kosmos logisch als ‚richtig‘ erschließbarer Normen, sondern einen Komplex von faktischen Bestimmungsgründen realen menschlichen Handelns.“[161]

Erreicht somit die soziale Aktivität von Menschenmassen ein bestimmtes Ausmaß, dominiert sie das bestehende normative Rechtssystem. Wird darüber hinaus durch dieses Sozialverhalten ein sozialer Konsensus in gleichsam gesamtgesellschaftlichem Maßstab erreicht, so erhält die *zunächst „nur“ soziologische Geltung* von normativem Verhalten *rechtliche Qualität.* In diesem Falle ist es gleichgültig (also: gleich gültig), ob der Staat dieser – jedenfalls soziologisch – unabweisbaren Geltung rechtliche Geltung verschafft oder nicht. Staatliche Duldung oder Unterlassung reichen aus, um aus der soziologischen Geltung eine juristische werden zu lassen.

Der historische Zeitraum der Übergangsperiode zwischen Dezember 1989 und September 1990 zeigt, daß das Geltungsproblem des Rechts auf den Kopf oder – je nach Standpunkt des Betrachters – auf die Füße gestellt wird.

---

160 Max Weber, Wirtschaft und Gesellschaft (1921), 5. Auflage Tübingen 1976, Seite 142ff., Seite 661ff., Seite 181, Fn. 155

161 Thomas Raiser, Rechtssoziologie, a.a.O., Seite 80, Fn. 155

Es stellt sich nämlich nicht die Frage, inwieweit man mit einem juristischem Geltungsbegriff auskommt, um das Problem der Geltung des Rechts zu erfassen oder ob es sinnvoll, zweckmäßig und notwendig ist, den normativen Geltungsbegriff durch einen soziologischen respektive moralischen zu „ergänzen".

Das Übergangsrecht zeigt vielmehr deutlich, daß und inwieweit eine zunächst „nur" soziologisch geltende Normenordnung zu einer juristischen wird. So vermitteln solche Übergangsperioden in weitaus stärkerem Maße als etablierte Gesellschaftssysteme Einsichten darüber, auf welche Weise aus Nichtrecht Recht wird. Die Übergangsperiode öffnet in erheblichem Maße den Blick dafür, daß das Recht ein lebender bzw. lebendiger Organismus ist, welcher nicht statisch existiert, sondern entsteht, besteht und sich verändert.

Überspitzt formuliert: Die soziologische Geltung juristisch nichtgeltenden Rechts wird zur juristischen Fiktion; aus dieser wiederum wird juristische Geltung.[162]

5.4. Vorauswirkungen nichtgeltenden Rechts

Die Geltung des Rechts hängt bekanntermaßen eng mit seiner Wirkung respektive Wirksamkeit (Effektivität) zusammen. Johann Wolfgang von Goethe – auch Jurist – hat im „Torquato Tasso" diesen Zusammenhang normativ formuliert: „Was gelten soll, muß wirken und muß dienen!"

Ein Gesetz wird stets erlassen, damit es wirke, ja mehr noch, damit der durch den Gesetzgeber beabsichtigte Wirkungsgrad möglichst hoch sei. Hans Kelsen ging sogar so weit zu meinen, daß ein noch so korrekt erlassenes Gesetz, welches niemand respektiert, letztlich auch nicht gelte. „Setzung und Wirksamkeit" – so meint Kelsen – „sind in der Grundnorm zur Bedingung der Geltung gemacht ... Wirksamkeit in dem Sinne, daß sie zur Setzung hinzutreten muß, damit die Rechtsordnung als Ganzes ebenso wie eine einzelne Norm ihre Geltung nicht verliere."[163] Doch die Beziehungen zwischen Gel-

162 Übergangsperioden mit einem Übergangsrecht lassen Rechtsbegriffe wie die von Ernst Rudolf Bierling und Niklas Luhmann plötzlich in einem sehr praktischen und plastischen Licht erscheinen. „Recht im juristischem Sinne ist im allgemeinen alles, was Menschen, die in irgend welcher Gemeinschaft miteinander leben, als Norm und Regel dieses Zusammenlebens wechselseitig anerkennen."; Ernst Rudolf Bierling, Juristische Prinzipienlehre, Band 1, Freyburg und Leipzig 1894, Seite 19, oder Niklas Luhmann: „Wir können Recht nunmehr definieren als Struktur eines sozialen Systems, die auf konkruenter Generalisierung normativer Verhaltenserwartungen beruht." Niklas Luhmann, Rechtssoziologie, Reinbek 1972, Seite 105

163 Hans Kelsen, Reine Rechtslehre, 2. Auflage 1960, Seite 219

tung und Wirksamkeit sind vielgestaltig; zudem muß zwischen Geltung und Wirksamkeit einzelner Normen und ganzer Rechtsnormensysteme unterschieden werden.

„Eine ordnungsgemäß gesetzte Norm eines im großen und ganzen sozial wirksamen Rechtssystems verliert ihre rechtliche Geltung nicht schon dann, wenn sie häufig nicht befolgt und ihre Nichtbefolgung nur selten sanktioniert wird. Anders als bei Rechtssystemen ist deshalb bei Einzelnormen eine im großen und ganzen bestehende soziale Wirksamkeit nicht Bedingung der rechtlichen Geltung. Der Grund für diesen Unterschied ist leicht zu erkennen. Von einer Einzelnorm kann gesagt werden, daß sie gilt, weil sie zu einem im großen und ganzen sozial wirksamen Rechtssystem gehört. Das ist im Falle eines Rechtssystems nicht sinnvoll, denn das Rechtssystem, zu dem es gehören könnte, könnte nur es selbst sein.

Dennoch gibt es auch bei Einzelnormen eine Beziehung zwischen rechtlicher und sozialer Geltung, so daß eine Kollision zwischen sozialer und rechtlicher Geltung Konsequenzen für letztere haben kann.

Bedingung der rechtlichen Geltung einer Einzelnorm ist zwar nicht, daß sie im großen und ganzen sozial wirksam ist, wohl aber, daß sie ein Minimum an sozialer Wirksamkeit oder Wirksamkeitschance aufweist.“[164]

Aus der juristischen Geltung einer Rechtsnorm folgt noch nicht zwingend ihre Wirksamkeit respektive Effektivität.

„Die faktische Geltung einer Norm, wie sie mit Hilfe der Effektivitätsquote gemessen wird, zeigt nicht ohne weiteres an, daß die Norm auch wirksam ist. Zwar hat die Einhaltung einer Rechtsnorm insofern stets einen gewissen Eigenwert, als sie die Autorität der Rechtsordnung bekräftigt. Aber dieser Effekt ist nur marginal. Davon abgesehen ist das vorgeschriebene Verhalten nur in den wenigsten Fällen Selbstzweck. Die Wirksamkeit einer Rechtsnorm kann letztlich nur im Vergleich zu den mit ihr angestrebten Zielen beurteilt werden.“[165]

All die hier – nur kurz skizzierten – Zusammenhänge gehen gewissermaßen von dem rechtssoziologischen Normalfall aus: ein Normensystem, ein Gesetz, eine Rechtsnorm, eine Rechtsanwendungsentscheidung etc. sind vorhanden, gelten in juristischem Sinn und sollen auf ihre Wirksamkeit hin überprüft bzw. untersucht werden. Wie aber steht es um Geltung und Wirksamkeit des Rechts, wenn juristisch noch nicht geltendes Recht seine Schatten voraus wirft? Kann juristisch (noch) nicht geltendes Recht bereits wirken bzw. effektiv sein? Genau darin besteht das rechtssoziologische Problem, welches sich spätestens seit Anfang 1990 in der DDR auftat, jedenfalls in

---

164 Rober Alexy, Begriff und Geltung des Rechts, a.a.O., Seite 147, Fn. 149
165 Klaus Röhl, Rechtssoziologie, a.a.O., Seite 284, Fn. 153

dem Maße, in welchem zunehmend Elemente der bundesdeutschen Rechtsordnung das DDR-Rechtssystem infiltrierten.

So sind spätestens seit Dezember 1989/Januar 1990 *Vorwirkungen* des bundesdeutschen Rechts der betrieblichen Interessenvertretung erkennbar, welche durch nachfolgende Indikatoren belegt sind:

1. durch den *informellen Aspekt*:
   Durch den Zugang zu bundesdeutscher Literatur und zu bundesdeutschen Gesetzestexten konnte das bestehende Informationsdefizit der „Werktätigen" der DDR schnell und auf kürzesten Wegen überwunden werden. Bundesdeutsche Gesetze, so gerade auch das Betriebsverfassungsgesetz, begannen in den Köpfen der Menschen *zu wirken*.
2. durch den *Bildungsaspekt*, insbesondere durch die Ausnutzung des Netzes betrieblicher Weiterbildungsstrukturen:
   In der DDR bestanden in allen mittleren und größeren Betrieben selbständige Abteilungen für „Bildung und Qualifizierung", welche unter anderem auch für die kontinuierliche arbeitsrechtliche Fortbildung der Leiter und Gewerkschaftsfunktionäre verantwortlich zeichneten.
   Die vorhandenen Weiterbildungsstrukturen wurden spätestens seit Januar 1990 dazu genutzt, die Inhalte bundesdeutschen Arbeitsrechts, so gerade auch des Rechts der betrieblichen Interessenvertretung, zu vermitteln.
   (Es versteht sich, daß dieser „Bildungsaspekt" mit dem „informellen Aspekt" (zu 1.) eng verbunden ist.)
3. durch den *Diskussionsaspekt*

a) durch Expertentagungen, Konferenzen und Veranstaltungen zur deutsch-deutschen Rechtsangleichung:
   Der Monat März 1990 erwies sich als „*der*" Monat, in dem Rechtsexperten beider deutscher Staaten Positionen zur Rechtseinheit gerade auch auf dem Gebiet des Rechts der betrieblichen Interessenvertretung abgaben. So wurde auf der Loccumer Konferenz zu „Rechtssystemen in der DDR und in der Bundesrepublik" Einigung darüber erzielt, daß „schon in der Übergangsphase Regelungen des kollektiven Arbeitsrechts entsprechend dem bundesdeutschen Modell einzuführen (sind). Daher sind Tarifautonomie, Betriebsverfassung mit freier Wahl der Betriebsräte sowie Unternehmensmitbestimmung zu regeln. Auf der betrieblichen Ebene sind die Betätigungsrechte der Gewerkschaften zu wahren."[166] Auf der Wiesbadener Tagung einigten sich Arbeitsrechtswissenschaftler beider deutscher Staaten darüber, daß „die Betriebsverfassung neu zu ordnen (ist). Die Interessen der gesamten Belegschaft sind durch gewählte Be-

---

166 Rechtssysteme in der DDR und Bundesrepublik, Protokolle der Loccumer Konferenz vom 25. bis 27. März 1990, Loccumer Protokolle 32/90, Seite 246, Fn. 1

triebsräte zu vertreten. In den Betrieben können gewerkschaftliche und betriebliche Vertrauensleute gewählt werden.
Es ist ein Betriebsverfassungsgesetz zu schaffen, das in seinem wesentlichen Inhalt das Betriebsverfassungsrecht der Bundesrepublik in einfacher Form übernimmt."[167]

b) durch das arbeitsrechtliche Schrifttum:
Spätestens seit März 1990 wurden in der Zeitschrift „Arbeit und Arbeitsrecht", der in der DDR einzigen arbeitsrechtswissenschaftlichen Zeitschrift, welche im übrigen eine überaus breite Resonanz aufwies (diese Zeitschrift war jedenfalls in jedem mittelgroßen Betrieb vorhanden), Beiträge zum Recht der betrieblichen Interessenvertretung veröffentlicht, die generell von einer Übernahme des Systems der Betriebsverfassung der Bundesrepublik durch die DDR ausgingen.[168] Erheblichen Anteil an den Vorwirkungen des Rechts der betrieblichen Interessenvertretung der Bundesrepublik Deutschland hat insbesondere die Gewerkschaftszeitung „Tribüne" der DDR; spätestens seit März 1990 gab es nahezu täglich Veröffentlichungen über Möglichkeiten und Wirkungen des bundesdeutschen Modells der betrieblichen Interessenvertretungen (vorrangig über Betriebsräte).[169]

4. durch den *Tätigkeitsaspekt*:
Die stärkste Vorwirkung des noch nicht geltenden Rechts der betrieblichen Interessenvertretung zeigte sich daran, daß in den Betrieben regelmäßig nach dem Vorbild rechtlicher Strukturen der Bundesrepublik betriebliche Interessenvertretungsorgane umgebildet respektive neugebildet wurden. Dies geschah jedenfalls unter maßgeblicher Zuhilfenahme bundesdeutscher Rechtsmodelle der Mitbestimmung.

Der Prozeß dieser Vorwirkungen des bundesdeutschen Interessenvertretungsrechts war somit gekennzeichnet durch die Verarbeitung von Information, öffentliche Diskussion und selbständige Aktivität der „Werktätigen" in den Betrieben. Um es auf den Punkt zu bringen: Spätestens in den Monaten März bis Mai 1990 hat sich die Geltung des bundesdeutschen Betriebsverfas-

---

167 Arbeitsrecht auf der Waage, in: Arbeit und Arbeitsrecht 1990, Seite 111

168 So z.B. Wolfgang Däubler, Perspektiven des Arbeitsrechts vor dem Hintergrund der deutschen Einheit, Arbeit und Arbeitsrecht 1990, Seite 74ff. Manfred Bobke von Camen, Betriebliche Interessenvertretung in der Bundesrepublik Deutschland, Arbeit und Arbeitsrecht 1990, Seite 102. Wolfgang Blomeyer, Die arbeitsplatzsichernde Funktion von Interessenausgleich und Sozialplan, Arbeit und Arbeitsrecht 1990, Seite 123f.

169 vgl. z.B. Frank Teubner, Wie die Betriebsräte wirken könnten, Tribüne Nr. 96 vom 21. 5. 1990, Seite 3

sungsmodells soziologisch durchgesetzt, ohne bereits normative Geltung erlangt zu haben.

Da in dem kurzen historischen Zeitraum in den ersten Monaten des Jahres 1990 in der DDR zwar eine Vielzahl – zum Teil widerstreitender bzw. differenzierter – Mitbestimmungsvorstellungen und Modelle entwickelt wurden, diese jedoch keine normative Geltung mehr erlangt haben, bestand definitiv kein einheitliches Gegenmodell, welches etwa dem seit langer Zeit historisch bewährten Betriebsverfassungsmodell der Bundesrepublik hätte entgegengehalten werden können.

So war es folgerichtig, daß normativ (noch) nicht geltendes Recht der Bundesrepublik in der DDR so gewirkt hat, als würde es gelten. Es erwies sich, daß die dominante soziologische Geltung zu faktischer Rechtsgeltung wurde. Die Ursachen hierfür sind selbstredend vielgestaltig und können im Rahmen dieser Studie nicht untersucht werden.

Im übrigen darf folgender Aspekt keinesfalls außer Acht gelassen werden: Es handelte sich hierbei nicht allein um „Vorwirkungen" *noch nicht geltenden* Rechts der Bundesrepublik, sondern zugleich auch um *historische Nachwirkungen* eines Rechts, welches, noch vor *Konstituierung der DDR durch das Verbot der Betriebsräte*, abgeschafft worden ist. Rechtssoziologisch dürfte deshalb die Schlußfolgerung erlaubt sein, daß das Betriebsverfassungsmodell der Bundesrepublik in der DDR im ersten Halbjahr 1990 nicht allein deshalb dominieren konnte, weil ein anderes Modell weit und breit nicht in Sicht gewesen wäre, sondern auch deshalb, weil der Demokratisierungsprozeß in der sowjetischen Besatzungszone, welcher möglicherweise zu einem ganz ähnlichen Modell geführt hätte, Ende der vierziger Jahre gleichsam „von oben" rigid unterbunden worden ist, ohne je zur Entfaltung gelangt zu sein. Es ist also auch möglich, daß sich hier zwei Tendenzen überlagern: einerseits die *Vorwirkungen des bundesdeutschen Modells*, andererseits die (historische) *Fortsetzung der* in der sowjetischen Besatzungszone *abgebrochenen Entwicklung*. Historisch um so bemerkenswerter scheint zu sein, daß die oben bezeichneten „Vorwirkungen" (noch) nicht geltenden Rechts nahezu vollständig ohne Mitwirkung der Justiz stattfanden.

Die „Rechtsanwendung" des Betriebsverfassungsrechts der Bundesrepublik in der DDR im ersten Halbjahr 1990 fand gleichsam ohne Mitwirkung des Rechtsstabes statt.

Dies alles zeigt: Bis dato scheinbar gesicherte rechtssoziologische Erkenntnisse müssen somit spätestens aufgrund der Situation im deutsch-deutschen Einigungsprozeß neu überdacht werden. So schreibt z.B. Manfred Rehbinder:

„Und ein Gesetz, das erst zum nächsten Jahresanfang in Kraft treten soll, wirft zwar schon ‚seine Schatten voraus', indem man sich auf seine künftige

Geltung einrichtet, motiviert aber noch nicht als geltendes Recht, da die Vorbereitungsmaßnahmen (sofern sie nicht etwa vom Gesetzgeber bereits vorgeschrieben sind) nicht als gesollt vorgestellt werden. Erst als ein Sollen aber gewinnt das neue Gesetz seinem Sinn gemäß als Recht soziales Dasein."[170]

Der deutsch-deutsche Einigungsprozeß zeigt hingegen sehr wohl, daß Gesetze „als Recht" durchaus bereits soziales Dasein gewinnen können, ohne normativ als Sollen vorgeschrieben zu sein. Dies jedenfalls dann, wenn eine massenhafte „Verwirklichung" von Recht stattfindet, obwohl dieses formell für den Adressatenkreis, der es vollzieht, noch gar nicht gesetzt ist.

---

170 Manfred Rehbinder, Einführung in die Rechtswissenschaft, Berlin/New York 1988, Seite 182, Fn 153

6. Kapitel: Probleme der Rechtsanwendung und der Auslegung fortwirkenden DDR-Arbeitsrechts nach dem 1. Juli 1990 (hier: Recht der betrieblichen Interessenvertretung)

6.1. Problem

Während für die Fortgeltung von Rahmenkollektivverträgen und Tarifverträgen, welche nach DDR-Arbeitsrecht zustande gekommen waren, im Einigungsvertrag dezidierte Regelungen getroffen wurden[171], bleibt das gesamte Recht der betrieblichen Regelungen ausgespart.

Im Einigungsvertrag fehlten Übergangsvorschriften über Geltung oder Nichtfortgeltung der Betriebskollektivverträge nach § 28 AGB, der anderen betrieblichen Vereinbarungen nach § 24 AGB sowie der Normativakte des Betriebsleiters nach § 12 AGB der ehemaligen DDR. Dies mag um so verwunderlicher erscheinen, als der Einigungsvertragsgesetzgeber an eine Übergangsvorschrift für Individualarbeitsverhältnisse sehr wohl gedacht hat. Artikel 232 § 5 EGBGB regelt bekanntlich, daß auf die bestehenden (Individual-) Arbeitsverhältnisse ab 3. Oktober 1990 die Vorschriften des BGB Anwendung finden sollten.

Völlig richtig hat Wolfgang Däubler daraus die Schlußfolgerung gezogen: „Dies rechtfertigt sich mit der Überlegung, daß andernfalls für sehr lange Zeit ‚AGB-Arbeitsverhältnisse‘ und ‚BGB-Arbeitsverhältnisse‘ nebeneinander bestehen würden. Am Weitergelten der Verträge als solche besteht ... kein Zweifel.“[172]

Damit war eine gesamte Regelungsebene des ehemaligen DDR-Arbeitsrechts – nämlich das Recht der betrieblichen Regelungen („Betriebsrecht“) – aus dem Einigungsvertrag (nahezu vollständig) ausgespart.

---

171 gem. Anlage I, Kapitel VIII, Sachgebiet A, Abschnit III Nr. 14 zum Einigungsvertrag gelten vor dem 1. Juli 1990 abgeschlossene Rahmenkollektiv- oder Tarifverträge fort, bis sie durch einen neuen Tarifvertrag aufgehoben werden. Voraussetzung hierfür sollte allerdings sein, daß sie entsprechend. § 14 II AGB DDR-alter Fassung registriert wurden.

172 Wolfgang Däubler, Arbeitsverträge und Kollektivverträge im Übergang, Arbeit und Arbeitsrecht 1991, Seite 196

Bezogen auf das Recht der betrieblichen Interessenvertretung wurde lediglich daran gedacht, eine Übergangsregelung über den formellen Status von Übergangsbetriebsräten bzw. betrieblichen Gewerkschaftsleitungen zu schaffen.[173] Über die rechtlichen Kompetenzen dieser Interessenvertretungsorgane des Übergangs schweigt sich der Einigungsvertrag jedoch ebenso aus wie über die Fortgeltung des gesamten Betriebsrechts der ehemaligen DDR. Ob es sich hierbei um eine planmäßige oder planwidrige Regelungslücke handelt, kann inzwischen dahingestellt bleiben; eben diese Regelungslücke hat jedoch – wie wir inzwischen wissen, namentlich die BAG-Rechtsprechung vor rechtliche Probleme mit zum Teil fatalen Konsequenzen gestellt.

Keineswegs unerwähnt darf bleiben, daß sich das arbeitsrechtliche Schrifttum – bezogen auf das Recht der betrieblichen Regelungen – generell nur mit den Betriebskollektivverträgen, jedoch nicht mit der Fortgeltung weiterer betrieblicher Vereinbarungen oder betrieblicher Regelungen einschließlich der sogenannten Normativakte des Betriebsleiters beschäftigt hat.[174]

Problematisiert wurde die Fortgeltung der betrieblichen Regelungen somit ganz überwiegend am Beispiel des Betriebskollektivvertrages.

Das BAG wurde auf die sogenannten „anderen betrieblichen Vereinbarungen“ nach § 24 AGB der DDR erst 1994 aufmerksam, nachdem die Vorinstanz (das LAG) die dem Rechtsstreit zugrunde liegende Rationalisierungsschutzvereinbarung richtigerweise nicht als Betriebskollektivvertrag, sondern als andere betriebliche Vereinbarung zwischen Betrieb und Betriebsgewerkschaftsleitung im Sinne von § 24 AGB der DDR klassifiziert hatte.[175]

Nicht nur vom Einigungsvertrag, sondern auch durch das arbeitsrechtliche Schrifttum nahezu vergessen wurden die sogenannten Normativakte des Leiters gemäß § 12 AGB alter Fassung.[176]

So wurde über das Schicksal der sogenannten betrieblichen Ordnungen und weiteren betrieblichen Regelungen (Arbeitsordnung, Funktionsplan für

---

173 Verordnung zu Übergangsregelungen bis zur erstmaligen Wahl der Betriebsräte nach dem Betriebsverfassungsgesetz vom 11. 7. 1990 – GBl. der DDR I 1990, Seite 715

174 vgl. z. B. Günter Schaub, Ablösung kollektivrechtlicher Vereinbarungen in den neuen Bundesländern, Betriebsberater 1991, Seite 685. Wolfgang Däubler, Arbeitsverträge und Kollektivverträge im Übergang, a.a.O., Seite 196, Fn.171. Friedrich Schindele, Zur Wirksamkeit von vor dem 1.7.1990 in den neuen Bundesländern abgeschlossenen Sozialprogrammen, Betriebsberater 1992, Seite 1211ff. Wolfhard Kothe, Betriebskollektivverträge und Betriebsverfassungsrecht – BAG NZA 1992, 1135, in: JuS 1993, Seite 545

175 BAG, Urteil vom 14.9.1994 – 10 AZR 621/92, in: Arbeit und Arbeitsrecht 1995, Seite 239

176 Ausnahme: Wolfgang Däubler, Arbeitsverträge im Übergang, a.a.O., S. 198 (Fn. 171)

Leiter und leitende Mitarbeiter, Leitungsordnungen, Kassenordnungen etc.) überhaupt nicht nachgedacht; man hielt dieses Problem offenbar für so unbedeutend, daß es einer Untersuchung nicht wert sei.

So bleibt zunächst festzustellen: Der Einigungsvertrag hat aus dem gesamten System der arbeitsrechtlichen Normativakte der DDR nicht nur die Fortgeltung von Betriebskollektivverträgen „vergessen“, sondern damit eine gesamte Ebene im System der arbeitsrechtlichen Normativakte des DDR-Arbeitsrechts in toto ausgeklammert! Dies mag um so mehr verwundern, als gerade im arbeitsrechtlichen Schrifttum der DDR den „Arten und der Rangfolge der arbeitsrechtlichen Normativakte“ besondere Aufmerksamkeit gewidmet worden waren.[177]

Aus heutiger Sicht freilich ist leicht nachzuvollziehen, daß durch diese Ignoranz der Einigungsvertragspartner schwerwiegende soziale und rechtliche Probleme vorprogrammiert waren.

Einige davon sollten nachfolgend dargestellt werden.

6.2. Die Fortwirkung von betrieblichen kollektiven Verträgen und Vereinbarungen der DDR in der Bundesrepublik (Analyse der Rechtsprechung)

Die Rechtsprechung zur Wirksamkeit von Kollektivvereinbarungen der DDR aus der Übergangszeit zeigt zunächst dreierlei:

a.) Die Schwierigkeiten im Umgang mit der jeweils anderen deutschen Arbeitsrechtsordnung waren erheblich. Wer geglaubt hatte, daß lediglich den ehemaligen DDR-Juristen der Umgang mit dem „fremden“ Arbeitsrecht schwerfallen würde, wurde spätestens anläßlich der beiden BAG-Entscheidungen über die „Wirksamkeit von Betriebskollektivverträgen“ eines besseren belehrt.[178]

b.) Nicht nur die rechtliche Fehlerhaftigkeit im Umgang mit dem alten DDR-Arbeitsrecht, sondern auch die damit verbundenen politischen Intentionen der beiden BAG-Entscheidungen aus den Jahren 1992 und

---

177 Arbeitsrecht, Lehrbuch, a.a.O., Seite 77ff. (Fn. 9)

178 vgl. BAG, Beschluß vom 26.5.1992 - 10 ABR 63/91 (Vorinstanz: BezG Meinigen, Beschluß vom 19.7.1991 - Ta BV 1/19), in: NZA 1992, Seite 1135.BAG, Urteil vom 14.9.1994 - 10 AZR 621/92, a.a.O., Fn. 174.

1994 wurden nicht nur im arbeitsrechtlichen Schrifttum reflektiert[179], sondern sie blieben auch in der Öffentlichkeit in den neuen Bundesländern keinesfalls verborgen. Gerade diese beiden Entscheidungen dürften das Vertrauen in den Rechtsstaat zumindest nicht eben befördert haben. („Man merkt die Absicht, und man ist verstimmt." – Goethe)

c.) Das BAG hat sich auf tradierte Rechtsauslegungsregeln einer etablierten Rechtsordnung zurückgezogen; es ist nicht einmal der Versuch erkennbar, eine historisch adäquate Auslegung unter Berücksichtigung der Spezifik des Transformationsprozesses einer Übergangsgesellschaft vorzunehmen.

Das BAG stellte in der Entscheidung vom 26.5.1992 nachfolgende Leitsätze auf:

1. Die Gerichte für Arbeitssachen entscheiden im Beschlußverfahren in Rechtsstreitigkeiten zwischen Arbeitgeber und Betriebsrat über die Wirksamkeit oder den Inhalt von Betriebskollektivverträgen nach § 28 II AGB der DDR, die vor dem 1.7.1990 abgeschlossen wurden.
2. In einem Betriebskollektivvertrag konnten vor dem 1.7.1990 zwischen Betrieb und Betriebsgewerkschaftsleitung keine Abfindungsansprüche für Arbeitnehmer begründet werden, die infolge von Umstrukturierungs- und Rationalisierungsmaßnahmen entlassen werden.

Diese Entscheidung ist das Ergebnis einer Bewertung eines am 19.6.1990 (!) vereinbarten „Sozialprogramms zum Schutz der Interessen der Belegschaft der VEB Backwaren Suhl bzw. der PGH Backwaren Suhl bei Strukturveränderungen und Rationalisierungsmaßnahmen".

Streitgegenstand war die Frage, ob ein solches Sozialprogramm wirksam werden konnte, wie es rechtlich zu bewerten sei und ob die in ihm vereinbarten Abfindungsansprüche der zu entlassenden Arbeitnehmer zu Recht bestehen.

Es ist unabdingbar, sich mit den Argumenten des BAG im einzelnen auseinanderzusetzen:

BAG-Argument Nr. 1:
„Das Sozialprogramm von 19.6.1990 ist allerdings keine Betriebsvereinbarung im Sinne des Betriebsverfassungsgesetzes. Das Betriebsverfassungsgesetz ist vielmehr erst durch das Gesetz der Volkskammer der

179 vgl. z. B. die geharnischte, aber in jeder Hinsicht berechtigte Kritik von Udo R. Mayer, Kollektivverträge aus den letzten Tagen der DDR, in: Arbeitsrecht im Betrieb 1995, Seite 215

> Deutschen Demokratischen Republik vom 21.6.1990 mit Wirkung vom 1.7.1990 für das Gebiet der DDR in Kraft gesetzt worden."[180]

Streiten kann man bereits darüber, ob dieses Sozialprogramm keine Betriebsvereinbarung im Sinne des Betriebsverfassungsgesetzes war. Nimmt man die aufgrund des Staatsvertrages vom 18.5.1990 ausdrücklich gewollten und durch das Verfassungsgrundsätzegesetz vom 17.6.1990 festgeschriebenen Vorwirkungen des Betriebsverfassungsgesetzes ernst, so muß man vor dem Hintergrund der ausdrücklichen Legitimation der bestehenden Betriebsräte wohl aus der Verordnung vom 11.7.1990 schließen, daß es sich hierbei um eine Betriebsvereinbarung „auf der Grundlage" des juristisch noch nicht geltenden Betriebsverfassungsgesetzes gehandelt habe. Aber dies kann dahin stehen.

> BAG-Argument Nr. 2:
> „Das Sozialprogramm ist ein Betriebskollektivvertrag im Sinne von § 28 AGB der DDR".[181]

Diese Aussage allerdings ist ein (eklatanter) juristischer Fehler. Jedenfalls nach dem Recht der DDR konnte es sich bei dem Sozialprogramm vom 19.6.1990 schon formell um keinen Betriebskollektivvertrag nach § 28 AGB der DDR handeln.

Eine wie auch immer mitten im Jahr abgeschlossene betriebliche Vereinbarung zwischen dem Betriebsleiter und der Betriebsgewerkschaftsleitung ist – wie man es auch drehen und wenden mag – schon formell kein BKV der DDR, weil ein solcher zwingend bis zum 31.1. (!) eines jeden Jahres abzuschließen war. Was bis zu diesem Zeitpunkt nicht im Wege eines Betriebskollektivvertrages vereinbart wurde, könnte allhöchstens – soweit rechtlich zulässig – im Wege „anderer betrieblicher kollektiver Vereinbarungen" nach § 24 AGB der DDR vereinbart werden. (vgl. hierzu ausführlich das 1. und 4. Kapitel der vorliegenden Studie)

Wie angesichts einer so klaren und diametral anders lautenden Rechtslage das BAG zu dem Ergebnis kommen konnte, das Sozialprogramm sei ein Betriebskollektivvertrag im Sinne des § 28 AGB der DDR, muß unerfindlich bleiben. Schon allein aus diesem Grunde ist die Argumentation des BAG darüber, daß es gerechtfertigt sei, „den Betriebskollektivvertrag nach Funktion und Wirkung einer Betriebsvereinbarung jedenfalls insoweit gleich zu achten, als ein Streit über die Wirksamkeit oder Unwirksamkeit eines Betriebskollektivvertrages einem Streit über die Wirksamkeit oder Unwirksam-

---

180 BAG, Beschluß vom 26. 5. 1992, NZA 1992, a.a.O., Seite 1137, Fn. 177
181 a.a.O., Fn. 177

keit einer Betriebsvereinbarung im Sinne von § 2 a I Nr. 1 BetrVG"[182] gleichstünde, vollständig obsolet. Natürlich steht es dem BAG frei, Erörterungen über die Vergleichbarkeit von Betriebskollektivverträgen und Betriebsvereinbarungen anzustellen, nur daß es sich bei dem hier in Rede stehenden Sozialprogramm rechtlich keinesfalls um einen Betriebskollektivvertrag handelte.

> BAG-Argument Nr. 3:
> „Der mögliche Inhalt eines Betriebskollektivvertrages wird in § 28 II AGB DDR geregelt. ... Der Betriebskollektivvertrag muß den Rechtsvorschriften entsprechen. Festlegungen, die dagegen verstoßen, sind unwirksam. Nähere Einzelheiten werden durch Grundsätze bestimmt, die vom Ministerrat und vom Bundesvorstand des Freien Deutschen Gewerkschaftsbundes gemeinsam erlassen werden (§ 28 III AGB).
> Diese Grundsätze sind als Richtlinien durch Beschluß des Ministerrates der Deutschen Demokratischen Republik und des Bundesvorstandes des Freien Deutschen Gewerkschaftsbundes vom 10.7.1975 (Gesetzblatt I Seite 81ff.) erlassen worden."[183]

Diese Aussage des BAG enthält einen „schwerwiegenden Fehler"[184]. Der Senat hatte nämlich übersehen, daß die von ihm zitierte Richtlinie vom 10.7. 1975 bereits durch eine Richtlinie vom Mai 1985 (!), also zehn Jahre später, außer Kraft gesetzt worden war. Dies verwundert um so mehr, weil der Vorsitzende des vierten Senats, Günter Schaub, bereits in einem Beitrag vom 10.4.1991 auf den zwischenzeitlich geltenden Beschluß des Ministerrats der DDR und des Bundesvorstandes des FDGB vom 23.5.1985 (Gesetzblatt I 1995, Seite 143) verwiesen hatte.[185]

Schließlich enthielt die Richtlinie aus dem Jahre 1985 gem. III Ziffer 4 als möglichen Inhalt eines Betriebskollektivvertrages Verpflichtungen und Festlegungen „zur einheitlichen betrieblichen Regelung sozialer und arbeitsrechtlicher Fragen im Zusammenhang mit Rationalisierungsmaßnahmen."

Selbst wenn man sich auf § 28 AGB der DDR beruft – was rechtlich bereits fehlerhaft war – so hätte dies nur auf der konkretisierenden Grundlage der 1985iger Richtlinie geschehen dürfen.

---

182 a.a.O., Seite 1138, Fn. 177

183 a.a.O., Seite 1138f., Fn. 177

184 Wolfhard Kothe, Betriebskollektivverträge und Betriebsverfassungsrecht, a.a.O., Seite 547, Fn. 173

185 Günter Schaub, Ablösung kollektivrechtlicher Vereinbarungen in den neuen Bundesländern, a.a.O., Seite 686, Fn. 173

BAG-Argument Nr. 4:
„Durch die genannten Rechtsvorschriften wird jedoch nicht nur eine Verpflichtung von Betriebsleitung und Betriebsgewerkschaftsleitung zur Vereinbarung von Betriebskollektivverträgen begründet, aus der Regelung in § 28 II Satz 3 AGB der DDR folgt vielmehr zusätzlich, daß Betriebskollektivverträge überhaupt nur insoweit abgeschlossen werden können, als Rechtsvorschriften eine Regelung durch Betriebskollektivvertrag vorschreiben.“[186]

Weder aus einer grammatischen noch aus einer systematischen Auslegung folgt, daß Betriebskollektivverträge nur „insoweit abgeschlossen werden können“ (? – der Verf.), als Rechtsvorschriften eine Regelung durch Betriebskollektivvertrag vorschreiben. Sowohl § 28 II Satz 3 als auch § 28 III AGB der ehemaligen DDR lassen einen solchen juristischen Schluß nicht zu. Sie besagen lediglich, daß Betriebskollektivverträge höherrangigem Recht „entsprechen“ müssen; sie sagen nichts darüber aus und meinen dies auch nicht, daß Betriebskollektivverträge nur abgeschlossen werden dürfen, *wenn* und insoweit das in Rechtsvorschriften vorgeschrieben ist. Diese AGB-Regelungen der ehemaligen DDR binden die Betriebskollektivverträge an das höherrangige Recht (was im übrigen für Betriebsvereinbarungen nach bundesdeutschem Arbeitsrecht ebenso gilt). Das AGB meint hingegen nicht, daß Betriebskollektivverträge nur deshalb abgeschlossen werden dürfen, *weil* und insoweit dies durch höherrangiges Recht vorgeschrieben wird.[187]

BAG-Argument Nr. 5:
„Betriebsleitung und Betriebsgewerkschaftsleitung hatten daher nur eine beschränkte Regelungskompetenz. Für Betriebskollektivverträge galt insbesondere nicht das Günstigkeitsprinzip, durch Betriebskollektivvertrag konnten keine Ansprüche der Arbeitnehmer begründet werden, die über das gesetzlich Zulässige hinaus gingen.“[188]

Natürlich galt im DDR-Arbeitsrecht nicht das Günstigkeitsprinzip. Man muß sich jedoch der Mühe unterziehen zu verstehen, was im Rahmen der DDR-Arbeitsrechtsdogmatik damit gemeint war: einzelarbeitsvertragliche Vereinbarungen durften in der DDR für den Arbeitnehmer nicht günstiger sein, wenn und insoweit dies durch Gesetze oder Rahmenkollektivverträge ausdrücklich ausgeschlossen war. (Hauptbeispiele: Lohnrecht und Urlaubsrecht)

---

186 BAG-Beschluß vom 26.5.1992, NZA 1992, Seite 1137, Fn. 177

187 Dies übersieht m. E. auch Wolfhard Kothe, in: Betriebskollektivverträge und Betriebsverfassungsrecht, a.a.O., Seite 547, Fn. 173

188 BAG-Beschluß vom 26.5.1992, NZA 1992, Seite 1139

War beispielsweise in einem Rahmenkollektivvertrag die von dem „Werktätigen“ ausgeführte Arbeitsaufgabe in die Gehaltsgruppe HF 4 eingruppiert, so durfte einzelarbeitsvertraglich nicht HF 5 – also eine höhere Gehaltsgruppe – vereinbart werden.

Oder: Sahen AGB und RKV für die Tätigkeit eines bestimmten Arbeitnehmers effektiv und zwingend einen Urlaubsanspruch von 20 Arbeitstagen vor, so durften einzelarbeitsvertraglich nicht 22 Arbeitstage vereinbart werden.)

Es gab insoweit ein Günstigkeitsverbot für Arbeitnehmer, als höherrangiges Recht zwingend etwas Anderes vorschrieb und im Rahmen der normativen Hierarchie des Arbeitsrechts auch jeweils nur auf dieser bestimmten Regelungsebene über einen bestimmten Anspruch entschieden werden durfte. Das heißt freilich nicht, daß die Partner von Rahmenkollektivverträgen oder auch Betriebskollektivverträgen nicht etwa einen relativ breiten Ermessens- und Entscheidungsspielraum über die Regelung von Arbeitslohn und Lebensbedingungen der „Werktätigen“ gehabt hätten. „Günstigere“ Regelungen für Arbeitnehmer innerhalb von (durch höherrangiges Recht vorgesehenen, dispositiven) Entscheidungsspielräumen waren somit durchaus möglich und auch praktische Realität. Allerdings durften „günstigere“ Regelungen höherrangigem Recht nicht (ausdrücklich) widersprechen.

Praeter-legem-Regelungen in Rahmenkollektivverträgen und auch in Betriebskollektivverträgen wurden durch die Rechtsordnung allemal toleriert.

Die Aussage: „Das Günstigkeitsprinzip gilt“ oder „gilt nicht“ muß damit auch vor dem Hintergrund unterschiedlicher „Günstigkeitsverständnisse“ in den beiden deutschen Arbeitsrechtsordnungen getroffen werden.

BAG-Argument Nr. 6:

„Konnten danach durch Betriebskollektivvertrag Ansprüche für Arbeitnehmer nur insoweit begründet werden, als Rechtsvorschriften dies ausdrücklich zuließen, so fehlt es an einer Norm, die eine betriebskollektivvertragliche Regelung von materiellen Leistungen an Arbeitnehmer erlaubte, die infolge von Rationalisierungsmaßnahmen ihren Arbeitsplatz verloren oder sonstige materielle Nachteile erlitten.“[189]

Diese Aussage ist schon deshalb falsch, weil ihr § 28 II AGB der DDR ausdrücklich entgegensteht. § 28 II Satz 1 AGB der DDR stellt eine *exemplifikative*, keine *enumerative* Regelung dar. Zu dieser einfachen und kaum übersehbaren Auslegung gelangt man, wenn man die beiden Worte „vor allem“ ernst nimmt. Das BAG hätte somit auch dann zu einem rechtlich entgegengesetzten Ergebnis kommen müssen, wenn es die Richtlinie aus dem Jahre

---

189 a.a.O., Fn. 177

1985 nicht gegeben hätte. Dies gilt jedenfalls dann, wenn sich das BAG auch in diesem Punkt auf eine Auslegung nach dem Wortsinn bzw. eine systematische Auslegung zurückgezogen und auf eine historische Auslegung verzichtet hätte.

Die hier vorgetragene BAG-Auffassung läßt sich aus dem Wortlaut des § 28 II AGB heraus nicht begründen; allhöchstens könnte im Wege einer historischen Auslegung die völlige Andersartigkeit der „sozialistischen" Rationalisierung als Argument herangezogen werden.[190]

BAG-Argument Nr. 7:
„Etwas Anderes folgt auch nicht daraus, daß das Sozialprogramm vom 19.6.1990 nur wenige Tage vor dem Inkrafttreten des Betriebsverfassungsgesetzes in der ehemaligen DDR vereinbart wurde. Zwar heißt es in Artikel 17 des Staatsvertrages vom 18.5.1990 (BGBl. II, 537), daß in der Deutschen Demokratischen Republik u.a. die Betriebsverfassung entsprechend dem Recht der Bundesrepublik gilt.
Näheres dazu ergibt sich aber aus dem gemeinsamen Protokoll über Leitsätze und aus den Anlagen II und III. Unter A I 1 des gemeinsamen Protokolls ist niedergelegt, daß das Recht der Deutschen Demokratischen Republik nach den Grundsätzen einer freiheitlichen, demokratischen, föderativen rechtsstaatlichen und sozialen Ordnung gestaltet ‚wird'. Nach der Anlage II Abschnitt I 1 und Abschnitt IV 5 war die DDR verpflichtet, u.a. das Betriebsverfassungsgesetz bis zum Zeitpunkt des Inkrafttretens des Staatsvertrages in Kraft zu setzen.

190 Daß Rationalisierung und Freisetzung von Arbeitskräften weder dem DDR-System noch der DDR-Arbeitsrechtsordnung fremd waren, hat Wolfhard Kothe überzeugend dargestellt (JuS 1993, Seite 547). Fn. 173. Daß eine Freisetzung von Arbeitskräften in der DDR nicht „auf die Straße" sondern regelmäßig in einen anderen Betrieb erfolgte, bedeutet noch nicht, daß es sich nicht um eine „Rationalisierung" gehandelt habe. Daß selbst mit einer solchen „weichen" Rationalisierung soziale Härten für die „Werktätigen" verbunden sein konnten, zeigt die Regelung nach § 121 AGB der ehemaligen DDR. Völlig untauglich ist jedoch das juristische Argument, die Zulässigkeit von Abfindungsregelungen in Betriebskollektivverträgen oder anderen betrieblichen Vereinbarungen sei deshalb nicht gegeben, weil § 121 AGB dem entgegenstünde. Daß Überbrückungsgeldregelungen nach § 121 AGB der DDR möglich waren, bedeutete keinesfalls, daß ein Verbot bestanden hätte, ähnliche Regelungen auch in betrieblichen Regelungen vorzusehen. § 121 AGB steht einer konkretisierenden BKV-Regelung nicht nur nicht entgegen, sondern ist vielmehr ein Indikator dafür, daß Abfindungs- und Überbrückungsregelungen auch dem DDR-Rechtssystem eigneten. Selbst wenn dem so gewesen wäre, könnte daraus nicht auf die Unzulässigkeit geschlossen werden, überhaupt in einem Betriebskollektivvertrag Abfindungsregelungen zu vereinbaren.

> Daraus folgt, daß nicht schon mit Unterzeichnung des Staatsvertrages vom 18.5.1990 u.a. auch das Betriebsverfassungsgesetz in der ehemaligen DDR gelten sollte."[191]

Diese Rechtsposition des BAG zeigt, daß dessen Bereitschaft zu einer adäquaten teleologischen respektive historischen Auslegung nicht eben besonders weit reicht. Sie verkennt, daß zum Zeitpunkt des 19.6.1990 in der DDR allemal und umfassend das Betriebsverfassungsgesetz rechtlich zugrunde gelegt wurde (was im übrigen auch schon zu viel früheren Zeitpunkten der Fall war).

Im Kapitel 5 der vorliegenden Studie wurde hierzu ausführlich argumentiert: Welchen historischen Sinn konnte es wohl haben, die jedenfalls seit dem 18.5.1990 bestehende faktische Rechtsgeltung gleichsam bis zum 1.7.-1990 „auszusetzen" und der effektiv bestehenden Vorwirkung des Betriebsverfassungsgesetzes eine normative Rechtsgeltung jedenfalls dann zu versagen, wenn mit einem zwischen den Betriebsparteien abgeschlossenen Sozialprogramm eben jene Rechtsfolgen intendiert waren, die den Einigungsprozeß sozial verträglicher gestalten sollten. Hierin dürfte doch wohl auch der historische Sinn liegen, daß das Betriebsverfassungsgesetz bereits am 1.7.1990 und nicht erst zum 3.10.1990 eingeführt wurde.

> BAG-Argument Nr. 8:
> „Eine Befugnis der Betriebsleitungen und Betriebsgewerkschaftsleitungen zum Abschluß von ‚Sozialplänen' schon vor dem 1.7.1990 folgt auch nicht daraus, daß durch § 13 des in der DDR in Kraft gesetzten Betriebsverfassungsgesetzes und die genannte Ordnung vom 11.7.1990 bestimmt worden ist, daß die vor dem 31.10.1990 nach demokratischen Grundsätzen in geheimer Abstimmung von der Belegschaft – oder der Mehrheit der Belegschaft – gewählten Arbeitnehmervertretungen die Aufgaben des Betriebsrates nach dem Betriebsverfassungsgesetz wahrnehmen. Auch solche Aufgaben ergaben sich erst mit dem Inkrafttreten des Betriebsverfassungsgesetzes am 1.7.1990. Erst von diesem Zeitpunkt an waren die Arbeitnehmervertretungen als Betriebsräte ‚anerkannt'."[192]

Dieses „Argument" übersteigt m.E. den Rahmen des Nachvollziehbaren. Welchen rechtlichen Sinn hätte wohl die Anerkennung betrieblicher Interessenvertretungen „als" Betriebsräte haben sollen, wenn nicht den, daß diese auch als Betriebsräte rechtlich handeln und entscheiden können?[193] Jede an-

---

191 BAG-Beschluß vom 26.5.1992, a.a.O., Seite 1139, Fn. 167

192 a.a.O., Seite 1140, Fn. 167

193 Hierauf hat Wolfang Däubler schon im Jahre 1991 hingewiesen, als die BAG-Entscheidung von 1992 noch nicht in Sicht war. vgl. Wolfgang Däubler, Arbeitsverträge und Kollektivverträge im Übergang, Arbeit und Arbeitsrecht 1991, Seite 198, Fn. 173

derslautende Rechtsposition liefe darauf hinaus, zu meinen, der Einigungsvertragsgesetzgeber hätte mit der Anerkennung der Verordnung vom 11.7. 1990 eine Art politischer Namensgesetzgebung vorgehabt.

Aber Zynismus ist hier nicht am Platz; wenn es sich um demokratisch legitimierte Interessenvertretungsorgane handelt, so hat die Rechtsprechung keine Wahl mehr, ob sie ihnen juristische Handlungsfähigkeit zuerkennt oder nicht.[194]

Fazit: Das Fatale an der BAG-Entscheidung aus dem Jahre 1992 besteht m.E. primär nicht einmal darin, grundlegende historische Zusammenhänge des (werdenden) Einigungsprozesses außer Acht gelassen und vor diesem Hintergrund eine vorrangig teleologisch und historisch bestimmte Auslegung höchstens ansatzweise versucht zu haben. Zu kritisieren ist die Entscheidung bereits deshalb, weil ihr (formale) Auslegungsfehler des ehemaligen DDR-Rechts zugrunde liegen:

1. Das der Entscheidung zugrunde liegende „Sozialprogramm" ist rechtlich kein Betriebskollektivvertrag.
   (Das BAG hat also über die Wirksamkeit einer Rechtsfigur entschieden, um die es gar nicht ging.)
2. Das BAG hat eine (nur noch rechtshistorisch interessante) Rechtsvorschrift zugrunde gelegt, die zum Zeitpunkt der Entscheidung bereits sieben Jahre außer Kraft war.
3. Das BAG hat die Spezifik der normativen Hierarchie des DDR-Arbeitsrechts verkannt (die Wirksamkeit von Betriebskollektivverträgen ist nicht davon abhängig, *daß* höherrangiges Recht gilt, sondern ihre *Unwirksamkeit* wird dadurch konstituiert, *wenn* höherrangige Rechtsnormative *entgegenstehen*).
4. Selbst wenn das zu Grunde liegende Sozialprogramm ein Betriebskollektivvertrag gewesen wäre, hätte bereits die nicht enumerative Regelung im § 28 II AGB ein entgegengesetztes rechtliches Ergebnis zeitigen müssen.

Sicher war nicht zu erwarten, daß das BAG in seinem Urteil vom 14. September 1994 die Entscheidung aus dem Jahre 1992 korrigiert.

Allerdings hätte man auf der Grundlage der Vielzahl der inzwischen vorgetragenen Argumente (nicht nur im *rechtswissenschaftlichen* Schrifttum!) erwarten müssen, daß – auch konstituiert durch die vielfältigen Erfahrungen des sich ökonomisch kompliziert und sozial nicht immer verträglich gestaltenden Einigungsprozesses – einer teleologisch und historisch geschienten Argumentation der Vorzug gegeben worden wäre. Das Gegenteil ist je-

---

194 Im übrigen sei auf die Argumente von Wolfgang Däubler, Kollektivvereinbarungen aus der früheren DDR – ein Ärgernis, Betriebsberater 1993, S. 427, sowie von Udo R. Mayer, Kollektivverträge aus den letzten Tagen der DDR, a.a.O, verwiesen, Fn. 178

doch der Fall; die Entscheidung zieht sich vorrangig auf grammatische und systematische Begründungszusammenhänge zurück. Im einzelnen:

1. Die dem BAG-Urteil vom 14.9.1994 zugrunde liegende Landesarbeitsgerichtsentscheidung hatte richtig erkannt, daß die rechtlich zu bewertende Rationalisierungsschutzvereinbarung (hier: vom 19.6.1990) gar kein Betriebskollektivvertrag im Rechtssinne ist, sondern eine sogenannte andere betriebliche Vereinbarung zwischen Betrieb und Betriebsgewerkschaftsleitung gemäß § 24 AGB der DDR.[195]
Das BAG argumentiert wie folgt:
„Nach § 24 I a AGB DDR hatte die Betriebsgewerkschaftsleitung das Recht, Betriebskollektivverträge und ‚andere Vereinbarungen' mit dem Betriebsleiter abzuschließen. Welchen Inhalt diese anderen Vereinbarungen haben können oder haben müssen, ist im AGB-DDR nicht näher geregelt. Schließen jedoch Betriebsgewerkschaftsleitung und Betrieb eine Vereinbarung ab, die inhaltlich ein Betriebskollektivvertrag ist, in dem sie arbeitsrechtliche Regelungen trifft, mithin einen Normenvertrag darstellt, und ist diese Vereinbarung – wie dargelegt – unwirksam, weil sie etwas regelt, was durch Betriebskollektivvertrag nicht geregelt werden kann, dann kann eben diese Regelung nicht unter dem Etikett ‚andere Vereinbarung' nur deswegen für wirksam angesehen werden, weil die genannten ‚anderen Vereinbarungen' offenbar keinen inhaltlichen Beschränkungen unterliegen.
Auch wenn mit der Möglichkeit, daß Betrieb und Betriebsgewerkschaftsleitung andere Vereinbarungen treffen, Raum gelassen werden sollte für Vereinbarungen, die aufgrund geänderter wirtschaftlicher und gesellschaftlicher Verhältnisse notwendig werden sollten, berechtigt auch eine solche ‚Öffnungsklausel' nicht zu Vereinbarungen, die nach dem nach wie vor geltenden positiven Recht unzulässig sind."[196]
Diese Argumentation verkennt vollständig die juristische und rechtspolitische Bedeutung der Vereinbarungen zwischen Betriebsgewerkschaftsleitung und Betriebsleiter nach § 24 I a AGB der DDR.
(vgl. hierzu Abschn. 1.5. der vorliegenden Studie)
Darüber hinaus ist die rechtliche Schlußfolgerung des BAG völlig unverständlich. Aus der Tatsache, daß im AGB der DDR nicht geregelt war, welchen Inhalt die anderen betrieblichen Vereinbarungen zwischen Betriebsleiter und Betriebsgewerkschaftsleitung haben konnten, kann doch nicht ernsthaft geschlossen werden, daß es sich bei der vorliegenden Rationalisierungs-

195 BAG-Urteil vom 14.9.1994 – 10 AZR 621/92, Arbeit und Arbeitsrecht 1995, Seite 239, Fn. 174

196 a.a.O., Seite 242, Fn. 174

schutzvereinbarung um einen „Betriebskollektivvertrag" im Rechtssinne handeln müsse. Selbstredend waren auch die anderen betrieblichen Vereinbarungen nach § 24 I a AGB Normenverträge im Rechtssinne. Die Tatsache, daß diese anderen betrieblichen Vereinbarungen normativ nicht „ausgeregelt" waren, zeigt höchstens, daß – wie oben bereits ausgeführt – der Handlungsspielraum der Betriebsparteien in der DDR normativ nicht so sehr eingeschränkt war, wie dies heute mitunter angenommen wird. Darauf verweisen allein selbst diejenigen Regelungsinhalte, die im Wege von Anlagen Bestandteil der Betriebskollektivverträge waren. Die Begründung, warum die Rationalisierungsschutzvereinbarung ein Betriebskollektivvertrag und keine andere betriebliche Vereinbarung im Rechtssinne sein soll, bleibt das BAG allerdings schuldig. Die juristische Konstruktion in der Argumentation des BAG mutet jedenfalls merkwürdig an: Eine Rationalisierungsschutzvereinbarung könne nicht im Wege einer anderen betrieblichen Vereinbarung nach § 24 I a AGB der DDR erfolgen, weil dies rechtlich hätte ausdrücklich geregelt werden müssen. Seit wann ist die Zulässigkeit von Verträgen oder Vereinbarungen davon abhängig, ob sie expressis verbis im positiven Recht „vorhanden" sind? Dies dürfte im übrigen um so eher gelten, wenn es sich um gesetzlich ausdrücklich legitimierte Betriebsparteien und zudem noch rechtlich unzweifelhaft zulässige Regelungsgegenstände handelt. Betrachtet man die Rationalisierungsschutzvereinbarung juristisch zutreffend als andere betriebliche Vereinbarung nach § 24 I a AGB der DDR, so könnte man jedenfalls nicht mehr erfolgreich darauf abstellen, daß – wie beim BKV – der Regelungsinhalt ohnehin durch Gesetz vorgegeben sei. (Was – wie oben dargestellt – nicht einmal für den Betriebskollektivvertrag zutrifft). Unabhängig davon: Aus der normativen Befristung des Betriebskollektivvertrages folgt, daß seine Geltung spätestens mit dem 31. Januar des Folgejahres nicht mehr gegeben ist. Einer „anderen betrieblichen Vereinbarung" im Sinne des § 24 I a AGB der DDR hätte man aber die unbefristete Geltungsdauer nicht versagen können. Solche betrieblichen Vereinbarungen hätten so lange gegolten, bis sie durch Betriebsvereinbarungen (des bundesdeutschen Arbeitsrechts) ordnungsgemäß abgelöst worden wären. Aus all den Gründen ist es freilich mit weitaus mehr Argumentationsaufwand verbunden, einer „anderen betrieblichen Vereinbarung" die Wirksamkeit zu versagen, als einem Betriebskollektivvertrag[197].

---

197 Darauf verweist Wolfgang Däubler zutreffend (in: Kollektivvereinbarungen aus der früheren DDR – ein Ärgernis?, a.a.O., Seite 430), Fn. 173 und führt eine Entscheidung des Arbeitsgerichts Berlin an, welches eine Abfindungsregelung sowie ein Kündigungsverbot zugunsten Alleinerziehender, das im Mai bzw. Juni 1990 abgeschlossen worden war, als „andere Vereinbarung" im Sinne des § 24 AGB alter Fas-

2. Das BAG ist der Auffassung, daß die Wirksamkeit der Rationalisierungsschutzvereinbarung schon deshalb nicht gegeben sein könne, weil sie unter der Überschrift „Sicherung und Entwicklung der gesundheitlichen und sozialen Betreuung der Werktätigen“ stünde.[198] Diese Auslegung darf als ein Musterbeispiel dafür fungieren, daß man gerade bei der Auslegung des Übergangsrechts schlecht beraten ist, eine vorrangig „dem Wortlaut“ verpflichtete Auslegung zu favorisieren. Unabhängig davon, daß schwer einzusehen ist, warum Abfindungszahlungen nicht unter der Überschrift „soziale Betreuung“ firmieren können[199], so darf der unterschiedliche Sprachgebrauch, welcher sich in beiden deutschen Staaten entwickelt hatte, bei einer adäquaten Auslegung nicht außer Acht gelassen werden. Es war in der LQI-Terminologie des vierten Reiches DDR[200] (leider) nahezu üblich, objektiv pejorative Sachverhalte beschönigend zu beschreiben bzw. zu umschreiben sowie in pseudokonstruktiver Weise auf übergreifende gesellschaftliche Ziele zu verweisen. Wenn man das weiß – und dieses Wissen kann sich aneignen, wer eine beliebige Tageszeitung der DDR aufschlägt – kommt nicht mehr auf die Idee, eine solche Überschrift im Rahmen dieser Rationalisierungsschutzvereinbarung nach einem Wortsinn auszulegen, wie er in der Bundesrepublik üblich gewesen wäre.
3. Das BAG vertritt die Ansicht, daß weder aus dem Gewerkschaftsgesetz der DDR vom März 1990 noch aus dem Verfassungsgrundsätzegesetz vom Juni 1990 – von den Bestimmungen des Staatsvertrages ganz zu schweigen – folge, daß eine Wirksamkeit der Rationalisierungsschutzvereinbarung vom 19.6.1990 zu bejahen sei.[201]
   Die Tatsache, daß sich das BAG überhaupt mit der neuen Gesetzgebung der DDR, beginnend ab März 1990, auseinandersetzt, ist sicher ein Fortschritt gegenüber der Entscheidung aus dem Jahre 1992. Die daraus gezogenen juristischen Schlußfolgerungen dürfen jedoch getrost als ahistorisch bezeichnet werden.
   Zunächst ist festzustellen, daß das BAG nur diejenigen Gesetze bzw. Verordnungen aus der Noch-DDR-Zeit, beginnend ab März 1990 zur

---

sung qualifiziert und für wirksam erklärt hat. (Arbeitsrecht im Betrieb 1991, Seite 327). Vgl. hierzu auch Friedrich Schindele, Zur Wirksamkeit von vor dem 1. 7. 1990 in den neuen Bundesländern abgeschlossenen Sozialprogrammen, a.a.O., Seite 1211, Fn. 173

198 BAG-Urteil vom 14.9.1994, a.a.O., Seite 240, Fn. 174

199 so auch die Anmerkung von Wolfhard Kothe zum o.g. Urteil, in: Arbeit und Arbeitsrecht 1995, Seite 241, Fn. 174

200 Man verzeihe die Verballhornung des von Victor Klemperer geprägten Begriffes „LTI“.

201 a.a.O., Seite 240, 241, Fn. 174

Kenntnis genommen hat, auf welche es durch das arbeitsrechtliche Schrifttum ausdrücklich aufmerksam gemacht worden ist.

Zur rechtlichen Bewertung der Gesamtsituation wäre es jedoch erforderlich gewesen, jedenfalls auch die Umwandlungsverordnung, das Gesetz über die Gründung privater Unternehmen und über Unternehmensbeteiligung sowie die Verfassungsänderungsgesetze zur Kenntnis zur nehmen. Nur aus dieser rechtssystematischen Gesamtsicht, die den Werte- und Inhaltswandel der betrieblichen Interessenvertretung insgesamt aufzeigt, wäre eine systematisch adäquate Auslegung möglich gewesen (vgl. hierzu Kapitel 3 und 5 der vorliegenden Studie).

Darüber hinaus finden wir immer wieder dieselben Argumente:

Da diese Regelungen nichts Ausdrückliches über die Befugnis und die Reichweite der Mitbestimmung aussagen, müsse man sich eben auf den Inhalt des AGB zurückziehen, welches jedoch – wie weiter oben nachgewiesen – soziologisch nicht mehr galt und auch in der Praxis der Rechtsanwendung ebenfalls zum Zeitpunkt des Abschlusses der zu bewertenden Rationalisierungsschutzvereinbarung in der Praxis nicht mehr vorkam. Bezogen auf das Zur-Kenntnis-Nehmen der Gesamtheit des Normensystems in diesem Zeitraum, muß sich das BAG wohl entgegenhalten lassen, daß es nicht nur keine historische, sondern nicht einmal eine adäquate (rechts-)systematische Auslegung vorgenommen hat.

Statt dessen argumentiert das BAG anhand der Geschäftsfähigkeitsklauseln des § 108 III BGB:

„Ebenso wie ein Rechtsgeschäft eines Minderjährigen nicht deswegen wirksam ist, weil die Wirkungen des Rechtsgeschäftes erst nach Erlangung der vollen Geschäftsfähigkeit eintreten sollen, das Rechtsgeschäft vielmehr der Genehmigung des unbeschränkt geschäftsfähig gewordenen Vertragspartners noch bedarf (§ 108 III BGB), ist ein Betriebskollektivvertrag, den Betrieb und Betriebsgewerkschaftsleitung außerhalb ihrer Regelungsbefugnis vereinbart haben, nicht deswegen wirksam, weil er erst zu einer Zeit in Kraft treten soll, zu der infolge einer späteren Änderung der Rechtslage den Betriebsparteien diese Befugnis zustehen würde."[202] Der (vornehmen) Bewertung von Kothe und der (drastischen) Bewertung von Mayer[203] ist allhöchstens hinzuzufügen, daß der (vorurteilsfreie) Leser glaubt, sich verlesen zu haben. Selbst wenn die rechtliche Argumentation richtig wäre, würde sie nur zeigen, daß zur Bewertung von Zusammenhängen mit großer politischer Tragweite nicht jedes

---

202 a.a.O., Seite 242, Fn. 174

203 Anmerkung von Wolfhard Kothe zu dem Urteil vom 14. 9. 1994, Arbeit und Arbeitsrecht 1995, Seite 242, Fn. 174. Udo R. Mayer, Kollektivverträge aus den letzten Tagen der DDR, a.a.O., Seite 217, Fn. 178

Begründungsargument gleich gut geeignet und politisches Fingerspitzengefühl auch bei der Bewertung scheinbar „rein“ rechtlicher Zusammenhänge völlig unschädlich ist.

Fazit: Die Entscheidung des BAG vom 14.9.1994, also zu einem Zeitpunkt, zu dem die Folgen des Übergangsrechts schon hinlänglich bekannt waren, ist in ihrem Ergebnis in hohem Maße rechtlich bedenklich; kritikwürdig ist vor allem, daß die Entscheidung den Eindruck erweckt, daß eine der historischen Umbruchsitutaiton im werdenden Einigungsprozeß adäquate Auslegung gar nicht erst versucht worden ist. Das BAG hat nicht nur die tradierten Auslegungsmethoden nicht hinterfragt, sondern es hat übersehen, daß die Auslegung geltenden und wirkenden Rechts weder an dem Inhalt noch an der Qualität sozialer Verhältnisse vorbei vorgenommen werden kann.

Armin Hölands Einschätzung ist deshalb vollständig zutreffend:

„Sollte in den Entscheidungen des BAG die Sorge mitgeschwungen haben, daß die Betriebspartner in DDR-Betrieben in turbulenter Übergangszeit ökonomisch unerfüllbare Abfindungsansprüche (möglicherweise mit hoffnungsvollem Blick auf die Treuhandanstalt) geschaffen haben, so wäre dem entgegenzuhalten, daß es systematisch genauere und differenzierte Ergebnisse zulassende Korrekturmöglichkeiten gibt. Sind beispielsweise die Betriebspartner bei der Aufstellung eines Sozialplans von irrigen Vorstellungen über die zur Verfügung stehende Finanzmasse ausgegangen, so können sie sich auf das Fehlen oder den Wegfall der Geschäftsgrundlage berufen, von der anderen Seite die Aufnahme neuer Sozialplanverhandlungen verlangen und notfalls die Einigungsstelle anrufen. Aus dem Wegfall der Geschäftsgrundlage folgt nicht die Unwirksamkeit des Sozialplans, sondern Anpassung an die geänderten tatsächlichen Umstände insoweit, als dem Vertragspartner das Festhalten an der getroffenen Regelung auch unter den geänderten tatsächlichen Umständen noch zuzumuten ist. Der 10. Senat hatte auf diese – von ihm selbst in einem anderen Verfahren rezipierte – Anpassungsmöglichkeit bei Wegfall der Geschäftsgrundlage (Beschluß vom 10.8.1994 in: Arbeit und Arbeitsrecht 1995, Seite 269) abschließend hingewiesen, sah aber keinen Anlaß mehr, sich damit auseinanderzusetzen.

Zusammenfassend bleibt festzuhalten: In der Übergangszeit des Jahres 1990 war in der DDR eine Gemengelage von noch geltendem alten Recht und schon wirkendem neuen Recht entstanden. Die über Zeitpunkte des Inkrafttretens geordnete Abfolge von Rechtsgeltung entsprach nur sehr eingeschränkt der wirklichen Rechtsanwendung. Sie hatte der baldigen Inkraftsetzung des bundesdeutschen Arbeitsrechts längst vorgegriffen und in alten Rechtsformen neue Inhalte geschaffen. Zwar sei zugestanden, daß die Auffassung von der zu berücksichtigenden Vorwirkung der bundesdeutschen Arbeitsrechtsordnung in zeitlicher Hinsicht genauer bestimmt werden muß.

Es zeugt jedoch von einem widersprüchlichen Verhalten der Rechtsordnung, wenn sie auf der Ebene der Prinzipien und Leitbilder den Lern- und Annäherungsprozeß in bezug auf das bundesdeutsche Arbeitsrecht eröffnet hat, in der konkreten Nutzung neuer Rechtsinstitute aber die noch geltenden Rechtsgrundlagen so versteht, als habe Systemwandel nicht stattgefunden. In jedem Falle bleibt das Vertrauen der auf gesetzliche Schutzrechte verzichtenden Arbeitnehmer im Hinblick auf die Wirksamkeit der betrieblichen Kollektivvereinbarungen zu schützen."[204]

6.3. Zur Rechtsstellung der vorläufigen Betriebsräte im Transformationsprozeß

Zunächst ist fraglich, ab welchem Zeitpunkt in der ehemaligen DDR von Betriebsräten im Rechtssinne gesprochen werden darf. Daß sich Interessenvertretungen dieses Namens bereits Ende 1989 in der DDR gebildet hatten, ist anderweitig ausführlich beschrieben worden und bedarf an dieser Stelle keiner weiteren Erörterung.[205]

Ich vertrete die Rechtsauffassung, daß seit dem Gesetz über die Gründung und Tätigkeit privater Unternehmen und über Unternehmensbeteiligungen vom 7. März 1990 (Gesetzblatt I Nr. 17 Seite 141) davon auszugehen ist, daß die Tätigkeit von Betriebsräten in der DDR rechtlich sanktioniert wurde. Ohne die Betriebsräte ausdrücklich zu erwähnen, spricht das Gesetz in § 15 von „anderen gewählten Interessenvertretungen neben der Tätigkeit der Gewerkschaften zum Schutz der Interessen der Beschäftigten." Zu diesem Zeitpunkt war es folgerichtig, in *generalisierender Hinsicht* von betrieblichen Interessenvertretungen zu sprechen, da sich solche neben den betrieblichen Gewerkschaftsleitungen mit sehr unterschiedlichen Bezeichnungen herausgebildet hatten: z.B. Arbeitsausschuß, Betriebskommitee, Wirtschafts- und Sozialrat, Betriebsrat, Wirtschaftsausschuß oder sogar Aufsichtsrat.

Wolfgang Däubler hat bereits 1991 darauf hingewiesen, daß die Bezeichnung dieser Interessenvertretungen letztlich juristisch ohne Bedeutung ist.[206] Nach Kapitel VIII Sachgebiet A Abschnitt III Nr. 12 b der Anlage I

---

204 Armin Höland, Kollektivverträge im Übergangsjahr 1990, Arbeit und Arbeitsrecht 1996, Seite 88

205 vgl. u.a. Heike Förster, Silke Röbenack, Wandel betrieblicher Interessenvertretung in Ostdeutschland, Kommission für die Erforschung des sozial und politischen Wandels in den neuen Ländern (KSPW), Graue Reihe 96/03 GSFP, Berlin 1996

206 Wolfgang Däubler, Arbeitsverträge und Kollektivverträge im Übergang, a.a.O., Seite 198, Fn. 173

zum Einigungsvertrag blieben die Arbeitnehmervertretungen, welche vor dem 31.10.1990 „nach demokratischen Grundsätzen von der Belegschaft in geheimer Abstimmung gewählt worden sind" bis zur Wahl eines Betriebsrates nach dem Betriebsverfassungsgesetz, längstens bis 30.7.1991, im Amt.

Das bedeutet, daß der Einigungsvertrag die Wahl von betrieblichen Interessenvertretungen „als Betriebsräte" im nachhinein sanktioniert hat, selbst wenn diese vorläufigen Betriebsräte vor Inkrafttreten des Einigungsvertrages in geheimer Abstimmung nach demokratischen Grundsätzen gewählt wurden.

Da die Verordnung zu Übergangsregelungen bis zur erstmaligen Wahl der Betriebsräte nach dem Betriebsverfassungsgesetz vom 11.7.1990 (Gesetzblatt der DDR I Seite 715) als fortgeltendes Recht nach dem Einigungsvertrag übernommen wurde, waren auch betriebliche gewerkschaftliche Interessenvertretungen (Betriebsgewerkschaftsleitungen, Abteilungsgewerkschaftsleitungen etc.) vorläufige Betriebsräte im Rechtssinne, sofern sie die rechtlichen Voraussetzungen erfüllt hatten. „Bestehen im Einzelfall Zweifel, ob wirklich eine demokratische und geheime Wahl vorlag, so muß man diese gerichtlich klären. Anfechtungsfristen sind nicht ersichtlich – auch nach längerer Zeit kann daher noch geltend gemacht werden, daß ein durch Handheben gewählter ‚Betriebsrat' nicht die Rechte einer vorläufigen Interessenvertretung besitzt. Sind allerdings alle Beteiligten einige Monate lang von einer wirksamen Wahl ausgegangen, wäre es mißbräuchlich, sich im nachhinein noch auf die fehlende Legitimationsbasis zu berufen. Ist von vornherein streitig, ob die Wahl korrekt war, ist das gewählte Gremium so lange als Interessenvertretung zu behandeln, bis ein Gericht das Gegenteil festgestellt hat."[207]

Das damalige Stadtbezirksgericht Berlin-Köpenick hat hierzu im Wege einer einstweiligen Anordnung folgende Leitsätze aufgestellt:

1. Eine Betriebsgewerkschaftsleitung, an deren Wahl mehr als die Hälfte der Arbeitnehmer des Betriebes in geheimer Wahl teilgenommen haben, entspricht den Anforderungen des § 29 Ziffer 3 des Mantelgesetzes über die Inkraftsetzung von Rechtsvorschriften der Bundesrepublik Deutschland in der DDR, solange das Gegenteil nicht in einem Verfahren vor der Kammer für Arbeitsrecht rechtskräftig festgestellt worden ist.
2. Eine solche Vertretung genießt den Schutz des § 23 III BetrVG vor jeglicher Beeinträchtigung ihrer Tätigkeit.[208]

Das Gericht begründete seine Entscheidung wie folgt:

---

207 a.a.O., Fn. 173

208 Einstweilige Anordnung des Stadtbezirksgerichts Berlin-Köpenick vom 17.7.1990, in: Arbeitsrecht im Betrieb 1990, Seite 310

Es hatte zunächst den Einwand des Antragsgegners bezüglich der Aktivlegitimation des Antragstellers zu prüfen. Dabei ging das Gericht davon aus, daß die Regelung des § 23 III BetrVG von 1972 in der Fassung des Mantelgesetzes nur in Zusammenhang mit § 29 Ziffer 3 des Mantelgesetzes zu sehen ist. Danach bleiben Betriebsräte oder Arbeitnehmervertretungen, die vor dem 31.10.1990 nach demokratischen Grundsätzen von der Belegschaft in geheimer Wahl gewählt worden sind, bis zur Wahl eines neuen Betriebsrates nach dem Betriebsverfassungsgesetz 1992, längstens bis zum 31.6.1991, im Amt. Sie nehmen die den Betriebsräten nach dem Betriebsverfassungsgesetz von 1972 und anderen Gesetzen zustehenden Rechte und Pflichten wahr. Dieser Regelung liegt erkennbar der Gedanke des Gesetzgebers zugrunde, bis zur Wahl eines Betriebsrates entsprechend den Grundsätzen des Betriebsverfassungsgesetzes 1972 kein Vakuum in der Interessenvertretung der Arbeitnehmer, insbesondere im Zusammenhang mit dem Kündigungsschutzgesetz, entstehen zu lassen.

Es ist mithin davon auszugehen, daß alle per 30.9.1990 bestehenden Arbeitnehmervertretungen, die nicht offensichtlich den Anforderungen des § 29 Ziffer 3 des Mantelgesetzes widersprechen, den Betriebsräten gleichgestellte, legitimierte Arbeitnehmervertretungen darstellen. Im vorliegenden Fall ist von einer offensichtlich den Anforderungen nicht genügenden Vertretung nicht die Rede, zumal an der BGL-Wahl mehr als die Hälfte der zu dieser Zeit beim Antragsgegner beschäftigten Arbeitnehmer teilgenommen haben. Die Abstimmung in geheimer Wahl nach demokratischen Grundsätzen wurde durch den Antragsgegner nicht in Zweifel gezogen, so daß davon auszugehen war, daß dies unstreitig ist. Die Einhaltung demokratischer Grundsätze bei der geheimen Wahl ergibt sich im übrigen aus dem Wahlprotokoll vom 23.2.1990.

Entgegen der Auffassung des Antragsgegners vertrat das Gericht nicht die Auffassung, daß eine Arbeitnehmervertretung, welche nicht den Anforderungen des § 29 Ziffer 3 des Mantelgesetzes entspricht, automatisch nicht legitimiert sei. Eine solche Entscheidung über die Legitimation der Arbeitnehmervertretung im Sinne vorgenannter Regelung kann nur in einem ordentlichen gerichtlichen Verfahren vor der Kammer für Arbeitsrecht verbindlich getroffen werden.

Dies ergibt sich – so das Stadtbezirksgericht Berlin-Köpenick – analog aus den für die ordentlichen Betriebsratswahlen bestehenden Regelungen der §§ 13 II Ziffer 4 und 5, 19, 23 I und II BetrVG 1972 in der Fassung des Mantelgesetzes.

Solange eine derartige rechtskräftige Entscheidung nicht vorliegt, ist die Aktivlegitimation des Antragstellers zu unterstellen. Der Antragsgegner war daher zur Duldung der Tätigkeit der Arbeitnehmervertretung ohne jegliche

Beeinträchtigung unter Beachtung der sich aus dem Betriebsverfassungsgesetz ergebenden Rechte und Pflichten zu verpflichten. Die Dringlichkeit – denn es handelte sich um eine einstweilige Anordnung noch nach dem Recht der DDR-ZPO – ergibt sich aus der durch die Beeinträchtigung der Tätigkeit des Betriebsrates resultierenden Beeinträchtigung der Arbeitnehmerinteressen insgesamt, insbesondere im Zusammenhang mit Fragen des Kündigungsschutzes.[209]

Aus diesem Rechtszustand folgte, daß diese vorläufigen Betriebsräte entsprechend den Festlegungen des Einigungsvertrages *sämtliche* Befugnisse eines Betriebsrates nach dem Betriebsverfassungsgesetz hatten. Weder aus dem Wortlaut noch aus dem Sinn des Einigungsvertrages ist eine andere Interpretation möglich bzw. zulässig. Sofern es sich um Betriebsräte im Rechtssinne handelt, kann die Rechtsstellung nicht teilbar sein. Völlig richtig hat Wolfgang Däubler schon 1991 daraus die Schlußfolgerung gezogen, daß die vorläufigen Betriebsräte ab diesem Zeitpunkt Betriebsvereinbarungen in allen sozialen, personellen und wohl auch wirtschaftlichen Angelegenheiten abschließen konnten.

Eine Ausnahme gab und gibt es allhöchstens dann, wenn eine Angelegenheit durch Tarifvertrag geregelt sei oder üblicherweise geregelt werde.[210]

„Abmachungen, die eine andere, nicht als ‚vorläufiger Betriebsrat' zu qualifizierende Interessenvertretung abgeschlossen hat, sind unwirksam. Im Einzelfall wird man allerdings immer prüfen müssen, ob eine ausdrückliche oder stillschweigende Bevollmächtigung durch einzelne (oder alle) Belegschaftsmitglieder vorlag oder ob das vereinbarte Stillschweigen zum Inhalt der Arbeitsverträge gemacht wurde. Hat ein vorläufiger Betriebsrat vor der Übernahme des Betriebsverfassungsgesetzes – also vor dem 1.7.1990 – eine Betriebsvereinbarung geschlossen oder z.B. einen Sozialplan vereinbart, so ist auch dieser wirksam. Die ‚Anerkennung', die der Einigungsvertrag und die bereits genannte Verordnung der DDR-Regierung vom 11.7.1990 ausgesprochen haben, bezieht sich nicht nur auf die Existenz des Gremiums als solches, sondern auch auf die von ihm vorgenommenen Rechtsakte und Verträge.

Andernfalls würde einem wesentlichen Stück Interessenvertretung nachträglich die Grundlage entzogen. Entgegen der Absicht aller Beteiligten entstünde im Ergebnis eine ‚vertretungslose Zeit'."[211]

Diese Auffassung war durchaus nicht unumstritten; so hat das Landesarbeitsgericht Berlin in einer Entscheidung vom 25.9.1991[212] höchst apodik-

---

209 a.a.O., Seite 311, Fn. 207

210 Wolfgang Däubler, Arbeitsverträge und Kollektivverträge im Übergang, a.a.O., Seite 198, Fn. 173

211 a.a.O., Fn. 173

tisch festgestellt, daß Rechte aus dem Betriebsverfassungsgesetz durch Betriebsräte erst seit Inkrafttreten des Betriebsverfassungsgesetzes 1972, also seit dem 1.7.1990, hergeleitet werden können. Diese Rechtsauffassung verkürzt in unzulässiger Weise die Rechtsstellung der Betriebsräte auf die formal-juristische Anerkennung ihrer Existenz – genaugenommen ohne eigentliche Rechte und Befugnisse – jedenfalls auf den Zeitraum vor dem 1.7.1990. Wenn der Gesetzgeber dies gewollt hätte, hätte er es ausdrücklich regeln müssen; eine solche Regelung hätte jedoch den seit Anfang 1990 aus dem Normensystem der DDR resultierenden Rechtszustand nachträglich auf den Kopf gestellt.

Zu welchen untragbaren rechtlichen Konsequenzen diese Auffassung letztlich führt, ist im vorangegangenen Abschnitt im Zusammenhang mit der Bewertung der BAG-Entscheidungen aus den Jahren 1992 und 1994 diskutiert worden. (vgl. 6.2. der vorliegenden Studie).

In diesem Zusammenhang ist namentlich das Problem der sogenannten Ermächtigungsgrundlage für den Abschluß von Betriebsvereinbarungen und Sozialplänen respektive von als solche zu qualifizierenden Rationalisierungsschutzvereinbarungen oder Sozialprogrammen diskutiert worden.[213]

Wolfgang Däubler hat völlig zu recht vorrangig historisch argumentiert. Er hat die Situation um 1990 mit der tarifvertraglichen Situation verglichen, die zwischen 1945 und 1948 bestanden hat. Er hat zum anderen auf ähnlich gelagerte „Umbruchsituationen" verwiesen und festgestellt, daß es im Dezember 1918 schwer vorstellbar gewesen wäre, einem im Juni desselben Jahres geschlossenen Tarifvertrag die Anerkennung wegen Verstoßes gegen die Grundsätze des Kaiserlichen Arbeitsrechts zu versagen.[214]

Allein dieser völlig legitime historische Vergleich zeigt den juristischen Sinn, vergleichbare rechtliche Situationen in unterschiedlichen historischen Umbruchsituationen in Deutschland ins Verhältnis zu setzen.

M.E. bedarf es jedoch nicht zwingend einer solchen durchaus zulässigen historischen Argumentation, um juristisch zu dem Ergebnis zu gelangen, daß „freie" Vereinbarungen vorläufiger Betriebsräte vor dem 1.7.1990 wirksam gewesen sind. Auch das DDR-Arbeitsrecht hat für die anderen betrieblichen

---

212 Urteil des LAG Berlin vom 25.9.1991 – 13 Sa 39/91, Arbeit und Arbeitsrecht 1992, Seite 92

213 vgl. Wolfgang Däubler, Arbeitsverträge und Kollektivverträge im Übergang, a.a.O., Seite 198, Fn. 173 derselbe, Kollektivvereinbarungen aus der früheren DDR – ein Ärgernis?, a.a.O., Seite 429, Fn. 193, Friedrich Schindele, Zur Wirksamkeit von vor dem 1.7.1990 in den neuen Bundesländern abgeschlossenen Sozialprogrammen, a.a.O., Seite 1211, Fn. 173

214 Wolfgang Däubler, Kollektivvereinbarungen aus der früheren DDR – ein Ärgernis?, a.a.O., Seite 430, Fn. 193. vgl. auch die dort angegebene Literatur

Vereinbarungen nach § 24 AGB keine inhaltlich dezidierte Ermächtigungsgrundlage vorgesehen.

Ob es sich bei § 28 II Satz 3 AGB der DDR a.F. tatsächlich um eine Ermächtigungsgrundlage in dem Sinne gehandelt habe, daß bei Fehlen einer solchen weder Betriebskollektivverträge noch betriebliche Vereinbarungen hätten abgeschlossen werden dürfen, mag in hohem Maße bezweifelt werden. Eine solche Auffassung entspricht jedenfalls nicht dem normativ hierarchischen Charakter des Arbeitsrechts der DDR. Auch in der DDR handelte es sich bei den Betriebsleitern und betrieblichen bzw. Betriebsgewerkschaftsleitungen um im Rahmen dieses Rechtssystems legitimierte Betriebspartner. Deren Vereinbarungen durften zwar dem geltenden Recht nicht widersprechen; dies heißt jedoch nicht, daß sie nicht auch ohne ausdrücklich positiv rechtliche „Ermächtigung" berechtigt gewesen wären, solche Vereinbarungen abzuschließen. Es dürfte sich um einen rechtlichen Trugschluß handeln, dieses Problem gleichsam im Analogiewege für die Ermächtigung zur Schaffung von Rechtsverordnungen nach bundesdeutschem Recht lösen zu wollen.

Selbst wenn man § 28 AGB der DDR als „Ermächtigungsgrundlage" ansehen würde, so ist darin jedenfalls keine Wirksamkeitsvoraussetzung für den Abschluß von Betriebskollektivverträgen oder betrieblichen Vereinbarungen zu sehen.

Also: Die Wirksamkeit wird nicht durch „Ermächtigung" konstituiert, sondern vielmehr dadurch, daß die Partner ausdrücklich legitimierte Betriebsparteien sind. Jede andere rechtliche Position führt dazu, den Grundsatz „was nicht ausdrücklich erlaubt ist, ist verboten" auf einen Sachverhalt anzuwenden, welcher selbst im Rechtssystem der DDR an Eulenspiegelei gegrenzt hätte.

Zu welcher Rechtsauffassung man sich auch schließlich durchringen mag: Jedenfalls wollte der Einigungsvertragsgesetzgeber unter Berücksichtigung des Rechtszustandes, welcher sich im ersten Halbjahr 1990 in der DDR herausgebildet hatte, interessenvertretungslose Zustände dann vermeiden, wenn demokratisch-legitimierte Interessenvertretungskörperschaften bestanden haben.

Jede Rechtsauslegung hat sich m.E. diesem übergreifenden rechtlichen Willen zu beugen, denn hierbei handelte es sich um ein konstitutives Element, um sukzessive eine freiheitlich-demokratische und nach rechtsstaatlichen Grundsätzen funktionierende Rechtsordnung in den neuen Bundesländern zu schaffen respektive jene sozial und rechtlich bereits vollzogenen Schritte (positiv) zu sanktionieren, welche sich bereits in der Noch-DDR herausgebildet hatten.

Diese Aussage hat nach meinem Dafürhalten auch Gültigkeit für den Bereich des öffentlichen Dienstes. Aus diesem Grunde sind sowohl das Ergebnis als auch die rechtliche Argumentation in einem weiteren Urteil des BAG vom 14.2.1995 abzulehnen. Im Leitsatz dieser Entscheidung heißt es:

Bei Kündigungen im öffentlichen Dienst der DDR nach dem 1.7.1990 waren die Betriebsgewerkschaftsleitungen nicht zu beteiligen. Die bis zur erstmaligen Wahl der Betriebsräte geltende Übergangsregelung ist mangels „planwidriger Regelungslücke“ im öffentlichen Dienst bis zur erstmaligen Wahl eines Personalrats nicht entsprechend anzuwenden.[215]

Der Senat hatte in seiner Entscheidung vom 12.11.1992 (8 AZR 232/92, AP-Nr. 1 zu § 30 Mantelgesetz der DDR) offengelassen, ob bis zur Wahl eines Personalrats nach dem Personalvertretungsgesetz der DDR vom 22.7. 1990 die im öffentlichen Dienst der ehemaligen DDR gewählte BGL die Arbeitnehmerinteressen wahrzunehmen hat. Das BAG kommt nunmehr in der Entscheidung vom 16.2.1995 zu dem Ergebnis, daß eine analoge Anwendung der Verordnung zu Übergangsregelungen bis zur erstmaligen Wahl der Betriebsräte nach dem Betriebsverfassungsgesetz vom 11.7.1990 unzulässig ist, da in dem Fehlen einer Übergangsregelung für den öffentlichen Dienst keine planwidrige Regelungslücke zu sehen sei. In einer auf Larenz gestützten Argumentation führt das BAG aus:

„Eine analoge Anwendung der Übergangsregelung bis zur erstmaligen Wahl der Betriebsräte käme für den öffentlichen Dienst nur in Betracht, wenn der Gesetzgeber nicht bewußt von einer Übergangsregelung für den öffentlichen Dienst abgesehen hätte.

Die analoge Gesetzesanwendung setzt nämlich eine ‚Gesetzeslücke‘ im Sinne einer ‚planwidrigen Unvollständigkeit‘ der fraglichen Rechtsnorm voraus.“[216]

Die Klägerin hatte sich in dem Verfahren darauf berufen, daß es eine Beschlußvorlage des Ministerrates der DDR vom 4.7.1990 gegeben habe. Danach sollten bis zur Konstituierung der nach dem Personalvertretungsgesetz der DDR neugewählten Personalvertretungen die am 1.7.1990 bestehenden Arbeitnehmervertretungen in ihrer Funktion bestätigt bleiben, wenn sie nach demokratischen Grundsätzen in geheimer und unmittelbarer Wahl von der Mehrheit der Beschäftigten der Dienststelle gewählt worden waren.

Da diese Beschlußvorlage – so argumentiert das BAG – jedoch im Unterschied zur Verordnung vom 11.7.1990 durch den Ministerrat nicht erlassen wurde und somit keine Rechtsgrundlage geworden ist, hat eine vergleichbare Übergangsvorschrift für Personalräte nicht bestanden.

---

215 BAG, Urteil vom 16.2.1995 – 8 AZR 639/93, Arbeit und Arbeitsrecht 1995, Seite 389

216 a.a.O., Fn. 214 (unter Berufung auf Larenz, Methodenlehre der Rechtswissenschaft, 6. Auflage Seite 373)

Bereits die Existenz der für den öffentlichen Dienst bestehenden Beschlußvorlage des Ministerrats der DDR vom 4.7.1990 verdeutliche, daß dem Gesetzgeber das Problem einer Übergangszuständigkeit von Personalvertretungen im Bereich des öffentlichen Dienstes der früheren DDR nicht entgangen war.[217]

Da der Gesetzgeber jedoch eine solche Übergangsvorschrift für den öffentlichen Dienst gleichwohl nicht in Kraft gesetzt hat, folge hieraus, daß er von einer gleichförmigen Verleihung von Übergangskompetenzen für die bisher gewählten Arbeitnehmervertretungen innerhalb des bereits auf eine Umbildung zusteuernden öffentlichen Dienstes bewußt abgesehen hätte.

Zunächst mag man sich fragen, woher das BAG weiß, daß es sich hierbei um keine planwidrige Regelungslücke gehandelt haben soll. Die hektischen und oftmals chaotischen Zustände im Gesetzgebungsverfahren in diesem Zeitraum in der ehemaligen DDR könnten ebenso darauf hindeuten, daß der Gesetzgeber aus zeitlichen Gründen versäumt hat, auch für den öffentlichen Dienst eine entsprechende Regelung in Kraft zu setzen. Ob diese Regelungslücke tatsächlich „planmäßig“ ist, kann man wohl nur dann entscheiden, wenn durch Aufarbeiten der Inhalt der Ministerratsdrucksachen aus dieser Zeit ordnungsgemäß recherchiert wird.

Einer solchen Anstrengung hätte es jedoch m.E. nicht einmal bedurft, da es in der Erläuterung der Bundesregierung zum Entwurf eines Gesetzes zu dem Vertrag vom 18.5.1990 über die Schaffung einer Währungs-, Wirtschafts- und Sozialunion zwischen der Bundesrepublik Deutschland und der Deutschen Demokratischen Republik (Bundestagsdrucksache 11/7171, Seite 111) heißt, daß die „sofortige ... Geltung des Bundespersonalvertretungsgesetzes im Bereich der früheren DDR vermeiden sollte, daß bis zum Abschluß des Anpassungsprozesses ein beteiligungsfreier Zustand entsteht.“[218]

Dem Gesetzgeber der DDR war jedenfalls eine unterschiedliche rechtliche Regelung der Mitbestimmung in der Wirtschaft einerseits und dem öffentlichen Dienst andererseits völlig fremd. Dies ist daraus zu schließen, daß die Mitbestimmung in der DDR einheitlich geregelt war und dem Arbeitsgesetzbuch der DDR unterfiel.

Konsequent im Wege einer teleologischen und historischen Auslegung wäre es gewesen, wenn das BAG die Beschlußvorlage des Ministerrats wie geltendes Recht behandelt hätte. Hinzu kommt, daß aus dem Entwurf des DDR-Mitbestimmungsgesetzes vom 7.5.1990 (siehe oben) eindeutig hervorgeht, daß es in der Absicht des DDR-Gesetzgebers gelegen hat, die Mitbestimmung im Bereich des öffentlichen Dienstes anzupassen respektive eine

217 a.a.O., Fn. 214 , Seite 389
218 a.a.O., Fn. 214, Seite 390

einheitliche Regelung vorzunehmen. Die Argumentation des BAG ist deshalb künstlich und formal. Sie läuft auf ein Ergebnis hinaus, welches heißt: Keine Interessenvertretung ist immer noch besser als eine durch die Betriebsgewerkschaftsleitung. Genau das aber ist einigungsvertragswidrig.

6.4. Mehrere Interessenvertretungen in einem Betrieb: rechtliche Konsequenzen

Die historische Umbruchsituation in den ersten Monate des Jahres 1990 in der DDR brachte es mit sich, daß in einem Betrieb zwei oder mehrere Interessenvertretungen nebeneinander bestanden respektive gewählt wurden. Nach der oft zitierten Verordnung vom 11.7.1990 war jedoch nur jene Vertretung legitimiert, die gemäß Wahlprotokoll von der Mehrheit der Belegschaft des Betriebes in geheimer Abstimmung demokratisch gewählt worden war.

Wolfgang Däubler hat zu Recht darauf hingewiesen[219], daß damit *lediglich ein* Problem gelöst worden sei: Eine Interessenvertretung, *die nicht demokratisch, nicht geheim* oder nicht von der Mehrheit der Belegschaft gewählt wurde, hat *keinerlei Rechte* aus dem Betriebsverfassungsgesetz und kann demzufolge nicht als vorläufiger Betriebsrat anerkannt werden.

„Doch was geschieht, wenn *zwei oder drei Interessenvertretungen geheim und demokratisch von der Mehrheit der Belegschaft gewählt* worden sind? In einem solchen Fall, der in der Geschichte des deutschen Arbeitsrechts bisher nicht auftrat, wird man nur eine gemeinsame Ausübung der Mitbestimmungsrechte zulassen können. Anderenfalls müßte man mit zahlreichen einander inhaltlich widersprechenden Abmachungen rechnen, was ein hohes Maß an Rechtsunsicherheit schaffen würde und deshalb letztlich auch nicht im Interesse der Belegschaft liegen kann. Betriebsvereinbarungen müssen daher von beiden Vertretungen unterschrieben sein. Hat nur einer unterschrieben, muß der andere die Abmachung nachträglich genehmigen.“[220]

---

219 Wolfgang Däubler, Arbeitsverträge und Kollektivverträge im Übergang, a.a.O., Seite 198, Fn. 173

220 a.a.O., Fn. 173, Seite 199

6.5. Vergessen? Normativakte des Betriebsleiters und betriebliche Ordnungen nach DDR-Arbeitsrecht: Fortwirkung oder Untergang?

Mit Erstaunen mußte man feststellen, daß der Einigungsvertrag der Fortgeltung der sogenannten betrieblichen Regelungen (Normativakte des Betriebsleiters) nach § 12 AGB der DDR a.F. offensichtlich keinerlei Bedeutung beigemessen hat. In § 12 AGB der DDR a.F. heißt es: Die Betriebsleiter treffen gemeinsam mit den Betriebsgewerkschaftsleitungen entsprechend den betrieblichen Bedingungen die notwendigen arbeitsrechtlichen Regelungen, soweit das in diesem Gesetz und anderen Rechtsvorschriften einschließlich der Rahmenkollektivverträge vorgesehen ist. Die betrieblichen Regelungen müssen den Rechtsvorschriften entsprechen.

Die Auslassung dieser selbständigen und zumindest im Rahmen des normativen Systems des DDR-Arbeitsrechts bedeutungsvollen Rechtsmaterie verwundert um so mehr, als es zur Rechtsnatur dieser Regelungen einen jahrelangen Streit im arbeitsrechtlichen Schrifttum der DDR gegeben hat.[221] Der Streit bezog sich darauf, ob es sich bei diesen Normativakten um Rechtsetzungsakte oder „lediglich Akte der Rechtsanwendung respektive der Rechtsverwirklichung" gehandelt habe. Im Lehrbuch Arbeitsrecht der DDR heißt es dazu:

„Das System der arbeitsrechtlichen Normativakte wird schließlich auch durch das Zusammenwirken von Rechtsvorschriften, die durch Staatsorgane geschaffen wurden, mit betrieblichen arbeitsrechtlichen Normativakten, die aufgrund der Ermächtigung im AGB zur Verwirklichung und auf der Grundlage der Rechtsvorschriften, aber in der Regel ohne direkte Mitwirkung von Staatsorganen geschaffen wurden, charakterisiert. Die arbeitsrechtlichen Normativakte sind sehr vielgestaltig. Ihre Formen sind auch durch die Erfordernisse der gesellschaftlichen Entwicklung und die daraus resultierenden Aufgaben des Staates bedingt und deshalb nicht starr."[222]

Wichtigstes Beispiel für diese normativen Regelungen auf betrieblicher Ebene war die Arbeitsordnung nach § 91 AGB der DDR. Andere Beispiele: Kassenordnungen in Handelsbetrieben, Schlüsselordnungen u.ä. Sicher ist auch der sogenannte Funktionsplan nach § 73 II AGB DDR a.F. hierzu zu zählen. Interessant ist zunächst, daß sämtliche Rechtsgrundlagen für diese betrieblichen Regelungen bereits mit dem AGB n.F. per 1.7.1990 aufgehoben

---

221 vgl. hierzu die im Lehrbuch Arbeitsrecht der DDR, a.a.O., Seite 77ff. aufgeführte Literatur, Fn. 9

222 a.a.O., S. 75, Fn. 9, 220

wurden. Weder § 12 noch § 73 II oder § 91 AGB galten nach dem 1.7.1990 fort. Dies mag ein Grund dafür gewesen sein, daß auch der Einigungsvertragsgesetzgeber diese nicht mehr zur Kenntnis genommen hat. Soweit es sich bei diesen betrieblichen Regelungen lediglich um solche organisationsrechtlicher Natur handelte, war ihr „Untergang“ schon deshalb relativ bedeutungslos, weil sie – soweit nicht mitbestimmungspflichtig – durch Führungsrichtlinien leicht ersetzbar waren.

Soweit sich jedoch aus den betrieblichen Regelungen (z.B. aus der Arbeitsordnung und aus dem Funktionsplan) subjektive Rechte und Ansprüche des Betriebes oder des Arbeitnehmers herleiten ließen, ist ein solcher „rechtsfreier Raum“ schwerlich hinzunehmen und die vorschnelle Beseitigung dieser Regelungen durch die Neufassung des AGB im nachhinein kaum verständlich.

Wolfgang Däubler unterbreitete deshalb nachfolgenden Vorschlag:

„Soweit in diesen Vorschriften Rechte und Pflichten der Arbeitnehmer oder des Betriebes festgelegt wurden, erscheint eine entsprechende Anwendung der Regelung des Einigungsvertrages über Rahmenkollektivverträge angemessen. Ein schlichter Wegfall würde zu einem ‚rechtsfreien Raum‘ führen und damit zu einem Zustand, den der Einigungsvertrag bewußt vermeiden wollte. Das Ersetzen des alten Arbeitsrechts durch das neue, die Fortgeltung von Verträgen und RKV läßt sich nur als Ausdruck eines allgemeinen Prinzips begreifen. Anders zu entscheiden, würde zudem bedeuten, daß man danach differenzieren müßte, ob z.B. die Arbeitsordnung ausdrücklich Bestandteil der Arbeitsverträge geworden ist oder nicht. Dies erscheint wenig sachgerecht.

Das Eingehen in die Arbeitsverträge hätte überdies zur Folge, daß eine Änderung nur mit individualrechtlichen Mitteln, das heißt, durch Änderungsvertrag und Änderungskündigung möglich wäre.

Die Weitergeltung gilt solange, bis ein Tarifvertrag oder eine Betriebsvereinbarung eine anderweitige Regelung trifft. Soweit der Betriebsrat ein Mitbestimmungsrecht besitzt, kann er von seinem Initiativrecht Gebrauch machen und eine Neuregelung gegebenenfalls über die Einigungsstelle erzwingen. Besteht in einem Betrieb keine Interessenvertretung und gehört der Arbeitgeber auch keinem Arbeitgeberverband an, dürfte ein einseitiges Lossagungsrecht des Arbeitgebers anzunehmen sein.“[223]

Dieser Argumentation kann vom Grundanliegen her durchaus zugestimmt werden. Sicher ist das Problem inzwischen historisch obsolet und allhöchstens noch rechtstheoretisch interessant. Ich meine, daß die Analogie zur

223 Wolfgang Däubler, Arbeitsverträge und Kollektivverträge im Übergang, a.a.O., Seite 197, Fn. 173

Fortgeltung von Rahmenkollektivverträgen relativ willkürlich erscheint und jedenfalls durch die Spezifik des normativen Systems des DDR-Arbeitsrechts nicht unbedingt nachvollziehbar ist. An der ausdrücklich durch den Gesetzgeber vorgenommen Außerkraftsetzung der oben genannten Rechtsnormen des AGB kommt man jedenfalls nicht vorbei.

Völlig richtig scheint mir die Argumentation von Däubler dort zu sein, wo es um mitbestimmungspflichtige Regelungen geht. Gerade die Arbeitsordnungen der Betriebe oder auch die Kassenordnungen von Handelsbetrieben konkretisierten die im AGB bestehenden Rechtsnormen auf die Arbeitsbedingungen des jeweiligen Betriebs. Soweit es sich um gemäß Einigungsvertrag fortgeltendes DDR-Arbeitsrecht handelte, auf welches sich diese betrieblichen Regelungen beziehen, muß m.E. schon vor diesem Hintergrund von einer Fortgeltung auch des auf betrieblicher Ebene konkretisierten Arbeitsrechts ausgegangen werden.

Arbeits- oder Kassenordnungen konkretisierten beispielsweise sehr häufig und sehr detailliert die normativen Regelungen der sogenannten materiellen Verantwortlichkeit der Werktätigen, also der Arbeitnehmerhaftung.

Sofern höherrangiges Recht (hier: AGB der DDR) fortgalt und sich die betrieblichen Konkretisierungsregelungen hierauf beziehen, muß auch von einer Fortgeltung der betrieblichen Regelungen ausgegangen werden, da ansonsten eine Bestandsschutzgefährdung unausweichlich wäre. Sofern hingegen die betrieblichen Regelungen kraft Gesetzes Bestandteil des Arbeitsvertrages geworden sind, in dem sie diesen durch Funktionspläne nach § 73 II AGB der DDR konkretisiert haben, vertrete ich den Rechtsstandpunkt, daß insoweit die Fortgeltung von Einzelarbeitsverträgen in Form bzw. in der Fassung der jeweils geltenden betrieblichen Regelungen angenommen werden muß. Jede andere Auffassung könnte dazu führen, daß der Arbeitnehmer aufgrund des Fortfalls betrieblicher Regelungen einzelarbeitsvertraglich schlechter gestellt werden könnte als vordem. Dies jedoch käme einer (im DDR-Arbeitsrecht erst recht) unzulässigen Teilkündigung des Arbeitsverhältnisses gleich.

6.6. Statt eines Resümees: Theoretisch-methodisches zur Rechtsauslegung in Übergangsgesellschaften (Fragen eines Arbeitsrechtlers an Methodenlehre und Rechtssoziologie)

Die folgenden Überlegungen stehen anstelle eines Resümees. Die unabdingbare Bewertung des Rechts der Übergangsgesellschaft von der DDR zur

Bundesrepublik führt an ein zentrales rechtswissenschaftliches Problem heran, das der Auslegung.[224]

Namentlich die vieldiskutierten Entscheidungen des Bundesarbeitsgerichts zur Wirksamkeit von Betriebskollektivverträgen oder betrieblichen Vereinbarungen des DDR-Arbeitsrechts werfen grundlegende rechtstheoretisch-methodische Fragen der Rechtsauslegung auf. Die wichtigsten scheinen mir folgende zu sein:

1. Können die *tradierten Auslegungsregeln* (grammatische, systematische, teleologische und historische Auslegung) *für stabile bzw. etablierte Rechtsordnungen* und Normensysteme einerseits *und Übergangsgesellschaften* andererseits gleichermaßen bzw. *in gleicher Weise zur Anwendung* gelangen?
   Kann das, was wir gemeinhin unter *„historischer Auslegung"* verstehen, bei der Auslegung geltenden Rechts *in Übergangsgesellschaften* selbst einem *Inhalts- oder gar Bedeutungswandel unterworfen* sein?
2. Nehmen wir an, die tradierten Auslegungsregeln sind auch für das Recht in Übergangsgesellschaften „brauchbar": Wirft das Erfordernis, Recht in einer Übergangsgesellschaft auszulegen, nicht die bohrende Frage nach einer Rang- und Reihenfolge, ja gleichsam nach einer *Hierarchie tradierter Anwendungsregeln* auf? (Wir haben uns angewöhnt, jedenfalls bei der Auslegung von Recht in stabilen funktionsfähigen Rechtsordnungen, uns über den Wortsinn und die Systematik an Telos und Historie heranzutasten. Im Normalfall wird die teleologische oder historische Auslegung gleichsam für etwas Subsidiäres gehalten, welches man nur „benötigt", wenn Wortsinn und Systematik allein nicht weiterhelfen.
   Kann ein solches methodisches Vorgehen bei der Auslegung von Recht in Übergangsgesellschaften notwendig oder sogar hinreichend sein? Oder ist nicht vielmehr die *tradierte Prioritätenliste der Auslegungsregeln* hier eine andere?
3. Darf die Auslegung des Rechts in einer *Übergangsgesellschaft* sich tatsächlich auf die *Auslegung juristisch geltenden Rechts beschränken*, oder führt die Auslegung in einer Übergangsgesellschaft nur dann zu adäquaten Ergebnissen, wenn die *Interdependenzen von werdendem und seiendem Recht* in weit stärkerem Maße (oder überhaupt!) berücksichtigt werden? Oder anders: Muß das Problem der Auslegung noch nicht oder nicht mehr juristisch, jedoch soziologisch geltenden Rechts nicht in weit

---

224 Armin Höland, Betriebliche Kollektivvereinbarungen in der Übergangszeit des Jahres 1990; in: von Maydell/Wank (Hrsg.): Transformation der Arbeitsrechtsordnung in den neuen Bundesländern, KSPW-Transformationsprozesse 16, S. 23-47.

stärkerem Maße für Übergangsgesellschaften thematisiert oder gar priorisiert werden?

4. Geht es also bei den Auslegungsmethoden *des Rechts* gerade in einer Übergangsgesellschaft wirklich *nur um Normenauslegung* oder Normeninterpretation oder *vielmehr um die Bewertung eines universellen Wirkungs- und Geltungszusammenhangs von Recht und Gesellschaft*, von sozialen Interessen und normativen Zwecken? (Zumindest für Übergangsgesellschaften muß man diese Frage m.E. als *Auslegungsproblem* festmachen dürfen, ohne gleich in den Verdacht zu geraten, das Recht auflösen oder die Rechtssicherheit preisgeben zu wollen.)

Diese Fragen so zu stellen, heißt, sie bereits beantwortet zu haben, freilich zunächst ohne Begründung.

„Die zentrale Einbruchstelle rechtssoziologischer Erkenntnisse in die Rechtsdogmatik - so Manfred Rehbinder - ist ... die heute herrschende der vier klassischen juristischen Auslegungsmethoden, nämlich die teleologische Auslegung. Sie steht neben der grammatischen, der historischen und der systematischen Auslegung. Ihr Bestreben, die konkrete Rechtsanwendung am jeweiligen Normzweck auszurichten, macht sie zur soziologischen Auslegung; denn eine Zweckforschung ist ohne soziologische Ursachenforschung nicht möglich. Sucht der Rechtsanwender nämlich die gesetzlichen Vorschriften teleologisch zu interpretieren und die Intention des Gesetzes optimal zu verwirklichen, so muß er wissen, bei welcher Auslegung er in der sozialen Wirklichkeit diejenige Wirkung erzielt, die das Gesetz bezweckt. Daher geht hier im Rahmen der teleologischen Auslegung die Rechtssoziologie von der beschreibenden Faktenforschung zur erklärenden Ursachenforschung über.“[225]

Der BGH hat m.E. – und zwar nicht nur für die Rechtsauslegung in Übergangsgesellschaften – bedeutsame Ansatzpunkte geliefert, welche durch die Arbeitsrechtsprechung im Transformationsprozeß – siehe oben – nicht oder zumindest nicht genügend berücksichtigt wurden.

Der BGH hat nämlich gefordert, daß die Auslegung und Anwendung von Vorschriften des Zivilrechts *unter Berücksichtigung der Rechtspraxis* in der ehemaligen DDR zu erfolgen habe; das fortgeltende Recht sei so anzuwenden, wie es von Gerichten der DDR angewendet worden wäre.[226]

Denn: „Höher als der Wortlaut des Gesetzes steht sein Sinn und Zweck.“[227]

„Jedem Gesetz liegt (jedoch) eine Interessenabwägung zugrunde, die in bestimmter Weise auf das soziale Leben einwirken soll.“[228]

---

225 Manfred Rehbinder, Rechtssoziologie, 2. Auflage, Berlin/New York 1989, S. 25
226 BGHZ 126, 87 (91)
227 BGHZ 17, 275

Ich behaupte: Wären allein diese Erwägungen des BGH durch die Arbeitsrechtsprechung tatsächlich berücksichtigt worden, wäre das BAG in den grundlegenden Entscheidungen 1992 und 1994 zu entgegengesetzten Ergebnissen gekommen.

Schon vor langer Zeit schrieb Hans Wüstendörfer, was soziologische Jurisprudenz, in einzelne methodische Schritte zerlegt, bedeutet. Jedenfalls – wenn möglich – ist zu ermitteln:[229]

1. die geschichtlich feststellbare Vorstellung des sogenannten Gesetzgebers von der sozialen Interessenlage jener Gesetzesvorschriften, seine Zweckvorstellung und das Werturteil seiner Interessenabwägung (also z.B.: Woran dachte der Gesetzgeber des BGB bei einer bestimmten Regelung des Arbeitsverhältnisses im Dienstvertragsrecht des BGB?),
2. die wirkliche – vielleicht abweichende – geschichtliche Interessenlage bei Erlaß des Gesetzes (also: Wie war damals insoweit die Arbeitswelt wirklich?) und
3. die, hiervon wiederum abweichende, heutige soziale Interessenlage;
4. die tatsächlichen gesellschaftlichen Wirkungen der Gesetzesvorschrift und endlich
5. die Tatsachen, wie z.B. die Ursachen einer etwa heute bestehenden Rechtswirklichkeit in Ergänzung oder Abweichung von jener Gesetzesvorschrift, typische Vertragsschlüsse, Handelsbräuche und Verkehrssitten, neues Gewohnheitsrecht.

„Nur die genaue Kenntnis davon, inwieweit die nachgiebigen oder die zwingenden Gebote des Gesetzes vom Leben tatsächlich überholt sind, und aus welchen Gründen dies geschah, vermag den Richter vor einer lebensfeindlichen Handhabung des Gesetzes zu bewahren.“[230]

Diese – m.E. völlig richtigen – Erkenntnisse dürfen gerade in heutiger Zeit nicht nur nicht in Vergessenheit geraten, sondern müssen (zumindest für eine Theorie der Auslegung des Rechts in Übergangsgesellschaften) fruchtbar gemacht werden. Es ist das Verdienst Armin Hölands, darauf aufmerksam gemacht zu haben, daß sich den Auswirkungen des Rechtswandels auf die Methodik der Auslegung eine „bleibende Wirkung“ vorhersagen läßt.[231]

---

228 BGHZ 17, 276

229 Hans Wüstendörfer, Die ersten beiden deutschen Soziologentage und die Rechtswissenschaft, AöR 34 (1915), S. 399 – 430 (421f.)

230 Hans Wüstendörfer, Zur Methode soziologischer Rechtsfindung, Herausgegeben von Manfred Rehbinder, 1971, S. 181 (zitiert nach: Manfred Rehbinder, Rechtssoziologie, a.a.O., S. 26, Fn. 224

231 Armin Höland, Betriebliche Kollektivvereinbarungen in der Übergangszeit des Jahres 1990, a.a.O., S. 19, Fn. 223

Er schreibt: „Die rechtliche Perfektion des deutschen Einigungsprozesses fordert allerdings auch ihren Preis. Die Untersuchung der betrieblichen Kollektivvereinbarungen macht deutlich, daß ein starres zeitliches Geltungsschema ohne materiell-rechtliche Übergangsvorschriften den Wirklichkeitsbedingungen eines solchen Wandels nicht gerecht wird. Während die Gesetzgebung der DDR und der Einigungsvertrag in verfahrensrechtlicher Hinsicht den sich rasch wandelnden Strukturen der Interessenvertretung in den Betrieben angemessene Übergangsfristen zur Verfügung gestellt haben, hat die Geltung des materiellen Rechts der betrieblichen Kollektivvereinbarungen von einem Tag auf den anderen gewechselt.

Auf diese Weise wurde ein Teil legitimer und rechtlich geordneter kollektiver Vertragsfreiheit auf Betriebsebene entwertet oder unter unsichere Wirksamkeitsbedingungen gestellt ... Mit der Einmündung des DDR-Arbeitsrechts in den eingerichteten und ausgeübten Rechtsbetrieb der Bundesrepublik dürfte auch zu erklären sein, daß die betrieblichen Kollektivvereinbarungen des Jahres 1990 einer fragwürdigen positivistischen Rechtsauslegung unterzogen wurden. Sie läßt, im Unterschied zu den deutschen Übergangszeiten von 1918 und 1945, nicht mehr erkennen, daß Kollektivvertragsrecht entstehungsgeschichtlich stets von der Rechtswirklichkeit her begriffen werden muß.“[232]

Aufbauend auf den Überlegungen des 5. Kapitels dieser Studie (– unter Einschluß der unter 6.2. vorgenommenen Bewertung der Arbeitsrechtsprechung –) seien abschließend vier Thesen aufgestellt, die m.E. für die Ausarbeitung einer Theorie der Rechtsauslegung in Übergangsgesellschaft zu Grunde zu legen sind:

---

232 Armin Höland, Betriebliche Kollektivvereinbarungen in der Übergangszeit des Jahres 1990, a.a.O., S. 19, Fn. 223

1. These:

Eine Theorie der Rechtsauslegung in Übergangsgesellschaften kann nicht auf abstrakt-methodische Auslegungsregeln reduziert werden; sie muß selbst historisch begriffen und historisch begründet werden. Sie hat sich am Wesen und an der Spezifik des Rechts in dem jeweiligen historischen Zeitraum zu orientieren, in welchem es auszulegen ist.

2. These:

Eine Theorie der Rechtsauslegung in Übergangsgesellschaften muß der teleologischen und historischen Auslegung vor der systematischen und grammatischen Methode absolute Priorität einräumen. Es ist nachgerade von einer Subsidiarität zwischen teleologischer, historischer, systematischer und grammatischer Auslegung auszugehen. Das gilt um so mehr, wenn im Wege der Rechtsauslegung Normensysteme unterschiedlicher Gesellschaftssysteme bzw. sozialpolitischer Provenienz aufeinandertreffen und gleichsam verglichen werden müssen.

3. These:

Eine Theorie der Rechtsauslegung des Übergangsrechts darf nicht nur das positive Recht, ja nicht einmal ausschließlich das juristisch geltende Recht zugrunde legen; sie muß die Interdependenzen von juristischer und soziologischer Geltung von Recht in sich aufnehmen. Hierbei kann es durchaus so sein, daß in der Auslegung dem soziologisch unzweifelhaft geltenden, normativ-juristisch jedoch nicht, noch nicht oder nicht mehr geltenden Recht eine Priorität eingeräumt werden muß.

4. These:

Eine Theorie der Rechtsauslegung von Übergangsgesellschaften muß den tradierten Auslegungsregeln (grammatische, systematische, teleologische und historische) eine fünfte Methode zur Seite stellen: nämlich die *historisch-vergleichende Methode.* Diese soll den Rechtsanwender zwingen, bei der Auslegung von Recht die rechtliche Wirklichkeit verschiedener Übergangsgesellschaften miteinander zu vergleichen. Sie soll das Augenmerk der Rechtsauslegung darauf richten, genetische Aspekte (der Rechtserzeugung) und Aspekte der Rechtswirklichkeit in verstärktem Maße in die Auslegung einzubeziehen. (vgl. hierzu auch Abschn. 2.1. der vorliegenden Studie).

Literaturverzeichnis

Adomeit, Klaus. 1993: Arbeitsrechtliche Probleme unserer Wiedervereinigung. NEUE ZEITSCHRIFT FÜR ARBEITSRECHT. Nr. 10/1993, S. 433ff.

Adomeit, Klaus., Eiden, S., Schack, A. 1991: Arbeitsrecht und Privatisierung von Unternehmen durch die THA. ARBEIT UND ARBEITSRECHT, H. 1 1991, S. 5

Adomeit, Klaus: Arbeitsrecht und soziale Sorgen nach der Wiedervereinigung. ARBEIT UND ARBEITSRECHT, (Jg. 47) H. 10 1992, S. 189ff.

Adomeit, Klaus, Auf dem Wege zum gesamtdeutschen Arbeitsrecht, Arbeit und Arbeitsrecht 1990, S. 225 f.

Alexy, Robert, Begriff und Geltung des Rechts, Freiburg/ München 1994

Anmerkung zur Interessenvertretung der Werktätigen durch Betriebsräte, Positionspapier des Bereichs Arbeitsrechts der Sektion Rechtswissenschaft der Humboldt-Universität zu Berlin, unveröffentlichtes Manuskript Februar 1990

Arbeitsrecht auf der Waage, Wiesbadener Tagung zum Arbeitsrechts, in: Arbeit und Arbeitsrecht, 1990, S. 111

Aufgaben und Rechte der Betriebsräte, Diskussionsgrundlage für den Inhalt eines Betriebsverfassungsgesetzes, unveröffentlichtes Manuskript der Initiative Vereinigte Linke, Gruppe Betriebsratsarbeit, vom 31. 1. 1990

Augustin, W., Sprenger, J. 1992: Transformation der Mitbestimmung in den neuen Bundesländern und Überlegungen zur gewerkschaftlichen Reformdebatte – Ein Diskussionsangebot. sfs Dortmund Landesinstitut, Beiträge aus der Forschung, Bd. 62.

Autorenkollektiv unter Leitung von Joachim Michas, Arbeitsrecht der DDR, Berlin 1970

Baeck, Ulrich/Quarg, Sabine, Arbeitsrechtliche Aspekte der Geschäftstätigkeit bundesdeutscher Unternehmen in der DDR, EtZ 1990, S. 51ff.

Baeck, Ulrich, Das neue BetrVG – Beitrag zur Demokratisierung des Arbeitslebens, Arbeit und Arbeitsrecht 1990, S. 188ff.

BAG, Urteil vom 16. 2. 1995 – 8 AZR 639/93, Arbeit und Arbeitsrecht 1995, S. 389

BAG, Urteil vom 13. 2. 1992 – 8 AZR 269/91, Betriebsberater 1992, S. 1139

BAG, Beschluß vom 26. 5. 1992, 10 ABR 63/91, Neue Zeitschrift für Arbeitsrecht 1992, S. 1135

BAG, Urteil vom 14. 9. 1994 – 10 AZR 621/92, mit Anmerkung von Wolfhard Kothe, Arbeit und Arbeitsrecht 1995, S. 239ff.

Balance zwischen Kapital und Arbeit, Sömmerdaer Mitbestimmungsmodell, Tribüne Nr. 107 vom 7. 7. 1990, S. 3

Behr, M., Pohlmann, M. 1990: die rolle von Betriebsräten im Innovationsprozeß. Arbeitsbericht Nr. 86, Universität Lüneburg.

Betriebsratsverordnung (Ein Entwurf), unveröffentlichtes, undatiertes Manuskript vom Januar 1990

Bezirksgericht Chemnitz, Urteil vom 13. 12. 1991 – 38 A 1292/90

Bialas, Ch., Ettl, W. 1992: Wirtschaftliche Lage und soziale Differenzierung im Transformationsprozeß. Max-Planck-Gesellschaft. Arbeitsgruppe Transformationsprozesse in den neuen Bundesländern. AG TRAP 92/1. Berlin. (gekürzte Fassung in SOZIALE WELT 44 (1), s. 52ff.

Bierling, Ernst-Rudolf, Juristische Prinzipienlehre Band 1, Freiburg und Leipzig 1894

Blomeyer, Wolfgang, Die arbeitsplatzsichernde Funktion von Interessenausgleich und Sozialplan, Arbeit und Arbeitsrecht 1990, S. 123 f.

Bobke-von Camen, M., 1990: Was folgt nach dem Gewerkschaftsgesetz der DDR? WSI-MITTEILUNGEN 43 (5), 345-346

Bobke-von Camen, Manfred, Betriebsrat oder weiter Betriebesgewerkschaftsleitung? in: Handelsblatt Nr. 85 vom 3.5.1989, S. 8

Bobke-von Camen, Manfred, Betriebliche Interessenvertretung in der Bundesrepublik Deutschland, Arbeit und Arbeitsrecht 1990, S. 102

Brie, Michael, Wer ist Eigentümer im Sozialismus?, Berlin 1990

Buchner, H. 1993: Kündigung der Tarifregelungen über die Entgeltanpassung in der Metallindustrie der östlichen Bundesländer. Neue Zeitschrift für Arbeit und Sozialrecht, S. 289ff.

Dänzer-Vanotti, Christoph/Tyska, Hans-Joachim 1990: Der Betrieb (DDR-Report) 1990, S. 3186

Däubler, Wolfgang 1991: Ratgeber Arbeitsrecht

Däubler, Wolfgang 1990: Arbeitsbeziehungen und Recht. Überlegungen zur Situation in der DDR, GEWERKSCHAFTLICHE MONATSHEFTE, 5-6/1990

Däubler, Wolfgang 1992: Bundesdeutsches Arbeitsrecht in der ehemaligen DDR, KRITISCHE JUSTIZ, H. 3

Däubler, Wolfgang 1992: Tarifautonomie unter Beschuß, Kritik der Ökonomen und Giftpfeile der Juristen. Jahrbuch für Politik, S. 231ff.

Däubler, Wolfgang 1993: Tarifvertragsrecht, 3. Aufl., Baden Baden 1993.

Däubler, W., Klebe, T. 1990: Mitbestimmung – ein Angebot für die DDR? DIE MITBESTIMMUNG, 5/1990.

Däubler, Wolfgang 1993: Kollektivvereinbarungen aus der früheren DDR – ein Ärgernis?, Betriebsberater, S. 427

Däubler, Wolfgang 1991: Arbeitsverträge und Kollektivverträge im Übergang, Arbeit und Arbeitsrecht, S. 196

Däubler, Wolfgang 1990: Einigungsvertrag und Arbeitsrecht, Arbeitsrecht im Betrieb, S. 364

Däubler, Wolfgang; Klebe, Thomas, Mitbestimmung – ein Angebot für die DDR?, unveröffentlichtes Manuskript März 1990

Däubler, Wolfgang, Perspektiven des Arbeitsrechts vor dem Hintergrund der Deutschen Einheit, Arbeit und Arbeitsrecht 1990, S. 74ff.

Däubler, Wolfgang, Arbeitsverträge und Kollektivverträge im Übergang, Arbeit und Arbeitsrecht 1991, S. 196ff.

Däubler, Wolfgang, Die Entwicklung des Arbeitsrechts in der DDR – eine Momentaufnahme, Arbeit und Recht 1990 S. 149ff.

Däubler, Wolfgang, Staatsvertrag und Arbeitsrecht, Arbeitsrecht im Betrieb 1990, S. 208ff.

Däubler, Wolfgang, Kollektive Durchsetzung individueller Rechte?, Arbeit und Recht 1995, S. 305ff.

Däubler, Wolfgang, Das Arbeitsrecht im neuen Umwandlungsgesetz, Recht der Arbeit 1995, S. 136ff.

Das Arbeitsrecht der neuen Bundesländer (Herausgegeben von Peter Hanau, Annemarie Langanke, Ulrich Preis und Harald Widlak), RWS-Dokumentation 6, Köln 1991

Dietrich G., Kann der Betrieb arbeitsrechtliche Norm setzen?, Arbeit und Arbeitsrecht 1971, Seite 722;

Dorndorf, Eberhard, Grundprobleme der Arbeitsverfassung in der ersten Übergangsphase; unveröffentlichtes Manuskript vom 24. 3. 1990

Dreier, Ralf, Recht und Gerechtigkeit, in: Dieter Grimm (Hrsg.) Einführung in das Recht; Heidelberg 1985

Dreier, Ralf, Der Begriff des Rechts, in derselbe, Recht, Staat, Vernunft, Frankfurt am Main, S. 95-119

Ebbecke H. D., Warum der Betrieb keine Rechtsetzungsbefugnis haben kann, Arbeit und Arbeitsrecht 1973, Seite 716;

Entwurf des Gesetzes über die Interessenvertretung der Beschäftigten in Betrieben und Unternehmen, Tribüne Nr. 26 vom 7. 5. 1990, S. 3ff.

Erläuterungen zum Einigungsvertrag, Baden Baden 1990

Förster, Heike. Röbenack, Silke. 1995: Die Entwicklung der betrieblichen Interessenvertretung und der Wandel in der Austragung von Interessenkonflikten. ZAROF. Leipzig. (hektograph. Bericht).

Förster, Heike, Röbenack, Silke 1996: Wandel betrieblicher Interessenvertretungen in Ostdeutschland, KSPW, Kommission für die Erforschung des sozialen und politischen Wandels in den neuen Bundesländern e.V., Graue Reihe 96-03 GSFP, Berlin 1996

Förster, Heike, Röbenak Silke, Wandel betrieblicher Interessenvertretung in Ostdeutschland, KSPW, Graue Reihe Nr. 96 – 03, Berlin 1996

Fritsche, H., Rachel, G. 1992: Herausbildung und Probleme der betrieblichen Interessenvertretung und Mitbestimmung im Prozeß der Privatisierung ostdeutscher Unternehmen. KSPW-Studie Nr. 311 Halle/Berlin.

Fuchs, D. 1993: Zur Entwicklung des Arbeitsrechts in der DDR, Gutmann, 1983.

Fuller, Lon. L., The Morality of Law, rev. ed. New Haven and London 1969

Gast, Wolfgang, Das Arbeitsrecht und die deutsche Vereinigung, Betriebsberater 1990, S. 1137ff.

Gast, Wolfgang, Arbeitsrecht und herrschaftsfreie Sozialordnung, Betriebsberater 1990, S. 1637ff.

Geffken, Roland 1990: Deutschland einig Arbeitsrecht?, ARBEIT UND ARBEITSRECHT, 11-12/1990, S. 305ff.

Geiger, Theodor, Vorstudien zu einer Soziologie des Rechts, Berlin 1964, S. 200ff.

Germelmann, Claus-Hinrich 1991: Arbeitsrechtliche Probleme der Abwicklung von Einrichtungen im öffentlichen Dienst. Neue Zeitschrift für Arbeits- und Sozialrecht, H. 1, S. 26ff.

Germelmann, Claus-Hinrich 1992: Arbeitsrecht in den neuen Bundesländern. Schwerpunkte in der Rechtsprechung des LAG Berlin. Neue Justiz, S. 390ff.

Gesetz zur Änderung der Verfassung der Deutschen Demokratischen Republik vom 12. 1. 1990, GBl. I Nr. 4 S. 15

Gesetz über die Änderung der Verfassung vom 6. März 1990, GBl. I Nr. 15 S. 110

Gesetz über die Rechte der Gewerkschaften in der Deutschen Demokratischen Republik vom 6. März 1990, GBl. I Nr. 15 S. 110

Gesetz über die Gründung und Tätigkeit privater Unternehmen und über Unternehmensbeteiligungen vom 7. März 1990, GBl. I Nr. 17 S. 141

Gesetz über die Änderung oder Aufhebung von Gesetzen der Deutschen Demokratischen Republik vom 28. Juni 1990, GBl. I Nr. 38 S. 485

Gesetzesvorschlag des DGB zur Änderung des Betriebsverfassungsgesetzes, DBG-Materialien 10 1985 (Hrsg.: DGB Bundesvorstand Düsseldorf)

Gesetzesvorschlag des DGB zur Änderung des Bundespersonalvertretungsgesetzes, DBG-Materialien 11 1985 (Hrsg.: DGB Bundesvorstand Düsseldorf)

Grimm, Jacob und Wilhelm, Deutsches Wörterbuch Band 11, München 1991

Gründungsaufruf der Initiative für unabhängige Gewerkschaften (IFUG), unveröffentlichtes Manuskript vom 20. Dezember 1989

Grundsätze der Koalitionsvereinbarungen zwischen den Fraktionen der CDU, der DSU, dem DA, den Liberalen und der SPD vom 12. 4.1990, Abschnitt Soziales und Gesundheit, Erste Sozialunion, zitiert nach: Wolfgang Schneider, Betriebliche Interessenvertretung in der DDR, Der Personalrat 1990, S. 158

Gutmann, H. 1983: Das Wirtschaftssystem der DDR. Stuttgart, NY.

Henssler, Die Entwicklung des arbeitsrechtlichen Schrifttums im Jahre 1991, Zeitschrift für Arbeitsrecht 1993, S. 136f.

Halser, Ulrich, Die Betriebsvereinbarung, Berlin 1995

Hanau, Peter; Adomeit, Klaus, Arbeitsrecht – juristisches Lernbuch, 10. Auflage, Neuwied/ Kriftel/ Berlin 1992

Hantsche, Walter, Wolf, Hans-Joachim 1986: Grundsätze des sozialistischen Arbeitsrechts und ihre Verwirklichung im Betrieb, Berlin 1986

Hart, H.L.A., Der Positivismus und die Trennung von Recht und Moral, in: derselbe Recht und Moral, Göttingen 1971

Heilmann, Joachim, Das Arbeitsrecht der sowjetischen Besatzungszone (1945 – 1949) ein Beitrag zur Entstehungsgeschichte der DDR, Dissertationsschrift, 1973

Heilmann, Joachim, Zur Rolle des Rechts in der Übergangsgesellschaft Beispiel: Arbeitsrechts, in: Hubert Rottleuthner (Hrsg.), Probleme der marxistischen Rechtstheorie, Frankfurt am Main 1975, S. 359ff.

Heuse, Robert, Veränderungen im Arbeitsrecht der DDR, Betriebsberater 1990, Supplement DDR-Rechtsentwicklungen, Folge 10 S. 22ff.

Höland, Arnim: Betriebliche Kollektivvereinbarungen in der Übergangszeit des Jahres 1990, in: v. Maydell/Wank: Transformation der Arbeitsrechtsordnung in den neuen Bundesländern, KSPW-Transformationsprozesse 16, S. 23-37

Höland, Arnim, Kollektivverträge im Übergangsjahr 1990, Arbeit und Arbeitsrecht 1996, S. 84ff.

Hoerster, Robert, Die rechtsphilosophische Lehre vom Rechtsbegriff, in: Juristische Schulung 1987, S. 181-188

Horn, Norbert, Das Zivil- und Wirtschaftsrecht im neuen Bundesgebiet, 2. wesentl. erweitere Auflage, Köln 1993

Horn, Norbert, Die heutige Auslegung des DDR-Rechts und die Anwendung des § 242 BGB auf DDR-Altverträge, DWiR 1992, S. 45ff.

Hoß, D. 1991: Zusammenfassung der Podiumsdiskussion: Vorstellungen, Konzeptionen und Erfahrungen der betrieblichen Interessenvertretung zur Reorganisation von Betrieben in den neuen Bundesländern. FORSCHUNGSINSTITUT DER FRIEDRICH-EBERT-STIFTUNG.

Hultsch Steffen /Zinke, K., Lokale Normen des Arbeitsrechts, Staat und Recht, 1977, Seite 206;

Initiative für unabhängige Gewerkschaften, Information Nr. 1, unveröffentlichtes Manuskript Dezember 1989

Initiative für unabhängige Gewerkschaften, Information Nr. 2, unveröffentlichtes Manuskript Januar 1990

Jander, M. 1993: Fatale Versäumnisse in der Wende, Gewerkschaften, Betriebsräte und Republik bleiben aufgesetzt. EXPRESS. Zeitung für sozialistische Betriebs- und Gewerkschaftsarbeit, 22.11.1993, S. 4 f.

Jander, M.; Kutz, S. 1991: Betriebsräte in der ehemaligen DDR. eine vernachlässigte Institution. BERLINER ARBEITSHEFTE UND BERICHTE DER SOZIALWISSENSCHAFTLICHEN FORSCHUNG Nr. 66

Kädtler, J. 1991: Betriebliche Interessenvertretung im Umbruch – Anmerkungen zu den Möglichkeiten und Grenzen der empirischen Analyse noch nicht existierender industrieller Beziehungen. Soziologen-Tag 1991 in Leipzig. Berlin, S. 412ff.

Kempen, O. E. 1990: Überraschungen bei der Bildung gesamtdeutscher Gewerkschaften?, ARBEIT UND RECHT 38, Nr. 12, S. 372-375

Kelsen, Hans, Reine Rechtslehre, 2. Aufl. 1960

Kirschner, Gerhard/ Michas, Joachim 1986: Abschluß, Änderung und Auflösung des Arbeitsvertrages, Berlin 1986

Kissel, Otto Rudolf, Arbeitsrecht und Staatsvertrag, Neue Zeitschrift für Arbeitsrecht 1990, S. 548

Kittner, Michael, Arbeitsrecht und marktwirtschaftliche Unternehmensführung – ein Gegensatz, Arbeit und Recht 1995, S. 385ff.

Kothe, Wolfhard, Betriebskollektivverträge und Betriebsverfassungsrecht – BAG NZA 1992, S. 1135, in: JuS 1993, S. 545

Kreißig, V./Preusche, E. 1992: Mitbestimmung in den neuen Bundesländern auf der betrieblichen Ebene. WSI-MITTEILUNGEN, Jg. 45 (9), S. 616ff.

Kulcsar, Kalman, Rechtssoziologische Abhandlung, Budapest 1980

Kunz Frithjof/Rosenfeld W., Aufgaben und Probleme bei der weiteren Entwicklung von Arbeitsordnungen des VEB, Arbeit und Arbeitsrecht 1971, Seite 433ff.;

Kunz, Frithjof, Die Grundlagen des sowjetischen Arbeitsgesetzbuch und das Gesetzbuch der DDR, Neue Justiz 1971, S. 61ff.

Kunz, Frithjof, Arbeitnehmerschutz – Bedenkenswertes beim Wandel eines Wirtschaftssystems, Zeitschrift f. Arbeitsrecht S. 369ff.

Kuczynski, Jürgen, Gesellschaftliche Widersprüche, Deutsche Zeitschrift für Philosophie 1972, S. 1269

LAG Berlin, Urteil vom 25. 9. 1991 – 13 Sa 39/91, Arbeit und Arbeitsrecht 1992, S. 89

LAG Berlin, Urteil vom 25. 9. 1991 – 13 Ar 170/92

Lang, K. 1993: Firmentarifverträge als Alternative? Strategien im Konflikt. Der Gewerkschafter. 5/1993, S. 20ff.

Langanke, Annemarie, Die Entwicklung des Arbeitsrechts in der DDR von November 1989 bis zum Oktober 1990 und Probleme der Einführung der neuen Rechtsordnung, in: Peter Hanau/Annemarie Langanke/Ullrich Preis/Harald Wittlak, Das Arbeitsrechts der neuen Bundesländer, Berlin 1991, S. 28

Lohmann, Ullrich, Das Arbeitsrecht der DDR, Berlin 1987

Luhmann, Niklas, Rechtssoziologie, Reinbek b. Hamburg 1972

Marxistisch-Leninistische Staats- und Rechtstheorie, Lehrbuch, Berlin 1990

Mayer, Udo R.: Kollektivverträge aus den letzten Tagen der DDR, Arbeitsrecht im Betrieb, S. 215ff.
Michas, Joachim u.a., Arbeitsrecht der DDR, Berlin 1970
Michas Joachim/Thiel, Wera, Rechtsetzende Tätigkeit oder Rechtsverwirklichung, Arbeit und Arbeitsrecht 1973, Seite 319;
Nägele, Stefan, Grundzüge des Arbeitsrechts der DDR, Betriebsberater, Beilage Nr. 9 zu Heft 7 1990
Nägele, Stefan, Das Arbeitsgesetzbuch der DDR nach dem Staatsvertrag, Supplement der DDR, Rechts-Entwicklungen Folge 10, S. 26ff.
Neifer-Dichmann, Elisabeth/Kreizberg, Kurt/Weinrich, Christian, Arbeitsrecht und soziale Sicherung in der DDR, Der Betrieb 1990, S. 581ff.
Peplowski, Werner, Bericht des Vorbereitungskommitees des außerordentlichen Gewerkschaftskongresses in: Tribüne Nr. 23 vom 1. 2. 1990, S. 3
Peschka, Vilmos: Grundprobleme der modernen Rechtsphilosophie, Budapest 1974
Peschka, Vilmos: Die Theorie der Rechtsnormen, Budapest 1982
Peter, E. 1990: Einigungsvertrag und Arbeitsrecht. KRITISCHE JUSTIZ, Jg. 23. (4), S. 478ff.
Pfarr, Heide, Auslegungstheorie und Auslegungspraxis im Zivil- und Arbeitsrecht der DDR, Berlin 1972
Oetker, Hartmut, Anmerkung zu BAG Urteil vom 13. 2. 1992 – 8 AZR 269/91, Zeitschrift für Vermögens- und Investitionsrecht 1992, S. 369ff.
Oetker, Hartmut, Rechtsvorschriften der ehemaligen DDR als Problem methodengerechter Gesetzesanwendung, Juristenzeitung 1992, S. 608ff.
Ondrusch, Aribert, Arbeitsrechtspolitik in der DDR, Arbeitsrecht im Betrieb 1990, S. 92ff.
Ondrusch, Aribert/Pätzold, Eva, Forum zur weiteren Entwicklung des Arbeitsrechts, Neue Justiz 1990, S. 171 f.
Radbruch, Gustav, Gesetzliches Unrecht und übergesetzliches Recht (1946), in: derselbe Rechtsphilosophie 8. Auflage Stuttgart 1973, S. 339-350
Rahmengesetz zur Demokratisierung der Wirtschaftstätigkeit, ein Vorschlagspapier der Arbeitsgruppe Hochbaum, unveröffentlichtes, undatiertes Manuskript vom Januar 1990
Rahmengesetz zur Schaffung von Betriebsräten sowie Wirtschafts- und Sozialräten (ein Vorschlagspapier der Arbeitsgruppe Hochbaum), unveröffentlichtes, undatiertes Manuskript vom Januar 1990
Recht für die Landwirtschaftspraxis, Berlin 1978, Seite 44
Rechtsvorschrift über die Aufgaben, Bildung und Arbeitsweise gesellschaftlicher Aufsichtsräte in Wirtschaftsunternehmen (ein Normenvorschlag der Arbeitsgruppe Streich), unveröffentlichtes Manuskript vom 22. 1. 1990
Rehbinder, Manfred, Einführung in die Rechtswissenschaft, Berlin/ New York 1988
Rehbinder, Manfred, Rechtssoziologie, Berlin/ New York 1989
Rehbinder, Manfred/Schelski, Helmut (Hrsg.), Zur Effektivität des Rechts, Jahrbuch für Rechtssoziologie und Rechtstheorie, Düsseldorf 1972
Reiser, Thomas, Rechtssoziologie, Frankfurt am Main 1987
Richardi, Reinhard, Die Betriebsvereinbarung als Rechtsquelle des Arbeitsverhältnisses, Zeitschrift für Arbeitsrecht 1992, S. 307ff.
Richtlinie des Ministerrats der DDR und des Bundesvorstandes des FDGB zur Arbeit mit dem Betriebskollektivvertrag, Informationsblatt des FDGB August 1995, Nr. 7

Röhl, Klaus, Rechtssoziologie, München 1986

Röhl, Klaus, Rechtgeltung und Rechtswirksamkeit, JZ 1971 S. 576-586

Rosenfeld, Klaus/Wolf, Hans, Einige Probleme der Weiterentwicklung des Betriebskollektivvertrages, Staat und Recht 1970 S. 377ff.

Rottleuthner, Hubert, Rechtstheorie und Rechtsoziologie, Freiburg/ München 1981

Rottleuthner, Hubert, Einführung in die Rechtssoziologie, Darmstadt 1987

Rottleuthner, Hubert, Steuerung der Justiz in der DDR, Köln 1994

Rüthers, Bernd, Die Wendeexperten, München 1995

Rüthers, Bernd, Wir denken die Rechtsbegriffe um..., Weltanschauung als Auslegungsprinzip, Zürich 1987

Sander, Peter 1992: Die Kündigungspraxis in den neuen Bundesländern. ARBEIT und ARBEITSRECHT 1/1992.

Sander, Peter, Die Arbeitsrechtsordnung der DDR, Ausgangslange für die Rechtsangleichung, Deutsche Rechtsprechung extra, Beilage zu Heft 8 vom 1. 6. 1990

Sander, Peter, Das neue AGB hat Übergangscharakter, Arbeit und Arbeitsrecht 1990, S. 202

Sander, Peter, Das geänderte AGB – nur Übergangsrecht?, Arbeit und Arbeitsrecht S. 98f.

Sander, Peter, Der Einigungsvertrag und die neue Arbeitsrechtsordnung, Recht und Steuern 1990, S. 1ff.

Schaub, Günter 1991: Die Ablösung kollektivrechtlicher Vereinbarungen in den neuen Bundesländern, Betriebsberater 1991, S. 685

Schaub, Günter, Arbeitsrechtshandbuch, München 1987

Schaub, Günter, Ablösung kollektivrechtlicher Vereinbarungen in den neuen Bundesländern, Betriebsberater 1991 S. 685ff.

Schindele, Friedrich 1992: Zur Wirksamkeit von vor dem 1. 7. 1990 in den neuen Bundesländern abgeschlossenen Sozialprogramm, Betriebsberater 1992, S. 1211

Schlachter, Monika 1993: Bewährung und Reformbedürftigkeit des Betriebsverfassungsrechts, Recht der Arbeit, S. 313

Schmidt, E. Neudel, J.: Gewerkschaften und Betriebsräte – gemeinsame Akteure im Transformationsprozeß ostdeutscher Unternehmen.

Schmidt, Dieter/Trenk-Hinterberger, Peter, Grundzüge des Arbeitsrechts, München 1994

Schneider, Wolfgang 1990: Neuwahl der vor dem 1. Juli 1990 in der DDR gewählten Betriebsräte? ARBEITSRECHT UND BETRIEB. Nr. 2/91, S. 50ff.

Schneider, Wolfgang 1990: Betriebliche Interessenvertretung in der DDR. DER PERSONALRAT, 1990 S. 157 f.

Schneider, Wolfgang 1991: Neuwahl der vor dem 1. Juli 1990 in der DDR gewählten Betriebsräte?, Arbeitsrecht im Betrieb, S. 50

Schneider, Wolfgang 1990: Betriebsverfassung in der DDR – Neuanfang oder Anpassung?, Arbeitsrecht im Betrieb, S. 303ff.

Schüsseler, Rolf/Seidel, Sigrid, Warum der Betrieb keine Rechtsnormen setzen kann, Arbeit und Arbeitsrecht 1974, Seite 430ff.;

Schumann, M. 1990: Gewerkschaften und/oder Betriebsräte? Anmerkungen zur aktuellen Diskussion um die Betriebsräte in der DDR. GEWERKSCHAFTLICHE MONATSHEFTE 41, H. 3, S. 164ff.

Seeländer J., Zur Weiterentwicklung der Arbeitsrechtsordnung des VEB, Arbeit und Arbeitsrecht 1973, Seite 24ff.

Seggern-von, Burkhard, Zur Zukunft von Arbeitsrecht und Interessenvertretung in der DDR, Arbeitsrecht im Betrieb, 1990, S. 100

Segert, Astrid 1992: Wie ein streitfähiger Betriebsrat entsteht. Bsp. Stahl- und Walzwerk Brandenburg, Berliner ARBEITSHEFTE UND BERICHTE ZUR SOZIALWISSENSCHAFTLICHEN FORSCHUNG. Nr. 71. Berlin

Sowjetisches Arbeitsrecht, Berlin 1974, Seite 62ff.;

Staatsvertrag vom 18. Mai 1990, BGBl. II 1990 S. 537

Stadtbezirksgericht Berlin-Köpenick, einstweilige Anordnung vom 17. 7. 1990, Arbeitsrecht im Betrieb 1990, S. 310

Stadtgericht Berlin, Urteil, Az. 111 BAB 128/80, In: Schlag nach Arbeitsrecht 6 Leitfaden und Quellenverzeichnis Berlin 1881, S. 25 f.

Steckler, Brunhilde, Kompendium Arbeitsrecht und Sozialversicherung, Ludwigshafen 1989

Teubner, Frank, Wie die Betriebsräte wirken könnten, Tribüne Nr. 96 vom 21.5. 1990, S. 3

Thiel, Wera, Partner oder Gegner, Neue Gewerkschaften im Betrieb, Tribüne Nr. 74 vom 17. 4. 1990, S. 5

Verordnung über die Gründung und Tätigkeit von Unternehmen mit ausländischer Beteiligung in der DDR vom 25.1.1990, GBl. I Nr. 4 S. 16 – Die Joint-Venture-Verordnung

Verordnung zur Arbeit mit den Personalunterlagen vom 22. 2. 1990, GBl. I Nr. 11 S. 84

Verordnung zur Umwandlung von volkseigenen Kombinaten, Betrieben und Einrichtungen in Kapitalgesellschaften, vom 1. März 1990, GBl, I Nr. 14 S. 107

Verordnung zu Übergangsregelungen bis zur erstmaligen Wahl der Betriebsräte nach dem Betriebsverfassungsgesetz vom 11. 7. 1990, GBl. I 1990 S. 715

Wagner, Ingo, Betriebliche Ordnungen erhöhen die Rechtssicherheit der Werktätigen, Arbeit und Arbeitsrecht 1974, Seite 621ff.

Wagner, Heinz, Normenbegründungen, Köln 1982

Wank, Rolf, Das Arbeits- und Sozialrecht nach dem Einigungsvertrag, Recht der Arbeit, 1991, S. 1ff.

Weber, Max, Wirtschaft und Gesellschaft (1921), 5. Auflage Tübingen 1976

Wesel, Uwe, Juristische Weltkunde, Frankfurt am Main 1992

Wiese, Peter, Das Initiativrecht nach dem Betriebsverfassungsgesetz, Berlin 1977

Wlotzke, Otfried/Lorenz, Martin, Arbeitsrecht und Arbeitsschutzrecht im deutsch-deutschen Einigungsprozeß, Betriebsberater Beilage 35 zu Heft 28 1990 Folge 14

Worzalla, Michael, Arbeitsrecht in den neuen Bundesländern – Sonderregelungen und ausgewählte Probleme, DtZ 1992, S. 306ff.

Wüstendörfer, Hans, Die ersten beiden deutschen Soziologentage und die Rechtswissenschaft, AöR 34 (1915), S. 399-430

Zachert, Ulrich, 1993: Das System der Kollektivverhandlungen darf nicht zerbrochen werden (mit einem umfassenden Nachwort). ARBEIT UND ARBEITSRECHT. S. 65ff.

Anhang

Anlage A 1
Betriebskollektivvertrag des VEB haushaltselectric Berlin 1983

Inhaltsverzeichnis

Anlage 1 Betriebsprämienordnung
Anlage 2 Vereinbarung über die Ehrung und Betreuung der Werktätigen
Anlage 3 Liste der Arbeitserschwernisse
Anlage 4 Urlaubsvereinbarung
Anlage 5 Organisatorische Regelung für Abgabe und Abrechnung der Verpflichtungen zur Antragstellung bzw. Verteidigung des Ehrentitels „Kollektiv der sozialistischen Arbeit“

Präambel

Unser Betriebskollektiv hat im Jahre 1982 mit großer Leistungsbereitschaft und Initiative an der weiteren Verwirklichung der Beschlüsse des X. Parteitages der SED und des 10. FDGB-Kongresses gearbeitet. Der Kampf um die Erfüllung und gezielte Überbietung des Planes war erfolgreich.

Damit haben wir unsere Position zur vom Imperialismus zugespitzten politischen und ökonomischen Lage bezogen und unseren Beitrag zur Fortsetzung der erfolgreichen Wirtschafts- und Sozialpolitik und zur Sicherung des Friedens geleistet.

Das Jahr 1983 erhält in der DDR eine besondere Prägung als „Karl-Marx-Jahr“.

Der Generalsekretär des ZK der SED und Vorsitzende des Staatsrates der DDR, Gen. Erich Honecker, sagte in seiner Neujahrsbotschaft u.a.: „Im Jahr 1983 werden von uns große Aufgaben zu lösen sein. Sowohl die Stärkung des Sozialismus als auch die Sicherung des Friedens verlangen das. Beides ist für uns so wichtig wie das tägliche Brot.“

Der von der Belegschaft diskutierte und von der Vertrauensleutevollversammlung beschlossene Betriebskollektivvertrag 1983 soll und wird uns helfen, unseren Verpflichtungen gerecht zu werden, indem wir unsere vorrangigen Aufgaben in folgendem sehen:

- Sicherung der Versorgung der Bevölkerung mit Reparaturen und Dienstleistungen an elektrischen Haushaltgeräten in hoher Qualität und weiter wachsender Effektivität,
- volle Gewährleistung einer bedarfs-, qualitäts- und termingerechten Versorgung aller Bedarfsträger mit Ersatzteilen für elektrische Haushaltgeräte der festgelegten Palette,
- vertragsgerechte Realisierung aller Exportaufgaben,
- weitere Qualifizierung des technischen Kundendienstes innerhalb und außerhalb der DDR
- sparsamster Umgang mit den uns anvertrauten materiellen und finanziellen Fonds.

1. Entwicklung und Förderung neuer schöpferischer Initiativen der Werktätigen im sozialistischen Wettbewerb

1.1.
Schaffung der Voraussetzungen für die Mitwirkung der Werktätigen bei der Vorbereitung und Kontrolle der Planaufgaben

1.1.1.
Verpflichtungen des Betriebsdirektors

1.1.1.1.
Der Betriebsplan (STAL) ist auf die Servicebereiche, den Handelsbereich, die Bereiche des ETV, die anderen produktiven Bereiche sowie auf die Leitungs- und Verwaltungsbereiche so aufzuschlüsseln, daß jedes Kollektivmitglied und jeder Werktätige unmittelbar Einfluß auf die Erfüllung und Übererfüllung der Leistungsziele bzw. die Verbesserung der ökonomischen Effektivität nehmen kann.

Termin: 2.1.1983/Dezember 1983
Verantw.: Leiter Ökonomie

1.1.1.2.
Die staatliche Planaufgabe wird als Grundlage für die Wettbewerbsführung und die Übernahme von Verpflichtungen durch die Kollektive innerhalb von 10 Tagen nach ihrem Vorliegen auf die Bereiche aufgeschlüsselt und bekanntgegeben.

Termin: 10 Tage nach Vorliegen
Verantw.: Leiter Ökonomie/Leiter Dienstleistungen, Leiter Technik

1.1.1.3.
Zur Erarbeitung des Planentwurfes für das Jahr 1984 ist die staatliche Aufgabe auf die Kollektive und soweit möglich auf jeden einzelnen Werktätigen so aufzuteilen, daß in Zusammenarbeit mit den BGL'n und den Gewerkschaftsgruppen eine schöpferische Plandiskussion mit dem Ziel der Überbietung der staatlichen Aufgaben geführt werden kann.

Die in der Plandiskussion vorgebrachten Vorschläge und Hinweise sind von allen staatlichen Leitern schriftlich zu erfassen. Jedem Werktätigen ist innerhalb von 14 Tagen eine Antwort zu geben.

Ist eine Klärung im eigenen Bereich nicht möglich, sind die Hinweise, Vorschläge und Kritiken dem Betriebsdirektor zu übergeben, der über die weitere Bearbeitung die Entscheidung trifft.

Termin: 8 Tage nach Plandiskussion
Verantw.: Leiter Ökonomie/alle staatlichen Leiter

1.1.2.
Verpflichtungen der Gewerkschaftsleitungen

1.1.2.1.
Die Gewerkschaftsleitungen organisieren in Verbindung mit den staatlichen Leitern auf der Grundlage der aufgeschlüsselten Kennziffern die Plandiskussion zur Erarbeitung des Planentwurfs des Betriebes und leisten eine kontinuierliche Überzeugungsarbeit zur Übernahme von Verpflichtungen der Werktätigen zur Überbietung der Planziele.

1.1.2.2.
Die Betriebsgewerkschaftsleitungen organisieren eine breite Verpflichtungsbewegung der Werktätigen mit dem Ziel, die gestellten Aufgaben in hoher Qualität zu erfüllen.

Dabei unterstützen sie besonders solche Methoden, wie

- Jeder jeden Tag mit guter Bilanz;
- Persönliche oder kollektive Planangebote;
- Schöpferischer Plan zur Steigerung der Arbeitsproduktivität;
- Notizen zum Plan.

1.2.
Durchführung von Rechenschaftslegungen

1.2.1.
Verpflichtungen des Betriebsdirektors

1.2.1.1.
Der Betriebsdirektor legt monatlich Rechenschaft über die Erfüllung des Planes, den sozialistischen Wettbewerb und die im BKV festgelegten Verpflichtungen. Der Betriebsdirektor berichtet halbjährlich anläßlich dieser Rechenschaftslegungen über die Verwendung des Kultur- und Sozialfonds.

An den Rechenschaftslegungen des Betriebsdirektors nehmen alle Gewerkschaftsvertrauensleute, die staatlichen Leiter sowie Vertreter der Bereiche teil.

Die staatlichen Leiter legen Rechenschaft im Rahmen ihrer Arbeitsberatungen bzw. Gewerkschaftsversammlungen.

Termin: monatlich/halbjährlich
Verantw.: Betriebsdirektor/alle staatlichen Leiter

1.2.2.
Verpflichtungen der Betriebsgewerkschaftsleitungen

Die Betriebsgewerkschaftsleitungen nehmen darauf Einfluß, daß in den Rechenschaftslegungen des Betriebsdirektors die Planerfüllung, die Ergebnisse des sozialistischen Wettbewerbs, die Realisierung der Festlegungen des

BKV und die weitere Entwicklung der Arbeits- und Lebensbedingungen als Einheit betrachtet werden.

Gleiches gilt für die Rechenschaftslegung der anderen staatlichen Leiter.

1.3.
Organisierung und Führung des sozialistischen Wettbewerbs

1.3.1.
Verpflichtungen des Betriebsdirektors

1.3.1.1.
Der Betriebsdirektor hat durch die Aufschlüsselung der Planaufgaben auf die Kollektive und für die jeweiligen Monate sowie die Ermittlung und Bekanntgabe der erreichten Ergebnisse die Voraussetzungen für die Führung des sozialistischen Wettbewerbs in allen Bereichen zu schaffen.

Termin: monatlich
Verantw.: Leiter Ökonomie

1.3.1.2.
Entsprechend den zu lösenden Schwerpunktaufgaben wird der Wettbewerb wie folgt geführt:

1. Gruppe
Servicebereiche und I-Laden

Der jeweilige Sieger im Quartal erhält eine Urkunde, einen Wanderwimpel sowie eine Prämie in Höhe von 20,– M je VbE. Der Bereich, der den 2. Platz erringt, erhält eine Urkunde und eine Prämie in Höhe von 15,– M je VbE. Der Leiter des besten Bereiches wird mit einer Prämie in Höhe von 100,– M ausgezeichnet.

2. Gruppe
Leitungs- und Verwaltungsbereiche
T, B, O, Ö, M (einschließlich Ersatzteillager Berlin)
F (einschl. Fahrdienst und Expedition),
D

Der jeweilige Sieger im Quartal erhält eine Urkunde, einen Wanderwimpel sowie eine Prämie in Höhe von 20,– M je VbE. Der Bereich, der den 2. Platz erringt, erhält eine Urkunde und eine Prämie in Höhe von 15,– M je VbE.

Der Leiter des besten Bereiches wird mit einer Prämie in Höhe von 100,– M ausgezeichnet.

Die Auszeichnungen werden anläßlich der Rechenschaftslegung durch den Betriebsdirektor vorgenommen.

3. Gruppe
Betriebsbereiche ETV

Im Betriebsteil ETV wird der Wettbewerb zwischen den Betriebsbereichen eigenverantwortlich geführt und der Wettbewerbssieger ermittelt. Der jeweilige Sieger im Quartal erhält eine Urkunde sowie eine Prämie in Höhe von 20,– M je VbE. Der Bereich, der den 2. Platz erreicht, erhält eine Urkunde.

Der Leiter des besten Bereiches wird mit einer Prämie in Höhe von 100,– M ausgezeichnet.

Die Ermittlung der besten Kollektive erfolgt in den Wettbewerbsgruppen 1 und 2 durch die Wettbewerbskommission quartalsweise.

Die Ermittlung der besten Kollektive des BT ETV und deren Auszeichnung erfolgt eigenverantwortlich durch den Leiter des BT ETV in Zusammenarbeit mit den Gewerkschaftsleitungen.

Die Bereitstellung der Prämienmittel erfolgt für den Bereich Berlin aus dem zentralen Prämienfonds des Betriebsdirektors und für den BT ETV aus dem Bereichsprämienfonds, Teil Wettbewerb.

1.3.1.3.
Die Wettbewerbsauswertung wird von einer Wettbewerbskommission vorgenommen, der folgende Mitarbeiter angehören:

- Leiter Ökonomie als Vorsitzender
- BGL-Vorsitzender/oder Stellvertreter (Bereich Berlin)
- Leiter des Büros des Betriebsdirektors
- Leiter Dienstleistungen
- Leiter Technik
- Mitarbeiter Wettbewerb – Sekretär der Kommission

Termin: 20. Kalendertag des dem Quartal folgenden Monats

1.3.1.4.
In den Kollektiven wird der Wettbewerb mit dem Ziel der Ermittlung der Besten organisiert.

Hierzu sind regelmäßig zu ermitteln:

- bester Monteur
- beste Annahmekraft
- bester Verkäufer
- bester Kraftfahrer
- bester Lagerarbeiter
- bester Mitarbeiter

Die Besten sind moralisch und materiell anzuerkennen.

Termin: monatlich bzw. quartalsweise
Verantw.: alle staatlichen Leiter

1.3.1.5.
Für die Arbeit mit dem Haushaltsbuch durch die produktiven Bereiche gelten die in der KOA-Nr. 33/0/1 getroffenen Festlegungen.

Verantw.: Leiter Ökonomie

1.3.2.
Verpflichtungen der Betriebsgewerkschaftsleitungen

1.3.2.1.
Die Betriebsgewerkschaftsleitungen organisieren und führen den sozialistischen Wettbewerb auf der Grundlage der Losung

„Hohes Leistungswachstum durch steigende Arbeitsproduktivität, Effektivität und Qualität – alles für das Wohl des Volkes und den Frieden“ und der auf der VVV beschlossenen Wettbewerbsverpflichtungen.

1.3.2.2.
Die Betriebsgewerkschaftsleitungen widmen der Bewegung „Sozialistisch arbeiten, lernen und leben“ erhöhte Aufmerksamkeit. Sie helfen den fortgeschrittenen Kollektiven bei der Aufnahme und Führung des Titelkampfes. (Anlage 5)

1.4.
Gewährleistung von Ordnung, Sicherheit und Sauberkeit

1.4.1.
Verpflichtungen des Betriebsdirektors

1.4.1.1.
Für die Aufnahme des Kampfes und die Anerkennung als Bereich der vorbildlichen Ordnung und Sicherheit gelten die von den zuständigen Staatsorganen festgelegten Anforderungen und betriebsspezifischen Bewertungskriterien.

Anträge auf Anerkennung sind dem Leiter Sicherheit bis zum 28.2.1983 zu übergeben.

Verantw.: – staatl. Leiter für Antragstellung

- Leiter Sicherheit
  Termin: – 28.2.83 für Antragstellung
- laufend für Bearbeitung

Auszeichnungen von Kollektiven werden moralisch und materiell gewürdigt.

1.4.2.
Verpflichtungen der Betriebsgewerkschaftsleitungen
Die Gewerkschaftsleitungen führen in ihren Zusammenkünften mit den Werktätigen die Diskussion zur Aufnahme des Kampfes um Anerkennung als „Bereich der vorbildlichen Ordnung und Sicherheit".

2. *Verbesserung der Arbeits- und Lebensbedingungen der Werktätigen*

2.1.
Verwirklichung des Leistungsprinzips in der Entlohnung und Prämierung in Verbindung mit der Durchsetzung der wissenschaftlichen Arbeitsorganisation

2.1.1.
Verpflichtungen des Betriebsdirektors
2.1.1.1.
Ausgehend von den bisherigen Erfahrungen und Ergebnissen bei der konsequenten Durchsetzung der in den Lohnformvereinbarungen für Produktionsarbeiter festgelegten Prinzipien und Kriterien hat sich die Bruttolohnrechnung eindeutig als Schwerpunkt in der Einheit von Arbeitskraft, -leistung, -zeit und -lohn herausgestellt. Aus diesem Grunde ist die vorrangig auf die Durchführung der Nettolohnrechnung ausgerichtete BOA Nr. 90/2/3 zu überprüfen, inwieweit mit dieser BOA eine ordnungsgemäße und vollständige Bereitstellung des Basismaterials (Errechnung des Bruttolohnes) erfolgt und durch die Nettolohnrechnung auch kontrollierbar ist.

Zielstellung ist die betrieblich einheitliche Brutto-Nettolohnrechnung entsprechend den Grundsätzen von Rechnungsführung und Statistik.

Termin: Erprobung Berlin ab 5/83
Einführung Berlin III/83
Einführung BT ETV III/83
Verantw.: – Inhaltliche Festlegungen Hauptbuchhalter
– Organisatorische Festlegungen und Ergänzung bzw. Neufassung der BOA Leiter FB Org. u. DV in Zusammenarbeit mit Hauptbuchhalter

2.1.1.2.
Die für die Anwendung der Grundlöhne bestätigten Lohnformvereinbarungen sind laufend auf ihre Wirksamkeit zu überprüfen. Schwerpunkt dieser Überprüfung sind die im Rahmen der Lohnprämie zur Verfügung stehenden Stimulierungsmittel.

1. Hinsichtlich der Bedingungen für die Stimulierung der Qualitätsarbeit (Einhaltung der prüftechnologischen Disziplin) und zur Erringung der Qualitätspässe für Einzelpersonen und Kollektive auf der Grundlage der Festlegungen im Warenzeichenverband sowie der

2. Erschließung weiterer Möglichkeiten zum leistungsstimulierenden Einsatz der Lohnprämie.

Termin: zu 1. – Produktionsgrundarbeiter I/83
– Produktionshilfsarbeiter II/83

zu 2. – Produktionsgrundarbeiter II/83
– Produktionshilfsarbeiter III/83
– Produktionsarbeiter BT ETV IV/83

Verantw.: zu 1. Leiter TKO
zu 2. Leiter T (WAO) in Zusammenarbeit mit Leiter Ö

2.1.1.3. Auf der Grundlage der Analyse über die lohnwirksame Einführung der HF-Kaderentlohnung und der bisher erreichten Ergebnisse erfolgt entsprechend der Lohnformvereinbarung

1. die Abrechnung der für den Monat festgelegten Kennziffern und das Leistungsangebot 1982,
2. die Verteidigung des Leistungsangebotes und der Kennziffernvorschläge für 1983 für die weitere Gewährung des leistungsorientierten Gehaltszuschlages auf der Grundlage von Kennziffern,
3. die Leistungseinschätzung und das Leistungsangebot 1983 für den durch den Betriebsdirektor in Übereinstimmung mit der BGL festgelegten Personenkreis, der den leistungsorientierten Gehaltszuschlag auf der Grundlage einer Leistungseinschätzung erhält.

Termin: 31.1.1983 unter Berücksichtigung der Zahlung des leistungsorientierten Gehaltszuschlages nach den neuen Bedingungen für 1983 im Februar 1983

Verantw.: Betriebsdirektor/Fachbereichsleiter/Hauptbuchhalter/Leiter BT ETV/Hf-Kader

2.1.1.4.

Ständige Analyse der Wirksamkeit der H/F-Kaderentlohnung in Form des Lohn-Leistungsvergleiches.

Termin: quartalsweise
Verantw.: Leiter Ökonomie

2.1.1.5.

In Vorbereitung des Um- und Ausbaues der Serviceeinrichtungen in den Stadtbezirken Lichtenberg und Treptow werden in Anwendung der WAO die Arbeitsplatzgestaltung und die Arbeitsorganisation erarbeitet.

Termin: I. Quartal 1983
Verantw.: Leiter Technik

2.1.1.6.

Weiterführung der Maßnahmen zur Schaffung von arbeitsorganisatorischen Voraussetzungen und der Arbeitsplätze für die Neu- und Gebrauchswertinstandsetzung bei Klein- und Großgeräten.

Termin: 1. Halbjahr 1983
Verantw.: Leiter Technik

2.1.2.
Verpflichtungen der Betriebsgewerkschaftsleitungen

2.1.2.1.

Kontrolle der leistungsgerechten Lohnfondsverwendung sowie der Einhaltung des jährlich zulässigen Überstundenlimits.

2.1.2.2.

Die weiteren Maßnahmen zur weiteren Durchführung und Präzisierung der leistungsorientierten Entlohnung für Produktionsarbeiter und Hoch- und Fachschulkader wird durch die BGL wirksam unterstützt.

Ein Schwerpunkt der BGL ist die politisch-ideologische Unterstützung der ehrenamtlichen WAO-Kollektive zur weiteren Erhöhung der Effektivität ihrer Arbeit sowie die Mitwirkung bei der Erarbeitung neuer Lohnvereinbarungen mit Festlegungen zur Leistungsstimulierung.

2.2.
Bildung, Verwendung und Abrechnung des Prämienfonds

2.2.1.
Verpflichtungen des Betriebsdirektors

2.2.1.1.

Als materielle Anerkennung zur Würdigung hervorragender individueller und kollektiver Leistungen bei der Erfüllung und Übererfüllung der betrieblichen Aufgaben werden Anerkennungsprämien, Zielprämien und Jahresendprämien (bei planmäßiger Zuführung zum Betriebsprämienfonds) auf der Grundlage der Prämienordnung gezahlt. (Anlage 1)

Der Betriebsprämeinfonds für das Jahr 1983 umfaßt seiner Verwendung nach für

–	STAL BPF (M)	6.000,–
	dar. Jahresendprämienfonds	280.460,–
	Zentraler Prämienfonds	39.625,–
	Bereichsprämienfonds	55.915,–
–	Zentraler Prämienfond	39.625,–
	dav. Wettbwerbs- u. Initiativprämien einschl. Zielprämien	25.000,–
–	dav. sonstige Prämien	14.800,–

dar. für Leiter	1.400,–	
dar. für Aktivisten u.a. staatl. Auszeichnungen	9.000,–	
– Bereichsprämienfonds		55.915,–
dav. Wettbewerbs- u. Initiativpräm. einschließlich Zielprämien	36.175,–	
dav. sonstige Prämien	19.740,–	
– Bereichsprämienfonds insgesamt		55.915,–
dav. für		
BT ETV	16.050,–	
zusätzlich für Wettbewerb der Bereiche	3.050,–	
insgesamt		19.100,–
Servicebereich I		3.350,–
Servicebereich II		1.270,–
Servicebereich III		2.670,–
Servicebereich IV		2.030,–
Servicebereich V		1.260,–
Servicebereich VI		900,–
Servicebereich VII		500,–
I-Laden		2.260,–
Betriebsdirektor-Bereich (einschl. Lehrausbildung)		1.975,–
FB Techn. Kundendienst		5.260,–
FB Technik		1.800,–
dar. Betriebshandwerke	400,–	
FB Dienstleistungen		4.760,–
dar. f. unterstellte Leiter	1.580,–	
dar. f. Fuhrpark/Expedition	1.650,–	
dar. f. Auftragszentrale	340,–	
FB Ersatzteilwirtschaft		2.450,–
dar. f. Lager	750,–	
FB Organisation u. Datenverarb.		2.110,–
FB Ökonomie		2.670,–
dar. f. Ferienheim Alt-Jassew.	315,–	
FB Buchhaltung		1.150,–

Nachdem die Übersicht über die im Jahr erreichten Ergebnisse vorliegt, trifft der Betriebsdirektor nach Abstimmung mit den Betriebsgewerkschaftsleitungen die Entscheidung üb er den einheitlichen Prozentsatz für die Bestimmung der Jahresendprämie und differenziert die Jahresendprämie auf die einzelnen Bereiche entsprechend der Erfüllung nachstehender Bedingungen:

a) Erfüllung nachstehender Kriterien, die für alle Bereiche gelten:
- Erfüllung der Leistungskennziffern
- Einhaltung des Lohnfonds
- Einhaltung des Stellenplanes u. Arbeitskräfteplanes
- Einhaltung der limitierten Fonds sowie der Kostenvorgaben
- Erfüllung der Kennziffern AZE, SKS aus PWT, Teil II

AZE Neuererwesen
SKS Neuererwesen
Beteiligung Neuererwesen

b) Erfüllung nachstehender Kriterien für die Servicebereiche
- Erfüllung des Planes Reparatureigenleistung
- Einhaltung und Überbietung der AP
- Unterbietung der beeinflußbaren Ausfallzeiten

c) Erfüllung nachstehender Kriterien für den I-Laden
- Erfüllung Umsatzplan und des Planes Handelsspanne
- Einhaltung und Unterbietung der Richtsatzplanbestände

d) Erfüllung nachstehender Kriterien für den BT ETV
- Erfüllung Umsatzplan
- Einhaltung des Planes auf dem Gebiet der Bestandswirtschaft

e) Erfüllung nachstehender Kriterien für den Bereich Leitung
- Durchsetzung der Aufgaben aus der Führungskonzeption des Betriebsdirektors
- Erfüllung der fachspezifischen Aufgaben

f) Erfüllung nachstehender Kriterien für den Bereich Ökonomie
- Termin- und qualitätsgerechte Erarbeitung der Plandokumente sowie regelmäßige Analyse der Plandurchführung
- Sicherung der Liquidität des Betriebes
- ständige Kontrolle und Analyse der Einhaltung des AK-Planes, des Lohnfonds und des Durchschnittslohnes des Betriebes
- Entwicklung der leistungsgerechten Entlohnung

g) Erfüllung nachstehender Kriterien für den Hauptbuchhalterbereich
- Durchsetzung der gesetzlichen Bestimmungen über Rechnungsführung und Statistik und Sicherung einer ordnungsgemäßen und wahrheitsgemäßen Abrechnung der Leistungen und finanziellen Aufwendungen
- Kontrolle und Analyse der Senkung der Kosten und ständige Einflußnahme auf die Verbindung bzw. Senkung der nichtplanbaren Kosten
- Kontrolle der Einhaltung der vorgegebenen Fonds und Limite

h) Erfüllung nachstehender Kriterien für den Bereich Technik
- Erfüllung aller Maßnahmen des Planes der Arbeits- und Lebensbedingungen und Gewährleistung der ständigen Ordnungsmäßigkeit auf dem Gebiet der Grundfondsökonomie
- ständige Vervollkommnung und Rationalisierung der Reparaturtechnologien durch Maßnahmen des Arbeitsstudienwesens und der WAO, Sicherung der Normenarbeit

- Gewährleistung des Produktions- bzw. anderweitig wirksam werdenden Nutzens der AZE und SKS sowie der Ergebnisse des Neuererwesens
- Sicherung der Einhaltung der Energiekontingente und Verbrauchsnormen

i) Erfüllung nachstehender Kriterien für den Bereich Dienstleistungen
- Sicherung einer ständigen Kapazitätsauslastung bei voller Nutzung des zur Verfügung stehenden gesellschaftlichen Arbeitsvermögens
- termin- und qualitätsgerechte Reparaturdurchführung
- ordnungsgemäße Abrechnung der erbrachten Leistungen
- Einhaltung Limite Kraftstoff (VK/DK)

j) Erfüllung nachstehender Kriterien für den Bereich Ersatzteilwirtschaft
- termin- und qualitätsgerechte Bereitstellung der Reparaturersatzteile für die Servicebereiche und Verhinderung bzw. Beseitigung von Versorgungsstörungen
- Einflußnahme auf die Erfüllung der Import- und Exportaufgaben des veb heb

k) Erfüllung nachstehender Kriterien für den Bereich Organisation und Datenverarbeitung
- Qualitäts- und termingerechte Erfüllung der EDV-Aufgaben
- termin- und qualitätsgerechte Realisierung der Aufgabenstellung zur betrieblichen Aufbau- und Ablauforganisation
- ordnungsgemäße Abrechnung der EDV-Leistungen

l) Erfüllung nachstehender Kriterien für den Bereich Techn. Kundendienst
- volle Sicherung der Servicevorbereitung für neue und weiterentwickelte Geräte sowie Kontrolle und Auswertung der Servicedurchführung
- Sicherung eines wirksamen Auslandskundendienstes
- Erweiterung des Regenerierungsprogrammes von Ersatzteilen und Baugruppen
- Sicherung einer qualitäts- und termingerechten Abrechnung und Auswertung der Garantieleistungen.

2.2.2.
Verpflichtungen der Betriebsgewerkschaftsleitungen

2.2.2.1.
Einflußnahme auf die Sicherung der Zahlung einer Jahresendprämie an alle Empfangsberechtigten bei Vorhandensein der Voraussetzungen sowie auf die Durchsetzung der leistungsgerechten Differenzierung der Prämienhöhe auf der Basis der erreichten kollektiven und individuellen Leistungen.

2.2.2.2.
Aktive Mitwirkung bei der Durchsetzung der Prinzipien der ideellen und materiellen Anerkennung auf der Grundlage der betrieblichen Auszeichnungs- und Prämienordnung sowie Unterbreitung eigener Vorschläge zur Auszeichnung und Prämierung – insbesondere zu den Staatsfeiertagen.

2.3.
Entwicklung der materiellen Arbeitsbedingungen der Werktätigen

2.3.1.
Verpflichtungen des Betriebsdirektors

Zur weiteren Verbesserung der Arbeitsbedingungen der Werktätigen werden folgende Schwerpunktmaßnahmen unter Verantwortung des Fachbereichsleiters Technik durchgeführt:

- Rekonstruktion der Filiale Karl-Marx-Allee des Industrieladens zur Verbesserung der Arbeits- und Lebensbedingungen für 10 Werktätige.
  Termin: II. Quartal 1983
- Rekonstruktion der Serviceeinrichtung Wilhelminenhofstr. zur Verbesserung der Arbeitsbedingungen für 10 Werktätige im Bereich Annahme/Ausgabe und Werkstatt.
  Termin: II. Quartal 1983
- Rekonstruktion des Bereiches Hufelandstr./Lieselotte-Herrmann-Str. (SB III und Lager) zur Verbesserung der Arbeits- und Lebensbedingungen für 26 Werktätige.
- Im Ferienobjekt Jassewitz werden den Erfordernissen entsprechend weitere Instandsetzungen durchgeführt.
  Termin: IV. Quartal 1983
- Rekonstruktion des Aufenthaltsraumes für Lagerpersonal im BB Sörnewitz des BT RTV zur Verbesserung der Arbeits- und Lebensbedingungen für 20 Werktätige.
  Termin: II. Quartal 1983
- Rekonstruktion und Erweiterung des Werkstattbereiches der Betriebshandwerker, Kinzigstr. 14, zur Verbesserung der Arbeits- und Lebensbedingungen für 5 Werktätige.

2.3.1.1.
Zur Sicherung des Arbeits- und Gesundheitsschutzes der Werktätigen werden mit den zuständigen gewerkschaftlichen Organen quartalsweise Betriebsbegehungen durchgeführt. Dabei festgestellte Unfallgefahren und -quellen werden protokollarisch erfaßt und umgehende Maßnahmen zu ihrer Beseitigung eingeleitet.

Termin: quartalsweise
Verantw.: Ltr. techn. Sicherheit, GABS

2.3.1.2.
Es sind Voraussetzungen zu schaffen, daß alle staatlichen Leiter in produktiven und produktionsvorbereitenden Bereichen entsprechend der Qualifikationsmerkmale und Funktionspläne den Befähigungsnachweis für Gesundheits-, Arbeits- und Brandschutz erwerben bzw. die notwendigen Wiederholungsprüfungen ablegen.

Termin: laufend
Verantw.: Ltr. Kader/Bildung/Sicherheit

2.3.1.3.
Im Rahmen der Arbeitsschutzbelehrungen werden den Werktätigen die erforderlichen Kenntnisse

- zum arbeitsschutzmäßigen Verhalten im Arbeitsprozeß
- zum Verhalten bei Havarien
- zur gesunden Lebensweise
- zum Verhalten im Straßenverkehr

vermittelt.

Termin: monatlich in produktiven Bereichen; vierteljährlich in L- und V-Bereichen
Verantw.: alle staatlichen Leiter

2.3.1.4.
Die Ausbildung der Beschäftigten im Grundwissen der ZV ist zu konzentrieren auf die Wiederholung folgender Fragen, beginnend mit den Schwerpunkten

- Verhalten bei Sirenensignalen der Warnung
- Maßnahmen des Atem-, Körper- und Lebensmittelschutzes
- Selbst- und gegenseitige Hilfe zur Wundversorgung bei traumatischen und chemischen Schädigungen
- Durchführung von Rettungs- und Hilfeleistungsmaßnahmen nach eingetretenen Waffenwirkungen und bei Katastrophen bzw. schweren Havarien.

2.3.1.5.
Den Werktätigen werden die zur Erfüllung ihrer Arbeitsaufgaben erforderlichen Körperschutzmittel entsprechend der industriezweigspezifischen Direktive für Körperschutzmittel kostenlos zur Verfügung gestellt.

2.3.1.6.
Für diejenigen Mitarbeiter, die zur Erfüllung ihrer Arbeitsaufgabe einheitliche Bekleidung tragen müssen sowie diejenigen, deren Arbeitskleidung einem großen Verschleiß unterliegt (Lagerarbeiten im ETV) stellt der Betrieb Arbeitskittel (Spezitex) zur Verfügung.

Darunter fallen:

- Verkaufspersonal (2 Kittel jährlich)
- Annahmekräfte in Servicebereichen (2 Kittel jährlich)
- Hauskundendienstmonteure
- Lagerarbeiter je 1 Kittel jährlich
- Expeditionsarbeiter

Mitarbeiter im Verkauf, Annahmekräfte und HKD-Monteure tragen am Kittel ihr Namensschild.

2.3.2.
Verpflichtungen der Betriebsgewerkschaftsleitungen

2.3.2.1.
Regelmäßige Teilnahme an den Objektbegehungen mit den Leitern techn. Sicherheit/GAB sowie Einflußnahme auf die Auswertung der Ergebnisse und Beseitigung festgestellter Mängel.

2.3.2.2.
Kontrolle der regelmäßigen Durchführung der Arbeits- und Brandschutzbelehrungen in den Betriebsbereichen. Auswertung evtl. aufgetretener Unfälle und Einleitung erforderlicher Maßnahmen.

2.3.2.3.
Teilnahme an den quartalsweise stattfindenden Betriebsbegehungen zur gleichzeitigen Ermittlung der Erfordernisse zur Verbesserung der Kultur am Arbeitsplatz.

2.3.2.4.
Regelmäßige Schulung und Information der Arbeitsschutzobleute durch die BGL'n.

2.4.
Verbesserung der gesundheitlichen und sozialen Betreuung der Werktätigen

2.4.1.
Verpflichtungen des Betriebsdirektors

2.4.1.1.
Die gesundheitliche Betreuung der Werktätigen in der Hauptstadt erfolgt durch die Poliklinik des VEB Fleischkombinat Berlin.

Die Betriebsbereiche des Ersatzteilvertriebes schließen entsprechend den örtlichen Bedingungen selbständig Verträge mit Einrichtungen des Gesundheitswesens ab.

Die gesundheitliche Betreuung umfaßt vor allem:

- regelmäßige prophylaktische Untersuchung aller Mitarbeiter, wie

- vorbeugende Krebsuntersuchungen
- Zuckertest
- Grippeschutzimpfungen
- Einstellungs- und Tauglichkeitsuntersuchungen
- Kraftfahrer-Tauglichkeitsuntersuchungen
- regelmäßige Untersuchungen bei den Mitarbeitern, die unter gesundheitsgefährdenden Bedingungen arbeiten
- eine regelmäßige arbeitsmedizinische Dispensairebetreuung für die lt. § 208 AGB berechtigten Werktätigen

Termin: jährlich bzw. entsprechend gesetzl. Bestimmungen
Verantw.: Leiter Ökonomie

2.4.1.2.
Werktätige, die mehr als 120 Überstunden jährlich leisten, sind einmal im Jahr prophylaktisch zu untersuchen.

Termin: bei Bedarf
Verantw.: staatl. Leiter

2.4.1.3.
Vierteljährliche Erarbeitung und Auswertung der Krankenstandsanalyse des Betriebes und Einleitung von Maßnahmen bei beeinflußbaren Ursachen.

Termin: vierteljährlich
Verantw.: Leiter Ökonomie/BGL'en

2.4.1.4.
Bei Erkrankung von Mitarbeitern über den Zeitraum von 2 Wochen hinaus, werden diese durch Beauftragte des Arbeitskollektivs besucht.

Bei längerer Krankheit – ab 3 Wochen – kann anläßlich dieser Besuche aus dem K- und S-fonds eine Zuwendung für Stärkungsmittel bis zu 10,– M gewährt werden, wobei eine jährliche Höchstgrenze von 30,– M einzuhalten ist.

Termin: bei Bedarf
Verantw.: alle staatl. Leiter/GVM

2.4.1.5.
Bei Inanspruchnahme von Kuren wird auf Antrag der zuständigen Gewerkschaftsgruppe für Mitarbeiter, deren Bruttogehalt 800,– M nicht übersteigt, ein einmaliger Zuschuß von 50,– M aus dem K- und S-Fonds gewährt.

Termin: bei Bedarf
Verantw.: alle staatl. Leiter/GVM

2.4.1.6.
Im Falle des Todes eines Mitarbeiters wird dem Angehörigen der die Kosten der Bestattung trägt, eine einmalige betriebliche Beihilfe in Höhe von 200,– M aus dem K- und S-Fonds gewährt.

Termin: bei Bedarf
Verantw.: alle staatl. Leiter/GVM

2.4.1.7.
Für Betriebsangehörige, die unverschuldet in Not geraten, kann auf Antrag aus dem K- und S-Fonds eine einmalige Unterstützung bis zur Höchstgrenze von 300,– M gezahlt werden.

Termin: bei bedarf
Verantw.: alle staatl. Leiter/GVM

2.4.1.8.
Ausschöpfung aller Möglichkeiten zur Sicherung einer stabilen Arbeiterversorgung, insbesondere für die Teilnahme am Werkküchenessen durch Abschluß von Verträgen mit Fremdbetrieben, Einrichtungen u.ä. Für die Einnahme einer warmen Mahlzeit kann bei Anwesenheit im Betrieb pro Tag ein Zuschuß in Höhe bis zu 1,50 M gewährt werden.

Dieser Betrag wird mit 0,25 M aus den Kosten, der Rest aus dem K- und S-Fonds finanziert. Dazu sind aus dem K- und S-Fonds für 1983 200,– M je Mitarbeiter bereitzustellen. Der Zuschuß bis zu 1,50 M täglich wird an die Mitarbeiter gezahlt, die nicht am organisierten Werkküchenessen teilnehmen können.

Mitarbeiter, denen die Möglichkeit zur Teilnahme am Werkküchenessen gegeben ist, sie selbst aber keinen Gebrauch davon machen, haben keinen Anspruch auf die Zahlung eines Essengeldzuschusses. Eine Ausnahme hiervon bilden die Mitarbeiter, denen keine ärztlich verordnete Schon- oder Diätkost verabreicht werden kann.

Termin: monatlich
Verantw.: alle staatl. Leiter/GVM

2.4.1.9.
Alkoholfreie Getränke können ab 28°C Außentemperatur ausgegeben werden. Dazu darf pro Person bis zu 0,50 M je Tag verwendet und zu Lasten des K- und S-Fonds abgerechnet werden.

2.4.1.10.
Zur ordnungsgemäßen Vorbereitung der betrieblichen Feriensaison ist die Aufschlüsselung der Urlaubsplätze in betriebseigenen bzw. durch den Betrieb vertraglich gebundenen Objekten bis zum 15.11. des Vorjahres vorzunehmen und den Betriebsgewerkschaftsleitungen zu übergeben.
Verantw.: Leiter Ökonomie

2.4.2.
Verpflichtungen der Betriebsgewerkschaftsleitungen

2.4.2.1.
Enge Zusammenarbeit des Rates für Sozialversicherung mit den zuständigen Gesundheitseinrichtungen zur ständigen Sicherung der ärztlichen Betreuung unserer Betriebsangehörigen.

2.4.2.2.
Unterstützung der staatlichen Leitung bei den vierteljährlichen Krankenstandsanalysen sowie der Auswertung und Einleitung von Maßnahmen zur Beseitigung von beeinflußbaren Krankheitsursachen.

2.4.2.3.
Information der Werktätigen über die allgemein-sozialversicherungsrechtlichen Bestimmungen, Ergänzungen und Veränderungen sowie quartalsweise Schulung und Information der SV-Bevollmächtigten durch die BGL.

2.4.2.4.
Die Gewerkschaftsleitungen leisten eine verstärkte Überzeugungsarbeit bei den Werktätigen, deren Arbeitseinkommen 600,– M monatlich übersteigt, um sie für den Beitritt zur Freiwilligen Zusatzrentenversicherung zu gewinnen und arbeiten in den betrieblichen Arbeitsgruppen mit.

2.4.2.5.
Unterstützung der staatlichen Leitung bei der Gewinnung von Kadern für die Durchführung der Kinderferienaktion.

2.4.2.6.
Vergabe der FDGB-Reisen und der Plätze in betriebseigenen bzw. vertraglich gebundenen Einrichtungen entsprechend der Direktive des FDGB bis zum 15.12. für das Folgejahr.

2.4.2.7.
Kontrolle der Realisierung der Maßnahmen zur Verbesserung der Arbeits- und Lebensbedingungen, Mitbestimmung bei der zweckentsprechenden Verwendung des Prämienfonds- und Leistungsfonds.

3. Entwicklung eines hohen Kultur- und Bildungsniveaus bei den Werktätigen

3.1.
Maßnahmen zur geistigen Entwicklung und Bildung der Werktätigen

3.1.1.
Verpflichtungen des Betriebsdirektors

3.1.1.1.
Die staatlichen Leiter haben der weiteren Qualifizierung der Mitarbeiter für die bestmögliche Erfüllung ihrer Arbeitsaufgabe vorrangige Aufmerksamkeit zu widmen. Sie sind verantwortlich dafür, daß die Aufgaben zur objektbezogenen Weiterbildung gestellt werden.

Sie unterstützen die Mitarbeiter durch regelmäßige Erläuterung der Aufgaben und Übermittlung von Erfahrungen.

Frauen über 40 Jahren und Männern über 45 Jahren kann bei Erfüllung der im Gesetzblatt 9/78 vom 28.3.1978 geforderten Bedingungen die Facharbeiterqualifikation zuerkannt werden.

Schriftlich begründete Anträge auf Zuerkennung sind jeweils bis zum 1.3. und 1.9. des jeweiligen Kalenderjahres an den Bereich Kader/Bildung für folgende Berufe einzureichen:

- Elektromonteur
- Industriekaufmann
- Kundendienstfacharbeiter
- Facharbeiter für Lagerwirtschaft und Warenbewegung
- Fachverkäufer.

Bei der Zuerkennung sind folgende weitere Kriterien zu beachten:

- hervorragende Leistungen
- mindestens 10 Jahre Facharbeitertätigkeit in der jetzigen Funktion
- Teilnahme an Weiterbildungsmaßnahmen
- Mitarbeit am Neuererwesen oder Auszeichnung als „Aktivist der sozialistischen Arbeit"

3.1.1.2.
Die staatlichen Leiter unterstützen die Kollektive und Gewerkschaftsgruppen bei der Ausarbeitung und Verwirklichung kontroll- und abrechenbarer Qualifizierungsmaßnahmen als Bestandteil der Kultur- und Bildungspläne.

3.1.1.3.
Mit den Mitarbeitern, die an einer betrieblich geplanten Qualifizierungsmaßnahme teilnehmen, werden grundsätzlich Qualifizierungsverträge abgeschlossen. Ausnahmen hiervon sind durch § 149 (2) in Verbindung mit § 153 (3) AGB geregelt.

3.1.1.4.
Die staatlichen Leiter unterstützen die von der Gewerkschaft organisierten „Schulen der sozialistischen Arbeit" als wichtige Form der marxistisch-leninistischen Qualifizierung.

3.1.1.5.
Der Betrieb fördert die durch die Kollektive organisierte kulturelle Bestätigung der Mitarbeiter. Er gewährt bei Theater-, Museums-, Galerie-, Ausstellungsbesuchen u.a. Kostenunterstützungsbeiträge bis zu 25 % der entstehenden Kosten je Veranstaltung, jedoch maximal 15,– M je Person insgesamt im Jahr. Der Betrag wird nachträglich gewährt.

3.1.2.
Verpflichtungen der Betriebsgewerkschaftsleitungen

3.1.2.1.
In den „Schulen der sozialistischen Arbeit" werden die Werktätigen und Kollektive befähigt, sich noch gründlicher mit der Weltanschauung der Arbeiterklasse, dem Marxismus-Leninismus, den Beschlüssen der SED und den Gewerkschaften vertraut zu machen, vor allem ihre ökonomischen Kenntnisse in Verbindung mit der Vermittlung bester Erfahrungen auf dem Gebiet der Dienstleistungen und Neuerermethoden zu vertiefen und ihre kultur-ästhetischen Kenntnisse zu erweitern. Durch intensive politisch-ideologische Arbeit wirken die BGL'n darauf ein, daß alle Werktätigen an den „Schulen der sozialistischen Arbeit" teilnehmen.

3.2.
Freizeit und Erholungssport

3.2.1.
Verpflichtungen des Betriebsdirektors

3.2.1.1.
In den Brigaden und Kollektiven ist ein breites allgemeinbildendes, kulturelles und sportliches Leben zu entfalten.

Den Kollektiven werden zur Förderung des Brigadelebens bei Antragstellung mit konkretem Verwendungszweck aus dem K- und S-Fonds Mittel in Höhe von maximal 20,– M je Person im Jahr, wovon maximal 50% für Speisen und Getränke verwendet werden dürfen, zur Verfügung gestellt. Diese sind mit Belegen abzurechnen.

3.2.2.
Verpflichtungen der Betriebsgewerkschaftsleitungen

3.2.2.1.
Zur Förderung der Sportarbeit werden die BGL'n verschiedenartige sportliche Maßnahmen organisieren.

3.2.2.2.
Die Betriebsgewerkschaftsleitungen unterstützen die kulturelle Massenarbeit durch die Popularisierung kultureller Veranstaltungen und durch den Erfah-

rungsaustausch in Verwirklichung der Kulturvorhaben durch die sozialistischen Kollektive.

3.2.2.3.
Regelmäßige Schulung und Information der Kulturobleute durch die BGL'n.

4. Verwendung des Kultur- und Sozialfonds und des Leistungsfonds für die Verbesserung der Arbeits- und Lebensbedingungen sowie materielle Anerkennungen

4.1.
Bildung, Verwendung und Abrechnung des Kultur- und Sozialfonds

4.1.1.

Fonds lt. STAL (ohne Horde)	190,0 TM
Überhang aus 1982 (Betrieb ges.)	7,6 TM
Gesamtfonds	197,6 TM
davon zur Verwendung vorgesehen	175,1 TM
Reserve	8,5 TM
Leistungsfonds für Maßnahmen des Erholungswesens	(30,0 TM)

4.1.2.

Die Verwendung des K.u.S.-Fonds wird wie folgt vorgenommen:	Gesamt TM	zentr. Maßn.	Bereich Berlin	BT ETV
insgesamt	189,1	14,8	112,8	47,5
1. Einrichtungen und Maßnahmen der Arbeiterversorgung	87,0	–	60,0	27,0
2. Entwicklung des geistig-kultur. Lebens	41,2	2,0	29,0	10,2
dar. Tag d. Metallarb.		(2,0)	–	–
Betriebsfest			(12,0)	(5,0)
Gesellschaftl.			(0,6)	–
3. Gesundheitliche und soziale Betreuung	4,2	–	3,0	1,2
4. Verbesserung der Arbeits- und Lebensbedingungen d. werktätigen Frauen einschl.Kinderbetreuung	18,2	–	12,0	6,2
dar. Veranstaltung z. Frauentag		–	(4,0)	(3,0)
5. Entwicklung Körperkultur und Sport	0,5	–	0,3	0,2
6. Maßnahmen zur Förderung der Jugend	0,3	–	0,2	0,1
7. Förderung der Verteidigungsbereitschaft d. Werktätigen	1,3	–	1,3	–
8. Einrichtungen und Maßnahmen des Ferienwesens	25,8	25,8	–	–
dar. Auszeichnungsreisen	(11,8)	–	–	

Mittel d. Leistungsfonds			(30,0)	(30,0)
9. Einrichtungen und Maßnahmen d. Wohnungswesens (AWG)	0,4		0,4	–
10. Veteranenbetreuung/Volkssolidarität	2,2	–	1,6	0,6
11. Ehrung u. Betreuung der Werktätigen	5,5	–	4,0	1,5
12. Verbesserung der A+L durch Initiative der Werktätigen	1,5	–	1,0	0,5
13. Zentralisierter K.u.S.-Fonds beim GD	1,0	1,0	–	–

4.2. Verwendung des Leistungsfonds

4.2.1. Stand am 1.1.1983	368,0 TM
– Zuführung zum Inv.-Fonds 83	40,0 TM
davon 25 % für Investfonds 1984	82,0 TM
zur Verwendung stehen zur Verfügung	246,0 TM
4.2.2. Verwendung des Leistungsfonds	
– Arbeits- und Lebensbedingungen/Erholungswesen	30,0 TM
– Instandhaltung Ferienobjekt	3,0 TM
– Gitterboxpaletten	32,0 TM
– Verbesserung der ALB in Sörneweitz	4,0 TM
– Verbesserung ALB	
– Reko Gärtnerstr.	25,0 TM
– Reko Werkstatt Betr.-Handw.	5,0 TM
– Umzug FB T	22,0 TM
– Ladeneinrichtung u. Lagerausstattungen	60,0 TM
– Ausbau v. Sozialräumen Hufelandstr. und Gubenerstr.	50,0 TM
– Reserve	15,0 TM

4.3. Verpflichtung der Betriebsgewerkschaftsleitungen

4.3.1.
Aktive Mitarbeit zur Sicherung der Einhaltung der gesetzlichen Bestimmungen sowie Durchführung von Kontrollen zur Gewährleistung der Einhaltung der betrieblichen Ordnungen und der Beschlüsse im Rahmen des Systems der ideellen und materiellen Anerkennung.

5. *Frauenförderungsplan 1983*

Bei der weiteren Gestaltung der entwickelten sozialistischen Gesellschaft gilt es, der wachsenden Rolle der Frauen im gesellschaftlichen und betrieblichen Leben durch konkrete Maßnahmen für die Sicherung ihrer Mitverantwortung sowie für die Verbesserung ihrer Arbeits- und Lebensbedingungen gerecht zu werden. Das erfordert, allen Frauen unseres Betriebes die Möglichkeit zu geben, ihre politische und fachliche Qualifikation systematisch zu erhöhen.

Zur politisch-ideologischen Qualifizierung nehmen die Genossinnen am Parteilehrjahr und die Kolleginnen an den „Schulen der sozialistischen Arbeit“ teil. Jeder Leiter hat gegenüber der Gesellschaft die verantwortungsvolle Aufgabe, die Entwicklung der Frauen zu sozialistischen Persönlichkeiten allseitig zu fördern.

5.1.
Verpflichtungen des Betriebsdirektors

5.1.1.
Zum Erwerb und zur Vertiefung der marxistisch-leninistischen Kenntnisse werden alle Frauen in betriebliche und gesellschaftliche Schulungsmaßnahmen, Aussprachen und Problemdiskussionen einbezogen. Monatlich wird in den Rechenschaftslegungen der staatl. Leiter der Stand der Erfüllung des Frauenförderungsplanes ausgewertet.

5.1.2.
Zu Ehren des Internationalen Frauentages wird ein Frauenforum beim Betriebsdirektor durchgeführt. Durch die staatlichen Leiter werden regelmäßig mit den Frauen Einzelgespräche geführt mit dem Ziel, sie für eine Qualifizierung und künftige Leitungsfunktion zu gewinnen.

5.1.3.
Folgende Kolleginnen befinden sich in der Qualifikation bzw. werden 1983 eine Aus- und Weiterbildung aufnehmen:

Direktstudium Hochschule	
Kaczmarek, Petra (Vorbereitungslehrgang)	FB M
Direktstudium Fachschule	
Fechner, Birgit	SB IV
Lehnigk, Gesine	SB II
Fernstudium Fachschule	
Andree, Dagmar (bis Februar 1983)	FB O
Schaal, Angelika	FB F
Weißbrich, Regina	FB O
Kunzelmann, Karin	BT ETV
Facharbeiterqualifizierung	
Zimmermann, Carola	I-Laden
Fachspezifische Lehrgänge	
Lattenstein, Marianne	FB Ö
Zerbe, Hannelore	FB Ö

Dieser BKV einschließlich der Anlagen wurde auf der Vertrauensleutevollversammlung am 19.1.1983 beschlossen und in Kraft gesetzt.

Notwendige Forderungen und Ergänzungen zum BKV sind zwischen der staatlichen und den gewerkschaftlichen Leitungen zu vereinbaren und durch die Vertrauensleutevollversammlung zu beschließen.

Dieser BKV gilt für alle Mitarbeiter des veb haushaltelectric berlin.

Die spezifischen Aufgaben, Maßnahmen und Verpflichtungen in den jeweiligen Betriebsbereichen des ETV sind zwischen dem staatlichen Leiter und dem jeweiligen leitenden Gewerkschaftsorgan zu vereinbaren und dem BKV als Anlage beizufügen.

Berlin, 19. Januar 1983

Blankenburg
Betriebsdirektor

Meusel
BGL-Vorsitzender Berlin
Kasserra
BGL-Vorsitzender BB Altenburg

Stilchmüller
BGL-Vorsitzender BB Zella-Mehlis

Thieme
GVM BB Sörnewitz

Anlage 1

Betriebsprämienordnung

1. Gesetzliche Grundlagen
- Arbeitsgesetzbuch der DDR
- Verordnung über die Planung, Bildung und Verwendung des Prämienfonds für volkseigene Betriebe vom 8.9.1982 (Gbl. Teil I Nr. 34 vom 27.9.1982)
- 1. DB zur Verordnung über die Planung, Bildung und Verwendung des Prämienfonds für volkseigene Betriebe (Gbl. Teil I Nr. 34)
- Kombinatsorganisationsanweisung Nr. 3/81

2. Die Planung und Bildung des Prämienfonds erfolgt zentral für den Gesamtbetrieb. Den Bereichen werden Anteile des Betriebsprämienfonds zur Verwendung während des Planjahres übergeben. Die Plankennziffer Prämienfonds wird dem veb heb mit der STAG in absoluter Höhe übergeben.

Durch Überbietung der STAG bzw. Übererfüllung der STAL können zusätzlich bis zu 200,– M/VbE Prämienfonds erarbeitet werden.
Eigenleistung 15,– M/VbE je 1% Überbietung/Übererfüllung

Nettogewinn 5,– M/VbE
Bei Nichterfüllung der Planaufgaben erfolgen Kürzungen in gleicher Höhe.

3. Aufteilung des Betriebsprämienfonds

3.1. Der Betriebsprämienfonds wird auf der Grundlage des Bildungssatzes der Staatlichen Auflage wie folgt aufgeteilt:
a) zentraler Prämienfonds des Betriebsdirektors
Bildungssatz = 100,– M je VbE

b) Prämienfonds der Bereiche für Wettbewerbs- und Sofortprämien
Bildungssatz
- für Mitarbeiter, deren Arbeitsleistungen über die Lohnform durch die Gewährung von Lohnprämien stimuliert werden = 100,– M je VbE
- für Mitarbeiter, die nach Gehaltsgruppen entlohnt werden = 175,– M je VbE

Restbetrag zur STAL – Jahresendprämienbetrag des Betriebes.

3.2. Erhöhte Zuführung wegen Übererfüllung der Staatlichen Auflage und Kürzungen des Prämienfonds wegen Nichterfüllung der Staatlichen Aufgabe oder Nichterfüllung der Staatlichen Auflage werden zugunsten oder zu Lasten des Jahresendprämienfonds des veb heb berechnet.

3.3. Der Prämienfonds für Wettbewerbs- und Sofortprämierungen aller dem Betriebsdirektor direkt unterstellten Leiter wird beim Betriebsdirektor zentralisiert.

3.4. Prämien aus Exportstimulierung bzw. aus Wettbewerbsprämien werden durch Entscheidung des Betriebsdirektors mit Zustimmung der BGL'n verwendet.

4. Verwendung des Betriebsprämienfonds

4.1. Jahresendprämie

4.1.1. Über die Jahresendprämie werden die Leistungen der Betriebskollektive bei der Erfüllung und Übererfüllung der Planziele materiell anerkannt.

Die durchschnittliche Jahresendprämie je BvE in Mark ist in der Regel in der gleichen Höhe wie im Vorjahr festzulegen, wenn der veb heb mit der Erfüllung und Übererfüllung der Leistungsziele die erforderlichen Prämienmittel erarbeitet hat. Für den veb heb ist dieser Durchschnittsbetrag grundsätzlich beizubehalten. Die zur Auszahlung vorgesehene durchschnittliche Jahresendprämie je VbE ist durch den Generaldirektor des KEGS zu bestätigen.

4.1.2. Für die Arbeitskollektive und für die einzelnen Werktätigen ist die Jahresendprämie nach der Leistung zu differenzieren. Dazu sind aus dem Plan abgeleitete beeinflußbare Leistungskriterien vorzugeben, die mit den Schwerpunkten des sozialistischen Wettbewerbs übereinstimmen und über das Haushaltsbuch oder durch andere bewährte Methoden kontrolliert und abgerechnet werden.

Für die Werktätigen des BT ETV und andere Werktätigen, die an der Lösung von Exportaufgaben arbeiten, ist die Erfüllung dieser Aufgaben als Leistungskriterium festzulegen.

4.1.3. Arbeitskollektive und einzelne Werktätigen, die sich hohe Planziele stellen und dazu beitragen, daß die anteiligen Planaufgaben mit geringeren materiellen und finanziellen Fonds erfüllt und überboten werden, sollen einen Vorteil in der Höhe der Jahresendprämie haben.

4.1.4. Als Monatsverdienst bei den Berechnungen und Festlegung der Höhe der Jahresendprämie gilt der durchschnittliche Monatsbruttoverdienst entsprechend der Verordnung über die Lohnzahlung sowie der dazu erlassenen Durchführungsbestimmungen.

4.1.5. Bei Fehlschichten und anderen groben Verstößen gegen die Arbeitsdisziplin sowie bei Verletzungen der staatsbürgerlichen Pflichten und bei Straftaten, die nicht vom Punkt 4.1.6. erfaßt werden, kann die Jahresendprämie der betreffenden Werktätigen gemindert werden oder entfallen.

4.1.6. Bei schwerwiegenden Verletzungen der staatsbürgerlichen Pflichten oder der sozialistischen Arbeitsdisziplin, die dem. § 55 des AGB zu fristloser Entlassung führen und bei Straftaten im Sinne des § 1, Abs. 3, des Strafgesetzbuches der DDR besteht kein Rechtsanspruch auf Jahresendprämie.

4.1.7. Für die Festlegung der Höhe der Jahresendprämie der Bereiche sind jährlich im BKV Kriterien der Leistungsbewertung festzulegen.

4.1.8. Die Auszahlung der Jahresendprämie erfolgt in jedem Fall nach Vorliegen der Bilanz- und Ergebnisrechnung, spätestens jedoch bis zum 31.3. des Jahres.

4.2. Wettbewerbsprämien, Zielprämien, Initiativprämien

4.2.1. Zur Entwicklung einer breiten Initiative bei der Führung des sozialistischen Wettbewerbs werden die Wettbewerbssieger prämiert. Die Sieger im Wettbewerb um die Auszeichnungen

- Bester Monteur
- Beste Annahmekraft
- Bester Verkäufer
- Bester Lagerarbeiter

- Bester Mitarbeiter
- Bester Kraftfahrer u.a.

sind aus dem Bereichsprämienfonds zu prämieren.

Die Sieger im Wettbewerb zwischen den Bereichen

- Bester Service- bzw. Handelsbereich
- Bester Leitungs- und Verwaltungsbereich
- Bester Bereich des BT ETV

werden aus dem Fonds des Betriebsdirektors prämiert. Für den ETV wird der dazu erforderliche Anteil dem Bereichsprämienfonds zusätzlich zugeführt und als Teil-Wettbewerb ausgewiesen.

4.2.2. Zielprämien können für die Lösung vordringlicher, besonders bedeutsamer, einen hohen Aufwand an körperlicher oder geistiger Arbeit erfordernder Aufgaben gezahlt werden. Sie sind vertraglich, unter exakter Formulierung der zu erreichenden Ziele, der Qualität, der Termine u.ä. zu vereinbaren.

Je nach ihrer Bedeutung für den Gesamtbetrieb bzw. für einen Bereich können sie aus dem Bereichsprämienfonds oder auch aus dem zentralen Prämienfonds bereitgestellt werden.

4.2.3. Initiativprämien können für hervorragende Arbeitsleistungen, für Aktivitäten in der fachlichen und gesellschaftlichen Tätigkeit und für andere beispielhafte Initiativen gezahlt werden. Bei Leistungen von besonderer Bedeutung für den Betrieb können sie aus dem zentralen Prämienfonds gezahlt werden.

4.3. Weitere Verwendung der Prämienmittel

4.3.1. des Bereichsprämienfonds für Sachprämien

4.3.2. des zentralen Prämienfonds beim Betriebsdirektor für die Bereitstellung finanzieller Mittel bei

- Verleihung der Auszeichnung „Aktivist der sozialistischen Arbeit" in Höhe von 300,– M
- Erringung des Ehrentitels „Kollektiv der sozialistischen Arbeit"
- Erreichung guter Studienergebnisse
- Auszeichnung von Mitarbeitern durch gesellschaftliche Organisationen

4.4. Verwendungsberechtigte

4.4.1. Über die Gewährung von Prämien und deren Höhe entscheidet:

- bei Mitteln der Fonds der Bereiche der staatliche Leiter mit Zustimmung des Gewerkschaftsvertrauensmannes
- bei Mitteln des zentralen Fonds der Betriebsdirektor mit Zustimmung der BGL.

5. Schlußbestimmungen

5.1. Die Verfahrensweise zur Beantragung, Bestätigung und Auszahlung der Prämienmittel wird in dienstlichen Weisungen geregelt.

5.2. Diese Prämienordnung wird mit Beschluß der VVV des veb heb vom 19.1.1983 in Kraft gesetzt.

Änderungen sind durch eine VVV des Betriebes zu beschließen.

Anlage 2

Vereinbarung über die Ehrung und Betreuung der Werktätigen

1. Maßnahmen zur Förderung und Unterstützung der Werktätigen während der Aus- und Weiterbildung.

1.1. Das Hauptziel der Berufsausbildung besteht in der Herausbildung von klassenbewußten Facharbeitern, die über ein hohes fachliches Können verfügen. Bei Abschluß der Facharbeiterprüfung mit der Note „Sehr gut“ erhalten Lehrlinge bis zu 75,– M, mit der Note „Gut“ bis zu 50,– M aus dem für die Lehrlingsausbildung vorgesehenen Prämienfonds.

1.2. Die Studien- und Lehrgangsgebühren sowie andere mit der Qualifizierung im Zusammenhang stehende Kosten, wie Büchergeld, Fahrkosten für die Teilnahme an Studienveranstaltungen außerhalb der Lehranstalt, Exkursionen usw. werden entsprechend den Rechtsvorschriften aus dem K- und S-Fonds erstattet, wenn die Delegierung durch den Betrieb erfolgte. Verletzt der Mitarbeiter seine Pflichten aus dem Qualifizierungsvertrag, so ist er dem Betrieb gegenüber gem. § 260 ff. AGB für die durch den Betrieb aufgewendeten Mittel (Gebühren und Kosten) materiell verantwortlich.

1.3. Mitarbeiter, die zum Hoch- und Fachschulstudium delegiert wurden bzw. an entsprechenden gesellschaftlichen Schulen studieren, können im Studienjahr einen Zuschuß aus dem K- und S-Fonds bis zu 100,– M für Lehrbücher; Mitarbeiter, die an Vorbereitungslehrgängen zum Hoch- und Fachschulstudium und an der Facharbeiterqualifizierung teilnehmen, einen Zuschuß aus dem K- und S-Fonds von 50,– M erhalten.

1.4. Die von den Studenten erreichten Studienergebnisse können durch materielle und moralische Stimuli gewürdigt werden. Dabei sind zu berücksichtigen:

- die Studiendisziplin
- die Leistungen im Arbeitsprozeß und
- die gesellschaftliche Tätigkeit.

Bei planmäßiger Zuführung zum Betriebsprämienfonds können

- nach Beendigung des laufenden Studienjahres für
  Hochschüler mit Note „Sehr gut" bis 150,– M
  Hochschüler mit Note „Gut" bis 100,– M
  Fachschüler mit Note „Sehr gut" bis 100,– M
  Fachschüler mit Note „Gut" bis 75,– M
- nach erfolgtem Abschluß des Studiums
- bei Hochschulabschluß mit der Note „Sehr gut" bis 300,– M
- bei Hochschulabschluß mit der Note „Gut" bis 250,– M
- bei Fachschulabschluß mit der Note „Sehr gut" bis 200,– M
- bei Fachschulabschluß mit der Note „Gut" bis 150,– M

als Anerkennungsprämien aus dem zentralen Betriebsprämienfonds gezahlt werden.

Die Auszeichnung ist in würdiger Form vor dem Kollektiv vorzunehmen.

Im Falle der Prämierung für den Gesamtabschluß des Studiums entfällt eine eventuelle Prämierung für das letzte Studienjahr.

1.5. Bei erfolgreichem Abschluß einer langfristigen (mindestens ein Jahr) Aus- und Weiterbildungsmaßnahme in der Erwachsenenqualifizierung, wie Zusatzstudium einschließlich postgraduales Studium, Besuch einer Kreisparteischule, Meister- und Facharbeiterabschluß, kann bei der Erreichung einer Mindestabschlußnote „Gut" eine Prämie bis zu 50,– M überreicht werden. Hierfür gelten die gleichen Prinzipien wie unter Punkt 1.4.

1.6. Für die Auszeichnung von Bestarbeitern, Neuerern und anderen verdienten Mitarbeitern werden In- und Auslandsreisen (Kurzreisen) im Frühjahr vergeben. Eine zusätzliche Freistellung dafür erfolgt nicht.

Termin: Frühjahr
Verantw.: Leiter Ökonomie

1.7. Für jeden Lehrling wird zur Durchführung einer dem Lehrziel dienenden Exkursion ein Betrag von 10,– M pro Jahr aus dem K- und S-Fonds für die Lehrlingsausbildung zur Verfügung gestellt.

2. Arbeitsjubiläen

2.1. Mitarbeiter, die langjährig im Betrieb tätig sind, haben Anspruch auf Würdigung am Jubiläumstag.

Als Anerkennung nach
5jähriger Betriebszugehörigkeit 50,– M
10jähriger Betriebszugehörigkeit 100,– M

15jähriger Betriebszugehörigkeit	150,– M
20jähriger Betriebszugehörigkeit	250,– M
25jähriger Betriebszugehörigkeit	350,– M
30jähriger Betriebszugehörigkeit	500,– M

35jähriger Betriebszugehörigkeit wird nach Rechnungslegung zurückerstattet.

Ab 25jähriger Betriebszugehörigkeit wird dem Jubilar an diesem Tag im Durchschnitt bezahlte Freistellung gewährt. Auf die Dauer der Betriebszugehörigkeit ist anzurechnen die ununterbrochene Zugehörigkeit zu

- den Betrieben, die seit Gründung des Betriebes vom veb heb übernommen wurden,
- den bewaffneten Organen entsprechend den gesetzlichen Bestimmungen.

Über Ausnahmefälle entscheidet der Betriebsdirektor in Übereinstimmung mit den BGL'n vor Aufnahme der Arbeit durch den Werktätigen.

Für Mitarbeiter, die auf Grund der gesetzlichen Bestimmungen eine Treueprämie erhalten oder deren Treueprämie Bestandteil des Grundgehaltes wurde, findet diese Regelung keine Anwendung. Sie erhalten zu den Jubiläumstagen ein Präsent im Werte von 30,– M.

2.2. In Würdigung eines arbeitsreichen Lebens werden die Betriebsangehörigen bei Ausscheiden aus dem Arbeitsprozeß feierlich verabschiedet. Ihnen wird ein Präsent bis zu 100,– M aus dem Bereichsprämienfonds überreicht, wenn sie mindestens 5 Jahre ununterbrochen dem Betrieb angehörten und Altersrentner sind oder wegen Vollinvalidität ausscheiden.

Betriebsangehörige, die sich um die Entwicklung des Betriebes besonders verdient gemacht haben, können bei ihrer Verabschiedung ein Präsent bis zu einer Höhe von 200,– M erhalten.

2.3. Mitarbeiter, die aus gesellschaftlichen Notwendigkeiten (Übernahme einer Tätigkeit in übergeordneten Organen, gesellschaftlichen Organisationen usw.) den Betrieb verlassen müssen, können in die unter Punkt 2.2. aufgeführte Regelung einbezogen werden.

3. Betreuung der NVA-Angehörigen

Der Einberufung von Betriebsangehörigen zur Ableistung des Ehrendienstes in den bewaffneten Organen ist besondere Aufmerksamkeit zu widmen.

Die Verabschiedung der einberufenen Werktätigen sowie die Begrüßung zur Wiederaufnahme der Tätigkeit nach Beendigung des Ehrendienstes wird durch den Betriebsdirektor vorgenommen.

Die Kollektive halten mit den Betriebsangehörigen im aktiven Wehrdienst regelmäßigen Kontakt, um sie über die Entwicklung ihres Kollektivs und des Betriebes zu informieren.

Es sind zwischen den einberufenen Betriebsangehörigen und dem veb heb Freundschaftsverträge abzuschließen.

Verantw.: Leiter Kader/Bildung

Anläßlich des Tages der NVA (Grenztruppen, VP) und zum Jahreswechsel wird den Betriebsangehörigen im aktiven Wehrdienst ein Glückwunschschreiben des Betriebes und ein Geschenkgutschein im Werte von 20,– M übersandt.

Verantw.: Leiter Kader/Bildung unter Mitwirkung der staatlichen Leiter

Einzelfragen zur Betreuung der zum aktiven Wehrdienst einberufenen Betriebsangehörigen sind in einer betrieblichen Organisationsanweisung auf der Basis der KOA Nr. 30/1/2 geregelt.

Verantw.: Leiter Kader/Bildung

4. Kinder- und Familienbetreuung

4.1. Höchstmögliche Bereitstellung von Kinderferienlagerplätzen vorrangig für die Kinder, die durch den veb heb das staatliche Kindergeld erhalten und bis zum 31.5.1983 das 14. Lebensjahr nicht überschritten haben.

Verantw.: Leiter Ökonomie

4.2. Für die Kinder von Betriebsangehörigen, für die das staatliche Kindergeld gezahlt wird und die das 14. Lebensjahr nicht überschritten haben, wird eine Weihnachtsfeier bzw. der Besuch einer weihnachtlichen Veranstaltung organisiert. Ist das nicht möglich, so erhält jedes Kind ein Weihnachtsgeschenk in Höhe bis zu 15,– M.

Bei kinderreichen Familien mit 4 und mehr unterhaltspflichtigen Kindern und alleinstehenden Elternteilen mit 3 und mehr unterhaltspflichtigen Kindern erhöht sich der Betrag je Kind auf 35,– M.

Verantw.: alle staatl. Leiter

Die BGL'n gewähren für die Durchführung der Kinderweihnachtsfeier einen Zuschuß in Höhe von 10,– M pro Kind.

4.3. Einmalige Sonderzuwendungen werden Mitarbeitern mit mindestens sechsmonatiger Betriebszugehörigkeit aus dem K- und S-Fonds bei folgenden Anlässen gewährt:

– Geburten	50,– M
– Jugendweihen	50,– M
– eigene Eheschließung	100,– M
– 25- und 50jähriges Ehejubiläum	50,– M

Diese Zuwendungen sollen vorrangig durch das Arbeitskollektiv für die Überreichung eines niveauvollen Geschenkes genutzt werden.

Werktätigen, die einen Jubiläumsgeburtstag ab 60. Geburtstag begehen, erhalten ein Präsent im Werte von 100,– M. An diesen Tagen wird ihnen bezahlte Freistellung gewährt, die im Durchschnittsverdienst bezahlt wird.

5. Rentnerbetreuung
Altersrentner und Invalidenrentner, die aus dem Arbeitsprozeß ausgeschieden sind, werden von den Veteranenkommissionen der BGL'n betreut. Im Rahmen dieser Betreuung werden zwei Veranstaltungen jährlich durchgeführt. Des weiteren sind die Veteranen mit ihren Ehepartnern zu gesellschaftlichen Veranstaltungen einzuladen. Für diese Veranstaltungen werden jährlich Mittel in Höhe von 50,– M je Person aus dem K- und S-Fonds zur Verfügung gestellt. Veteranen, die einen Jubiläumsgeburtstag begehen, werden in die unter Punkt 4.3. aufgeführte Regelung einbezogen.

Im Rahmen des bestehenden Patenschaftsvertrages mit der Volkssolidarität wird der Ortsgruppe 6 zur Gestaltung eines kulturvollen und geselligen Lebens ein Betrag von 200,– M aus dem Kultur- und Sozialfonds zur Verfügung gestellt.

Verantw. für die Veteranenbetreuung: BGL'n

Anlage 3

Liste der Arbeitserschwernisse

1. Verzeichnis der betriebsbedingten Arbeitserschwernisse und der entsprechenden Zuschläge (Auszug aus dem RKV)

Art der Tätigkeit	Erschwerniszuschlag in Mark/Stunde
1. Umgang mit Säuren, Laugen, Salzlösungen u.ä. bei hoher Belastung durch das Tragen von Körperschutzmitteln und durch ätzende Dämpfe	0,20
2. Lötarbeiten bei starker Geruchsbelästigung	0,20
3. Reparaturarbeiten an Toilettenanlagen und Kläranlagen bei Fäkalienkontakt	0,90
4. Arbeiten mit Röntgen-, Ultraviolett- und Elektronenstrahlen bei hoher Belastung durch das Tragen von Körperschutzmitteln	0,30
5. Reinigen von Toilettenanlagen und Waschanlagen im täglichen Turnus	0,25
6. Hohe körperlich-energetische Belastung	0,15

	beim manuellen Umschlagen und Manipulieren schwerer Teile	
7.	Schweißen und Brennschneiden bei starker Belästigung durch Rauche und Gase	0,20
8.	Reinigungsarbeiten nach Maler- und Bauarbeiten bei hohem Verschmutzungsgrad	0,20
9.	Arbeiten im Freien bei niedrigen Außentemperaturen -10 bis -20°C, unter -20°C	0,15/0,20
10.	Reparatur- und Wartungsarbeiten innerhalb stark verschmutzter Ausrüstungen und Anlagen bei Ganzkörperkontakt mit Nässe, Schmutz, Ölen oder Fetten	0,25
11.	Reparaturarbeiten unter Zwangshaltung (Überkopfarbeit), Arbeiten im hocken, knien und liegen sowie Arbeit unter räumlich beengten Verhältnissen	0,15
12.	Reparatur- und Wartungsarbeiten an Anlagen bei räumlich beengten Verhältnissen	0,15

2. Körperschutzmittel
Für die Werktätigen des veb heb gelten die Körperschutzmittel entsprechend der industriezweigspezifischen Direktive für Körperschutzmittel, die im Fachbereich Ökonomie einzusehen ist.

Anlage 4

Urlaubsvereinbarung
Der Erholungsurlaub ist ein wichtiger Bestandteil der Arbeits- und Lebensbedingungen. Er ist so zu gewähren, daß der Erholungsurlaub auf alle Monate des Jahres verteilt und die planmäßige Erfüllung der betrieblichen Aufgaben gesichert wird sowie die Wünsche der Werktätigen weitgehend berücksichtigt werden.

Dem Werktätigen sind zur Sicherung einer ausreichenden Erholung mindestens 3 Wochen des jährlichen Erholungsurlaubs zusammenhängend zu gewähren.

Zwischen dem Betriebsdirektor und den BGL'n wird zur Sicherung dieser Aufgaben nachstehende Urlaubsvereinbarung auf der Grundlage der gesetzlichen Bestimmungen abgeschlossen:

1. Das Urlaubsjahr
1.1. Der Erholungsurlaub ist innerhalb des Kalenderjahres zu gewähren und zu nehmen. Aus dringlichen betrieblichen Gründen oder auf Wunsch des Werktätigen kann festgelegt werden, daß der Erholungsurlaub bis zum

31. März des folgenden Jahres angetreten wird. Diese Urlaubsverlagerung ist in Abstimmung des Werktätigen mit dem zuständigen staatlichen Leiter und dem Gewerkschaftsvertrauensmann durchzuführen und in den Urlaubsplan aufzunehmen.

1.2. Eine Abgeltung des Erholungsurlaubs in Geld besteht nur bei langfristiger Krankheit oder Invalidität entsprechend § 200 AGB.

1.3. Eine Unterbrechung oder vorfristige Beendigung des Erholungsurlaubs durch den Betrieb darf nur aus zwingenden Gründen und mit Zustimmung der Betriebsgewerkschaftsleitung angeordnet werden. Bei angeordneter Unterbrechung oder vorfristiger Beendigung besteht Anspruch auf Verlängerung des Erholungsurlaubs bis zu 2 Arbeitstagen entsprechend § 198 AGB. Die durch die Unterbrechung oder vorfristige Beendigung entstehenden unvermeidlichen Kosten sind dem Werktätigen vom Betrieb zu erstatten. Das gilt auch, wenn die im Urlaubsplan festgelegte Urlaubszeit des Werktätigen aus betrieblichen Gründen geändert wird.

1.4. Der Urlaubsplan

Zur Gewährung des Erholungsurlaubs ist zu Beginn des Jahres vom Betrieb ein Urlaubsplan aufzustellen. Die staatlichen Leiter sind verpflichtet, bis zum 31. Januar des jeweiligen Jahres die Urlaubspläne auszuarbeiten und diese dem Betriebsdirektor und den BGL'n zur Bestätigung vorzulegen.

Bei der Planung des Urlaubs sind die besonderen Schwerpunktforderungen an die Bereiche zur Sicherstellung der Versorgung der Bevölkerung, wie z.B. im Hauskundendienst und dem Handel, zu berücksichtigen. Für die Einhaltung des durch den Betriebsdirektor und die BGL'n bestätigten Urlaubsplanes ist der jeweilige staatliche Leiter voll verantwortlich.

Abweichungen vom bestätigten Urlaubsplan, die sich aus betrieblichen Gründen notwendig machen, bedürfen der Zustimmung durch die BGL'n. Die BGL'n können diese Zustimmungspflicht ganz oder begrenzt dem jeweiligen Gewerkschaftsvertrauensmann übertragen. Als Orientierung und zur gleichmäßigen Verteilung auf das ganze Jahr wird nachfolgender Schlüssel vorgegeben:

I. Quartal 15 % der Beschäftigten
II. Quartal 20 % der Beschäftigten
III. Quartal 50 % der Beschäftigten
IV. Quartal 15 % der Beschäftigten

1.5. Der Urlaubsanspruch

Die Dauer des Erholungsurlaubs ergibt sich aus dem Grundurlaub und dem Zusatzurlaub. Als Urlaubstage gelten die Arbeitstage Montag bis Freitag.

1.5.1. Der Grundurlaub beträgt 18 Arbeitstage.
Einen erhöhten Grundurlaub erhalten Werktätige entsprechend § 3 (2) des Gbl. Teil I Nr. 33 vom 3.10.78.

1.5.2. Werktätige, die überwiegend besonderen Arbeitserschwernissen ausgesetzt sind oder eine besonders verantwortliche Tätigkeit ausüben, erhalten einen arbeitsbedingten Zusatzurlaub von 1 bis 5 Arbeitstagen entsprechend den Festlegungen des RKV.

1.5.3. Werktätige, die nur während eines Teils des Kalenderjahres in einem Arbeitsverhältnis stehen, erhalten einen Anteilurlaub entsprechend § 195 AGB.

1.6. Die Beantragung des Urlaubs
Der Urlaubsantrag ist 4 Wochen vor Urlaubsantritt einzureichen und dem zuständigen staatlichen Leiter zur Genehmigung vorzulegen.

Anlage 5

Organisatorische Regelung für Abgabe und Abrechnung der Verpflichtungen zur Antragstellung bzw. Verteidigung des Ehrentitels „Kollektiv der sozialistischen Arbeit"

Der Kampf um die Erringung und Verteidigung des Ehrentitels „Kollektiv der sozialistischen Arbeit" wird auf der Basis der vom Ministerrat erlassenen gesetzlichen Bestimmungen geführt.

1. Antragstellung auf Verleihung des Ehrentitels

1.1. Die Aufnahme des Kampfes um den Ehrentitel „Kollektiv der sozialistischen Arbeit" erfolgt zu Beginn des laufenden Planjahres für das gesamte Planjahr. Grundlage für den Kampf um den Ehrentitel und seine jährliche Verteidigung sind die Wettbewerbsverpflichtungen und der Kultur- und Bildungsplan des Kollektivs. Zusätzliche Programme sind nicht zulässig. Die Wettbewerbsverpflichtungen und Kultur- und Bildungspläne sind auf folgende Schwerpunkte zu richten

- überragende Aufgaben zur allseitigen Erfüllung und gezielter Überbietung des Planes vorbildlich zu erfüllen (Kollektiv- und persönliche Verpflichtungen),
- Ordnung, Disziplin und Sicherheit zu gewährleisten,
- ständige Erhöhung der marxistisch-leninistischen, beruflich-fachlichen und ästhetischen Bildung.

1.2. Der Antrag auf Verteidigung des Ehrentitels erfolgt 4 Wochen nach Ablauf des Planjahres bis spätestens 31.1., wenn die Erfüllung der Wettbewerbsverpflichtungen gesichert und das Kollektiv der Überzeugung ist, daß es die politischen und ideologischen Voraussetzungen zur Führung des Ehrentitels „Kollektiv der sozialistischen Arbeit“ erreicht hat.

1.3. Die Abrechnung der Wettbewerbsverpflichtungen und des Kultur- und Bildungsplanes (2fach) sowie der Antrag auf Verleihung des Ehrentitels sind dem Betriebsdirektor zu übergeben.
Die Abrechnung der Wettbewerbsverpflichtungen und des Kultur- und Bildungsplanes müssen folgendes beinhalten:

- konkrete Abrechnung aller kollektiven und persönlichen Verpflichtungen,
- parteiliche, kritische und objektive Einschätzung der Entwicklung des Kollektivs,
- namentliche Aufstellung aller Kollektivmitglieder nach der Art der durchzuführenden Auszeichnung

a)	Erringung des Ehrentitels	–	Urkunde – Medaille
b)	erfolgreiche Verteidigung des Ehrentitels	–	Eintragung in vorh. Urkunde
c)	wie unter b) aufgeführt, jedoch fünfmal in ununterbrochener Folge	–	wie b) Spange zur Medaille

Für die unter c) aufgeführte Auszeichnung gilt der Zeitpunkt ab Erringung des Ehrentitels, unabhängig von der Dauer der Zugehörigkeit zum derzeitigen Kollektiv bzw. Betrieb.
Werktätigen, die ein ganzes Planjahr nicht am Kampf um den Ehrentitel bzw. seiner erfolgreichen Verteidigung teilnehmen konnten, werden in dem betreffenden Jahr nicht mit ausgezeichnet. Dieses Jahr wird ihnen jedoch bei der Verleihung der Spange für fünfmalige ununterbrochene Verteidigung des Ehrentitels angerechnet.

1.4. Bei der Verteidigung werden die Wettbewerbsverpflichtungen und der Kultur- und Bildungsplan für das folgende Jahr mit verteidigt und es wird darauf Einfluß genommen, daß sie sich durch eine den hohen Anforderungen an das sozialistische Arbeiten, Lernen und Leben entsprechende Qualität auszeichnen.

1.5. Die Verteidigung erfolgt öffentlich durch das Kollektiv. Der Betriebsdirektor oder ein von ihm Beauftragter beurteilt gemeinsam mit der BGL das Ergebnis der Verteidigung. Bei erfolgreicher Verteidigung ist innerhalb kürzester Zeit die Auszeichnung durchzuführen.
Mit der erstmaligen Erringung des Ehrentitels erhält das Kollektiv aus dem zentralen Prämienfonds eine Anerkennungsprämie, die sich aus dem Satz von 100,– M für das anspruchsberechtigte Kollektivmitglied errechnet.

2. Antragstellung zur Verteidigung des Ehrentitels
   Die Verteidigung des Ehrentitels erfolgt nach Ablauf des Planjahres. Die Antragstellung muß bis 31.1. erfolgen.
   Bei Einreichung der Unterlagen ist, wie unter Punkt 1.3. festgelegt, zu verfahren.
   Bei erfolgreicher Verteidigung des Ehrentitels erfolgt die erneute Auszeichnung durch den Betriebsdirektor innerhalb kürzester Frist. Die Stimulierung erfolgt über die Jahresendprämie in Höhe von max. 50,– M je 0Kollektivmitglied, das den Ehrentitel erfolgreich verteidigt hat.
   Kollektivmitglieder, die die Forderungen an die Verleihung der Spange zur Medaille (fünfmalige ununterbrochene erfolgreiche Erringung des Titels) erfüllt haben, erhalten ebenfalls über die Jahresendprämie eine Anerkennungsprämie in Höhe von max. 100,– M.
   Die mit der Auszeichnung verbundenen materiellen Mittel sind als kollektive Anerkennungsprämie zu betrachten. Sie stellen somit keinen Anspruch auf eine Auszahlung an die einzelnen Kollektivmitglieder dar.

Anlage A 2
Entwurf/Diskussionsgrundlage

Gesetz über die Interessenvertretung der Beschäftigten in Betrieben und Unternehmen

Der Entwurf des Gesetzes über die Interessenvertretung der Beschäftigten in Betrieben und Unternehmen wurde von einer Expertengruppe, bestehend aus Arbeitsrechtswissenschaftlern der DDR, der Industriegewerkschaften und Gewerkschaften, Mitarbeitern des Dachverbandes des FDGB sowie mit hilfreicher Unterstützung der Gewerkschaften der Bundesrepublik erarbeitet.

Erster Teil
Allgemeine Regelungen
Geltungsbereich

§ 1

(1) Dieses Gesetz gilt für Unternehmen und Betriebe aller Eigentumsformen, Genossenschaften, Einrichtungen, Dienststellen, staatliche Organe und Religionsgemeinschaften. Die Anordnung über die arbeitsrechtliche Stellung der in kirchlichen Einrichtungen beschäftigten Arbeiter und Angestellten vom 18. Januar 1958 wird nicht geändert.

(2) Als Betrieb im Sinne des Gesetzes gilt auch, wenn dieser mehreren Unternehmen gehört, er jedoch unter einheitlicher arbeitsorganisatorischer und/ oder arbeitstechnischer Leitung steht (Gesamtbetrieb).

(3) Beschäftigte im Sinne dieses Gesetzes sind Personen, die in einem Arbeitsrechts-, Dienst-, Ausbildungs-, Fortbildungs- oder Umschulungsverhältnis zu einem Betrieb stehen.

Als Beschäftigte im Sinne dieses Gesetzes gelten nicht leitende Angestellte. Leitende Angestellte sind Angehörige der ersten Leitungsebene, die umfassend, selbständig und eigenverantwortlich Leitungsfunktionen wahrnehmen und dabei in einen Interessengegensatz zum Betriebsrat und zu dem Beschäftigten geraten können.

Interessenvertretungsorgane

§ 2

(1) Die betriebliche Interessenvertretung der Beschäftigten erfolgt durch den Betriebs- bzw. Personalrat. Die Interessenvertretung im Unternehmen erfolgt durch Belegschafts- und Gewerkschaftsvertreter im Aufsichtsrat.

(2) Die Interessenvertretungen beider Ebenen arbeiten vertrauensvoll zusammen.

§ 3

(1) Personalräte werden gebildet in Ämtern, Dienststellen, Einrichtungen, Betrieben der öffentlichen Dienste und Religionsgemeinschaften.

(2) Die folgenden für Betriebsräte fixierten Rechte und Pflichten gelten für Personalräte gleichermaßen. Besonderheiten können in anderen Rechtsvorschriften geregelt werden.

Rechte der Gewerkschaften im Betrieb

§ 4

(1) Der Betriebsrat führt seine Aufgaben in enger Zusammenarbeit mit den im Betrieb vertretenen Gewerkschaften durch.

(2) Die Gewerkschaften nehmen ihre Rechte im Betrieb insbesondere durch gewählte Vertrauensleute wahr. Zu ihren Rechten zählen insbesondere:

a) Mitgliederwerbung und -informationen,
b) Durchführung von Gewerkschaftsveranstaltungen im Betrieb,
c) Aktivitäten im Zusammenhang mit Tarifbewegungen,
d) Kontrolle der Durchführung der geltenden Tarifverträge,
e) Unterstützung des Betriebsrates.

(3) Zur Wahrnehmung ihrer Rechte ist Beauftragten der im Betrieb vertretenen Gewerkschaften jederzeit Zutritt zum Betrieb und zu den Arbeitsplätzen zu gewähren. Sie haben das Recht, an Belegschaftsversammlungen teilzunehmen und Stellungnahmen abzugeben.

(4) Weitergehende Rechte der Gewerkschaften werden von diesem Gesetz nicht berührt. Unabhängig davon können durch Tarifvertrag und Betriebsvereinbarungen weitergehende Rechte des Betriebsrates und der Gewerkschaften nach diesem Gesetz geregelt werden.

Grundsätzliche Rechte der Betriebsräte

§ 5

(1) Betriebsräte werden in Betrieben mit mindestens 5 Beschäftigten gebildet.

(2) Betriebsräte und Leitungen des Betriebes arbeiten verantwortungsbewußt im Interesse der Beschäftigten und des Betriebszweckes zusammen.
(3) Betriebsräten obliegt die Wahrnahme der Mitwirkungs- und Mitbestimmungsrechte der Beschäftigten in wirtschaftlichen, personellen und sozialen Angelegenheiten nach der Maßgabe der Bestimmungen dieses Gesetzes.
(4) Der Betriebsleiter hat jede Maßnahme zu unterlassen, die ein Recht des Betriebsrates, sei es auch mittelbar, beeinträchtigen kann. Maßnahmen, die der Betriebsleiter unter Verletzung dieser Verpflichtung durchführt, sind unwirksam.
(5) Maßnahmen des Arbeitskampfes zwischen Betriebsleitung und Betriebsrat sind unzulässig. Arbeitskämpfe tariffähiger Parteien werden hiervon nicht berührt.
(6) Betrieb und Betriebsrat haben jede Werbung zugunsten politischer Parteien und Vereinigungen sowie sonstige Betätigungen, die dazu bestimmt sind, die Ziele politischer Parteien und Vereinigungen unmittelbar zu fördern, im Betrieb zu unterlassen. Die Behandlung von Angelegenheiten tarifpolitischer, sozialpolitischer und wirtschaftlicher Art, die den Betrieb oder seine Beschäftigten unmittelbar oder mittelbar betreffen, wird hierdurch nicht berührt.
(7) Beschäftigte werden durch ihre Mitgliedschaft im Betriebsrat in ihrer Meinungsfreiheit und in der Betätigung für ihre Gewerkschaft auch im Betrieb nicht beschränkt.

Beschäftigtenvertreter im Aufsichtsrat

§ 6

(1) In allen Betrieben mit mehr als 500 Beschäftigten haben diese das Recht, Vertreter in den Aufsichtsrat zu wählen.
(2) Die Vertreter der Beschäftigten im Aufsichtsrat setzen sich aus Belegschaftsangehörigen und Gewerkschaftsvertretern zusammen.
(3) In Unternehmen mit mehreren Betrieben im In- und Ausland werden Gesamtbetriebsräte gebildet. Bei Verflechtung mit ausländischen Unternehmen haben die Belegschaftsvertreter das Recht, mit ausländischen Belegschaftsvertretern zusammenzuarbeiten.

Weiterentwicklung durch Tarifvertrag

§ 7

Durch Tarifvertrag kann von den Vorschriften dieses Gesetzes zugunsten der Beschäftigten und ihrer nach diesem Gesetz zu bildenden Vertretungen abgewichen werden.

Zweiter Teil

Betriebsrat, Betriebsversammlung, Gesamtbetriebsrat
Wahlberechtigung und Wählbarkeit

§ 8
(1) Wahlberechtigt sind alle Beschäftigten.
(2) Wählbar sind alle Beschäftigten, die das 18. Lebensjahr vollendet haben.

Zahl der Betriebsratsmitglieder

§ 9
Der Betriebsrat besteht in Betrieben mit

5-20 Beschäftigten aus einer Person
21-100 Beschäftigten aus bis zu 5 Mitgliedern,
101-1000 Beschäftigten aus bis zu 15 Mitgliedern.

Je weitere 1000 Beschäftigte kann die Zahl bis zu 4 Mitgliedern erhöht werden.

Zeitpunkt der Betriebsratswahlen

§ 10
Die Betriebsratswahlen finden alle 2 Jahre in der Zeit vom 1. März bis 31. Mai statt.

Außerhalb dieser Zeit ist der Betriebsrat zu wählen, wenn es erforderlich ist und dies von der Belegschaftsversammlung mehrheitlich beschlossen wird.

Wahlvorschriften

§ 11
(1) Der Betriebsrat wird in unmittelbarer und geheimer Wahl gewählt.
(2) Die Wahl erfolgt nach den Grundsätzen der Mehrheitswahl. In der Wahlordnung des Betriebes kann ein anderes Wahlverfahren festgelegt werden.
(3) Die Belegschaftsversammlung beschließt die Wahlordnung des Betriebes: Die Wahlordnung des Betriebes bestimmt

- die Anzahl der zu wählenden Mitglieder des Betriebsrates,
- die Wahl des Wahlvorstandes, den Wahltermin und Festlegungen zum Ablauf der Wahl,
- das Verfahren für die Einreichung von Wahlvorschlägen,
- Feststellung und Bekanntmachung des Wahlergebnisses.

Der Minister für Arbeit und Soziales kann Einzelheiten zur Wahlordnung bestimmen.

Zusammensetzung des Betriebsrates

§ 12
Der Betriebsrat soll sich aus Beschäftigten der einzelnen Betriebsabteilungen zusammensetzen. Die verschiedenen Beschäftigtengruppen, Frauen und Männer, Jugendliche, Behinderte, ältere Beschäftigte und Ausländer sollen bei der Zusammensetzung des Betriebsrates berücksichtigt werden.

Amtszeit

§ 13
Die Amtszeit des Betriebsrates beginnt mit seiner Konstituierung, spätestens vier Wochen nach Bekanntgabe des Wahlergebnisses.

Pflichtverletzung des Betriebsrates

§ 14
Bei grober Verletzung seiner gesetzlichen Pflichten durch ein Mitglied des Betriebsrates oder durch den Betriebsrat kann das Mitglied ausgeschlossen oder der Betriebsrat aufgelöst werden.

Auf Antrag des Betriebsrates oder mindestens einem Viertel der Beschäftigten entscheidet darüber die Belegschaftsversammlung mit zwei Dritteln der Stimmen.

Vorsitzender

§ 15
Der Betriebsrat wählt den Vorsitzenden und dessen Stellvertreter.

Ausschüsse des Betriebsrates

§ 16
(1) Zur Erfüllung seiner Aufgaben bildet der Betriebsrat ständige und zeitweilige Ausschüsse, deren Mitglieder auch aus dem Kreis der Beschäftigten, die nicht Betriebsratsmitglieder sind, ernannt werden können.
(2) Zur Wahrnahme der Interessen von Beschäftigtengruppen (Frauen, Jugendliche und Auszubildende, Behinderte, ältere Beschäftigte, Ausländer) bildet der Betriebsrat entsprechende Ausschüsse.

Betriebsratssitzungen

§ 17
(1) Die Sitzungen des Betriebsrates finden in der Regel während der Arbeitszeit statt. Die betrieblichen Notwendigkeiten sind bei der Festlegung der Termine der Sitzungen zu berücksichtigen. Die Leitung des Betriebes ist darüber vorher zu verständigen.
(2) Der Vorsitzende hat eine Sitzung des Betriebsrates einzuberufen und den Gegenstand, dessen Beratung beantragt ist, auf die Tagesordnung zu setzen,

wenn das mindestens ein Viertel der Mitglieder des Betriebsrates oder die Leitung des Betriebes beantragt.
(3) Die Leitung des Betriebes ist verpflichtet, Vertreter zu Sitzungen des Betriebsrates zu entsenden, die auf ihr Verlangen anberaumt sind oder zu denen sie ausdrücklich eingeladen ist.
(4) Der Betriebsrat ist berechtigt, inner- und außerbetriebliche Personen zu den Sitzungen hinzuzuziehen. Auf Antrag der Mehrheit der Betriebsratsmitglieder können die im Betrieb vertretenen Gewerkschaften an den Betriebsratssitzungen teilnehmen.

Beschlüsse des Betriebsrates

§ 18
Beschlüsse des Betriebsrates werden mit der Mehrheit der Stimmen der Mitglieder gefaßt. Beschlußfähig ist der Betriebsrat, wenn mindestens die Hälfte seiner Mitglieder an der Sitzung teilnimmt. Bei Stimmengleichheit ist ein Antrag abgelehnt.

Geschäftsordnung

§ 19
Der Betriebsrat soll für seine Geschäftsführung eine Ordnung beschließen.
Freistellung der Betriebsratsmitglieder

§ 20
(1) Mitglieder des Betriebsrates sind für die erforderliche Zeit zur Wahrnahme ihrer Aufgaben von der Arbeit freizustellen.
(2) Von der Arbeit völlig freizustellen sind in Betrieben mit 300-600 Beschäftigten ein Betriebsratsmitglied, in Betrieben mit 601-1000 Beschäftigten zwei Betriebsratsmitglieder und je angefangene 1000 weitere Beschäftigte bis zu 10 000 Beschäftigten ein weiteres Betriebsratsmitglied.
(3) Während der Freistellung hat das Betriebsratsmitglied Anspruch auf eine Ausgleichszahlung in Höhe seines Durchschnittslohnes.

Materielle und finanzielle Aufwendungen

§ 21
Der Betrieb gewährleistet die materiellen Voraussetzungen und trägt die finanziellen Aufwendungen für die Wahl und die Tätigkeit des Betriebsrates sowie für die Schulung seiner Mitglieder.

Belegschaftsversammlung

§ 22
(1) Die Belegschaftsversammlung besteht aus den Beschäftigten des Betriebes. Sie wird vom Betriebsrat geleitet. Mindestens halbjährlich erstattet der Betriebsrat der Versammlung einen Bericht über seine Tätigkeit.

(2) Belegschaftsversammlungen finden während der Arbeitszeit statt, soweit nicht die Eigenart des Betriebes eine andere Regelung zwingend erfordert.
(3) Einzelheiten der Belegschaftsversammlung können in der Betriebsvereinbarung geregelt werden.

Gesamtbetriebsrat

§ 23
(1) Bestehen in einem Unternehmen/Kombinat/Konzern mehrere Betriebsräte, ist ein Gesamtbetriebsrat zu bilden.
(2) In den Gesamtbetriebsrat entsendet jeder Betriebsrat Vertreter, deren Anzahl zu vereinbaren ist.
(3) Der Gesamtbetriebsrat ist zuständig für die Behandlung von Angelegenheiten, die das Unternehmen, das Kombinat oder den Konzern betreffen. Die Leitung des Unternehmens, des Kombinates oder des Konzerns erstattet einen Bericht über die Sozialpolitik und die wirtschaftliche Lage und Entwicklung des Unternehmens.
(4) Mindestens einmal in jedem Kalenderjahr hat der Gesamtbetriebsrat die Betriebsratsmitglieder aller Betriebe zu einer Versammlung einzuberufen. In der Versammlung erstattet der Gesamtbetriebsrat einen Bericht über seine Tätigkeit.
(5) Die Bestimmungen dieses Gesetzes für den Betriebsrat gelten entsprechend für den Gesamtbetriebsrat.

Dritter Teil

Mitbestimmung und Mitwirkung des Betriebsrates
Grundsätze der Zusammenarbeit

§ 24
(1) Die Leitung des Betriebes und der Betriebsrat haben zu gewährleisten, daß alle im Betrieb tätigen Beschäftigten nach den Grundsätzen von Recht und Billigkeit behandelt werden, insbesondere, daß jede unterschiedliche Behandlung von Beschäftigten wegen ihrer Abstammung, Religion, Nationalität, Herkunft, politischen oder gewerkschaftlichen Betätigung oder Einstellung, wegen ihres Geschlechts oder ihres Alters unterbleibt.
(2) Die Leitung des Betriebes und der Betriebsrat haben die freie Entfaltung der Persönlichkeit sowie alle sonstigen Rechte der im Betrieb Beschäftigten zu gewährleisten.
(3) Die Leitung des Betriebes und der Betriebsrat sollen mindestens einmal im Monat zu einer Besprechung zusammentreffen.

Mitwirkungsrechte und Mitbestimmungsrechte

§ 25

(1) Der Betriebsrat hat Mitwirkungs- und Mitbestimmungsrechte nach Maßgabe der folgenden Bestimmungen in sozialen, personellen und wirtschaftlichen Angelegenheiten.

Mitwirkungsrechte sind:

- Informationsrechte;
- Vorschlagsrechte;
- Anhörungsrechte;
- Beratungsrechte;
- Kontrollrechte.

Mitbestimmungsrechte sind:

- Zustimmungs- bzw. Zustimmungsverweigerungsrechte;
- Vereinbarungsrechte.

(2) Soweit eine Angelegenheit der Mitbestimmung unterliegt, kann sie nur einvernehmlich geregelt werden. Kommt eine Einigung zwischen Leitung des Betriebes und Betriebsrat nicht zustande, entscheidet die Einigungsstelle. Der Spruch der Einigungsstelle ersetzt die Einigung.

Betriebsvereinbarungen

§ 26

(1) Betriebsvereinbarungen sind vom Betriebsrat und der Leitung des Betriebes gemeinsam zu beschließen und schriftlich niederzulegen. Sie sind von beiden Seiten zu unterzeichnen; dies gilt nicht, soweit Betriebsvereinbarungen auf einem Spruch der Einigungsstelle beruhen. Der Betrieb hat die Betriebsvereinbarungen an geeigneter Stelle im Betrieb auszulegen.
(2) Vereinbarungen zwischen Betriebsrat und Leitung des Betriebes, auch soweit sie auf einem Spruch der Einigungsstelle beruhen, führt der Betrieb durch, soweit im Einzelfall nichts anderes vereinbart ist. Der Betriebsrat kann zur Durchsetzung dieser Verpflichtung das Arbeitsgericht anrufen.
(3) Arbeitsentgelte und sonstige Arbeitsbedingungen, die durch Tarifvertrag geregelt sind, können nicht Gegenstand einer Betriebsvereinbarung sein. Dies gilt nicht, wenn ein Tarifvertrag den Abschluß ergänzender Betriebsvereinbarungen ausdrücklich zuläßt.
(4) Betriebsvereinbarungen gelten unmittelbar und zwingend. Werden Beschäftigten durch die Betriebsvereinbarung Rechte eingeräumt, so ist ein Verzicht auf sie nur mit Zustimmung des Betriebsrates zulässig. Die Verwirkung dieser Rechte ist ausgeschlossen. Ausschlußfristen für ihre Geltendmachung sind nur insoweit zulässig, als sie in einem Tarifvertrag oder einer Be-

triebsvereinbarung vereinbart werden; dasselbe gilt für die Abkürzung der Verjährungsfristen.
(5) Betriebsvereinbarungen können, soweit nichts anderes vereinbart ist, mit einer Frist von drei Monaten gekündigt werden.
(6) Nach Ablauf einer Betriebsvereinbarung gelten ihre Regelungen in Angelegenheiten, in denen ein Spruch der Einigungsstelle die Einigung zwischen Betrieb und Betriebsrat ersetzen kann, weiter, bis sie durch eine andere Abmachung ersetzt werden.

Allgemeine Aufgaben des Betriebsrates

§ 27

Der Betriebsrat hat folgende allgemeine Aufgaben:

1. darüber zu wachen, daß die zugunsten eines Beschäftigten geltenden und die dem Umweltschutz dienenden Gesetze, Verordnungen, Vorschriften im Gesundheits- und Arbeitsschutz, Tarifverträge und Betriebsvereinbarungen durchgeführt werden;
2. Maßnahmen, die dem Betrieb und der Belegschaft dienen, bei der Leitung des Betriebes zu beantragen;
3. Anregungen von Beschäftigten entgegenzunehmen und, falls sie berechtigt erscheinen, durch Verhandlungen mit der Leitung des Betriebes auf eine Erledigung hinzuwirken; er hat die betreffenden Beschäftigten über den Stand und das Ergebnis der Verhandlungen zu unterrichten;
4. Maßnahmen zu beantragen, die der Gleichberechtigung von Mann und Frau und der Verwirklichung von Gleichstellungsplänen dienen.

Mitbestimmungs- und Beratungsrechte in sozialen Angelegenheiten

§ 28

(1) Der Betriebsrat hat in folgenden Angelegenheiten mitzubestimmen:

1. Planung, Gestaltung und Änderung der Arbeitsplätze, der Arbeitsumgebung und der Arbeitsorganisation einschließlich der Arbeitsverfahren und der Arbeitsabläufe;
2. Einführung, Anwendung, Änderung oder Erweiterung technischer Einrichtungen in Verfahren, die geeignet sind. Daten oder Signale aufzunehmen, zu erfassen, zu speichern, zu verarbeiten, zu übertragen oder auszugeben;
3. Einführung, Anwendung, Änderung oder Erweiterung sonstiger technischer Einrichtungen und Verfahren, die geeignet sind, das Verhalten oder die Leistung der Beschäftigten zu überwachen;
4. Festlegung der Arbeitsinhalte und des Arbeitsumfangs einschließlich der Zahl der einzusetzenden Beschäftigten;

5. Fragen des Arbeitszeitsystems und der Arbeitszeit einschließlich des Beginns und des Endes der täglichen Arbeitszeit, der Pausen sowie der Verteilung der Arbeitszeit auf die einzelnen Wochentage;
6. Verlängerung oder Verkürzung der betriebsüblichen Arbeitszeit; bei vorübergehenden Maßnahmen erstreckt sich die Mitbestimmung auch auf den Zeitpunkt der Rückkehr zur betriebsüblichen Arbeitszeit;
7. Fragen der betrieblichen Lohngestaltung einschließlich der Entgeltsysteme, Aufstellung von Entlohnungsgrundsätzen, Einführung und Anwendung von Entlohnungsmethoden sowie deren Änderung;
8. Zeit, Ort und Art der Auszahlung der Arbeitsentgelte;
9. Einführung, Ausgestaltung und Änderung des betrieblichen Vorschlagwesens einschließlich der zu zahlenden Prämien;
10. Maßnahmen des Gesundheits- und Arbeitsschutzes, einschließlich der Ausarbeitung von Arbeitsschutzprogrammen sowie Einzelmaßnahmen, die, sei es auch mittelbar, der Verhütung von Arbeitsunfällen und Berufskrankheiten sowie dem Gesundheitsschutz dienen;
11. Aufstellungen allgemeiner Urlaubsgrundsätze und des Urlaubsplanes sowie die Festsetzung der zeitlichen Lage des Urlaubs für einzelne Beschäftigte, wenn zwischen der Leitung des Betriebes und den beteiligten Beschäftigten kein Einverständnis erzielt wird;
12. Form, Ausgestaltung und Verwaltung von Sozialeinrichtungen, soweit sich ihr Wirkungsbereich auf den Betrieb erstreckt, einschließlich der Mietverhältnisse über Werkwohnungen und der Einrichtungen der Kinderbetreuung.

(2) Die Leitung des Betriebes hat den Betriebsrat über die Planung von Neu-, Um- und Erweiterungsbauten von Fabrikations-, Verwaltungs- und sonstigen betrieblichen Räumen zu unterrichten und die vorgesehenen Maßnahmen mit ihm zu beraten.

Arbeitsschutz

§ 29

(1) Der Betriebsrat hat bei der Bekämpfung von Unfall- und Gesundheitsgefahren die für den Arbeitsschutz zuständigen Behörden, die Träger der gesetzlichen Unfallversicherung und die sonstigen in Betracht kommenden Stellen durch Anregung, Beratung und Auskunft zu unterstützen sowie sich für die Durchführung der Vorschriften über den Gesundheits- und Arbeitsschutz im Betrieb einzusetzen.

(2) Die Leitung des Betriebes und die in Absatz 1 genannten Stellen sind verpflichtet, den Betriebsrat oder die von ihm bestimmten Mitglieder des Betriebsrates bei allen im Zusammenhang mit dem Arbeitsschutz oder der Unfallverhütung stehenden Besichtigungen und Fragen und bei Unfallunter-

suchungen hinzuzuziehen. Die Leitung des Betriebes hat dem Betriebsrat unverzüglich die den Arbeitsschutz und die Unfallverhütung betreffenden Auflagen und Anordnungen der in Absatz 1 genannten Stellen mitzuteilen.
(3) An den Besprechungen der Leitung des Betriebes mit den Sicherheitsbeauftragten nach der Arbeitsschutzverordnung nehmen vom Betriebsrat beauftragte Betriebsratsmitglieder teil.
(4) Der Betriebsrat erhält die Niederschriften über Untersuchungen, Besichtigungen und Besprechungen, zu denen er nach den Absätzen 2 und 3 hinzuzuziehen ist.
(5) Die Leitung des Betriebes hat dem Betriebsrat jeweils eine Durchschrift von jeder Unfallanzeige auszuhändigen.

Beteiligungsrechte in personellen Angelegenheiten

§ 30

(1) Der Betriebsrat bestimmt mit bei der Personalplanung einschließlich aller Maßnahmen zu deren Vorbereitung, der Personalbeschaffung, der Personalentwicklung, dem Personaleinsatz und bei Maßnahmen zum Ausbau oder Abbau des Personals.

(2) Der Betriebsrat kann verlangen, daß Arbeitsplätze, die besetzt werden sollen, allgemein oder für bestimmte Arten von Tätigkeiten vor ihrer Besetzung innerhalb des Betriebes ausgeschrieben werden. Das Mitbestimmungsrecht erstreckt sich auch auf Inhalt, Ort und Dauer der Ausschreibung.
(3) Der Betriebsrat bestimmt mit bei

1. der Aufstellung, Einführung, Anwendung oder Änderung von Personalführungs- und Beurteilungsgrundsätzen;
2. der Erarbeitung und Verwendung von Personalfragebogen und personenbeziehbarer Daten von Beschäftigten;
3. der Gestaltung von Auswahlrichtlinien für personelle Einzelmaßnahmen;
4. der Gestaltung von Arbeitsverträgen, die vom Betrieb allgemein oder für eine Vielzahl von Beschäftigten verwendet werden (Formulararbeitsverträge).

(4) Die Mitbestimmung bzw. Mitwirkung des Betriebsrates bei Abschluß, Änderung und Auflösung von Arbeitsrechtsverhältnissen richtet sich nach den Bestimmungen anderer arbeitsrechtlicher Gesetze. Gleiches gilt für die Kündigung von Betriebsratsmitgliedern und Beschäftigtenvertretern im Aufsichtsrat.
(5) Eine beabsichtigte Einstellung oder personelle Veränderung eines leitenden Angestellten im Sinne dieses Gesetzes ist dem Betriebsrat rechtzeitig mitzuteilen.

(6) Das Mitbestimmungsrecht entfällt, wenn Angelegenheiten nach Absatz 3 durch Gesetz oder Tarifvertrag abschließend geregelt sind. Das gilt nicht, wenn das Gesetz oder der Tarifvertrag den Abschluß ergänzender Betriebsvereinbarungen ausdrücklich zulassen.

Förderung der Berufsbildung und Mitbestimmungsrecht

§ 31

(1) Die Leitung des Betriebes und der Betriebsrat haben im Rahmen der betrieblichen Personalplanung in Zusammenarbeit mit den für die Berufsbildung und den für die Förderung der Berufsbildung zuständigen Stellen die Ausbildung, Weiterbildung, Fortbildung und Umschulung der Beschäftigten zu fördern. Sie haben dabei die Belange bestimmter Beschäftigtengruppen zu berücksichtigen, wie ausländischer, schwerbehinderter, teilzeitbeschäftigter, älterer, in Schichten arbeitender Beschäftigter und Eltern von Kleinst- und Kleinkindern.

(2) Der Betriebsrat bestimmt mit bei der Errichtung, Gestaltung und Ausstattung betrieblicher Einrichtungen, die der Berufsbildung dienen, sowie bei der Ein- und Durchführung sonstiger betrieblicher und außerbetrieblicher Bildungsmaßnahmen einschließlich der Auswahl der Teilnehmer.

Mitbestimmungs- und Mitwirkungsrechte in wirtschaftlichen Angelegenheiten

§ 32

(1) Die Leitung des Betriebes und der Betriebsrat haben wirtschaftliche Angelegenheiten, die Auswirkungen auf den Betrieb und seine Beschäftigten haben können, zu beraten.

(2) Die Leitung des Betriebes hat den Betriebsrat rechtzeitig und umfassen über die wirtschaftlichen Angelegenheiten des Betriebes zu unterrichten. Dabei hat die Leitung des Betriebes auch die Auswirkungen der wirtschaftlichen Vorgänge auf die Personalplanung umfassend darzustellen.

(3) Zu den wirtschaftlichen Angelegenheiten im Sinne dieser Vorschrift gehören insbesondere

1. die wirtschaftliche und finanzielle Lage des Unternehmens;
2. die Produktions- und Absatzlage;
3. das Produktions- und Investitionsprogramm;
4. Rationalisierungsvorhaben;
5. Fabrikations- und Arbeitsmethoden, insbesondere die Einführung neuer Arbeitsmethoden;
6. die Einschränkung oder Stillegung von Betrieben oder von Betriebsteilen;
7. die Verlegung von Betrieben oder von Betriebsteilen;

8. der Zusammenschluß von Betrieben;
9. die Änderung der Betriebsorganisation oder des Betriebszweckes sowie
10. sonstige Vorgänge und Vorhaben, welche die Interessen der Beschäftigten des Unternehmens berühren können.

(4) Die Leitung des Betriebes hat die ihr nach Absätzen 1 und 2 obliegenden Verpflichtungen mindestens vierteljährlich, auf Verlangen des Betriebsrates auch in kürzeren Zeitabständen, zu erfüllen.

Den Jahresabschluß hat die Leitung des Betriebes dem Betriebsrat zu erläutern.

(5) Besteht ein Gesamtbetriebsrat, gelten die Verpflichtungen der Leitung des Betriebes nach Maßgabe der vorstehenden Bestimmungen auch dem Gesamtbetriebsrat gegenüber.

Wirtschaftsausschuß

§ 33

(1) Der Betriebsrat kann zur Erfüllung seiner Mitbestimmungs- bzw. Mitwirkungsrechte einen Wirtschaftsausschuß für die Dauer seiner Amtszeit bilden.

(2) Besteht ein Wirtschaftsausschuß, nimmt er die in § 32 geregelten Rechte des Betriebsrates wahr.

(3) Der Wirtschaftsausschuß besteht aus mindestens drei und höchstens sieben Mitgliedern, die dem Betrieb bzw. Unternehmen angehören müssen, darunter mindestens einem Betriebsratsmitglied.

Beilegung von Meinungsverschiedenheiten

§ 34

Wird eine Auskunft über wirtschaftliche Angelegenheiten des Betriebes im Sinne des § 32 entgegen dem Verlangen des Betriebsrates bzw. Wirtschaftsausschusses nicht, nicht rechtzeitig oder nur ungenügend erteilt und kommt hierüber mit der Leitung des Betriebes eine Einigung nicht zustande, entscheidet die Einigungsstelle. Der Spruch der Einigungsstelle ersetzt die Einigung. Die Einigungsstelle kann, wenn dies für ihre Entscheidung erforderlich ist, Sachverständige anhören.

Betriebsänderungen

§ 35

Die Leitung des Betriebes hat den Betriebsrat über geplante Betriebsänderungen, die Nachteile für die Belegschaft, Teile der Belegschaft oder einzelne Beschäftigte zur Folge haben können, zu unterrichten und die geplanten Betriebsänderungen mit dem Betriebsrat zu beraten. Dabei hat die Leitung des Betriebes auch die personellen, arbeitsmäßigen und sozialen Auswirkungen der von ihr geplanten Maßnahmen darzulegen. Als Betriebsänderungen im Sinne des Satzes 1 gelten insbesondere, auch wenn sie mit einem Wechsel des Betriebsinhabers verbunden sind.

1. Einschränkung oder Stillegung des ganzen Betriebes oder von Betriebsteilen;
2. Verlegung des ganzen Betriebes oder von Betriebsteilen sowie Auslagerung von Arbeit aus dem Betrieb;
3. Zusammenschluß mit anderen Betrieben oder deren Teilung sowie die Verbindung mit anderen Betrieben durch Informations- und Kommunikationsnetze;
4. Änderungen der Betriebsorganisation, des Betriebszwecks oder der Betriebsanlagen;
5. Einführung neuer Arbeitsmethoden und Fertigungsverfahren;
6. Rationalisierungsmaßnahmen und -systeme, auch wenn diese schritt- oder versuchsweise eingeführt werden sollen.

Interessenausgleich, Sozialplan

§ 36

(1) Kommt zwischen der Leitung des Betriebes und dem Betriebsrat ein Interessenausgleich über die geplante Betriebsänderung zustande, ist dieser schriftlich niederzulegen und vom Leiter des Betriebes und dem Betriebsrat zu unterschreiben. Das gleiche gilt für eine Einigung über den Ausgleich oder die Minderung der Nachteile, die den Beschäftigten oder einzelnen von ihnen infolge der geplanten Betriebsänderungen entstehen (Sozialplan). Interessenausgleich und Sozialplan haben die Wirkung einer Betriebsvereinbarung.

(2) Kommt ein Interessenausgleich über die geplante Betriebsänderung oder eine Einigung über den Sozialplan nicht zustande, so können die Leitung des Betriebes oder der Betriebsrat den Direktor des Arbeitsamtes des Bezirkes um Vermittlung ersuchen. Geschieht dies nicht oder bleibt der Vermittlungsversuch ergebnislos, können die Leitung des Betriebes oder der Betriebsrat die Einigungsstelle anrufen. Auf Ersuchen des Vorsitzenden der Einigungsstelle nimmt der Direktor des Arbeitsamtes des Bezirkes an der Verhandlung teil.

(3) Leitung des Betriebes und Betriebsrat sollen der Einigungsstelle Vorschläge zur Beilegung der Meinungsverschiedenheiten über den Interessenausgleich und den Sozialplan machen. Die Einigungsstelle hat eine Einigung der Parteien zu versuchen. Kommt eine Einigung zustande, so ist sie schriftlich niederzulegen und von den Parteien und vom Vorsitzenden zu unterschreiben.

(4) Kommt eine Einigung zwischen der Leitung des Betriebes und dem Betriebsrat über den Interessenausgleich nicht zustande, entscheidet die Einigungsstelle. Der Spruch der Einigungsstelle ersetzt die Einigung zwischen der Leitung des Betriebes und dem Betriebsrat insoweit, als er Auflagen zur Gestaltung der personellen, arbeitsmäßigen und sozialen Auswirkungen vorsieht.
(5) Kommt eine Einigung über den Sozialplan nicht zustande, so entscheidet die Einigungsstelle über die Aufstellung eines Sozialplanes. Die Einigungsstelle hat dabei sowohl die sozialen Belange der betroffenen Beschäftigten zu berücksichtigen als auch auf die wirtschaftliche Vertretbarkeit ihrer Entscheidung für den Betrieb zu achten. Der Spruch der Einigungsstelle ersetzt die Einigung zwischen der Leitung des Betriebes und dem Betriebsrat.

Anlage A 3
Arbeitsordnung des Fernsehens der DDR

Nur für den Dienstgebrauch

Inhalt

Das Fernsehen der DDR ist die Einrichtung des Staatlichen Komitees für Fernsehen zur Produktion und Ausstrahlung von Fernsehprogrammen. Die Fernsehmitarbeiter arbeiten auf der Grundlage der vom Staatlichen Komitee bestätigten Richtlinien und Pläne.

Als ideologisches Instrument der Partei der Arbeiterklasse sendet das DDR-Fernsehen ein massenverbundenes, lebensnahes und weltoffenes, ein unverwechselbar sozialistisches Programm. In diesem Fernsehen mitzuarbeiten, ist eine große Ehre und gesellschaftliche Verpflichtung zugleich.

Die Arbeitsordnung des Fernsehens dient nach den Grundsätzen des Arbeitsgesetzbuches der DDR der Gewährleistung einer hohen Effektivität der Arbeit, der Durchsetzung von Ordnung und Sicherheit sowie der Entwicklung sozialistischer Kollektivbeziehungen entsprechend den besonderen Bedingungen des DDR-Fernsehens. Sie wird mit Zustimmung der Zentralen Betriebsgewerkschaftsleitung gemäß dem Beschluß über die Bildung des Staatlichen Komitees für Fernsehen beim Ministerrat der DDR vom 4.9.1968, der Verordnung über die Pflichten, die Rechte und die Verantwortlichkeit der Mitarbeiter in den Staatsorgangen vom 19.2.1969 sowie gemäß §91 des Arbeitsgesetzbuches erlassen.

1. Leitung des Betriebes und Mitwirkung der Mitarbeiter

1.1.
Einzelleitung und persönliche Verantwortung

(1) Das Fernsehen der DDR wird vom Vorsitzenden des Staatlichen Komitees für Fernsehen beim Ministerrat der DDR geleitet.
(2) Der Vorsitzende trägt die Gesamtverantwortung für die Erfüllung des gesellschaftlichen Auftrags des DDR-Fernsehens. Er leitet nach dem Prinzip der Einzelleitung bei umfassender Mitwirkung aller Mitarbeiter.
(3) Die Vertretung des DDR-Fernsehens nach außen obliegt dem Vorsitzenden bzw. dem von ihm Beauftragten.
(4) Außer dem Vorsitzenden sind Leiter im Sinne dieser Arbeitsordnung

- die Stellvertreter des Vorsitzenden,
- die Mitglieder und der Sekretär des Staatlichen Komitees,
- der Hauptdirektor,
- die Bereichsleiter bzw. die Direktoren sowie die Chefredakteure,
- der Hauptbuchhalter,
- die Redaktions- bzw. Abteilungsleiter und ihnen gleichgestellte Leiter, wie Chefregisseure, Chefdramaturgen, Chefkameramänner u.a.,
- die Produktionschefs,
- die Produktions-, Aufnahme- und Studioleiter, sofern die Kollektive ständig leiten,
- die Arbeitsgruppen- und Fachgebietsleiter,
- die Meister, sofern sie Kollektive ständig leiten.

(5) Die Besetzung der Leitungsfunktionen erfolgt auf der Grundlage der Kadernomenklatur des Staatlichen Komitees für Fernsehen.
(6) Mit dem Funktionsplan erfährt jeder Mitarbeiter, wem er unmittelbar unterstellt ist. Bei Produktionen und während des Sendens gelten davon abweichende Regelungen, die zuvor dem Bereichsleiter bzw. vom Direktor des Studios oder vom Produktionschef festgelegt werden.
(7) Bei Produktionen sind Leiter die vom Bereichsleiter bzw. Direktor des Studios eingesetzten Mitarbeiter. In der Regel sind das Redakteur bzw. Dramaturg oder der Regisseur. Sie sind verantwortlich für die journalistisch-künstlerischen, ökonomischen und organisatorischen Fragen der Produktion, einschließlich des Gesundheits-, Arbeits- und Brandschutzes. Als Stellvertreter fungieren der Produktionsleiter und der ranghöchste Mitarbeiter der Studiotechnik Fernsehen.

Im Auftrag des Leiters plant und realisiert der Produktionsleiter bzw. Aufnahmeleiter die Maßnahmen der Produktionsorganisation, des Arbeitsablaufs und der sozialen Betreuung während der Produktion einschließlich des Gesundheits-, Arbeits- und Brandschutzes.

(8) Leiter tragen die persönliche Verantwortung für die allseitige Erfüllung des Betriebsplanes in hoher Qualität und Effektivität sowie für die Sicherung der erforderlichen Arbeitsbedingungen der Mitarbeiter.
(9) Für den Fall seiner Abwesenheit bestimmt jeder Leiter einen Vertreter. Über diese Entscheidung stellt der Leiter mit seinem Vorgesetzten Einvernehmen her.
(10) Bei Abwesenheit des Leiters ist sein Vertreter für die Erfüllung der Aufgaben der Struktureinheit voll verantwortlich.

1.2.
Weisungsrecht

(1) Der Vorsitzende ist weisungsberechtigt gegenüber allen Mitarbeitern des Fernsehens.
(2) Die Stellvertreter des Vorsitzenden und der Hauptdirektor sind im Rahmen der ihnen übertragenen Aufgabengebiete weisungsberechtigt für den Gesamtbetrieb.
(3) Alle Leiter sind gegenüber den ihnen unterstellten Leitern und Mitarbeitern weisungsberechtigt. Die ständige oder zeitweise doppelte Unterstellung von Leitern bzw. Mitarbeitern und die sich daraus ergebenden besonderen weisungsrechtlichen Beziehungen werden durch betriebliche Weisungen geregelt.
(4) Zur Lösung spezieller künstlerischer und technischer Fragen haben außerdem Weisungsrecht

- für die Mitarbeiter des Bereichs Materiell-technische Produktion: der Produktionsverantwortliche bzw. Meister der einzelnen Gewerke;
- für die Mitarbeiter des Bereichs Künstlerische Gestaltung: der eingesetzte verantwortliche Leiter, z.B. Szenenbildner, Kostümbildner, Kameramann.

(5) In der Zeit von Sendeschluß bis Arbeits- bzw. Sendebeginn ist der Bereitschaftsdienst des Fernsehens gemäß Weisung verantwortlich für Entscheidungen zu innerbetrieblichen Vorgängen sowie für die Entgegennahme und Weiterleitung dringender Informationen an die jeweiligen Leiter.

Er ist während seiner Dienstzeit für Ordnung und Sicherheit auf dem Fernsehgelände verantwortlich. Der Bereitschaftsdienst übt im Rahmen seiner Verantwortlichkeit Weisungsrecht aus.
(6) Der Beauftragte für Sicherheit, der Beauftragte für Zivilverteidigung und die Sicherheits- bzw. Brandschutzinspektoren sind gegenüber allen Mitarbeitern weisungsberechtigt, wenn es zur Abwendung unmittelbarer Gefahren erforderlich ist. Die Beauftragten und Inspektoren informieren in solchen Fällen die zuständigen Leiter über die erteilten Weisungen.
(7) Die zivilen Bewachungskräfte sind beauftragt, die Weisungen zur Objektordnung und zur Gewährleistung von Sicherheit und Ordnung auf dem Fern-

sehgelände durchsetzen zu helfen, insbesondere durch Ausweiskontrollen beim Betreten, Befahren und Verlassen des Fernsehgeländes, bei der Mitnahme, Ein- und Ausfuhr von Produktionserzeugnissen, anderen Gegenständen und Unterlagen. Die Bewachungskräfte sind verpflichtet, alle Möglichkeiten zum Schutze des Fernsehgelände zu nutzen.
(8) Die Bewachungskräfte hindern Fahrzeuge, die sichtlich gesetzlichen Bestimmungen widersprechen, an der Weiterfahrt. Ebenso verwehren sie Personen, die unter Alkoholeinfluß stehen, den Aufenthalt auf dem Betriebsgelände.
(9) Die Bewachungskräfte werden im Wachdienst vom Betriebsschutz-Kommando der Volkspolizei unterstützt.
(10) Weisungen eines übergeordneten Leiters ergehen grundsätzlich über den zuständigen Leiter. Wird hiervon in dringenden Ausnahmefällen abgewichen, verständigt der Anweisende den zuständigen Leiter umgehend.
(11) Weisungen können mündlich oder schriftlich erteilt werden. Vom Vorsitzenden erlassene Weisungen werden schriftlich bekanntgegeben.
(12) Weisungen dienen der Konkretisierung von Pflichten, die sich aus dem Arbeitsvertrag ergeben. Die weisungsberechtigten Mitarbeiter erteilen ihre Weisungen klar und verständlich und erläutern sie den Mitarbeitern.
(13) Wird die Ausführung einer Weisung abgelehnt, muß das dem anweisenden oder dem übergeordneten Leiter unverzüglich mitgeteilt werden.
(14) Das Weisungsrecht zur vorübergehenden Übertragung einer anderen Arbeit im Sinne des AGB üben die für den Abschluß von Arbeitsrechtsverhältnissen berechtigten Leiter aus (vgl. 2.1. Ab s. 1).
(15) Unterschriftsbevollmächtigungen ergeben sich aus betrieblichen Weisungen, aus der konkreten Aufgabe bzw. gesonderten erteilten Vollmachten.

1.3.
Pflichten der Leiter

(1) Die Leiter haben die Pflicht zur politisch-ideologischen und fachlichen Anleitung ihrer Mitarbeiter, zur Einbeziehung der Mitarbeiter in Leitung und Planung der Arbeitsprozesse sowie zur allseitigen Förderung einer schöpferischen Arbeitsatmosphäre.
(2) Mitglieder des vom Leiter berufenen Leitungskollektivs sind zur Information und Argumentation verpflichtet. Sie erschließen auf ihrem Gebiet ständig neue Informationsquellen.
(3) Die Leiter sind für die Arbeits- und Sendedisziplin jedes einzelnen Mitarbeiters voll verantwortlich.
(4) Weiter sind die Leiter verpflichtet,

- Arbeitsbedingungen zu schaffen, die hohe Leistungen zur Erfüllung des gesellschaftlichen Auftrags gewährleisten;

- die Entwicklung des sozialistischen Bewußtseins der Mitarbeiter zu fördern, sie zur sozialistischen Einstellung zur Arbeit zu erziehen und ihre Entwicklung zu allseitig gebildeten sozialistischen Persönlichkeiten zu fördern;
- die Bearbeitung und Auswertung der Zuschauerzuschriften als festen Bestandteil der Leitungstätigkeit eng mit der Erfüllung der Programmplanaufgaben zu verbinden;
- einen ständigen ideologischen und wissenschaftlicher Vorlauf zu organisieren;
- ihre Aufgaben in enger Zusammenarbeit mit der Betriebsparteiorganisation der SED, den Betriebsgewerkschaftsleitungen und den anderen gesellschaftlichen Organisationen zu lösen;
- die Formen der sozialistischen Zusammenarbeit durchzusetzen und die sozialistische Gemeinschaftsarbeit zu entwickeln;
- die Initiative der Mitarbeiter im sozialistischen Wettbewerb auf die allseitige Erfüllung der Pläne zu lenken;
- die Neuerertätigkeit auf die sich aus den betrieblichen Plänen ergebenden Schwerpunkte zu orientieren;
- die weitere Entwicklung der sozialistischen Arbeits- und Lebensbedingungen, insbesondere den Schutz des Lebens und der Gesundheit der Mitarbeiter zu sichern;
- die Aktivitäten für Ordnung und Sicherheit einschließlich Gesundheits-, Arbeits- und Brandschutz sowie die Maßnahmen der Zivilverteidigung zu analysieren, zu erläutern und zu kontrollieren;
- die ehrenamtlichen Sicherheitsaktivs in ihrer Arbeit zu unterstützen;
- die materiellen und zeitlichen Voraussetzungen dafür zu schaffen, daß die Gewerkschaftsfunktionäre und die Mitglieder der Konfliktkommissionen ihrer gesellschaftlichen Tätigkeit nachkommen und ihre Rechte wahrnehmen können;
- die Aufgaben der Kampfgruppeneinheit im Betrieb allseitig zu unterstützen und die Freistellung der Kämpfer zum Dienst zu gewährleisten;
- die Ersetzbarkeit der Angehörigen der Zivilverteidigung und der Kampfgruppeneinheit für den Einsatzfall zu organisieren;
- regelmäßig – mindestens einmal in 3 Monaten – vor den Kollektiven Rechenschaft über die Erfüllung des Jahresplanes, insbesondere der politisch-ideologischen, programmpolitischen und ökonomischen Aufgaben sowie der Maßnahmen zur Entwicklung der Arbeits- und Lebensbedingungen, abzulegen.

(5) Die Leiter sichern in ihren Verantwortungsbereichen die Erfüllung der Pläne zur Förderung der Frauen sowie zur Verwirklichung der staatlichen Aufgaben sozialistischer Jugendpolitik.

(6) Die Leiter tragen dafür Sorge, daß Vorschläge und Hinweise der Werktätigen kurzfristig überprüft, ausgewertet und – sofern dies möglich ist – angewendet werden. Eingaben behandeln sie entsprechend der dazu ergangenen Weisung.

1.4.
Mitwirkung und persönliche Verantwortung der Mitarbeiter

(1) Grundlage für die Tätigkeit der Mitarbeiter im Fernsehen der DDR sind die Beschlüsse der Partei der Arbeiterklasse, die Verfassung der Deutschen Demokratischen Republik, die Gesetze und Beschlüsse der Volkskammer, die Verordnungen und Beschlüsse des Ministerrates und die Weisungen des Vorsitzenden des Staatlichen Komitees für Fernsehen. Jeder Mitarbeiter ist für die Durchsetzung der Beschlüsse und gesetzlichen Bestimmungen voll verantwortlich.
(2) Die Mitarbeiter haben das Recht und die gesellschaftliche Pflicht, an der Leitung und Planung sowie an der Gestaltung des gesellschaftlichen Lebens des Betriebes aktiv teilzunehmen und sich für die Lösung ihrer Aufgaben ständig zu qualifizieren:
(3) Die Mitarbeiter nehmen an Leitung und Planung aktiv teil durch

- ihre Mitwirkung in den Gewerkschaftsorganen bzw. deren gewählten Leitungen und Kommissionen sowie
- in anderen gesellschaftlichen Organisationen und d Organen,
- Beteiligung an den Plandiskussionen,
- Beteiligung am sozialistischen Wettbewerb,
- Beteiligung an den Rechenschaftslegungen der Leiter,
- Beteiligung an den betrieblichen Beratungen und Konferenzen,
- die Mitarbeit in sozialistischen Kollektiven sowie Arbeitsgruppen,
- die Teilnahme an der Rationalisatoren- und Neuererbewegung sowie der MMM,
- die Mitwirkung in ehrenamtlichen Kollektiven, wie WAO-Kollektiven, Sicherheitsaktiven u.a.

(4) Die einzelnen Arbeitsrechte und -pflichten der Mitarbeiter ergeben sich aus

- dem Arbeitsgesetzbuch der DDR)AGB),
- dem Rahmenkollektivvertrag (RKV),
- der geltenden Arbeitsschutzverordnung, dem Brandschutzgesetz und weiteren Bestimmungen des Gesundheits-, Arbeits- und Brandschutzes,
- der Arbeitsordnung des Fernsehens der DDR,
- dem Arbeitsvertrag,
- der Neuererverordnung,

- dem Arbeitsplan des Bereiches,
- dem Funktionsplan für den arbeitsvertraglich vereinbarten Arbeitsbereich des Mitarbeiters,
- den Weisungen des übergeordneten Leiters.

(5) Für Mitarbeiter, die unter die Bestimmungen der Verordnung über die Pflichten und Rechte und die Verantwortlichkeit der Mitarbeiter in den Staatsorganen vom 19.02.1969 fallen (vgl. 7.2. Abs. 2), gelten außerdem die dort enthaltenen Pflichten und Recht.

2. *Abschluß, Änderung und Auflösung arbeitsrechtlicher Verträge*

2.1. Festlegungen zur Verantwortlichkeit

(1) Für den Abschluß, die Änderung und Auflösung von Arbeitsverträgen sind die Mitglieder des Komitees und die Bereichsleiter bzw. Direktoren für ihre jeweiligen Aufgabenbereiche verantwortlich. Das gilt auch für arbeitsrechtlich verbindliche Vorabsprachen. Die Verantwortlichen gewährleisten entsprechend §43 AGB die Mitwirkung der Gewerkschaftsvertreter bei Abschluß, Änderung und Auflösung arbeitsrechtlicher Verträge.
(2) Der Abschluß, die Veränderung und die Auflösung von Arbeitsverträgen bedarf der Zustimmung des Bereichs Kader/Bildung.
(3) Abschluß, Änderung und Auflösung von Arbeitsverträgen von Kadern, die der Kadernomenklatur des Staatlichen Komitees für Fernsehen unterliegen, der Abschluß von Einzelverträgen sowie Gehaltsfestlegungen ab 1.500,– M fallen in die Entscheidung des Vorsitzenden.
(4) Lehr- und Volontariatsverträge werden durch den Direktor für Kader/Bildung abgeschlossen, verändert und aufgelöst.
(5) Im Auftrag der unter 2.1. Abs. 1 genannten Leiter sind Abteilungsleiter, Redaktionsleiter, Arbeitsgruppenleiter, Meister, Produktionschefs und Produktionsleiter berechtigt und verpflichtet, Beurteilungen anzufertigen und zu unterzeichnen. Beurteilungen zur Beendigung eines Arbeitsverhältnisses müssen von einem der unter 2.1. Abs. 1 genannten Leiter unterschrieben werden.

2.2.
Vorbereitung und Ausgestaltung des Arbeitsvertrages
(1) Arbeitsverträge werden von den unter 2.1. Abs. 1 genannten Leitern im Namen des Staatlichen Komitees für Fernsehen abgeschlossen.
(2) Gespräche über die Vorbereitung eines Arbeitsvertrages führt der dazu vom Komiteemitglied, Bereichsleiter bzw. Direktor beauftragte Leiter. Das Ergebnis des Gesprächs wird schriftlich festgehalten.

(3) Der Leiter veranlaßt bei einigen speziellen Berufsgruppen entsprechend den gesetzlichen Regelungen ärztliche Einstellungsuntersuchungen, von deren Ergebnis die Einstellung abhängig ist; das gilt z.B. für

- Jugendliche unter 18 Jahren, Lehrlinge, Volontäre,
- Alters- und Invalidenrentner,
- Mitarbeiter für die Versorgungseinrichtungen und Bewerber für die Nachtschicht,
- Mitarbeiter, die Höhentauglichkeit besitzen müssen,
- lärmgefährdete Mitarbeiter sowie E-Monteure mit Schaltgenehmigung, Plastefacharbeiter, Kraftfahrer und ähnliche belastete Berufsgruppen.

(4) Nach der Entscheidung über die Einstellung vereinbart der verantwortliche Leiter den nach § 40 AGB notwendigen Vertragsinhalt. Darüber hinaus können vereinbart werden: Qualifizierungsmaßnahmen, Teilbeschäftigung und andere Sonderregelungen im Rahmen der arbeitsrechtlichen Bestimmungen. Vor Ausfertigung des Arbeitsvertrages übergibt der zuständige Leiter einen Einstellungsbogen mindestens fünf Tage vor Arbeitsaufnahme an das Personalbüro.

(5) Zur Begründung eines Arbeitsrechtsverhältnisses durch Arbeitsvertrag müssen vorliegen:

- Personalbogen,
- Lebenslauf,
- Qualifizierungsnachweis,
- jüngste Abschlußbeurteilung und weitere erforderliche Unterlagen.

Ohne Vorlage dieser Dokumente erfolgt keine Einstellung. Auf Verlangen müssen Dokumente zur Einsichtnahme vorgelegt werden, die die Angaben des Personalbogens bestätigen, so z.B. Personalausweis, Versicherungsausweis.

2.3.
Aushändigung des Arbeitsvertrages

(1) Der zuständige Leiter übergibt den Arbeitsvertrag persönlich. Dabei wird der Mitarbeiter über die Aufgaben des Fernsehens der DDR, die Struktur des Bereiches und die für ihn geltenden innerbetrieblichen Ordnungen und Weisungen ausführlich informiert. Der spezielle Inhalt seiner Arbeitsaufgabe wird in einem Funktionsplan festgehalten und den Personalunterlagen beigefügt.

(2) Arbeitsmaterialien, wie z.B. Arbeitsordnung, Arbeitsplan, Wettbewerbsvereinbarung, Prämienordnung, BKV usw. werden dem Mitarbeiter zur Einsichtnahme vorgelegt.

Die Kenntnisnahme der Arbeitsordnung und anderer innerbetrieblicher Ordnungen und Weisungen wird durch Unterschrift des Mitarbeiters auf dem Laufzettel bestätigt. Der Laufzettel geht in die Personalakte ein.

(3) Jeder Mitarbeiter ist verpflichtet, Veränderungen in den persönlichen Verhältnissen, die eine Berichtigung der Personalunterlagen erforderlich machen oder die aus sonstigen Gründen für das Arbeitsrechtsverhältnis oder die Vergütung Bedeutung haben, über den zuständigen Leiter der Kaderabteilung und der Abteilung Arbeit und Löhne zu melden. Dazu gehören z.B. Veränderung des Namens, der Wohnanschrift, des Familienstandes, der Verwandtschaftsverhältnisse, abgelegte Prüfungen u. ä.

2.4.
Lohnformen und Lohnzahlung

(1) Die im Betrieb angewandten Lohnformen und tarifrechtlichen Bestimmungen regeln sich nach dem Rahmenkollektivvertrag (RKV) einschließlich der dazugehörigen Nachträge. Die Bereichsleiter bzw. Direktoren sind verpflichtet, auf dieser Grundlage hohe Leistungen im Rahmen der vorgegebenen Lohn- und Honorarfonds durch Nutzung aller Stimulierungsmöglichkeiten zu fördern.
(2) Sofern Arbeitsaufgaben bzw. Lohn- und Gehaltsgruppen durch den RKV nicht erfaßt sind, können entsprechende Vereinbarungen nur durch den Vorsitzenden bzw. den von ihm Beauftragten im Zusammenwirken mit der ZBGL, in Ausnahmefällen mit der von ihr beauftragten BGL getroffen werden.
(3) Über die Höhe der Gehaltszulage für Angestellte bei vorübergehender Übertragung einer anderen Arbeit in einer höheren Gehaltsgruppe gemäß § 90 Abs. 2 AGB entscheidet der Bereichsleiter bzw. Direktor mit Zustimmung der zuständigen Gewerkschaftsleitung.
(4) Über Veränderungen des Lohnes entscheiden die Bereichsleiter bzw. Direktoren mit Zustimmung der zuständigen Gewerkschaftsleitung im Rahmen der Festlegungen des Betriebsplanes und der jeweils jährlichen vorgegebenen Kennziffern.
(5) Die Mitarbeiter sind verpflichtet, die Arbeitszeitnachweise oder andere Primärbelege für die Berechnung des Lohnes in der vorgeschriebenen Form wahrheitsgemäß auszufertigen und sie zu den festgelegten Terminen dem zuständigen Leiter zu übergeben.
(6) Die sachliche Richtigkeit und termingemäße Lohnberechtigung und Lohnabrechnung und -auszahlung wird durch die Bereichsleiter bzw. Direktoren gewährleistet.
(7) Die Lohnauszahlung erfolgt am 15. eines Monats. Die Überweisung auf Lohn- und Gehaltskonten geschieht so rechtzeitig, daß die Verfügungsberechtigung analog gesichert ist.

2.5.
Änderung von Arbeitsverträgen

(1) Die im § 40 AGB festgelegten notwendigen Bedingungen des Arbeitsvertrages können nur durch schriftliche Vereinbarung auf Antrag eines der Vertragspartner geändert werden (Änderungsvertrag).
(2) Die Erfüllung einer gleichen Arbeitsaufgabe am vereinbarten Arbeitsort, aber in einem anderen Bereich des DDR-Fernsehens (Umsetzung) bedarf nicht des Änderungsvertrages.

2.6.
Umsetzung

(1) Zur Lösung programmpolitischer und betrieblicher Schwerpunktaufgaben können Umsetzungen – auch befristet – vom Vorsitzenden angewiesen werden.
(2) Umsetzungen von Mitarbeitern zwischen den Bereichen werden entsprechend den Festlegungen der Kaderordnung nach Zustimmung der Kaderabteilung zwischen den Bereichsleitern bzw. Direktoren vereinbart. Dazu muß eine Beurteilung angefertigt werden.
(3) Vor einer beabsichtigten Umsetzung muß mit dem Mitarbeiter ein Kadergespräch geführt werden, an dem ein zuständiger Gewerkschaftsvertreter teilnimmt.
(4) Wird bei einer Umsetzung die vereinbarte Arbeitsaufgabe beibehalten, so bedarf die Umsetzung nicht der Zustimmung des Mitarbeiters oder des zuständigen Gewerkschaftsvertreters.

2.7.
Auflösung des Arbeitsvertrages

(1) Das Arbeitsrechtsverhältnis kann im Prinzip nur im gegenseitigen Einvernehmen möglichst zum Ende eines Monats – durch Aufhebungsvertrag oder Überleitungsvertrag beendet werden. Dabei sollen die Gründe ausgewiesen werden.
(2) Vor der Auflösung eines Arbeitsvertrages auf Initiative des Betriebes wird mit dem Bereich Kader/Bildung die Möglichkeit einer innerbetrieblichen Umsetzung geprüft.
(3) Bei einer Kündigung durch den Mitarbeiter muß der Leiter die Kündigungsgründe sorgfältig prüfen. Deuten sie auf betriebliche Versäumnisse oder Verletzungen von Ordnungen durch den Betrieb hin, leitet er umgehend Maßnahmen zur Veränderung des Zustandes ein.
(4) Die Kündigung zu den nach dem Gesetz genannten Bedingungen darf nur vorgenommen werden, wenn ein Änderungs- oder Überleitungsvertrag durch den Mitarbeiter abgelehnt wurde. Für die Vorbereitung des Änderungs- oder

Überleitungsvertrages sind nach Abstimmung mit der Kaderabteilung die unter 2.1. Abs. 1 genannten Leiter verantwortlich.
(5) Der Mitarbeiter ist verpflichtet, sich vor Beendigung des Arbeitsrechtsverhältnisses bei der Abteilung Arbeit einen Laufzettel abzuholen. Er muß sich bei den darauf angegebenen Abteilungen und Einrichtungen ordnungsgemäß abmelden und die ihm übergebenen Arbeitsmittel sowie anderes Betriebseigentum zurückgeben.

2.8.
Tätigkeiten außerhalb des Arbeitsrechtsverhältnisses

(1) Tätigkeiten für das DDR-Fernsehen, die gegen Entgelt über die vereinbarte Arbeitsaufgabe hinaus geleistet werden, bedürfen der schriftlichen Genehmigung des zuständigen Leiters.
(2) Ein zweites, paralleles Arbeitsrechtsverhältnis des Mitarbeiters ist nicht statthaft. Ausnahmen bedürfen der Genehmigung des Vorsitzenden. Ein Versagen dieser Genehmigung bedarf keiner schriftlichen Begründung.
(3) Arbeitsleistungen gegen Entgelt, die außerhalb des Arbeitsrechtsverhältnisscs mit dem DDR-Fernsehen erbracht werden, z.B. Leistungen für andere Betriebe und Einrichtungen, bedürfen der vorherigen Genehmigung des zuständigen Komiteemitgliedes, des Bereichsleiters bzw. Direktors. Die Genehmigung darf nur erteilt werden, wenn die vertraglichen Arbeitsaufgaben in der gesetzlichen Arbeitszeit, termingerecht und in hoher Qualität erbracht worden sind.
(4) Die Genehmigung kann verweigert oder widerrufen werden, wenn gesamtbetriebliche Interessen entgegenstehen oder diese Tätigkeiten mit dem politischen, journalistischen oder künstlerischen Auftrag des Staatlichen Komitees für Fernsehen unvereinbar sind. Gegen die Ablehnung oder den Widerruf ist ein Rechtsmittel nicht gegeben.
(5) Künstlerische Mitarbeiter, die länger als einen Monat außervertragliche Leistungen bei Theatern, Filmgesellschaften oder sonstigen Institutionen erbringen wollen, durch die ihre künstlerische Arbeit im DDR-Fernsehen ausgeschlossen wird, bedürfen dazu einer Freistellung durch ihren Leiter. Diese Freistellung schließt eine volle Entlohnung für diesen Zeitraum aus. Der Leiter informiert darüber die Abteilung Arbeit und Löhne.

2.9.
Freiberufliche Tätigkeiten beim DDR-Fernsehen

(1) Über die freiberufliche Tätigkeit beim Fernsehen entscheidet das jeweilige Komiteemitglied oder der damit beauftragte Leiter im Bereich. Über die Beschäftigung freier Mitarbeiter wird ein Nachweis geführt. Bei freien Beschäftigungsverhältnissen, die über eine einzelne Fernsehproduktion hinaus-

gehen oder Zeitabschnitte über drei Monate umfassen, veranlaßt der zuständige Leiter, daß bei der Kaderabteilung Personalbogen, Lebenslauf und weitere erforderliche Unterlagen hinterlegt werden. Einzelheiten vertraglicher Vereinbarungen über die Beschäftigung freier Mitarbeiter regelt die dazu ergangene Weisung.
(2) Die unter 2.9. Abs. 1 genannten Leiter sichern, daß kein freiberuflicher Mitarbeiter aus der erbrachten Leistung ein Arbeitsrechtsverhältnis ableiten kann.
(3) Für freiberufliche Tätigkeiten gelten das Zivilrecht der DDR, die Honorarordnung des DDR-Fernsehens, die Richtlinie für freie Mitarbeit oder andere gesetzliche Honorarordnungen bzw. zivilrechtliche Einzelbestimmungen.

Der zuständige Leiter informiert jeden freien Mitarbeiter, der kein Arbeitsrechtsverhältnis hat und dem die freiberufliche Tätigkeit noch fremd ist, über die Einhaltung der gesetzlichen Bestimmungen zur eigenen Sozialpflichtversicherung sowie über alle betrieblichen Bedingungen, die für die Erfüllung des Auftrages notwendig sind.
(4) Soziale Leistungen werden für freiberufliche Tätigkeit durch das Fernsehen der DDR nicht gewährt.
(5) Die Bestimmungen gelten sinngemäß auch für unständig Beschäftigte, die eine technisch-künstlerische, technisch-organisatorische oder manuelle Tätigkeit ausüben. Für ihre Rechte und Pflichten gelten die vertraglichen Vereinbarungen nach den zivilrechtlichen Bestimmungen.

3. Organisation und Absicherung der Fernseharbeit

3.1.
Erfüllung der Arbeitsaufgaben

(1) Die Fernseharbeit wird auf der Grundlage des Jahresplanes des DDR-Fernsehens organisiert. Leiter und Mitarbeiter sind für die Realisierung der Planaufgaben in höchster Qualität verantwortlich.
(2) Auf der Grundlage der Programm- und Produktionsplanung des Betriebes werden die Planaufgaben der Bereiche bzw. Abteilungen festgelegt und – wo die Möglichkeit besteht – bis auf den einzelnen Mitarbeiter aufgeschlüsselt.
(3) Jeder Mitarbeiter ist verpflichtet, seine Arbeitsaufgaben mit hoher Qualität und Effektivität termingerecht zu erfüllen. Sie ergeben sich aus dem Arbeitsvertrag, dem Funktionsplan sowie mündlichen oder schriftlichen Aufträgen.
(4) Allgemeine Arbeitsaufträge an die Mitarbeiter müssen klare Aussagen zum erwarteten Ergebnis, zum Vorgehen und zum Termin enthalten.
(5) Die Leiter sind dafür verantwortlich, daß für Sendeaufgaben und weitere Aufträge Normative bzw. andere Kennzahlen der Arbeitsleistung festgelegt

werden. Die Schaffung neuer Kennzahlen der Arbeitsleistung erfordert die Zustimmung der zuständigen gewerkschaftlichen Leitung.

(6) Leiter und Mitarbeiter sorgen im Prozeß der Vorbereitung und Durchführung der Produktion für kooperative Gemeinschaftsarbeit.

(7) Jeder Mitarbeiter ist verpflichtet,

- in seiner gesamten Tätigkeit für das Fernsehen der DDR seine Erfahrungen, Kenntnisse und Fähigkeiten voll einzusetzen;
- ständig dafür einzutreten, daß überall fortschrittliche und zunehmend wissenschaftliche Arbeitsmethoden angewandt werden;
- bei der weiteren Durchsetzung des Leistungsprinzips aktiv mitzuwirken;
- mit den ihm anvertrauten materiellen und finanziellen Fonds und Grundmitteln sparsam umzugehen und gegen jegliche Verschwendung aufzutreten;
- mit allen Mitarbeitern kameradschaftlich zusammenzuarbeiten und sozialistische Hilfe zu leisten;
- die Arbeitszeit optimal zu nutzen;
- Ordnung und Sauberkeit zu halten;
- die Bestimmungen des Gesundheits-, Arbeits- und Brandschutzes sowie die Sicherheitsbestimmungen einzuhalten.

(8) Die Mitarbeiter wahren bei der Lösung ihnen übertragener Aufgaben die sozialistische Gesetzlichkeit. Sie sind verpflichtet, an der Aufdeckung von Rechtsverletzungen und an der Beseitigung ihrer Ursachen mitzuwirken.

(9) Jeder Mitarbeiter ist verpflichtet, sich über die gesetzlichen Bestimmungen, betrieblichen Ordnungen und Weisungen, die für die Erfüllung seiner Aufgaben erforderlich sind, zu informieren und die darin enthaltenen Festlegungen einzuhalten. Von wichtigen Vorkommnissen setzt er seinen zuständigen Leiter in Kenntnis.

(10) Der Bezug und die Aufbewahrung von Literatur, Bild- und Tonträgern aller Art aus dem nichtsozialistischen Währungsgebiet ist nur nach den hierfür geltenden gesetzlichen Bestimmungen und betrieblichen Weisungen zulässig.

(11) Den Mitarbeitern ist es untersagt, im Zusammenhang mit dienstlichen Handlungen für sich oder andere Geschenke entgegenzunehmen, zu fordern, sich versprechen zu lassen oder sich auf anderer Weise Vorteile zu verschaffen.

(12) Alle Leiter sind für die Durchsetzung der Rationalisierung auf der Grundlage einer wissenschaftlichen Organisation der Fernseharbeit verantwortlich und organisieren ihre Leitungstätigkeit nach den Prinzipien der wissenschaftlichen Arbeitsorganisation (WAO).

(13) Die Bereichsleiter bzw. Direktoren berufen WAO-Kollektive, denen sie konkrete Aufgaben übertragen. Dabei stellt die wissenschaftliche Arbeitsor-

ganisation immer einen Bestandteil der gesamtbetrieblichen Rationalisierung dar.

Arbeitsergebnisse der WAO-Kollektive werden unverzüglich realisiert.

(14) Alle Mitarbeiter eines Arbeitskollektives werden vom Leiter über die geplanten Rationalisierungs- und WAO-Maßnahmen, die ihren Arbeitsbereich betreffen, informiert und für die Mitarbeit gewonnen.

(15) Für die effektive Arbeit der WAO-Kollektive schaffen die Leiter alle Voraussetzungen. Sie gewährleisten, daß eine regelmäßige Qualifizierung auf dem Gebiet der WAO erfolgt und die Erfahrungen der Besten sowie die fortgeschrittensten Arbeitsmethoden gesamtbetrieblich ausgewertet oder genutzt werden.

(16) Jeder Mitarbeiter hat das Recht und die Pflicht, Kritik an Mängeln in der Arbeit zu üben, unduldsam gegen schleppende und unsachgemäße Erfüllung von Aufgaben aufzutreten und selbständig zur Beseitigung von Mängeln beizutragen.

(17) Wichtige Vorkommnisse und Unregelmäßigkeiten werden umgehend dem zuständigen Leiter gemeldet und in besonderen Fällen schriftlich festgehalten. Solche Meldungen behandeln die Leiter wie Eingaben. Weitere Einzelheiten regelt die dazu ergangene Weisung.

(18) Alle Mitarbeiter haben das Recht, sich in allen dienstlichen und persönlichen Angelegenheiten an jeden der ihnen übergeordneten Leiter zu wenden. Besonders sollen dafür die regelmäßig stattfindenden Sprechstunden der Leiter genutzt werden.

(19) Nach jeder Produktion führt der verantwortliche Leiter an Ort und Stelle eine Auswertung im Arbeitskollektiv durch. Er gibt eine Einschätzung des Arbeitsergebnisses und des Produktionsverlaufs.

(20) Für alle an einem Sendevorhaben bzw. einer Produktion beteiligten Mitarbeiter besteht die Pflicht zur Abrechnung ihrer Leistungen und der von ihnen zu verantwortenden Fonds und Normative.

(21) De Bereichsleiter bzw. Direktor des Studios oder dessen Beauftragter schätzt nach der Sendung die Qualität des Sendevorhabens und die Effektivität seiner Produktion ein. Die Einschätzung teilt er dem Kollektiv mit.

(22) Zu jeder Sendung fertigt der verantwortliche Redakteur bzw. Dramaturg Materialien für die Öffentlichkeitsarbeit an. Diese werden nach Bestätigung durch den Bereichsleiter bzw. Direktor des Studios der Chefredaktion Öffentlichkeitsarbeit eingereicht. Die Anfertigung dieser Texte und Bilder ist Bestandteil der arbeitsvertraglichen Pflichten der Redakteure, der Dramaturgen und der Kameraleute.

3.2
Schutz der Staats- und Dienstgeheimnisse

(1) Jeder Mitarbeiter hat die Pflicht, über Staats- und Dienstgeheimnisse Stillschweigen zu bewahren. Die Leiter sichern, daß alle Bestimmungen zum Schutz der Staats- und Dienstgeheimnisse eingehalten und dazu in ihrem Verantwortungsbereich die erforderlichen Maßnahmen getroffen werden.
(2) Bei der Behandlung von mündlichen Informationen und dienstlichem Schriftgut gewährleistet jeder Mitarbeiter Wachsamkeit und Sicherheit. Die Pflicht dazu ergibt sich aus dem Arbeitsvertrag und der schriftlichen Verpflichtung zum Schutz von Dienst- und Staatsgeheimnissen.
(3) Bei Telefonanrufen unbekannter Personen bzw. im Zweifelsfall verschafft sich der Mitarbeiter durch Gegenruf darüber Gewißheit, wer mit ihm zu sprechen wünscht.
(4) Für den Fernsprech-, Fernschreib- und Briefverkehr in das Ausland und mit ausländischen Dienststellen gelten die gesetzlichen Bestimmungen und die Weisungen des Vorsitzenden.
(5) Reisen in das nichtsozialistische Währungsgebiet bedürfen der Genehmigung des zuständigen Bereichsleiter bzw. Direktors und der Kaderabteilung.
(6) Staatlichen und wirtschaftsleitenden Organen werden Auskünfte dann erteilt, wenn sie durch gesetzliche Bestimmungen zur Einholung von Auskünften berechtigt sind und sich ihre Vertreter auch als dazu berechtigt ausweisen können.
(7) Für Aussagen vor Gericht, die der Geheimhaltungspflicht des Betriebes unterliegen, muß eine schriftliche Aussagegenehmigung vom Vorsitzenden eingeholt werden.
(8) Untersagt sind Film, Foto- und Tonaufnahmen sowie Abbildungen von Objekten, technischen Einrichtungen usw. für den persönlichen Gebrauch bzw. für die unberechtigte Übergabe an Dritte.
(9) Arbeitsunterlagen dürfen nur mit schriftlicher Genehmigung des Leiters bzw. hierzu berechtigter Mitarbeiter außer Haus genommen werden.
(10) Materialien, die Staats- und Dienstgeheimnisse enthalten, müssen nach den hierfür geltenden besonderen Vorschriften behandelt, aufbewahrt, befördert und versandt werden. Jeder Mitarbeiter, der mit Staats- und Dienstgeheimnissen zu tun hat, ist verpflichtet, sich streng an diese Vorschriften zu halten.
(11) Bei der Herstellung, Behandlung, Vervielfältigung usw. von Materialien, die Staats- und Dienstgeheimnisse enthalten, ist nach den Weisungen des Vorsitzenden zu verfahren.
(12) Fernseh-, Film- und Fotoaufnahmen auf dem Fernsehgelände bedürfen der Genehmigung durch den Beauftragten für Ordnung und Sicherheit.

3.3.
Genehmigungspflicht für Veröffentlichung

(1) Veröffentlichungen, die mit den betrieblichen Aufgaben im Zusammenhang stehen, bedürfen der Genehmigung.
(2) Alle festangestellten und freiberuflichen Mitarbeiter des Fernsehens der DDR, die durch Arbeits- oder Mitwirkungsverträge zur Verschwiegenheit über die ihnen durch ihr Beschäftigungsverhältnis beim Fernsehen der DDR bekanntgewordenen Tatsachen verpflichtet sind, können für ihr Auftreten in der Öffentlichkeit – eingeschlossen alle Publikationen – die Genehmigung erhalten, über das Fernsehen und seine Arbeitsgebiete sowie über ihre persönliche Arbeit im Fernsehen und einzelne Fernsehsendungen zu informieren.
Diese Genehmigung erteilt der Chefredakteur Öffentlichkeitsarbeit nach Prüfung der Absicht, des Inhalts und der Wirkungen des Auftretens. Mitgliedern des Staatlichen Komitees für Fernsehen erteilt diese Genehmigung der Vorsitzende.
(3) Die Veröffentlichung von Fotos, die im Zusammenhang mit Fernsehproduktionen aufgenommen werden, zu Zwecken, die vom Fernsehen der DDR unabhängig sind, ist nur mit Genehmigung des Vorsitzenden oder dessen Beauftragten gestattet.
(4) Das Fernsehen ist berechtigt, die von seinen Mitarbeitern in Erfüllung arbeitsrechtlicher Verpflichtungen geschaffenen Werke, die dem Urheber- bzw. Leistungsschutzrecht unterliegen, im Rahmen des § 20 Abs. 2 Urheberrechtsgesetz zu Sende- und Lizenzzwecken zu nutzen.
(5) Durch die im Arbeitsvertrag festgelegte Vergütung sind die sich aus dem Urheber- und Leistungsschutzrecht ergebenden Forderungen sachlich, zeitlich und örtlich unbegrenzt abgegolten.
(6) Alle schöpferischen Leistungen dürfen vor der ersten Sendung nicht durch den Urheber- oder Leistungsschutzberechtigten für andere Zwecke veröffentlicht oder verwendet werden. Ausnahmen bedürfen der besonderen Genehmigung des Vorsitzenden oder des von ihm Beauftragten.
(7) Die Benutzung der Titel von Fernsehproduktionen, der Fernsehfiguren und der Arbeitsmittel zu außervertraglicher Tätigkeit der Mitarbeiter ist nur mit Genehmigung des Vorsitzenden oder des von ihm Beauftragten gestattet.
(8) Polygrafische Erzeugnisse über das Fernsehen der DDR, seine Arbeitsgebiete und einzelne Sendungen – ausgenommen innerbetriebliche Vervielfältigungen – bedürfen vor der Druckgenehmigung der Freigabe durch den Chefredakteur Öffentlichkeitsarbeit.

3.4.
Schutz des sozialistischen Eigentums

(1) Leiter und Mitarbeiter tragen für einen ordnungsgemäßen, schonenden Umgang mit allen Produktionsmitteln sowie für den sparsamsten Einsatz von Energie und Material Sorge.
(2) Die Leiter treffen alle erforderlichen Maßnahmen, um die ihnen anvertrauten Fonds effektiv einzusetzen, sparsam zu verwenden und ihren Mißbrauch zu verhüten.
(3) Jeder Mitarbeiter gewährleistet während Produktion und Sendetätigkeit bzw. an seinem Arbeitsplatz den zuverlässigen Schutz des sozialistischen Eigentums, eine hohe Sicherheit, Ordnung, Disziplin und Sauberkeit.
(4) Der Mitarbeiter ist verpflichtet, Gefahrenquelle, aufgetretene Schäden an Einrichtungen und Maschinen oder solche Handlungen, die eine Verletzung von Rechtsvorschriften darstellen bzw. zur Folge haben können, unverzüglich dem zuständigen oder übergeordneten Leiter zu melden sowie notwendige Maßnahmen zu ihrer Abwendung zu treffen.
(5) Der Gebrauch von fernseheigenen Produktionsmitteln bzw. Materialien zur persönlichen Nutzung bedarf grundsätzlich der Genehmigung des Vorsitzenden oder des von ihm beauftragten Leiters.
(6) Kassen dürfen Unberechtigten nicht zugänglich sein. Sie müssen verschließbar sein und sicher aufbewahrt werden. Die Grundsätze zur Führung einer Kasse bzw. Nebenkasse regelt die dazu ergangene Weisung.

3.5
Sicherung der Arbeitsräume und -unterlagen

(1) Für die Arbeitsräume, die darin aufbewahrten Akten, Unterlagen, aufgestellten Gegenstände, Geräte oder technischen Einrichtungen sind die in einem Raum beschäftigten Mitarbeiter verantwortlich, zu dessen Verantwortungsbereich der Raum gehört.
(2) Schriftstücke, Akten und Formulare müssen so verwaltet und aufbewahrt werden, daß sie von Unbefugten weder eingesehen noch verwendet werden können.
(3) Verläßt ein Mitarbeiter vorübergehend den Raum, muß er die an seinem Arbeitsplatz befindlichen Schriftstücke vertraulichen Charakters sowie andre wichtige Materialien usw. gegen unberechtigte Einsichtnahme schützen. Benutzt er den Arbeitsraum allein, so muß er ihn bei jedem Verlassen zuschließen.
(4) Nach Beendigung der Arbeitszeit werden alle Schriftstücke, Unterlagen, Materialien, Notizen und Fernsprechverzeichnisse in entsprechenden Behältnissen verschlossen. Die Schlüssel dazu bewahren die Mitarbeiter so auf, daß sie von Unbefugten nicht benutzt werden können.

(5) Schlüssel von Panzer- und Stahlschränken sowie von anderen Wertgelassen muß der dafür Verantwortliche bei sich tragen. Er darf sie nur gegen Empfangsbestätigung an seinen Dienstnachfolger übergeben.
(6) Der Verlust von Geräten, Einrichtungen, Requisiten bzw. dienstlichem Schriftgut und Schlüsseln sowie von sonstigen Gegenständen muß in jedem Fall unter Angabe des Sachverhalts sofort dem zuständigen Leiter gemeldet werden. Der Leiter verständigt den Sicherheitsbeauftragten.
(7) Den Umgang mit Schlüsseln regelt die dazu ergangene Weisung.

3.6
Zugang zu Objekten und Sperrbereichen

(1) Das Betreten des Betriebes ist nur gestattet

- im Zusammenhang mit der Wahrnehmung von Rechten und Pflichten aus dem Arbeitsverhältnis durch Vorweisen des Dienst- bzw. Betriebsausweises,
- zur Erfüllung von vertraglichen Pflichten bzw. einer gesellschaftlichen Tätigkeit nach Ausstellung eines Passierscheines.

(2) Nach Erfüllung der Arbeitsaufgaben und gesellschaftlichen Verpflichtungen muß der Mitarbeiter unverzüglich den Betrieb verlassen.
(3) Die Mitarbeiter erhalten einen Dienst- bzw. Betriebsausweis, den sie beim Betreten bzw. Verlassen des Betriebes und im Dienst stets bei sich führen. Der Ausweis muß sorgfältig behandelt und vor Verlust geschützt werden. Die Eintragungen im Ausweis dürfen nicht verdeckt sein.
(4) Jeder Mitarbeiter sorgt selbst für die Verlängerung seines Dienst- bzw. Betriebsausweises. Ungültige Ausweise zieht der Betriebsschutz ein.
(5) Das Betreten und Verlassen des Fernsehgeländes ist nur durch die dafür vorgesehenen Ein- und Ausgänge gestattet. Die Dienst- bzw. Betriebsausweise werden unaufgefordert dem Kontrollierenden vorgewiesen.
(6) Hat ein Mitarbeiter seinen Dienst- bzw. Betriebsausweis vergessen, erhält er nach Prüfung der Identität einen Passierschein. Dieser muß durch den zuständigen Leiter leserlich mit Namen und Funktionsbezeichnung unterschrieben und vom Mitarbeiter in der Anmeldung zurückgegeben werden.
(7) Der Verlust des Dienst- oder Betriebsausweises muß in jedem Fall unverzüglich über den Bereichsleiter bzw. Direktor dem Direktor für Kader/Bildung schriftlich gemeldet werden.
(8) Der Verlust des Ausweises oder die Unterlassung der Verlustanzeige stellen eine Verletzung der Arbeitsdisziplin dar. Durch die Disziplinarbefugten wird die materielle und disziplinare Verantwortlichkeit geprüft und entschieden.
(9) Vor Reisen in das nichtsozialistische Währungsgebiet wird der Betriebsausweis in der Kaderabteilung hinterlegt.

(10) Beim Ausscheiden aus dem Fernsehen der DDR muß der Dienst- bzw. Betriebsausweis in der Kaderabteilung abgegeben werden.
(11) Besucher werden grundsätzlich gemäß Weisung des Vorsitzenden schriftlich durch den unterschriftsberechtigten Leiter beim Einlaßdienst angekündigt.
(12) Jeder Besucher muß sich ausweisen. Besucher, die nicht Bürger der DDR sind, bedürfen zum Betreten des Objektes einer Genehmigung des Direktors für Internationale Verbindungen.
(13) Arbeitsräume, Gebäude und Teile des Fernsehgeländes, welche durch betriebliche Weisungen benannt oder in anderer Weise entsprechend gekennzeichnet sind, bedürfen nur durch die dazu berechtigten Personen betreten werden.

4. *Qualifizierung der Fernsehmitarbeiter*

4.1
Maßnahmen zur Qualifizierung

(1) Die Qualifizierung der Mitarbeiter muß den Interessen der Programmentwicklung entsprechen, eine hohe Qualität und Effektivität der Fernseharbeit sichern und gleichzeitig der Persönlichkeitsentwicklung dienen.
(2) Qualifizierungsmaßnahmen sind Bestandteil der Kaderprogramme.
(3) Teilnehmer an Aus- und Weiterbildungsmaßnahmen werden auf Vorschlag des Bereichsleiters durch den Direktor für Kader/Bildung bestätigt.
(4) Der Direktor für Kader/Bildung berät die Bereichsleiter bzw. Direktoren und die Mitarbeiter in Fragen der Qualifizierung. In seinem Auftrag wird jährlich ein Bildungsprogramm herausgegeben, das über innerbetriebliche und andere Bildungsmöglichkeiten informiert.
(5) Der Direktor für Kader/Bildung kontrolliert den Abschluß und die Einhaltung er Qualifizierungsverträge, die entsprechend § 153 AGB vereinbart sind. Diese Qualifizierungsverträge werden jeweils zwischen dem Werktätigen, dem Bereichsleiter bzw. Direktor und unter Mitwirkung des zuständigen Gewerkschaftsvertreters abgeschlossen und in einem Exemplar beim Direktor für Kader/Bildung hinterlegt.

4.2
Weitcrbildungsmaßnahmen

(1) Die Aus- und Weiterbildung der Mitarbeiter – Erwerb des Facharbeiterbriefes, des Meisterbriefes, Weiterbildung der Facharbeiter und Meister – erfolgt durch die Betriebsschule des Fernsehens der DDR oder durch ihre Vermittlung.

(2) Die innerbetriebliche Weiterbildung von Hoch- und Fachschulkadern und die Weiterbildung auf fernsehspezifischem Gebiet erfolgt an der Betriebsakademie des Fernsehens der DDR.
(3) Die Weiterbildung an den Bildungseinrichtungen von Parteien, Gewerkschaft oder anderer gesellschaftlicher Organisationen erfolgt auf Vorschlag der jeweiligen Leitung dieser Organisationen in Abstimmung mit dem Bereichsleiter bzw. Direktor und dem Direktor für Kader/Bildung.
(4) Die Weiterbildung an Volkshochschulen, an Bildungseinrichtungen des VDJ, des Ministeriums für Kultur und an anderen Einrichtungen erfolgt auf Vorschlag des Bereichsleiters bzw. Direktors und mit Zustimmung des Direktors für Kader/Bildung.

4.3
Delegierung an Hoch- und Fachschulen

(1) Für die folgenden Studienformen an Hoch- und Fachschulen

- Direktstudium
- Fernstudium
- Postgraduales Studium
- Externer Erwerb des Hoch- oder Fachschulabschlusses
- planmäßige und außerplanmäßige Aspirantur
- Meisterschülerstudium

können die Bereichsleiter bzw. Direktoren dem Direktor für Kader/Bildung politisch und fachlich geeignete Mitarbeiter vorschlagen.
(2) Die Delegierung an Hoch- und Fachschulen wird auf Vorschlag des Bereichsleiters bzw. Direktors durch den Direktor für Kader/Bildung ausgesprochen. Er prüft die Bewerbungsunterlagen, übergibt sie den Hoch- und Fachschulen und informiert den Bereichsleiter bzw. den Direktor über die Zulassung oder Ablehnung der Bewerber.

Voraussetzung für die Delegierung ist ein Kadergespräch, in dem neben den Verpflichtungen des Mitarbeiters und des Betriebes das Ziel des Studiums und der spätere Einsatz festgelegt werden.

5. Gesundheit, Sicherheit und Wohlbefinden der Mitarbeiter

5.1.
Innerbetriebliche Verantwortungen im Gesundheits-, Arbeits- und Brandschutz

(1) Der Vorsitzende des Staatlichen Komitees für Fernsehen ist dafür verantwortlich, daß die dem DDR-Fernsehen obliegenden gesetzlichen Aufgaben und Pflichten auf dem Gebiet des Gesundheits-, Arbeits- und Brandschutzes (GAB) erfüllt werden.

(2) Mit der Planung, Durchführung und Realisierung aller Maßnahmen zur Sicherung des Gesundheits-, Arbeits- und Brandschutzes im Rahmen des Gesamtbetriebes ist der Hauptdirektor beauftragt.
(3) Alle übrigen Leiter (vgl. 1.1. Abs. 4 u. 7) – einschließlich der Mitarbeiter, die ständig oder zeitweilig andere Mitarbeiter bei der Durchführung von Produktionsaufgaben leiten – sind in ihrem Verantwortungsbereich für die Durchsetzung des Gesundheits-, Arbeits- und Brandschutzes verantwortlich.
(4) Die konkreten Aufgaben auf dem Gebiet des Gesundheits-, Arbeits- und Brandschutzes sind für alle leitenden Mitarbeiter im Funktionsplan festgelegt.
(5) Die Bereichsleiter bzw. Direktoren sind dafür verantwortlich, daß eine erforderliche Zahl von Gesundheits- und Brandschutzhelfern ausgebildet wird und zum Einsatz gelangt.
(6) Die Bereichsleiter bzw. Direktoren sichern, daß die in ihrem Verantwortungsbereich hergestellten und eingesetzten Arbeitsmittel, anzuwendenden Arbeitsverfahren und Arbeitsstätten einen GAB-Nachweis besitzen.
(7) Beim Erwerb, einschließlich Import von Arbeitsmitteln und -verfahren, sind konkrete Forderungen an die Schutzgütebedingungen in jedem Fall Teil der Lieferverträge.
(8) Bei Film- und Fernsehproduktionen und anderen Vorhaben, an denen mehrere Bereiche beteiligt sind, berücksichtigt bzw. erarbeitet jeder Bereich die für seinen Arbeitsumfang erforderlichen Schutzgütebedingungen und legt einen entsprechenden GAB-Nachweis vor. Der Leiter der Produktion (vgl. 1.1. Abs. 7) erteilt die durchgängige Schutzgüte der Arbeitsmittel und -verfahren am Arbeitsort.
(9) Dem Hauptdirektor ist zur Unterstützung bei der Lösung der Aufgaben des Gesundheits-, Arbeits- und Brandschutzes als Funktionalorgan des Betriebsleiters die Sicherheitsinspektion zugeordnet.
(10) Zu ihrer Unterstützung setzen die Bereichsleiter bzw. Direktoren mit Zustimmung der Gewerkschaftsleitungen und in Abstimmung mit dem Hauptdirektor geeignete Mitarbeiter als Sicherheitsinspektoren ein.

In Abhängigkeit vom Umfang der im jeweiligen Bereich auf dem Gebiet des Gesundheits-, Arbeits- und Brandschutzes zu lösenden Aufgaben kann dieser Sicherheitsinspektor mit einem bestimmten Anteil seiner Arbeitszeit für andere Tätigkeiten eingesetzt werden.
(11) Die Mitarbeiter sind verpflichtet,

- Mängel im Gesundheits-, Arbeits- und Brandschutz sowie den Eintritt von Unfällen im Zusammenhang mit betrieblichen oder gesellschaftlich organisierter Tätigkeit sofort dem zuständigen Leiter zu melden bzw. die Meldung zu veranlassen;
- im Rahmen ihrer Kenntnisse selbständig erste Maßnahmen zur Ersten Hilfeleistung einzuleiten;

- die Sicherheitsbestimmungen im DDR-Fernsehen einzuhalten und Maßnahmen zur Vermeidung von Schäden einzuleiten bzw. zu veranlassen;
- ihnen zur Verfügung gestellte Körperschutzmittel zweckentsprechend zu verwenden und pfleglich zu behandeln;
- die für ihre Tätigkeit erforderlichen Kenntnisse, Fähigkeiten und Fertigkeiten im Arbeits-, Gesundheits- und Brandschutz zu erwerben und notwendige Prüfungen abzulegen.

(12) An Mitarbeiter wie z.B. Projektanten, Konstrukteure, Architekten, Technologen werden erhöhte Forderungen zur Verwirklichung des Gesundheits-, Arbeits- und Brandschutzes gestellt. Sie müssen sich selbständig über die zutreffenden Bestimmungen und Erkenntnisse informieren und sie bei der Ausführung ihrer Tätigkeit berücksichtigen.
(13) Arbeiten, zu deren Ausführung eine besondere Berechtigung erforderlich ist, dürfen Mitarbeiter nur dann ausführen, wenn sie diese Berechtigung besitzen.
(14) Wenn gesetzliche Vors7chriften notwendig sind oder fehlen, erarbeiten die Bereichsleiter bzw. Direktoren Arbeitsschutzinstruktionen und setzen sie in Kraft. Dafür holen sie zuvor die Zustimmung der zuständigen Gewerkschaftsleitung ein.
(15) Wenn in begründeten Ausnahmefällen von den Rechtsnormen des Gesundheits-, Arbeits- und Brandschutzes abgewichen werden muß, stellen die Bereichsleiter bzw. Direktoren in Abstimmung mit der Sicherheitsinspektion über den Hauptdirektor an den Vorsitzenden einen Antrag auf Sonderregelung bzw. Ausnahmegenehmigung. Dabei müssen die Grundsätze des § 21 der ASVO eingehalten werden.

5.2.
Befähigungsnachweise

(1) Zur Ausübung ihrer Funktion müssen die unter 5.1. Abs. 3 genannten Mitarbeiter, deren Vertreter sowie die unter 5.1. Abs. 12 aufgeführten Mitarbeiter ihre Kenntnisse im Gesundheits-, Arbeits- und Brandschutz in einer Prüfung nachweisen. Sie erbringen den Befähigungsnachweis erneut bei

- grundlegender Veränderung der Funktion,
- Änderung der Arbeitsaufgabe,
- grundlegender Veränderung der Technik/Technologie bzw. Arbeitsorganisation,
- jedoch spätestens nach Ablauf von 3 Jahren.

(2) Die Bereichsleiter bzw. Direktoren bestimmen für ihren Verantwortungsbereich den Mitarbeiterkreis, der den Befähigungsnachweis benötigt.
(3) Hat der Mitarbeiter keinen Befähigungsnachweis, darf er mit der vorgesehenen Tätigkeit nicht betraut werden.

(4) Mit Zustimmung der Sicherheitsinspektion kann die Wiederholungsprüfung über ein Selbststudium abgelegt werden.

5.3.
Arbeitsschutzbelehrungen

(1) Die Leiter belehren alle ihnen unmittelbar unterstellten Mitarbeiter auf der Grundlage eines Jahresthemenplanes.

Die Belehrungen der handwerklich tätigen Mitarbeiter werden monatlich durchgeführt. Alle anderen Mitarbeiter erhalten vierteljährlich die Belehrung.
(2) Zusätzliche Belehrungen sind durchzuführen bzw. zu sichern

- bei Produktionsbeginn – erforderlichenfalls während der Durchführung – von Film- und Fernsehaufnahmen für alle daran beteiligten Mitarbeiter;
- monatlich für alle Berufskraftfahrer, für Fahrzeuglenker von funktionsgebunden und kollektiv genutzten Fahrzeugen, sowie für Mitarbeiter, die ihr Kraftfahrzeug dem Betrieb zeitweilig zur Verfügung stellen;
- vierteljährlich für alle Mitarbeiter, die mit Geräten, Fahrzeugen, Maschinen oder Anlagen umgehen, für deren Bedienung eine besondere Berechtigung vorgeschrieben ist, wie z.B. E-Karren, Gabelstapler, Kräne;
- bei vorübergehender Übertragung einer anderen Tätigkeit sowie bei Veränderung der Arbeitsaufgabe;
- für zeitweilig Beschäftigte, Mitwirkende, Schüler, Studenten, Praktikanten, Besucher und Angehörige fremder Betriebe in erforderlichem Umfang.

(3) Neueingestellte Mitarbeiter müssen vor der Arbeitsaufnahme durch die Sicherheitsinspektion eine Grundbelehrung erhalten und eine erste, auf ihren Arbeitsplatz bezogene Unterweisung durch den Leiter, dem sie unmittelbar unterstellt sind.
(4) Die Bereichsleiter bzw. Direktoren sichern, daß die Werktätigen im Rhythmus von zwei Jahren mit allen für sie zutreffenden Rechtsvorschriften und betrieblichen Festlegungen vertraut gemacht werden. Sie sind verantwortlich für die Durchführung der Belehrungen und kontrollieren mindestens vierteljährlich die Durchführung anhand der Eintragungen in den Arbeitsschutzkontrollbüchern.

5.4.
Nachweisführung

(1) Die Bereichsleiter bzw. Direktoren führen mit Unterstützung des jeweiligen Sicherheitsinspektors eine Sicherheitsakte. Sie muß jederzeit von staatlichen bzw. gesellschaftlichen Kontrollorganen eingesehen werden können.
(2) Die Bereichsleiter bzw. Direktoren legen fest, welche Leiter jährlich ein Arbeitsschutz-Kontrollbuch anzulegen und ordnungsgemäß in allen Teilen zu

führen haben. Dieses Dokument steht den gesellschaftlichen und staatlichen Kontrollorganen zur Einsicht bzw. zur Eintragung von Mängeln u.ä. zur Verfügung.

In diesen Büchern werden außerdem getrennt die Nachweise über Belehrungen zur Sicherheit und Ordnung sowie zur Zivilverteidigung geführt.

(3) Alle Belehrungen werden in Arbeitsschutzkontrollbüchern bzw. bei Film/Fernsehproduktionen im Nachweisblatt für Arbeits-, Gesundheits- und Brandschutz nachgewiesen.

(4) Jeder Brandschutzfunktionär führt ein Brandschutzkontrollbuch.

(5) Für das Vorliegen von Befähigungen und Berechtigungen sind die Bereichsleiter bzw. Direktoren verantwortlich. Für Nachweise über Tauglichkeit, Verwendung von Arbeitsschutzmitteln usw. sind die Leiter zuständig, die unmittelbar weisungsbefugt gegenüber den Mitarbeitern sind.

(6) Die Bereichsleiter bzw. Direktoren gewährleisten, daß die Anlagen, Ausrüstungen und Geräte ihres Verantwortungsbereiches in der Mechanischen Revisionsgruppe bzw. bei der Elektrorevision registriert sind. Die Führung der Dokumentationen erfolgt in den Revisionsgruppen. Jede Veränderung einschließlich Neuanschaffung dieser überwachungs- und revisionspflichtigen Anlagen, Ausrüstungen und Geräte muß diesen Stellen bekanntgegeben werden. Havarien, Defekte oder andere Unregelmäßigkeiten werden sofort der Mechanischen Revision bzw. Elektrorevision gemeldet.

5.5.
Informations- und Kontrollpflichten

(1) Bei einem Arbeitsunfall – eingeschlossen der Wege- und Wegeverkehrsunfall – benachrichtigt der Mitarbeiter unverzüglich den zuständigen Leiter.

(2) Der unmittelbar verantwortliche Leiter ist bei einem Unfall verpflichtet, sofort erforderliche medizinische Betreuung zu sichern, die Untersuchung und Meldung entsprechend der „Richtlinie für die Untersuchung und Meldung meldepflichtiger Unfälle" durchzuführen und Maßnahmen zur Beseitigung der Unfallursachen einzuleiten.

(3) Die Bereichsleiter bzw. Direktoren legen der Sicherheitsinspektion zweimal im Jahr – zum 15. Januar und zum 15. Juli – eine Analyse zum Stand des Gesundheits-, Arbeits- und Brandschutzes in ihrem Verantwortungsbereich vor, nachdem sie diese im Leitungskollektiv ausgewertet und Maßnahmen zur Verbesserung des Gesundheits-, Arbeits- und Brandschutzes vorgeschlagen haben.

(4) Der Hauptdirektor ist dafür verantwortlich, daß zweimal im Jahr – zum 20. August und zum 20. Februar – eine von ihm bestätigte gesamtbetriebliche Analyse zum Gesundheits-, Arbeits- und Brandschutz erarbeitet und dem Vorsitzenden sowie der Zentralen Betriebsgewerkschaftsleitung zur Auswertung vorgelegt wird.

(5) Die Bereichsleiter bzw. Direktoren führen in der Zeit vom 15. Juni bis 15. September in enger Zusammenarbeit mit ihren Sicherheitsinspektoren eine Überprüfung aller Sicherheitsbelange durch. Diese Überprüfung ist mit einer Begehung aller der von den Mitarbeitern der Struktureinheit genutzten Räume verbunden. Das Ergebnis wird der Sicherheitsinspektion bis zum 10. Oktober zugeleitet. Die nachgeordneten Leiter führen vierteljährlich in ihrem Verantwortungsbereich zusammen mit dem gewerkschaftlichen Arbeitsschutzfunktionär und dem Sicherheitsinspektor eine Begehung durch.

5.6.
Sicherung der Leistungsfähigkeit der Mitarbeiter

(1) Mitarbeitern, deren Arbeitsfähigkeit durch plötzliche Erkrankung oder die Einnahme von Genußmitteln bzw. Medikamenten u.ä. beeinträchtigt ist, wird sofort ein Verbleiben am Arbeitsplatz untersagt. Der zuständige Leiter sichert erforderliche medizinische Betreuung. Sofern die Ursachen der eingeschränkten Arbeitsfähigkeit in Pflichtverletzungen liegen, veranlaßt der zuständige Leiter die Einleitung von Diszplinarmaßnahmen.
(2) Das Rauchen ist nur in den vom zuständigen Leiter festgelegten Räumen und Fahrzeugen sowie nur mit Zustimmung der dort tätigen Mitarbeiter gestattet.
(3) Die Leiter sichern, daß die ihnen unterstellten Mitarbeiter nur mit Arbeiten betraut werden, für die sie die erforderliche arbeitsmedizinische Eignung und Tauglichkeit besitzen.
(4) Wird ärztlich bescheinigt, daß die vereinbarte Arbeitsaufgabe vorübergehend nicht ausgeübt werden kann, weist der Bereichsleiter bzw. Direktor in Abstimmung mit dem Betriebsarzt dem Mitarbeiter eine Schonarbeit zu.

5.7.
Sicherung des persönlichen Eigentums der Mitarbeiter
(1) Die Leiter informieren die Mitarbeiter über die Aufbewahrungsmöglichkeiten für die im Zusammenhang mit der Arbeit und der gesellschaftlichen Tätigkeit mitgebrachten persönlichen Gegenstände. Festgestellte Mängel an den Aufbewahrungsmöglichkeiten, wie fehlende Verschlußsicherheit, Beschädigungen usw. teilen die Mitarbeiter unverzüglich dem zuständigen Leiter mit, der verpflichtet ist, Abhilfe zu schaffen.
(2) Die Mitarbeiter sind verpflichtet, im Zusammenhang mit der Arbeit und der gesellschaftlichen Tätigkeit in den Betrieben mitgebrachte Gegenstände, soweit sie nicht ständig mitgeführt werden, in den dafür vorgesehenen Schränken, Schreibtischen bzw. anderen Behältnissen verschlossen aufzubewahren.
(3) Will ein Mitarbeiter Gegenstände, die nicht im Zusammenhang mit seiner Arbeit und der gesellschaftlichen Tätigkeit im Betrieb stehen, mitbringen

oder damit das Objekt verlassen, muß er sich vom zuständigen unterschriftsberechtigten Leiter eine „Mitnahmebescheinigung“ genehmigen lassen.
(4) Kann eine Aufbewahrungsmöglichkeit vorübergehend nicht geschaffen werden, so ist der Mitarbeiter verpflichtet, die Sicherung seines persönlichen Eigentums selbst zu übernehmen.
(5) Persönliches kleines Gepäck, Koffer usw. können in den Paketschließfächern an den Eingängen Rudower Chaussee und Johannisthal hinterlegt werden. Bild- und Tonaufnahmegeräte, die nicht im Zusammenhang mit der Arbeit und der gesellschaftlichen Tätigkeit im Betrieb benötigt werden, müssen in den Paketschließfächern deponiert werden.
(6) Das Mitbringen von größeren Geldbeträgen, wertvollem Schmuck und anderen Gegenständen im Gesamtwert von über 1.000,– M ist grundsätzlich nicht gestattet. Ist dies unumgänglich, so muß der Leiter davon informiert werden.

Kann eine Zustimmen nicht erteilt werden, etwa weil sichere Unterbringungsmöglichkeiten fehlen, erfolgt das Mitbringen auf eigenes Risiko des Mitarbeiters. Wird die Zustimmung erteilt, so muß die Aufbewahrung der betreffenden Gegenstände in der vom Leiter angewiesenen Weise erfolgen.
(7) Das Mitbringen leicht endzündbarer, brenn- und explosionsgefährlicher Stoffe, sowie von Chemikalien und anderen Stoffen allgemein giftigen Charakters ist nicht gestattet.
(8) Für Schäden an privaten Fahrzeugen, die mit Berechtigung auf dem Fernsehgelände abgestellt werden, haftet der Fahrzeughalter, der den Schaden verursacht hat. Das Fernsehen gewährt hierbei rechtliche Unterstützung, soweit die Schäden durch Dienstfahrzeuge des Fernsehens und der anderen Anliegerbetriebe bzw. Institutionen verursacht wurden.

5.8.
Nutzung der Sozial- und Kultureinrichtungen

(1) Alle Mitarbeiter sind verpflichtet, in den sozialen und kulturellen Einrichtungen – Speiseraum, Clubraum, sanitäre Einrichtungen, Betriebsräume usw. – für Ordnung und Sauberkeit zu sorgen. Die in den sozialen und kulturellen Einrichtungen geltenden Ordnungen werden öffentlich bekannt gemacht und sind für alle Benutzer verbindlich.

Weisungen der Leiter dieser Einrichtungen bzw. ihrer Beauftragten müssen befolgt werden.
(2) Die Nutzung der betrieblichen sozialen und kulturellen Einrichtungen muß in Absprache mit dem zuständigen Leiter erfolgen. Sie darf keine Beeinträchtigung des Arbeitsablaufes verursachen.
(3) Veranstaltungen, sofern sie in Ausnahmefällen während der Arbeitszeit stattfinden, bedürfen der vorherigen Abstimmung mit den Leitern, die für die Bereiche zuständig sind.

(4) Jeder Mitarbeiter hat die Möglichkeit, innerhalb der festgelegten Pausen seine Mahlzeiten einzunehmen. Im Interesse der Gesunderhaltung und Sauberkeit sollen die Mahlzeiten in den Speiseräumen oder anderen dafür vorgesehenen Räumen eingenommen werden.

Geschirr und Bestecke, die Eigentum des Fernsehens der DDR sind, dürfen nicht aus den Versorgungseinrichtungen mitgenommen werden.

(5) Die Leiter gewährleisten, daß die Nutzung von Versorgungseinrichtungen zu Einkäufen und zur Einnahme der Mahlzeiten ohne Beeinträchtigung des Arbeitsablaufes erfolgen kann.

Die hierfür notwendigen Zeiten werden mit der zuständigen Gewerkschaftsleitung vereinbart.

6. Nutzung der Arbeitszeit und Gewährung des Erholungsurlaubes

6.1.
Arbeitszeitregelungen

(1) Die Arbeitszeitregelung erfolgt in den Betriebsteilen, Außenstellen und Studios entsprechend den betrieblichen Belangen zur Sicherung der Produktions- und Sendeaufgaben. Sie wird auf der Grundlage der gesetzlichen Bestimmungen, in Verantwortung der Leiter und im Zusammenwirken mit den gewerkschaftlichen Leitungen schriftlich festgelegt.

(2) Mitarbeiter, die unmittelbar für Sendevorhaben tätig sind, arbeiten nach variabler Arbeitszeit, die in Arbeitszeitplänen festgelegt ist. Variable Arbeitszeit heißt unterschiedlicher Beginn und unterschiedliche Dauer der täglichen Arbeitszeit entsprechend den Produktionsbedingungen. Die Arbeitszeit kann mit 4 bis 12 Stunden – in Ausnahmefällen mit bis zu 14 Stunden – in den Arbeitszeitplänen festgelegt werden.

(3) Auf der Grundlage der 5-Tage-Arbeitswoche muß sich die nominelle Arbeitszeit innerhalb von sechs Wochen ausgleichen.

(4) Die Arbeitszeitpläne werden durch die Produktions- bzw. Aufnahmeleiter oder durch die für die Arbeitskollektive der Gewerke verantwortlichen Mitarbeiter oder anderen Beauftragten in Zusammenarbeit mit den an der Produktion beteiligten Bereichen aufgestellt.

(5) Die Arbeitszeitpläne enthalten für jeden Mitarbeiter den täglichen Beginn und das Ende des Arbeitstages, die Pausen, die technisch und technologisch bedingten Arbeitsphasen wie Auf-, Um- und Abbauzeiten, Kameraproben, Drehzeiten, Beleuchtungsproben u.a. sowie zur Information eventuell anfallende Fahrt- und Wegezeiten.

(6) Die Arbeitszeitpläne werden im voraus für den Zeitraum von mindestens einer Woche aufgestellt und vor Ablauf des letzten Arbeitstages der laufenden Woche den Mitarbeitern bekanntgegeben. Änderungen der Arbeitszeit-

pläne, die sich aus objektiven Gründen ergeben, müssen den Mitarbeitern spätestens vor Ablauf der letzten Arbeitsschicht bekanntgegeben werden.

Weitere Einzelheiten regeln sich gemäß RKV.

(7) Die Bereichsleiter bzw. Direktoren der Studios können mit bestimmten Mitarbeitern Vereinbarungen über die zeitweilige und teilweise eigenverantwortliche Einteilung ihrer Arbeitszeit während der Vorbereitungsarbeiten für eine Sendung bzw. Produktion treffen. Zu diesen Mitarbeitern gehören Fernsehjournalisten, Dramaturgen, Autoren, Regisseure, Musikredakteure, Kameraleute, Szenenbildner, Kostümbildner, Grafiker und Produktionsorganisatoren.

6.2.
Beginn und Ende der Arbeitszeit

(1) Die Arbeitszeit beginnt und endet am Arbeitsplatz, bei Produktionen in dem dafür festgelegten Betrieb, Studio, Stützpunkt oder am jeweiligen Produktionsort.

(2) Die Arbeitszeit darf nur für die Erfüllung der Arbeitsaufgaben verwendet werden. Die volle Ausnutzung der Arbeitszeit und die Einhaltung der Pausen wird durch die zuständigen Leiter kontrolliert.

(3) Gesellschaftliche Veranstaltungen werden grundsätzlich außerhalb der Arbeitszeit durchgeführt.

(4) Mitarbeiter, die verspätet zur Arbeit erscheinen, melden sich sofort nach Eintreffen bei ihrem zuständigen Leiter, der nach Prüfung der Gründe Nacharbeit festlegt.

(5) Erfolgt an Abschnitten des Betriebes, an denen Schichtarbeit geleistet wird, keine rechtzeitige Ablösung, so muß der zuständige Leiter oder Bereitschaftsdienst durch den abzulösenden Mitarbeiter unverzüglich informiert werden. Über die Besetzung des Arbeitsplatzes entscheidet der Leiter bzw. der Bereitschaftsdienst unmittelbar.

(6) In jedem Arbeitskollektiv wird ein Nachweis über die Anwesenheit, den Aufenthaltsort bzw. die Gründe der Abwesenheit der Mitarbeiter geführt.

6.3.
Überstünden und Arbeitsbereitschaft

(1) Überstundenarbeit darf durch den für die jeweilige Produktion bzw. Arbeitsaufgabe verantwortlichen Leiter nur in besonders begründeten Fällen und nach Zustimmung der zuständigen Bereichsleiter bzw. Direktoren sowie der zuständigen Gewerkschaftsleitungen angeordnet werden.

(2) Bei Außenproduktionen kann in Ausnahmefällen der für die Produktion gewählte Vertrauensmann die Rechte der AGL zur Zustimmung wahrnehmen. Die zuständige AGL muß in jedem Fall nachträglich informiert werden.

(3) Die Höhe der zulässigen Anzahl von Überstunden regelt sich nach den Festlegungen des RKV.

(4) Der Vorsitzende oder dessen Beauftragte sich berechtigt, soweit es die Programmtätigkeit erfordert, außerhalb der gesetzlich festgelegten Arbeitszeit Arbeitsbereitschaft oder Bereitschaftsdienste anzuordnen.

Einzelheiten regeln sich gemäß RKV.

6.4.
Freistellung von der Arbeit

(1) Über die Freistellung von der Arbeit sowie über eine Vor- bzw. Nacharbeit entsprechend der §§ 181-188 AGB entscheiden die Bereichsleiter bzw. Direktoren oder die von ihnen beauftragten Leiter der Redaktionen, Abteilungen oder Produktionsgruppen.
(2) Vor Antritt bzw. nach Ablauf der vom Leiter bestätigten Freistellung melden sich die Mitarbeiter beim zuständigen Leiter ab bzw. zurück.
(3) Unentschuldigtes Fernbleiben von der Arbeit oder unberechtigte Arbeitsunterbrechung dürfen nicht durch nachträgliche Freistellung sanktioniert werden.

6.5.
Erholungsurlaub

(1) Der Urlaubsplan wird in den Beriechen für das laufende Kalenderjahr unter weitgehender Berücksichtigung der Erfüllung der betrieblichen Aufgaben und der persönlichen Wünsche und sozialen Belange der Mitarbeiter jeweils bis zum Ende des Monats Januar aufgestellt und im Zusammenwirken mit der zuständigen Gewerkschaftsleitung bestätigt.
(2) Der Urlaub muß von jedem Anspruchsberechtigten spätestens zwei Wochen vor Urlaubsantritt bei dem zuständigen Leiter unter Verwendung des betrieblichen Vordrucks und unter Angabe der Urlaubsdauer, der Urlaubsanschrift und eines Urlaubsvertreters beantragt werden. Der Urlaubsantritt bedarf der Genehmigung des zuständigen Leiters.
(3) Der zuständige Leiter gewährleistet Nachweisführung und Kontrolle der Inanspruchnahme des Urlaubs. Bei Umsetzungen wird die Urlaubskarte dem übernehmenden Bereich zugestellt.
(4) Bei Vorliegen zwingender betrieblicher Gründe, im Katastrophenfall und in außergewöhnlichen Situationen kann zur Sicherung der Produktions- und Sendeaufgaben – nach Zustimmung durch die zuständige Gewerkschaftsleitung – der zuständige Leiter die Änderung des Urlaubsplanes bzw. die Unterbrechung des Erholungsurlaubs anordnen.
(5) Der Anspruch auf Abgeltung des Erholungsurlaubes in Geld – gemäß § 200 AGB erlischt, wenn er nicht bis zum 15. April des Folgejahres unter Angabe der Gründe beantragt wurde.

7. *Arbeitsdisziplin und arbeitsrechtliche Verantwortlichkeit*

7.1.
Disziplinarbefugnis

(1) Disziplinarbefugter ist der Vorsitzende.

(2) Zur straffen Durchsetzung der sozialistischen Arbeitsdisziplin und zur einheitlichen Anwendung der disziplinarischen und materiellen Verantwortlichkeit delegiert der Vorsitzende die Verantwortlichkeit, wie sie im AGB für den Betriebsleiter vorgeschrieben ist – mit Ausnahme der fristlosen Entlassung – auf

- die Stellvertreter des Vorsitzenden
- den Hauptdirektor
- die Bereichsleiter bzw. Direktoren für die ihnen unterstellten Mitarbeiter
- den Leiter des Süd-Bereiches für die in seinem Arbeitsbereich beschäftigten Werktätigen nach Abstimmung mit seinem Bereichsleiter.

(3) Der Vorsitzende delegiert auf die unter 7.1. Abs. 2 genannten Leiter das Recht, gegen alle ihm unterstellten Werktätigen nach § 254 Abs. 1 und 2 AGB und § 21 Abs. 4 der Verordnung über die Pflichten, die Rechte und die Verantwortlichkeit der Mitarbeiter in den Staatsorganen/GB1. Teil II Nr. 26 vom 19.2.1969 (Mitarbeiterverordnung) einen Verweis oder einen strengen Verweis unter Beachtung der Anforderungen an ein Disziplinarverfahren auszusprechen.

(4) Die Disziplinarbefugnis ist nicht weiterdelegierbar. Sie wird wahrgenommen von den bei Abwesenheit amtierenden Vertretern.

(5) Die unter 7.1. Abs. 3 und 4 aufgeführten Disziplinarbefugten erfüllen auf der Grundlage der gesetzlichen Bestimmungen eigenverantwortlich wie ein Betriebsleiter – bis auf die unter 7.1. Abs. 2 – genannten Einschränkungen – ihre Disziplinarbefugnis. Die delegierte Disziplinarbefugnis umfaßt die volle Wahrnehmung

- der disziplinarischen Verantwortlichkeit gemäß § 18 ff. der Mitarbeiterverordnung
- der disziplinarischen Verantwortlichkeit gemäß § 254 Abs. 1 AGB
- für die Antragstellung über die materielle Verantwortung des Werktätigen gemäß § 260ff. AGB.

  Auf schriftlichen Antrag des Hauptbuchhalters sind die Disziplinarbefugten ebenfalls verpflichtet, die materielle Verantwortlichkeit geltend zu machen.

7.2
Disziplinarische Verantwortlichkeit

(1) Die Mitarbeiter sind zu hoher Staats- und Arbeitsdisziplin verpflichtet. Ihr Verhalten muß innerhalb und außerhalb ihrer dienstlichen Tätigkeit der Verfassung der Deutschen Demokratischen Republik und den Grundsätzen der sozialistischen Moral entsprechen.
(2) Der disziplinarischen Verantwortlichkeit nach der Mitarbeiterverordnung unterliegen alle Mitarbeiter des Staatlichen Komitees für Fernsehen und des Fernsehens der DDR soweit sie nach der Ordnung über die freiwillige zusätzliche Altersversorgung für Mitarbeiter des Staatsapparates in diese Altersversorgung aufgenommen wurden bzw. wenn dies im Arbeitsvertrag vereinbart wurde.

Sekretärinnen, Stenotypistinnen, Fernschreiberinnen, Mitarbeiter bis zu einer Funktionsebene Oberreferent, Kraftfahrer u.ä. unterliegen der Mitarbeiterverordnung nur, wenn dies im Arbeitsvertrag gesondert vereinbart ist.
(3) Disziplinarverfahren dürfen nur eröffnet werden, wenn das pflichtverletztende Verhalten kausal zu der Erfüllung von Arbeitspflichten besteht. Ausnahmen gelten hier bei dem Mitarbeiterkreis, der der Mitarbeiterverordnung unterliegt. Nach der Mitarbeiterverordnung können auch Verhaltensweisen, die außerhalb der dienstlichen Tätigkeit liegen, disziplinarisch geahndet werden.
(4) Der Disziplinarbefugte kann beim Bekanntwerden schwerwiegender Verletzung staatsbürgerlicher Pflichten den Mitarbeiter nach Bekanntwerden solcher Zusammenhänge bis zum Abschluß der Untersuchungen von seiner vereinbarten Arbeitsaufgabe suspendieren und ihm vorübergehend eine andere Tätigkeit übertragen.

7.3
Fristlose Entlassung

(1) Fristlos entlassen gemäß § 254 Abs. 1 AGB und gemäß § 21 Abs. 4 der Mitarbeiterverordnung darf grundsätzlich nur der Vorsitzende. Die Disziplinarbefugten leiten nach Absprache und Zustimmung des Direktors für Kader/ Bildung das Disziplinverfahren ein. Sie unterrichten den Vorsitzenden – nach Abstimmung mit dem Justitiar – vom Ergebnis des Disziplinarverfahrens. Bei gewählten Gewerkschaftsfunktionären und Konfliktkommissionsmitgliedern ist die Zustimmung der Zentralen Betriebsgewerkschaftsleitung einzuholen.

Nach der Entscheidung des Vorsitzenden wird durch den Disziplinarbefugten die fristlose Entlassung dem betroffenen Werktätigen mitgeteilt.
(2) Im Ausnahmefall, in dem der Vorsitzende den Disziplinarbefugten beauftragt, das Schreiben der fristlosen Entlassung selbst zu unterzeichnen, ist wie unter 7.3. Abs. 1 festgelegt zu verfahren.

Ergänzend legt der Bereichsleiter bzw. Direktor dem Vorsitzenden ein mit dem Justitiar abgestimmtes Auftragsschreiben zur Vorname einer fristlosen Entlassung durch den Disziplinarbefugten vor.

7.4
Materielle Verantwortlichkeit

(1) Erleidet ein Mitarbeiter dadurch Schaden, daß Pflichten des Fernsehens aus dem Arbeitsrechtsverhältnis verletzt wurden, so hat der Mitarbeiter Anspruch auf Ersatz des Schadens zum Zeitwert gegenüber dem Fernsehen der DDR.
(2) Beschlüsse der Konfliktkommissionen, die den Disziplinarbefugten zugehen und, nach denen der Werktätige in einer bestimmten Höhe materiell verantwortlich gemacht wurde, werden dem Justitiar zugeleitet, der in Zusammenarbeit mit der Zentralbuchhaltung gewährleistet, daß der Betrag an das Fernsehen der DDR eingezahlt wird.
(3) Zur einheitlichen und gerechten Durchsetzung der materiellen Verantwortlichkeit bei schuldhaft verursachten Verkehrsunfällen durch Mitarbeiter ist der Direktor für Verwaltung beauftragt, die materielle Verantwortlichkeit gegen alle schuldhaft handelnden Dienstfahrzeuglenker nach Abstimmung mit dem Disziplinarbefugten bei der zuständigen Konfliktkommission des Bereiches, dem der Mitarbeiter angehört, geltend zu machen.
(4) Konfliktkommissions-Beschlüsse, nach denen sich die materielle Verantwortlichkeit aus der schuldhaften Verursachung von Kraftfahrzeugunfällen ergibt, werden dem Direktor für Verwaltung zugeleitet. Der Direktor für Verwaltung veranlaßt, daß der Betrag, der der Staatlichen Versicherung zusteht, an diese überwiesen wird.
(5) Beabsichtigt ein Disziplinarbefugter gegen einen zu ungungsten des Fernsehens gefaßten Konfliktkommissions-Beschluß Einspruch einzulegen, so ist er verpflichtet, sich innerhalb von fünf Tagen nach Zugang des Beschlusses mit dem Justitiar zu konsultieren. Einspruch beim zuständigen Stadtbezirksgericht bzw. Kreisgericht wird nur durch den Justitiar nach Abstimmung mit dem Hauptdirektor eingelegt.
(6) Bei kleineren schuldhaft verursachten Schäden – bis zu 10% eines monatlichen Tariflohnes – kann zwischen dem Disziplinarbefugten und dem Schadensverursacher in einer schriftlichen Erklärung festgelegt werden, bis wann der Betrag an das Fernsehen eingezahlt wird bzw. daß dieser Betrag durch die Zentralbuchhaltung des Fernsehens der DDR vom Lohn oder Gehalt eingehalten werden kann.

Es kann auch schriftlich vereinbart werden, daß der Werktätige durch eigene Arbeitsleistungen oder in anderer geeigneter Art und Weise den Schaden beseitigt.

(7) Der Disziplinarbefugte kann in Übereinstimmung mit der zuständigen Gewerkschaftsleitung aus erzieherischen Gründen auf die Geltendmachung des Schadenersatzanspruches ganz oder teilweise verzichten.

Der Disziplinarbefugte ist auf Verlangen dem Hauptbuchhalter gegenüber über den Verzicht der materiellen Verantwortlichkeit rechenschaftspflichtig.

7.5
Schadenersatz

(1) Schadenersatz bei Arbeitsunfall und Berufskrankheit erfolgt nach den Bestimmungen des Arbeitsgesetzbuches der DDR.

Um festzustellen, welche Mehraufwendungen dem Mitarbeiter entstanden sind, führt der Leiter mit dem Mitarbeiter ein Gespräch.

Im Ergebnis des Gesprächs stellt der Mitarbeiter einen schriftlichen Antrag bei seinem Leiter. Dieser veranlaßt – bei Schadensersatzleistungen bis 300,– Mark – die Bezahlung aus Mitteln des Bereiches. bei Schadensersatzleistungen über 300,– Mark muß der Antrag über die Abteilung Sozialpolitik an den Justitiar übergeben werden.

(2) Schadenersatz in Fällen nach §§ 270 ff. GAB und §§ 330 ZGB zur Regulierung von Sachschäden, die in Zusammenhang mit dem Arbeitsrechtsverhältnis oder im Zusammenhang mit einem freien Beschäftigungsverhältnis entstanden sind, wird auf schriftlichen Antrag des Betroffenen bearbeitet.

(3) Eine Schadenskommission des Fernsehens der DDR trifft auf der Grundlage der gesetzlichen Bestimmungen und bei Wertung der Schadensmeldung, die auf ihre sachliche Richtigkeit vom jeweiligen Produktionschef oder Direktor bzw. Gleichgestellten geprüft worden ist, eine Entscheidung. Die Produktionschefs bzw. Direktoren veranlassen auf Grund der rechtlichen Wertung und Entscheidung der Schadenskommission die Anweisung des betreffenden Betrages an den Antragsteller.

(4) Ablehnungen von Schadensersatzanträgen werden durch den Vorsitzenden der Schadenskommission begründet und mit einer Rechtsmittelbelehrung verbunden.

(5) Die Disziplinarbefugten gewährleisten, daß die Mitglieder der Schadenskommission an der einmal im Monat stattfindenden Beratung teilnehmen können.

(6) Die Schadenskommission ist verpflichtet, bei Ablehnungen dem Mitarbeiter Gelegenheit zu geben, ihn in folgenden Sitzungen mündlich noch einmal zu hören

8. Schlußbestimmungen

(1) Die Arbeitsordnung ist für alle Mitarbeiter des Fernsehens der DDR verbindlich.
(2) Die Arbeitsordnung wird jedem Mitarbeiter am Tage des Beginns seiner Tätigkeit vom zuständigen Leiter zur Einsichtnahme vorgelegt und erläutert. Der Leiter sichert, daß die Arbeitsordnung von den Mitarbeitern jederzeit eingesehen werden kann.
(3) Änderungen bzw. Ergänzungen dieser Arbeitsordnung können nur durch den Vorsitzenden des Staatlichen Komitees für Fernsehen der DDR im Einvernehmen mit der Zentralen Betriebsgewerkschaftsleitung vorgenommen werden. Sie werden vor ihrer Einführung mit den Mitarbeitern beraten.
(4) Diese Arbeitsordnung tritt am 1.1.1980 in Kraft. Damit verliert die Weisung 1/1976 – Arbeitsordnung vom 1.1.1976 für das Fernsehen der DDR – ihre Gültigkeit.

Adameck
Vorsitzender

Anlage A4
Mustervereinbarung für die Wahl von Betriebsräten im Organisationsbereich der IG Bau-Holz für den Holz-, Kunststoff- und Kulturwarenbereich in der DDR

Die vorliegende Mustervereinbarung wird von der *Gewerkschaft Holz und Kunststoff* zur Umsetzung der Ziff. 1 des mit der IG Bau-Holz vereinbarten Kooperationsabkommens vorgelegt. In dieser Bestimmung des Kooperationsabkommens werden u.a. folgende Ziele des Zusammenwirkens festgelegt:

- betriebliche Interessenvertretung durch Gewerkschaft, Betriebsräte und gewerkschaftliche Vertrauensleute,
- Arbeitsplatzsicherung und sozial verträgliche Durchführung der wirtschaftlichen Umgestaltung,
- Sicherung und Ausbau des sozialen Besitzstandes auf betrieblicher Ebene

Der Verwirklichung dieser Ziele soll die anliegende Mustervereinbarung dienen.

Für die Übergangszeit bis zur Verabschiedung entsprechender Gesetze durch die Volkskammer soll durch die Wahl von Betriebsräten auch in den Unternehmen und Betrieben ein Mindestmaß betrieblicher Interessenvertretung durch Gewerkschaften und Betriebsräte abgesichert werden, in denen die Betriebsgewerkschaften (BGL) nicht neu gewählt werden und/oder nicht in der Lage sind, eine wirksame Wahrnehmung der Interessen der Beschäftigten zu verwirklichen.

Mustervereinbarung der Gewerkschaft Holz und Kunststoff für die Bildung von Betriebsräten im Organisationsbereich der IG Bau-Holz für den Holz-, Kunststoff- und Kulturwarenbereich

I. Teil

Allgemeine Vorschriften

§ 1 – Errichtung eines Betriebsrates

Im Werk/Betrieb/Betriebsteil (o.ä.) „XYZ“ wird zur Vertretung der Interessen der Arbeitnehmer, insbesondere gegenüber dem Arbeitgeber, ein Betriebsrat gewählt.

§ 2 – Stellung der Gewerkschaften

1. Der Betriebsrat führt seine Aufgaben in enger Zusammenarbeit mit der im Betrieb vertretenen Gewerkschaft und mit ihrer Unterstützung durch.
2. Zur Wahrnehmung ihrer Aufgaben und Rechte ist den Beauftragten der im Betrieb vertretenen Gewerkschaft jederzeit Zutritt zum Betrieb einschließlich sämtlicher Betriebsbereiche und Arbeitsplätze zu gewähren.
3. Die Aufgaben und Rechte der im Betrieb vertretenen Gewerkschaft, insbesondere die Wahrnehmung der Interessen ihrer Mitglieder, werden durch diese Vereinbarung nicht berührt.
4. Arbeitnehmer, die im Rahmen dieser Vereinbarung Aufgaben übernehmen, werden hierdurch in der Betätigung für ihre Gewerkschaft auch im Betrieb nicht beschränkt.

§ 3 – Arbeitnehmer

Arbeitnehmer im Sinne der Vereinbarung sind alle Betriebsangehörigen Arbeiter und Angestellten einschließlich der zu ihrer Berufsausbildung Beschäftigten. Ungeachtet ihres arbeitsvertraglichen Status gelten diejenigen Personen nicht als Arbeitnehmer, die kraft Gesetzes, Satzung oder Gesellschaftsvertrages zur Vertretung des Rechtsträgers des Betriebes berufen sind. Ferner gelten nicht als Arbeitnehmer diejenigen Personen, die aufgrund allgemeinen Auftrags zum Verhandlungspartner des Betriebsrats bestimmt worden sind und diese Funktion auch tatsächlich ausüben.

§ 4 – Arbeitgeber

Arbeitgeber ist der rechtliche Träger der betrieblichen Organisationsgewalt in den Betrieben aller Eigentumsformen.

2. Teil

Zusammensetzung und Wahl des Betriebsrats

§ 5 – Wahlberechtigung

Wahlberechtigt sind alle Arbeitnehmer im Sinne dieser Vereinbarung.

§ 6 – Wählbarkeit

Wählbar sind alle Wahlberechtigten.

§ 7 – Zahl der Betriebsratsmitglieder

Der Betriebsrat besteht in Betrieben mit in der Regel

bis 20 Arbeitnehmern aus einer Person,
21 bis 50 Arbeitnehmern aus drei Mitgliedern,
51 bis 150 Arbeitnehmern aus fünf Mitgliedern,
151 bis 300 Arbeitnehmern aus sieben Mitgliedern,
301 bis 600 Arbeitnehmern aus neun Mitgliedern,
601 bis 1000 Arbeitnehmern aus elf Mitgliedern,
1001 bis 2000 Arbeitnehmern aus fünfzehn Mitgliedern,
2001 bis 3000 Arbeitnehmern aus neunzehn Mitgliedern,
3001 bis 4000 Arbeitnehmern aus dreiundzwanzig Mitgliedern,
4001 bis 5000 Arbeitnehmern aus siebenundzwanzig Mitgliedern,
5001 bis 7000 Arbeitnehmern aus neunundzwanzig Mitgliedern,
7001 bis 9000 Arbeitnehmern aus einunddreißig Mitgliedern.

In Betrieben mit mehr als 9000 Arbeitnehmern erhöht sich die Zahl der Mitglieder des Betriebes für je angefangene weitere 3000 Mitarbeiter um zwei Mitglieder.

§ 8 – Zeitpunkt der Betriebsratswahlen

1. Die erste Betriebsratswahl findet am ..... statt.
2. Weitere Betriebsratswahlen sind durchzuführen, wenn
   1. die Gesamtzahl der Betriebsratsmitglieder nach Eintreten sämtlicher Ersatzmitglieder aus dem Kreis der nichtgewählten Wahlbewerber unter die vorgeschriebene Anzahl (§ 7) gesunken ist oder
   2. der Betriebsrat mit einfacher Mehrheit seinen Rücktritt beschlossen hat.

§ 9 – Wahlvorschriften

1. Der Betriebsrat wird in geheimer und unmittelbarer Wahl gewählt.
2. Die Wahl erfolgt nach den Grundsätzen der Mehrheitswahl
3. Zur Wahl des Betriebsrats können die wahlberechtigten Arbeitnehmer und die im Betrieb vertretene Gewerkschaft Wahlvorschläge unterbreiten.

§ 10 – Zusammensetzung nach Berufsgruppen und Geschlechtern

1. Der Betriebsrat soll sich möglichst aus Arbeitnehmern der einzelnen Betriebsabteilungen und der im Betrieb tätigen verschiedenen Berufsgruppen zusammensetzen.
2. Die Geschlechter sollten entsprechend ihrem zahlenmäßigen Verhältnis vertreten sein.

§ 11 – Bestellung des Wahlvorstandes

1. In einer Betriebsversammlung wird von der Mehrheit der anwesenden Arbeitnehmer ein aus drei Wahlberechtigten bestehender Wahlvorstand und einer von ihnen als Vorsitzenden gewählt. Der Wahlvorstand muß in jedem Fall aus einer ungeraden Zahl von Mitgliedern bestehen.
2. Zu dieser Betriebsversammlung können drei wahlberechtigte Arbeitnehmer des Betriebs oder die im Betrieb vertretene Gewerkschaft einladen und Vorschläge für die Zusammensetzung des Wahlvorstands machen.

§ 12 – Vorbereitung und Durchführung der Wahl

1. Der Wahlvorstand hat die Wahl unverzüglich einzuleiten, sie durchzuführen und das Wahlergebnis festzustellen.
2. Unverzüglich nach Abschluß der Wahlen nimmt der Wahlvorstand öffentlich die Auszählung der Stimmen vor, stellt deren Ergebnis in einer Niederschrift fest und gibt es den Arbeitnehmern des Betriebs bekannt. Der im Betrieb vertretenen Gewerkschaft und dem Arbeitgeber ist eine Abschrift der Wahlniederschrift zu übermitteln.

§ 13 – Wahlschutz und Wahlkosten

1. Niemand darf die Wahl des Betriebsrats behindern, insbesondere darf kein Arbeitnehmer in der Ausübung des Wahlrechts beschränkt werden.
2. Niemand darf die Wahl des Betriebsrats durch Zufügung oder Androhung von Nachteilen oder durch Gewährung oder Versprechen von Vorteilen beeinflussen.
3. Die Kosten der Wahl trägt der Arbeitgeber. Die Wahl findet während der Arbeitszeit statt. Versäumnis von Arbeitszeit, insbesondere solche, die zur Ausübung des Wahlrechts oder zur Betätigung im Wahlvorstand erforderlich ist, berechtigt den Arbeitgeber nicht zur Minderung des Arbeitsentgelts.

§ 14 – Vorsitzender

Der Betriebsrat wählt aus seiner Mitte den Vorsitzenden und dessen Stellvertreter. Der Vorsitzende des Betriebsrats oder im Fall seiner Verhinderung sein Stellvertreter vertritt den Betriebsrat im Rahmen der von ihm gefaßten Beschlüsse.

§ 15 – Betriebsausschuß

1. Hat ein Betriebsrat neun oder mehr Mitglieder, so bildet er einen Betriebsausschuß. Der Ausschuß besteht aus dem Vorsitzenden des Betriebsrat, dessen Stellvertreter und bei Betriebsräten mit
   9 bis 15 Mitgliedern aus fünf weiteren Ausschußmitgliedern,
   19 bis 23 Mitgliedern aus sieben weiteren Ausschußmitgliedern,
   27 bis 35 Mitgliedern aus neun weiteren Ausschußmitgliedern,
   37 oder mehr Mitgliedern aus elf weiteren Ausschußmitgliedern.
2. Die weiteren Ausschußmitglieder werden vom Betriebsrat in offener Abstimmung gewählt.
3. Der Betriebsausschuß führt die laufenden Geschäfte des Betriebsrats.

§ 16 – Einberufung der Sitzungen

1. Unmittelbar nach der Wahl werden die Mitglieder des Betriebsrats durch den Wahlvorstand einberufen. Auf dieser Sitzung wird unter Leitung des Wahlvorstandsvorsitzendender Betriebsratsvorsitzende und sein Stellvertreter gewählt.
2. Die weiteren Sitzungen beruft der Betriebsratsvorsitzende ein, er setzt die Tagesordnung fest und leitet die Sitzungen.
3. Der Arbeitgeber nimmt an den Sitzungen, zu denen er ausdrücklich eingeladen ist, teil. Auf seinen Antrag hin können bei mehrheitlichem Beschluß des Betriebsrats auch Tagesordnungspunkte eingebracht werden.
4. Der Arbeitgeber hat kein Stimmrecht und kein Teilnahmerecht während der Beschlußfassung des Betriebsrats.

§ 17 – Betriebsratssitzungen

Die Sitzungen des Betriebsrats finden während der Arbeitszeit statt. Der Arbeitgeber ist vom Zeitpunkt der Sitzung zu verständigen. Die Sitzungen sind nicht öffentlich.

Der Betriebsrat ist jedoch berechtigt, inner- und außerbetriebliche Auskunftspersonen und Sachverständige zu den Sitzungen hinzuziehen.

§ 18 – Teilnahme der Gewerkschaften

Ein Beauftragter der im Betriebsrat vertretenen Gewerkschaft hat das Recht, an allen Sitzungen des Betriebsrats teilzunehmen. Zeitpunkt, Ort und Tagesordnung sind rechtzeitig mitzuteilen.

§ 19 – Beschlüsse des Betriebsrats

1. Die Beschlüsse des Betriebsrats werden mit einfacher Mehrheit der Stimmen gefaßt.
2. Der Betriebsrat ist nur beschlußfähig, wenn mindestens die Hälfte seiner Mitglieder anwesend ist.

§ 20 – Sitzungsniederschrift

Über jede Sitzung des Betriebsrats ist ein Protokoll anzufertigen, woraus zumindestens der Wortlaut der Beschlüsse hervorgeht. Dem Protokoll ist eine Anwesenheitsliste beizufügen, und es ist durch den Vorsitzenden und ein weiteres Mitglied zu unterzeichnen.

§ 21 – Geschäftsordnung

Der Betriebsrat erarbeitet eine Geschäftsordnung, die mit einfacher Stimmenmehrheit zu beschließen ist.

§ 22 – Ehrenamtliche Tätigkeit

1. Die Mitglieder des Betriebsrats führen ihre Funktion ehrenamtlich und unentgeltlich durch.
2. Die Mitglieder des Betriebsrats sind von ihrer vertraglichen Tätigkeit befreit, soweit sie dies für die ordnungsgemäße Durchführung ihrer Aufgaben und Befugnisse als erforderlich ansehen. Eine Minderung des Arbeitsentgelts und sonstiger Leistungen darf nicht eintreten.
3. Mitglieder des Betriebsrats haben jederzeit das Recht, den Betrieb zu begehen, die Arbeitnehmer an ihren Arbeitsplätzen aufzusuchen und mit außerbetrieblichen Stellen Verbindung aufzunehmen. Absatz 2 gilt entsprechend.
4. Nicht nach §24 freigestellte Mitglieder des Betriebsrats haben ihren Vorgesetzten zu unterrichten, bevor sie den Arbeitsplatz zur Ausübung von Betriebsratstätigkeit verlassen. Einer Genehmigung bedarf es nicht.
5. Die für Betriebsratstätigkeit aufgewendete Zeit gilt als Arbeitszeit.
   Führt die Versäumnis von Arbeitszeit dazu, daß das Betriebsratsmitglied seine restliche tägliche Arbeitszeit nicht mehr erbringen kann, gilt sie als erfüllt. Wird die Betriebsratstätigkeit außerhalb der Arbeitszeit durchgeführt, hat das Betriebsratsmitglied Anspruch auf entsprechende Arbeitsbefreiung und das Arbeitsentgelt. Die Arbeitsbefreiung ist vor Ablauf eines Monats zu gewähren, wobei die tariflichen oder gesetzlichen Zuschläge zu zahlen sind. Ist die Gewährung der Arbeitsbefreiung aus dringenden betrieblichen oder aus Gründen nicht möglich, die in der Betriebsratstätigkeit liegen, ist die aufgewendete Zeit wie Mehrarbeit zu vergüten.
6. Das Arbeitsentgelt von Mitgliedern des Betriebsrats darf einschließlich eines Zeitraums von einem Jahr nach Beendigung der Mitgliedschaft nicht geringer bemessen werden als das Arbeitsentgelt vergleichbarer Arbeitnehmer mit betriebsüblicher Entwicklung. Dies gilt auch für allgemeine Zuwendungen des Arbeitgebers. Bei der Bemessung des Arbeitsentgelts und der allgemeinen Zuwendungen ist außerdem die per-

sönliche Entwicklung des Mitglieds des Betriebsrats im Hinblick auf seine zum Zeitpunkt der Beendigung der Mitgliedschaft gegebenen Qualifikation zu berücksichtigen.

7. Soweit nicht zwingende betriebliche Notwendigkeiten entgegenstehen, dürfen Mitglieder des Betriebsrats einschließlich eines Zeitraums von einem Jahr nach Beendigung der Mitgliedschaft nur mit Tätigkeiten beschäftigt werden, die den Tätigkeiten der in Absatz 6 genannten Arbeitnehmer gleichwertig sind.
8. Die Absätze 2 und 5 gelten entsprechend für die Teilnahme an Schulungs- und Bildungsveranstaltungen, die Kenntnisse vermitteln, die für die Arbeit des Betriebsrats erforderlich sind.

§ 23 – Kündigungsschutz

1. Die Kündigung eines Mitglieds des Betriebsrats, des Wahlvorstandes oder eines Wahlbewerbers ist unzulässig. Nach Beendigung der Amtszeit ist die Kündigung eines Mitglieds des Betriebsrats innerhalb eines Jahres vom Zeitpunkt der Beendigung der Amtszeit an gerechnet unzulässig.
2. Die Kündigung eines Mitglieds des Wahlvorstandes oder eines Wahlbewerbers ist innerhalb von 6 Monaten nach Bekanntgabe des Wahlergebnisses unzulässig.

§ 24 – Freistellung

1. Von ihrer beruflichen Tätigkeit sind mindestens freizustellen in Betrieben mit in der Regel
   250 bis 500 Arbeitnehmern ein Betriebsratsmitglied,
   501 bis 1000 Arbeitnehmern zwei Betriebsratsmitglieder,
   1001 bis 2000 Arbeitnehmern drei Betriebsratsmitglieder,
   für jeweils weitere 1000 Arbeitnehmer bis zur Stärke von 10000 Arbeitnehmern je ein weiteres Betriebsratsmitglied, in Betrieben mit über 10000 Arbeitnehmern ist für je angefangene weitere 2000 Arbeitnehmer ein weiteres Betriebsratsmitglied freizustellen.
2. Die freizustellenden Betriebsratsmitglieder werden vom Betriebsrat in offener Abstimmung gewählt.

§ 25 – Kosten und Sachaufwand des Betriebsrats

1. Die durch die Tätigkeit des Betriebsrats entstehenden Kosten trägt der Arbeitgeber.
2. Für Sitzungen, Sprechstunden und laufende Geschäftsführung ist der Arbeitgeber verpflichtet, im erforderlichen Umfang Räume, sachliche Mittel und Büropersonal zur Verfügung zu stellen.

§ 26 – Betriebsversammlungen

1. Betriebsversammlungen sind durch den Betriebsrat mindestens einmal im Quartal einzuberufen, auf denen er über seine Tätigkeit Bericht erstattet. Wenn dies aus besonderen Gründen zweckmäßig erscheint, kann der Betriebsrat weitere Betriebsversammlungen einberufen.
2. Der Arbeitgeber ist unter Mitteilung der Tagesordnung einzuladen. Er ist verpflichtet, auf den Versammlungen über die Sozialpolitik und über die wirtschaftliche Lage und Entwicklung des Betriebs zu berichten.
3. Auf Antrag der im Betrieb vertretenen Gewerkschaft muß der Betriebsrat innerhalb von zwei Wochen eine Betriebsversammlung durchführen.
4. Beauftragte der im Betrieb vertretenen Gewerkschaft haben das Recht, auf der Betriebsversammlung aufzutreten.
5. Der Zeitpunkt der Betriebsversammlung ist dem Arbeitgeber rechtzeitig mitzuteilen. Die Betriebsversammlungen finden während der Arbeitszeit statt, soweit nicht die Eigenart des Betriebs eine andere Regelung zwingend erfordert. Die Zeit der Teilnahme an den Betriebsversammlungen einschließlich der zusätzlichen Wegezeiten ist den Arbeitnehmern wie Arbeitszeit zu vergüten. Dies gilt auch dann, wenn die Versammlungen wegen der Eigenart des Betriebes außerhalb der Arbeitszeit stattfinden; Fahrkosten, die den Arbeitnehmern durch die Teilnahme an diesen Versammlungen entstehen, sind vom Arbeitgeber zu erstatten.

§ 27 – Gesamtbetriebsräte

1. Bestehen in Unternehmen mehrere Betriebsräte, so kann ein Gesamtbetriebsrat gebildet werden.
2. In den Gesamtbetriebsrat entsendet jeder Betriebsrat Vertreter, deren Anzahl zu vereinbaren ist.
3. Der Gesamtbetriebsrat ist zuständig für die Behandlung von Angelegenheiten, die das Gesamtunternehmen oder mehrere Betriebe des Unternehmens betreffen und nicht durch die einzelnen Betriebsräte innerhalb ihrer Betriebe geregelt werden können. Er ist den einzelnen Betriebsräten nicht übergeordnet.
4. Der Gesamtbetriebsrat wählt zur Geschäftsführung einen Vorsitzenden und seinen Stellvertreter.
5. Jährlich hat der Gesamtbetriebsrat die Vorsitzenden und die Stellvertreter der Betriebsräte sowie die Mitglieder der Betriebsausschüsse zu einer Betriebsräteversammlung einzuberufen.
6. In der Betriebsräteversammlung hat der Gesamtbetriebsrat einen Tätigkeitsbericht und der Arbeitgeber einen Bericht über die Sozialpolitik und über die wirtschaftliche Lage und Entwicklung des Unternehmens zu erstatten.

3. Teil

Mitwirkung und Mitbestimmung der Arbeitnehmer

§ 28 – Grundsätze der Zusammenarbeit

1. Leitung und Betriebsrat sollen mindestens einmal im Monat zu einer Besprechung zusammentreffen.
2. Leitung und Betriebsrat haben darüber zu wachen, daß alle im Betrieb tätigen Personen nach den Grundsätzen von Recht und Billigkeit behandelt werden, insbesondere, daß jede unterschiedliche Behandlung von Personen wegen ihrer Abstammung, Religion, Nationalität, Herkunft, politischen und gewerkschaftlichen Betätigung oder Einstellung oder wegen ihres Geschlechts unterbleibt.
3. Arbeitgeber und Betriebsrat haben die freie Entfaltung der Persönlichkeit der im Betrieb beschäftigten Arbeitnehmer zu schützen und zu fördern.

§ 29 – Grundsätze der Mitbestimmung

1. Der Betriebsrat bestimmt nach Maßgabe der folgenden Bestimmungen in allen sozialen, personellen und wirtschaftlichen Angelegenheiten mit. Das Mitbestimmungsrecht des Betriebsrats erstreckt sich sowohl auf formelle als auch auf materielle Arbeitsbedingungen; es besteht unabhängig von der Anzahl der betroffenen Arbeitnehmer.
2. Soweit eine Angelegenheit der Mitbestimmung des Betriebsrats unterliegt, kann sie nur mit seiner vorherigen Zustimmung geregelt werden. Kommt eine Einigung zwischen Arbeitgeber und Betriebsrat nicht zustande, entscheidet die Einigungsstelle. Der Spruch der Einigungs stellt ersetzt die Einigung zwischen Arbeitgeber und Betriebsrat.
3. Will der Betriebsrat in einer seiner Mitbestimmung unterliegenden Angelegenheit eine Regelung herbeiführen oder die Änderung einer bestehenden Regelung erwirken, hat er dem Arbeitgeber schriftlich einen Vorschlag zu unterbreiten. Der Arbeitgeber hat unverzüglich in Verhandlungen dem Betriebsrat einzutreten. Geschieht dies nicht oder sind die Verhandlungen gescheitert, kann der Betriebsrat die Einigungsstelle anrufen; Absatz 2 Satz 2 und 3 gilt entsprechend.

§ 30 – Einigungsstelle

1. Zur Beilegung von Meinungsverschiedenheiten zwischen Arbeitgeber und Betriebsrat oder Gesamtbetriebsrat ist bei Bedarf eine Einigungsstelle zu bilden.
2. Die Einigungsstelle besteht aus einer gleichen Anzahl von Beisitzern, die vom Arbeitgeber und Betriebsrat bestellt werden, und einem unparteiischen Vorsitzenden, auf dessen Person sich beide Seiten einigen müs-

sen. Ist eine Einigung auf die Person des Vorsitzenden nicht möglich, entscheidet das Los.

3. Die Einigungsstelle faßt ihre Beschlüsse nach mündlicher Beratung mit Stimmenmehrheit. Bei der Beschlußfassung hat sich der Vorsitzende zunächst der Stimme zu enthalten; kommt eine Stimmenmehrheit nicht zustande, so nimmt der Vorsitzende nach weiterer Beratung an der erneuten Beschlußfassung teil. Die Beschlüsse der Einigungsstelle sind schriftlich niederzulegen, vom Vorsitzenden zu unterschreiben und Arbeitgeber und Betriebsrat zuzuleiten. Die Beschlüsse der Einigungsstelle haben die Wirkung einer Betriebsvereinbarung (§ 31).
4. Die Kosten der Einigungsstelle trägt der Arbeitgeber.

§ 31 – Betriebsvereinbarung

1. Betriebsvereinbarungen sind vom Betriebsrat und Arbeitgeber gemeinsam zu beschließen und zu protokollieren. Sie sind von beiden Seiten zu unterzeichnen; dies gilt nicht, soweit Betriebsvereinbarungen auf einem Spruch der Einigungsstelle beruhen. Der Arbeitgeber hat die Betriebsvereinbarungen an geeigneter Stelle im Betrieb auszulegen.
2. Der Inhalt abschließender tarifvertraglicher Regelungen kann nicht Gegenstand einer Betriebsvereinbarung sein. Durch Betriebsvereinbarung kann vom Inhalt tarifvertraglicher und gesetzlicher Regelungen zuungunsten der Arbeitnehmer nicht abgewichen werden.
3. Betriebsvereinbarungen gelten unmittelbar und zwingend. Werden Arbeitnehmern durch die Betriebsvereinbarung Rechte eingeräumt, so ist ein Verzicht auf sie nur mit Zustimmung des Betriebsrats zulässig. Die Verwirkung dieser Rechte ist ausgeschlossen. Ausschlußfristen für ihre Geltendmachung sind nur insoweit zulässig, als sie in einem Tarifvertrag oder in einer Betriebsvereinbarung vereinbart werden; dasselbe gilt für die Abkürzung der Verjährungsfristen.
4. Nach Ablauf einer Betriebsvereinbarung gelten ihre Regelungen weiter, bis sie durch eine andere Abmachung ersetzt werden.

§ 31 – Allgemeine Aufgaben

Der Betriebsrat hat folgende allgemeine Aufgaben:

1. Darüber zu wachen, daß die zugunsten der Arbeitnehmer geltenden Gesetze, Verordnungen, Unfallverhütungsvorschriften, Tarifverträge, Betriebsvereinbarungen und sonstigen Regelungen durchgeführt werden;
2. darüber zu wachen, daß die dem Umweltschutz dienenden Gesetze, Verordnungen, Tarifverträge, Betriebsvereinbarungen und sonstigen Regelungen durchgeführt werden;

3. Maßnahmen, die dem Betrieb und der Belegschaft dienen, beim Arbeitgeber zu beantragen;
4. Beschwerden von Arbeitnehmern entgegenzunehmen und beim Arbeitgeber auf Abhilfe einzuwirken.

§ 32 – Mitbestimmungsrecht

1. Der Betriebsrat hat insbesondere in folgenden Angelegenheiten mitzubestimmen:
   1. Personalplanung einschließlich aller Maßnahmen zu deren Vorbereitung, Unterstützung und Durchführung wie Personalfragebogen, Beurteilungsgrundsätze, Auswahlrichtlinien und Ausschreibung von Arbeitsplätzen.
   Zur Personalplanung gehören Ermittlung sowie Festsetzung des Personalbedarfs einschließlich der Stellenpläne, der Stellenbeschreibungen und der Anforderungsprofile, Personaleinsatz und Maßnahmen zum Ausbau oder Abbau des Personals;
2. Einstellung, Eingruppierung, Umgruppierung, Versetzung und Kündigung eines Arbeitnehmers.
3. Planung, Gestaltung und Änderung der Arbeitsplätze, der Arbeitsumgebung und der Arbeitsorganisation einschließlich der Arbeitsverfahren und der Arbeitsabläufe sowie der einzusetzenden Planungs- und Gestaltungsmittel.
4. Einführung, Anwendung, Änderung oder Erweiterung technischer Einrichtungen und Verfahren, die geeignet sind, Daten oder Signale aufzunehmen, zu erfassen, zu speichern, zu verarbeiten, zu übertragen oder auszugeben.
   Insbesondere hat der Betriebsrat mitzubestimmen bei der Ermittlung, Speicherung, Verarbeitung und Verwertung personenbezogener Daten der Arbeitnehmer.
5. Einführung, Anwendung, Änderung oder Erweiterung sonstiger technischer Einrichtungen und Verfahren, die geeignet sind, das Verhalten oder die Leistung der Arbeitnehmer zu überwachen.
6. Fragen des Arbeitszeitsystems und der Arbeitszeit einschließlich Beginn und Ende der täglichen Arbeitszeit, der Pausen sowie der Verteilung der Arbeitszeit auf die einzelnen Wochentage.
7. Verlängerung oder Verkürzung der betriebsüblichen Arbeitszeit; bei vorübergehenden Maßnahmen erstreckt sich die Mitbestimmung auch auf den Zeitpunkt der Rückkehr zur betriebsüblichen Arbeitszeit.
8. Fragen der betrieblichen Lohngestaltung einschließlich der Entgeltsysteme. Aufstellung von Entlohnungsgrundsätzen, Einführung und Anwendung von Entlohnungsmethoden sowie deren Änderung. Die Mit-

bestimmung erstreckt sich auch auf die geldliche Seite der Lohngestaltung einschließlich der Geldfaktoren bei Leistungsentlohnung.
9. Zeit, Ort und Art der Auszahlung der Arbeitsentgelte.
10. Einführung, Ausgestaltung und Änderung des betrieblichen Vorschlagswesens einschließlich der zu zahlenden Prämien.
11. Maßnahmen des Arbeits- und Gesundheitsschutzes einschließlich der Erstellung von Arbeitsschutzprogrammen sowie Einzelmaßnahmen, die, sei es auch mittelbar, der Verhütung von Arbeitsunfällen und Berufskrankheiten sowie dem Gesundheitsschutz dienen.
12. Fragen der Ordnung des Betriebs sowie Einzelmaßnahmen, die geeignet sind, das Verhalten oder die Leistung der Arbeitnehmer zu überwachen oder zu steuern, auch wenn sich die Maßnahme auf die arbeitsvertraglichen Pflichten bezieht; Verwarnungen und Verweise sowie sonstige Rügen gegenüber Arbeitnehmern.
13. Aufstellungen allgemeiner Urlaubsgrundsätze und des Urlaubsplans sowie die Festsetzung der zeitlichen Lage des Urlaubs für einzelne Arbeitnehmer, wenn zwischen dem Arbeitgeber und den beteiligten Arbeitnehmern kein Einverständnis erzielt wird.
14. Form, Ausgestaltung und Verwaltung von Sozialeinrichtungen, soweit sich ihr Wirkungsbereich auf den Betrieb, das Unternehmen oder den Konzern bzw. das Kombinat erstreckt, einschließlich der Zuweisung und Kündigung von Wohnräumen, die den Arbeitnehmern mit Rücksicht auf das Bestehen eines Arbeitsverhältnisses überlassen werden, sowie der allgemeinen Festlegung der Nutzungsbedingungen.
15. Betrieblicher Umweltschutz.
16. Berufsausbildung.
17. Wirtschaftliche Angelegenheiten im Sinne des § 33 Abs. 3.

§ 33 – Wirtschaftliche Angelegenheiten

1. Der Arbeitgeber hat den Betriebsrat über die wirtschaftlichen Angelegenheiten unter Vorlage der erforderlichen Unterlagen so rechtzeitig und umfassend zu unterrichten sowie die sich daraus ergebenden Auswirkungen auf die Personalplanung darzustellen, daß der Betriebsrat sein Mitbestimmungsrecht gemäß §§ 32, 34 wirksam wahrnehmen kann.
2. Zu den wirtschaftlichen Angelegenheiten im Sinne dieser Vorschrift gehören insbesondere
   1. die wirtschaftliche und finanzielle Lage des Unternehmens,
   2. die Produktions- und Absatzlage,
   3. das Produktions- und Investitionsprogramm,
   4. Rationalisierungsvorhaben,

5. Fabrikations- und Arbeitsmethoden, insbesondere Einführung neuer Arbeitsmethoden,
6. die Einschränkung oder Stillegung von Betrieben oder von Betriebsteilen,
7. die Verlegung von Betrieben oder Betriebsteilen,
8. der Zusammenschluß von Betrieben oder Betriebsteilen,
9. die Änderung der Betriebsorganisation,
10. die Offenlegung des Umfangs ausländischer Kapitalbeteiligungen,
11. sonstige Vorgänge und Vorhaben, welche die Interessen der Arbeitnehmer wesentlich berühren können.

3. Bei Meinungsverschiedenheiten über den Umfang und die Art und Weise der Information des Betriebsrats durch den Arbeitgeber gemäß Abs. 1, 2 entscheidet die Einigungsstelle.

§ 34 – Betriebsänderung, Sozialplan

1. Der Arbeitgeber hat den Betriebsrat über geplante Betriebsänderungen, die Nachteile für die Belegschaft, Teile der Belegschaft oder einzelne Arbeitnehmer zur Folge haben können, zu unterrichten und die geplanten Betriebsänderungen mit dem Betriebsrat zu beraten. Dabei hat der Unternehmer auch die personellen, arbeitsmäßigen und sozialen Auswirkungen der von ihm geplanten Maßnahmen darzulegen. Als Betriebsänderungen im Sinne des Satzes 1 gelten insbesondere, auch wenn sie mit einem Wechsel der Betriebsinhaber verbunden sind,
   1. Einschränkung und Stillegung des ganzen Betriebs oder von Betriebsteilen,
   2. Verlegung des ganzen Betriebs oder von Betriebsteilen sowie Auslagerung von Arbeit aus dem Betrieb,
   3. Zusammenschluß mit anderen Betrieben oder Unternehmen oder deren Teilung sowie die Verbindung mit anderen Betrieben oder Unternehmen durch Informations- und Kommunikationsnetze,
   4. Änderungen der Betriebsorganisation, des Betriebszwecks oder der Betriebsanlagen,
   5. Einführung neuer Arbeitsmethoden und Fertigungsverfahren,
   6. Rationalisierungsmaßnahmen und -systeme, auch wenn diese schritt- oder versuchsweise eingeführt werden sollen.
2. Zwischen Betriebsrat und Arbeitgeber ist unter Einbeziehung der Territorialorgane vor der Durchführung einer geplanten Betriebsänderung ein Interessenausgleich und Sozialplan abzuschließen.
3. Interessenausgleich und Sozialplan dienen der Milderung wirtschaftlicher und sozialer Nachteile der Arbeitnehmer.

4. Interessenausgleich und Sozialplan haben die Wirkung einer Betriebsvereinbarung.
5. Kommt eine Einigung über den Interessenausgleich und Sozialplan nicht zustande, so entscheidet die Einigungsstelle.

4. Teil

§ 35 – Schiedsverfahren

1. Zur Beilegung von Streitigkeiten, die sich zwischen Betriebsrat und Arbeitgeber aus der Auslegung und Durchführung dieser Vereinbarung ergeben, wird eine Schiedsstelle gebildet.
2. Betriebsrat und Arbeitgeber benennen jeweils zwei Schiedsrichter für die Schiedsstelle.
3. Die Schiedsrichter sollen versuchen, die Streitigkeiten ohne Hinzuziehung eines Unparteiischen zu schlichten.
   Ist dies innerhalb von zwei Wochen nach Anrufung der Schiedsstelle durch Betriebsrat oder Arbeitgeber nicht möglich, wird als unparteiischer Vorsitzender der Schiedsstelle Herr/Frau „XYZ", als sein Stellvertreter gegebenenfalls Herr/Frau „XYZ", zugezogen.

   (oder: Ist dies innerhalb von zwei Wochen nach Abrufung der Schiedsstelle durch Betriebsrat oder Arbeitgeber nicht möglich, wird ein unparteiischer Vorsitzender der Schiedsstelle hinzugezogen. Der Betriebsrat benennt als Vorsitzenden Herrn/Frau „XYZ" (Stellvertreter: ...). Der Arbeitgeber benennt als Vorsitzenden Herrn/Frau „XYZ" (Stellvertreter: ...). Die Vorsitzenden wechseln sich in halbjährigem Rhythmus ab, beginnend mit dem vom Betriebsrat benannten Vorsitzenden ab dem Tag der Bekanntgabe des Wahlergebnisses der Betriebsratswahl.)

4. Für die Abwicklung der büromäßigen Aufgaben der Schiedsstelle wechselt die Geschäftsführung zwischen Betriebsrat und Arbeitgeber halbjährlich, beginnend mit dem Betriebsrat ab dem Tag der Bekanntgabe des Wahlergebnisses der Betriebsratswahl.
5. Die Schiedsstelle ist durch Betriebsrat oder Arbeitgeber unter Darlegung des Streitgegenstandes und Begründung etwaiger Anträge bei der jeweiligen Geschäftsführung der Schiedsstelle schriftlich anzurufen.
6. Die Schiedsstelle hat innerhalb von zwei Wochen seit ihrer Anrufung zusammenzutreten.
7. Kommt die Geschäftsführung der Schiedsstelle ihren Pflichten zur Abwicklung der büromäßigen Aufgaben nicht oder nicht fristgerecht nach, geht die Geschäftsführung auf die jeweils andere Seite über.
8. Benennt eine der Parteien trotz Aufforderung der Geschäftsführung ihre Schiedsrichter nicht oder bleibt eine Seite den Verhandlungen der Schiedsstelle fern, tagt und entscheidet die Schiedsstelle in der Beset-

zung mit dem unparteiischen Vorsitzenden und den Schiedsrichtern der jeweils anderen Seite.

9. Die Schiedsstelle entscheidet in jeder Zusammensetzung mit einfacher Mehrheit.
10. Die Entscheidungen der Schiedsstelle ergänzen diese Vereinbarung mit bindender Wirkung für Betriebsrat und Arbeitgeber.
11. Die Kosten des Verfahrens der Schiedsstelle trägt der Arbeitgeber.

§ 36 – Schlußbestimmungen

1. Betriebsgewerkschaftsleitungen können ihre sich aus dem Arbeitsgesetzbuch und anderen Rechtsvorschriften ergebenden Rechte zeitweilig an den Betriebsrat übertragen. Dazu bedarf es eines Beschlusses der Betriebsgewerkschaftsleitung.

   Anmerkung:
   Es könnte unter Umständen empfehlenswert sein, den Umfang der insbesondere in anderen Rechtsvorschriften geregelten Rechte der Betriebsgewerkschaftsleitung näher zu benennen, damit der Umfang der Kompetenzübertragung deutlicher hervortritt.

2. Durch Zusatzvereinbarung können nähere Regelungen über die Wahlvorbereitung und das Wahlverfahren sowie die Wahlanfechtung geregelt werden.
3. Diese Vereinbarung wird durch Unterschrift des Arbeitgebers und der zuständigen Industriegewerkschaft rechtswirksam.

Anlage A5
Kassenordnung

Centrum Warenhaus Berlin am Alexanderplatz
Volkseigener Betrieb
Centrum Warenhaus Berlin am Alex Berlin, den 1.1.1988

Kassenordnung

herausgegeben als Dienstanweisung Nr. 8/87

v. Lehmann
Direktor

Vorbemerkung

Um die Herstellung der Exemplare der Kassenordnung rationell zu gestalten, wurde nur die Kurzfassung fortlaufend numeriert, die zusätzlichen Seiten der vollständigen Fassung sind mit Strichnummern eingeordnet (z.B. Pkt 9.8 und 9.9 als Seiten 50/1ff.).

Gliederung ... Seite

Anlagen

1. Geltungsbereich

Die Kassenordnung ist die verbindliche Arbeitsanweisung für die Durchführung des Kassierungsprozesses, sowie der Erlösabrechnung und Abfüllung für alle Abrechnungseinheiten. Sie gilt für alle Leiter und Mitarbeiter, die mittelbar und unmittelbar mit damit im Zusammenhang stehenden Arbeitsaufgaben betraut sind.

Mit Erscheinen dieser Kassenordnung wird die Kassenordnung vom 1.8.1978 (DA 4/78) außer Kraft gesetzt.

2. Grundsätze

- Die Kassenordnung dient der Durchsetzung von Ordnung und Sicherheit
  - beim verlustlosem Umgang mit baren und unbaren Erlösen
  - bei der lückenlosen, wahrheitsgetreuen Abrechnung auf der Grundlage der vollständigen Belege
  - bei der Durchführung aller erforderlichen Kontrollen.
- Die Kassenordnung ist ein Instrument zur Realisierung der Anweisung Nr. 9/85 des Ministeriums für Handel und Versorgung über die Gewährleistung von Ordnung und Sicherheit sowie die Durchführung vorbeugender Kontrollen und Inventuren im sozialistischen Konsumgütereinzelhandel.
- Die gesetzliche Grundlage für die Geltendmachung der disziplinarischen und materiellen Verantwortlichkeit sind die §§ 252-266 des Arbeitsgesetzbuches.
- Die ab 1.7.1983 gültigen Arbeitsanweisungen des EDV-Projektes *Cekotron* und die Organisationsanweisungen des Projektes *Umerko* sind Bestandteile der Kassenordnung.
- Erstbelehrungen der Kassierer sind vom staatlichen Leiter zur erweiterten materiellen Verantwortlichkeit durchzuführen und aktenkundig mit einem 2fachen Protokoll zu belegen. Ein Exemplar dieses Protokolls ist der Kaderakte beizufügen, das andere ist im Bereich aufzubewahren.

3. Funktion, Nachweis und Benutzung von Kassenplätzen

3.1
Begriff Kassenplatz

Der Kassenplatz ist ein mit Kassenplatznummer festgelegter Arbeitsplatz innerhalb einer Abrechnungseinheit des Warenhauses, an dem die Umsätze aus Warenverkäufen und Erlöse aus Dienstleistungen zu registrieren sind und die Annahme der sich daraus ergebenden baren und unbaren Erlöse vorgenommen wird.

3.2
Nachweis und Nutzung von Kassenplätzen

In Abhängigkeit von der Verkaufsform und dem Kassiersystem ist vom VB-Leiter in Zusammenarbeit mit dem Leiter Kassenorganisation/Kassenkontrolle die Funktion des Kassenplatzes, die Kassenplatznummer und die damit verbundene Belegführung festzulegen. Dabei ist die Ausstattung der unterschiedlichen Registrierkassen zu beachten. Die Kassenplätze werden nach Abrechnungseinheiten in der EDV-Liste Kassenplatz-Stammdatei (Lochband 40) erfaßt. Diese Stammdatei ist vom Fachgebiet Kassenorganisation/Kassenkontrolle zu überwachen, Veränderungen sind dem FD Warenbewegung/EDV zur Korrektur des Stammbandes formlos mitzuteilen.

Kassenplätze dürfen demzufolge nur in Betrieb genommen werden, wenn sie vom Fachgebiet Kassenorganisation/Kassenkontrolle registriert

Diese Kassenplatzabrechnung muß folgende Angaben enthalten:

AE-Nr. Datum
Kassenplatznummer
Begründung der Nutzung außerhalb der Funktion (z.B. Kassentraining)
Name und Funktion des Ausbilders oder Einweisers
Name und Funktion des Ausgebildeten oder Eingewiesenen
Stand der Zählwerke und Kontrollzähler zu Beginn und Ende der Ausbildung oder Einweisung
Bestätigungsvermerk:
„Hiermit vesichern wir, daß dieRegistrierkasse an dem vorstehend genannten Kassenplatz im Rahmen des Beginns und Endes der genannten Kassenzählerstände zu Ausbildungs-, Einweisungs-, Testzwecken (Nichtzutreffendes streichen) in der Zeit von .... bis ..... (Uhrzeit) genutzt wurde und dafür keine Erlöse abgerechnet werden können.“

Unterschrift VB-Leiters	Unterschrift Kontrollperson	Unterschrift des Ausbilders o. Einweisers. Bei Tests Unterschrift d. Bereichsök. d. Handelsb.	Unterschrift des Ausgebildeten oder Eingewiesenen. Bei Test Unterschrift des Kassierers

3.3 Besetzung des Kassenplatzes

DieVB-Leiter sind dafür verantwortlich, daß während der gesamten Öffnungszeit eine kundenstromgerechte Kassierung gewährleistet ist. Können Kassenplätze wegen Personalausfall nicht besetzt werden, so ist der Handelsbereichsleiter darüber zu informieren. Der Handelsbereichsleiter entscheidet, ob Kassierer anderer Abrechnungseinheiten eingesetzt weren können oder der Kassenplatz unbesetzt bleibt. Zur Sicherung der Kassierung dürfen Kassierer ihren Kassenplatz nur mit Einverständnis ihres Leiters oder der von ihm beauftragten Kontrollperson verlassen. Lehrlinge dürfen erst dann eigenverantwortlich eingesetzt werden, wenn vom Lehrausbilder die schriftliche Bestätigung vorliegt, daß sie den Komplex Kassierung/Abrechnung abgeschlossen haben und sie das 18. Lebensjahr vollendet haben.

3.4
Belehrung beim Einsatz an Kassenplätzen

Vor Ersteinsatz an Kassenplätzen sind alle eingesetzten Kassierer und Kontrollpersonen durch den VB-Leiter und Leiter Kasseneinsatz bzw. Erlöskasse (Kaufhalle) aktenkundig über

- die Kassenordnung
- das Kassensystem
- die erweiterte materielle Verantwortlichkeit beim Verursachen von Kassendifferenzen

zu belehren. Zur Gewährleistung von Ordnung und Sicherheit sind diese Belehrungen mindestens vierteljährlich aktenkundig zu wiederholen.

4. Vorbereitung der Kassierung

4.1 Arbeitsunterlagen und Arbeitsmittel

Zur Vorbereitung auf den Kassierungsprozeß ist folgendes zur Verfügung zu stellen bzw. zu übergeben:

- Merkblatt für den Kassierer
- Bonrollen
- Kassenplatzabrechnung
- Erlösabrechnung
- Schecklisten/Kreditlisten
- Streifbänder für Banknoten
- Rollenpapier für Hartgeld
- Beutelfahne für Erlösbeutel
- Erlösbeutelplomben und Erlösbeutel
- Stempel „Nur zur Verrechnung, CWH Alex“

- Stempel „Personalverkauf"
- Stempel „340" (Codierung)
- Kassenzettelblock (für kassenzettelführende Kassen)
- erforderliche Kassenschlüssel (siehe Anlage 3)

4.2
Wechselgeld

- Das Wechselgeld ist limitiert. Die Limite sind Richtwerte, die pro Kassierer wie folgt festgelegt sind:

für Zentralkassen	500,– M
für Einzelkassen	250,– M
für SB- und Ausgangskassen	300,– M

Wird in Einzelfällen ein höheres Limit gebraucht, so ist es beim FD Planung/Ökonomie zu beantragen.

- Von der Hauptkasse wird der Kassierer beim Ersteinsatz gegen Quittung mit dem als Vorschuß angewiesenen (Zahlungsanweisung) Wechselgeld sowie einem Wechselgeldbeutel, einem Sicherheitsschloß, einem Schlüssel für das zugewiesene Wechselgeld-Schließfach und einer Wechselgeldfachkarte ausgestattet. In der Hauptkasse wird die Belegung der Schließfächer anhand einer Kartei kontrolliert. Beim Ausscheiden sind alle Unterlagen zurückzugeben.
- Das tägliche Wechselgeld ist variabel. Die Veränderung ergibt sich aus dem täglichen Hartgeldbestand aus der Erlösabrechnung, der von der Staatsbank nicht entgegengenommen wird.
  Für das variable Wechselgeld ist der Kassierer persönlich haftbar. Es wird daher als Forderung des Betriebes an den Mitarbeiter ausgewiesen.
  Der Einzelnachweis über die Wechselgelder wird in der Kassenkontrolle geführt.
- Wird beim Einzählen des Wechselgeldes eine Differenz zum Vortage (Wechselgeld neu) festgestellt, so ist diese wie eine Kassendifferenz zu behandeln. Ein Ausgleich von Wechselgelddifferenzen ist nicht gestattet.
- Eine Übertragung des personengebundenen Wechselgeldes (auch zeitweilig) an andere Personen ist nicht erlaubt. Die Aufbewahrung des Wechselgeldes hat während der Kassierzeit im Kassen-Schubfach und nach der Erlösabrechnung im Wechselgeldschließfach zu erfolgen. In den Außen-Kaufhallen werden die Wechselgeldbeutel im Tresor aufbewahrt.
  Kurzzeitig eingesetzte Kassierer (Pauschalkräfte), die kein Schließfach haben, werfen ihr Wechselgeld in den Nachttresor ein. Am Wechsel-

geldbeutel ist eine Beutelfahne mit folgenden Angaben anzubringen: „WG“, AE-Nr., Personal-Nr. Plomben-Nr., Datum, Unterschriften Kassierer und Kontrollperson.
Vor Kassierbeginn erhalten diese Kassierer ihr Wechselgeld mit Vorzeigen des Dienstausweises von der Hauptkasse. Eine andere Aufbewahrung des Wechselgeldes ist nicht statthaft.
- Der Kassierer ist bei folgenden Anlässen verpflichtet, sein Wechselgeld in voller Höhe in der Hauptkasse einzuzahlen:
  - Abwesenheit länger als 4 Wochen (z.B. Kur, Krankheit)
  - Übernahme einer anderen Tätigkeit im Betrieb
  - Auflösung des Arbeitsrechtsverhältnisses.

Zum Jahresschluß ist das Wechselgeld einzuzahlen oder inventurmäßig zu erfassen.

- Geldwechseln zwischen Kassierer und Wechselgeldkasse der Hauptkasse ist in Verantwortung der Kassiererin/Kontrollperson erlaubt.
- Das Wechseln zwischen zwei Kassen ist im Beisein der Kontrollperson bis zu 100,– Mark gestattet.
- In den Kaufhallen sind die verschlossenen Wechselgeldbeutel wie folgt aufzubewahren:
  - KH Alex: im jeweiligen Wechselgeldschließfach im Tresorraum des Kasseneinsatzes;
  - KH Leipziger Str. und Chausseestr.: im Tresor des Leiters der Erlös kasse

4.3
Übergabe des Kassenplatzes

Vor Kassierungsbeginn ist der Kassenplatz von der Kontrollperson im Beisein der Kassiererin funktionsfähig einzurichten und der verantwortlichen Kassiererin zu übergeben. Die Kontrollperson hat zu prüfen bzw. auszuführen:

- Sind Kontrollstreifen und Bonrollen richtig eingelegt und ausreichend vorhanden
- die richtige Einstellung des Datums
- Überprüfung der Zählerstände, je nach Spezifik der Kassen ist zu ermitteln, ob die Zählwerke auf „0“ stehen oder ob der ununterbrochene Anschluß zum Vortag gegeben ist
- Eintragung der Anfangszählerstände in die vorbereitete Kassenplatzabrechnung

- Anfertigung der 0-Bons zur Eröffnung, Unterschrift und Kennzeichnung
- Kontrolle der richtigen Einzählung des Wechselgeldes
- Kassierer darf keine privaten Zahlungsmittel bei sich haben.

Die Kassierer haben bei der Übernahme des Kassenplatzes folgende Pflichten zu erfüllen:

- Wechselgeld im Beisein der Kontrollperson in die Kassenschublade zählen.
- Kontrollbons der Eröffnung und vorbereitete Kassenplatzabrechnung ins Kassenschubfach einlegen.
- Keine privaten Zahlungsmittel während des Einsatzes an der Kasse. Aufbewahrung hat in den dafür vorgesehenen Wertfächern zu erfolgen.

Störungen, Defekte an den Kassen sind unverzüglich dem VB-Leiter (in KH Leiter Kasseneinsatz bzw. Erlöskasse) mitzuteilen. Er hat die Behebung zu veranlassen. Erst danach darf die Registrierkasse wieder eingesetzt werden.

5. Durchführung der Kassierung

5.1
Grundsätze bei der Kassierung

- Erst registrieren, dann kassieren;
- jeder Artikel ist einzeln zu registrieren.
- Zusammenrechnen mehrerer Artikel mit gleichen Preisen ist nicht gestattet. Ausnahmen werden auf Antrag des HBL vom HBH sortimentsbezogen schriftlich bestätigt.
- Deutliche Ansage des Kaufbetrages
- Annahme des Zahlgeldes
- Vorzählen des Rückgeldes im Ergänzungsverfahren zum Kaufbetrag.
- Das Zahlgeld ist solange gesondert zu lagern, bis der Kunde ohne Reklamation das Rückgeld angenommen hat. Erst dann ist das Zahlgeld ins Kassenschubfach einzusortieren.
- Schließen der Kasse nach jedem Kassiervorgang.
- Der Kaufnachweis ist dem Kunden mit der Ware zu übergeben.
- Liegengelassene Bons sind sofort zu vernichten.
- Vom Kunden liegengelassenes Rückgeld ist in der Kasse ohne Registrierung zu vereinnahmen. Der Betrag ist zu notieren, und die Kontrollperson ist darüber zu informieren.
  Kundengeld ist dem Kunden auf Verlangen gegen Quittung auszuhändigen. Nicht abgeholtes Kundengeld ist nach Kassenschluß als sonstiger Erlös in der Hauptkasse einzuzahlen.
- Das Geldwechseln zwischen Kassierern ist nur im Beisein einer Kontrollperson erlaubt.

- Verwandte und Bekannte dürfen nicht bedient werden.
- Bei Kassierung mit Kassenzetteln oder Rechnungen sind diese Belege vor der Registrierung vom Kassierer nachzurechnen. Das gilt sowohl für die Multiplikation Menge x Einzelpreis als auch für die Addition bei mehreren Artikeln auf einem Beleg. Beträge lt. Kassenzettel oder Rechnung sind als Gesamtbetrag pro Beleg zu registrieren und mit Hilfe der Quittungsdruckeinrichtung der Registrierkasse maschinell zu quittieren.
- Zusatz für Kassierung mit „ELKA 81"
  - Bei mehreren Artikeln mit gleichem Preis ist die Multiplikationstaste zu benutzen.
  - Bei Spartenzwang ist in jedem Fall der Einzelposten über die Warengruppentaste zu erfassen, danach erst die TL-Taste zu betätigen.
  - Eingabe des Zahlgeldes und maschinelle Errechnung des Rückgeldes
  - Vorzählen des Rückgeldes lt. Sichtfensteranzeige
  - Folgende Tasten dürfen von den Kassierern nicht genutzt werden:

CH	–	Schecktaste
xxx	–	Geldauszahlung
xxx	–	Geldeinzahlung
xxx	–	Rabatt bzw. Aufschlag
% TAX	–	prozentualer Rabatt
#/D	–	Rechnungsnummer

Für die Einhaltung dieser Festlegungen sind in den

- Verkaufsabteilungen die Kontrollpersonen,
- Kaufhallen und SB-Bereichen der Leiter Kasseneinsatz bzw. Erlöskasse

verantwortlich.

- Die Taste „D" ist nur für die Datum-Eingabe zu betätigen und nur vom VBL oder der Kontrollperson zu nutzen.
- Die M- und CL-Schlüssel sind vom Verkaufsbereichsleiter bzw. von der Kontrollperson aufzubewahren (in KH vom Leiter Kasseneinsatz bzw. Erlöskasse)
- Der R-Schlüssel ist dem Kassierer für die Kassierertätigkeit zu übergeben.

Kaufhallen

- Die Bons sind in die Geldschale zu legen und wenn sie nicht entnommen werden, sofort zu vernichten.
- Alle Preise sind stellen- und spartengerecht zu registrieren.
- Die Wechselkorbmethode ist anzuwenden.
- Hohlkörper sind auf versteckte Ware zu untersuchen.

5.2
Erfassungsprinzipien

5.2.1
Kassierung mit Ausdruck eines Kassenbons

Die Registrierung des Kaufbetrages ist anhand der Preisauszeichnung vorzunehmen.
Der Kassenbon gilt als quittierte Rechnung und ist dem Kunden mit der Ware zu übergeben.
Liegengebliebene Bons sind sofort zu vernichten.

5.2.2
Kassierung mit Kassenzettel

- Jeder Verkäufer erhält einen eigenen Kassenzettelblock und hat die numerisch fortlaufende Verwendung anhand des Blocknachweiszettels zu führen (siehe Kassenzettelordnung Pkt. 8).
- Der Kassenzettel ist zweifach auszustellen und mit folgenden Angaben zu versehen:
  - Kassenplatz-Nr.
  - AE-Nr.
  - Verkäufer-Nr.
  - Datum
  - Menge
  - Artikelbezeichnung
  - Einzelpreis
  - Gesamtpreis je Position
  - Endsumme

  Beim Verkauf hochwertiger Industriewaren mit Gerätenummern (z.B. Fernsehgeräte) sind die Kassenzettel bzw. Kaufverträge neben der Warenart und dem Stempel des VB zusätzlich mit der Gerätenummer zu kennzeichnen.
  Bei fehlerhafter Ausfertigung ist der Kassenzettel ungültig zu machen und ein neuer auszustellen. Wenn die fehlerhaften Angaben bereits in der Kasse registriert sind, so sind sie zu korrigieren.
  Das Original des Kassenzettels bringt der Kunde zur Kasse, die Durchschrift geht mit der Ware zur Warenausgabe. Die Kassiererin kontrolliert die sachliche und rechnerische Richtigkeit der Angaben auf dem Kassenzettel, registriert und kassiert den Kaufbetrag und versieht den Kassenzettel mit dem Stempel bezahlt bzw. mit Quittungsdruck.
  Die Kassiererin ist für die sachliche und rechnerische Richtigkeit der Angaben auf dem Kassenzettel sowie materiell für Verluste, die dem CWH aus Rechenfehlern entstehen, verantwortlich.

Ohne Vorlage des quittierten Kassenzetteloriginals darf dem Kunden keine Ware ausgehändigt werden. Der Kunde erhält mit der Ware die gestempelte Kassenzetteldurchschrift. Die quittierten Kassenzettel-Originale verbleiben im VB.
Wenn der Kunde eine Kaufvertrag erhält (Großgeräte), so verbleiben beide Exemplare des Kassenzettels in der AE.

5.2.3
Kassierung mit 2teiligen Etiketten

2teilige Etiketten werde im Bekleidungssortiment verwendet.

Abschnitt A	Abschnitt B
Datum	Datum
AE-Nr.	AE-Nr.
Personal-Nr.	Personal-Nr.
	Nr. des Blockzettels

Die Etikett-Nr. ist mit dem Betrag im Blocknachweiszettel (analog Kassenzettelführung) des Verkäufers zu erfassen. Die Blocknachweiszettel sind aufzurechnen und mit der Ablesesumme der Registrierkasse abzustimmen.

Belegverteilung:
- Der Abschnitt A bleibt an der Ware und geht je nach Verkaufsform mit zum Packtisch;
- der Kunde erhält Abschnitt B zur Bezahlung an der Kasse;
- als Nachweis der Kassierung dient der Kundenbon mit Abschnitt B;
- Bei der Aushändigung er Ware (Vergleich Abschnitt A/B) gegen Bon und Abschnitt B wird dem Kunden auf Abschnitt A durch Stempelaufdruck „Bezahlt CWH Datum" und Unterschrift der Kauf und die Bezahlung bestätigt.
  Der Abschnitt B einschl. Kassenbon verbleibt für Kontrollzwecke an der Kasse und dient als Nachweis der ordnungsgemäßen Kassierung bzw. ist für Sortimentsanalysen und Zählkontrollen durch den VBL zu nutzen.

Sonderregelung Kassierung mit Bon und Kassenzettel

Kassenzettel und Bon sind zusammenzuführen. Vom Kassierer ist die Übereinstimmung des Betrages auf beiden Kaufbelegen zu prüfen.

Der Kunde erhält mit der Ware *nur* die Kassenzetteldurchschrift, auf der der Aufdruck „bezahlt" enthalten sein muß. Bei der Kontrolle des Kassenzettelrücklaufs (gemäß Punkt 8) ist darauf zu achten, daß mit dem Kassenzettel auch der Bon vorliegt.

5.3
Zahlungsarten unbare Erlöse

Unbare Erlöse können auftreten als

- Schecks, die auf Konten bei Banken und Sparkassen in der DDR ausgestellt sind,
- Geschenkgutscheine,
- Geldkarten (nur an den dafür vorgesehenen Kassenplätzen und der Sammelkasse),
- Kreditkaufbriefe,
- Genex-Selbstkaufbrief,
- Verkauf gegen Rechnung (Auftragsverkäufe),
- Kostenübernahmescheine.

Bei der Kassierung mittels Genex-Selbstkaufbrief, Verkauf gegen Rechnung und Kostenübernahmescheinen ist auf dem Kassenzettel in jedem Fall der Vermerk: „Sammelkasse“ anzubringen, da eine zentrale Rechnungslegung durch die Sammelkasse vorgenommen wird.

Diese Einkäufe sind daher wie Sammeleinkäufe zu behandeln und der Sammelkasse zu übergeben (siehe Punkt 5.4 Sammeleinkauf).

5.3.1
Annahme von Schecks

Bei der Annahme von Schecks ist darauf zu achten, daß Schecks auf der Vorder- und Rückseite vollständig und sauber ausgefüllt sind. Zum Ausfüllen sind alle Schreibgeräte außer Bleistift erlaubt. Keine der erforderlichen Angaben dürfen radiert, gestrichen oder überschrieben sein. Auf der *Vorderseite* müssen folgende Angaben vorhanden sein:

- vorgedruckte Bezeichnung des Bankinstitutes und der Schecknummer
- übereinstimmende Angabe des Betrages in Zahlen und Worten
- die Zeile an oder Überbringer bleibt frei
- Ausstellungsort (jeder Ort in der DDR möglich)
- Datum (Laufzeit/Gültigkeit 8 Kalendertage bis zur Bankeinlösung)
- handschriftliche Unterschrift des Kontoinhabers (Ausnahme: Blinde mit Stempel)

Vordatierte Schecks gelten als gültiges Zahlungsmittel und sind daher anzunehmen.

Die Angaben auf der *Rückseite* betreffen den Scheckeinlöser. Anhand des Personalausweises der DDR oder analoger Ausweise sind folgende Angaben sorgfältig auf Übereinstimmung zu kontrollieren:

- Name, Vorname
- Anschrift
- PA-Nr.
- handschriftliche Unterschrift

Dabei ist auch die Identität des Paßbildes mit der Person, der Stempel oder die Perforierung auf dem Paßbild und die Gültigkeit des Ausweises (Ausstellungsdatum, keine losen Seiten) mit zu überprüfen. Liegen Kontosperrlisten im VB vor, so sind sie immer bei der Kontrolle mit einzubeziehen.

In der Anlage 6 werden sämtliche Ausweise genannt, die in der DDR zur Legitimation scheckvorlegender Personen gelten. Zu beachtende Besonderheiten sind ebenfalls dort aufgeführt.

Bestehen in besonderen Fällen Verdachtsmomente einer Scheckfälschung, eines Scheck- oder Personalausweis-Mißbrauchs, so ist sofort die bt. K im Hause zu verständigen (in den Außen-Kaufhallen: Leiter vom Dienst), die strittigen Dokumente einzubehalten und der Kunde unter einem Vorwand aufzuhalten.

Der Scheckbetrag darf nicht höher als der Kaufbetrag sein, da Auszahlungen auf Schecks nicht erlaubt sind.

Nach dem Kassierungsprozeß sind Schecks auf der Vorderseite mit dem Stempel „nur zur Verrechnung/CWH am Alex" zu stempeln und als konstanter Zahlungsgrund 340 einzutragen/stempeln. Auf der Rückseite sind zu notieren: AE-Nr., Personal-Nr., Bon-Nr. und bei hochwertigen Geräten die Geräte-Nr.

5.3.2
Zahlung mit Kreditkaufbriefen

Mit Teilzahlungskredit dürfen nur die in dem vom Ministerium für Handel und Versorgung herausgegebenen Warenverzeichnis aufgeführten Verbrauchsgüter verkauft werden. Die Leiter der Handelsbereiche haben die Verkaufsbereiche dazu einzuweisen. Die Kassierer, Verkäufer und Kontrollpersonen sind vom VB-Leiter aktenkundig dazu zu belehren.

Bei der Annahme von Kreditkaufbriefabschnitten ist darauf zu achten, daß

- der Kredit noch gültig ist (3 Monate nach Ausstellung durch das Kreditinstitut),
- der Betrag in Worten und Ziffern übereinstimmt,
- der Kreditkaufbrief vollständig ausgefüllt ist,
- die Kredithöhe den vorgesehenen Kauf zuläßt,
- der verbleibende Restkredit auf dem Kreditkaufabschnitt richtig berechnet wird,
- die Unterschrift des Kreditnehmers auf dem Kreditkaufabschnitt mit der Unterschrift in dem zu kontrollierenden Personalausweis identisch ist,
- die Eintragungen auf dem Deckblatt des Kreditkaufabschnittes mit den Angaben des Personalausweises übereinstimmen,
- das Paßbild im Personalausweis mit der Person identisch ist.

Auf der Rückseite des Kreditkaufabschnittes sind durch den Verkäufer folgende Eintragungen vorzunehmen:

- Bezeichnung/Typ, Geräte-Nr. des gekauften Gegenstandes
- Kaufpreis unterteilt nach Kredit und Anzahlungsbetrag
  Nummer des Personalausweises und Unterschrift des Käufers, Vor- und Zuname, Anschrift
- Bezeichnung der AE-Nr., Unterschrift des Verkäufers, Personalausweis-Nr. des Käufers.

5.3.3
Zahlung mit Geschenkgutschein

Geschenkgutscheine werden nur noch bis zum 31.12.1987 ausgegeben. Sie müssen den Stempel des ausgebenden Warenhauses und das Ausgabedatum enthalten. Da sie eine Einlösefrist von 2 Jahren haben, sind nach dem 31.12.1989 keine Geschenkgutscheine mehr anzunehmen.

Ungestempelte, undatierte Geschenkgutscheine sind zurückzuweisen. Übersteigt der Kaufpreis den Wert des Geschenkgutscheines, ist vom Kunden zuzuzahlen. Liegt der Kaufpreis unter dem Wert des Geschenkgutscheines, so kann in Einzelfällen eine Rückzahlung bis zu 5 % des Gutscheinwertes erfolgen.

Nach Annahme ist der Geschenkgutschein durch Durchkreuzen der Vorderseite zu entwerten. Auf der Rückseite sind die AE-Nr., Kassenplatz-Nr., PN-Nr. und das Ausgabedatum zu notieren.

Im übrigen gilt für den Umgang mit Gutscheinen die von der Generaldirektion der VE CENTRUM Warenhäuser herausgegebene Ordnung vom 4.3.1978.

5.3.4
Zahlung mit Geldkarte

Kunden mit Geldkarte können nur an den dafür vorgesehenen Kassenplätzen bezahlen. Dazu ist die Geldkarte in die Leseeinrichtung zu führen und der persönliche Code einzugeben.

5.3.5
Auftragseinkäufe von Betrieben und gesellschaftlichen Einrichtungen

Voraussetzungen dafür sind, daß

- der Käufer der Sammelkasse einen schriftlichen Auftrag seines Betriebes vorweist und übergibt,
- der beabsichtigte Kauf im Rahmen der Anordnung über den Einkauf von Waren aus dem Bevölkerungsbedarf liegt.

5.3.6
Kauf mit Kostenübernahmeschein der örtlichen Staatsorgane

Auf der Rückseite des Kostenübernahmescheines ist die gekaufte Ware einzutragen. Der Käufer bestätigt mit Unterschrift und Personalausweis-Nr. den Erhalt der Ware.

5.4 Sammeleinkauf

Der Sammeleinkauf ermöglicht bei Einkäufen in mehreren Industriewaren-Verkaufsbereichen eine zentrale Kassierung und die Warenübernahme an der zentralen Warenausgabe der Sammelkasse.

Sofern Zahlungen an der Sammelkasse von Kunden gewünscht werden, sind Kassenzettel wie beschrieben auszufertigen. Sie sind mit dem Vermerk „Sammelkasse" zu kennzeichnen. Das trifft auch für die Verkaufsbereiche zu, für die Bonausgabe vorgeschrieben ist. Die Eintragungen im Blocknachweiszettel sind mit einem „S" zu kennzeichnen und darüber hinaus in einem vom Verkaufsbereich zu führenden Sammelkassenbuch einzutragen.

Im Sammelkassenbuch sind folgende Spalten zu führen:

- Datum
- Kassenzettelnummer
- Betrag
- Artikel
- Empfangsbestätigung des Packtisches der Sammelkasse
- Datum der Rückgabe
- Datum der Registrierung
- Bestätigung der Rückgabe nicht bezahlter Ware
- Bemerkungen

Die Behandlung der Kassenzettel 1. und 2. Ausfertigung ist wie beschrieben auch an der Sammelkasse vorzunehmen (siehe Punkt 5.2.2 Kassierung mit Kassenzettel).

Per Computer werden alle Einzelumsätze anhand der Kassenzettel nach Verkaufsbereichen registriert und zum Tagesschluß aufgerechnet. Den Verkaufsbereichen sind spätestens bis zum Arbeitsbeginn des Folgetages die computergedruckten Tagesabrechnungen zu übergeben.

Diese Form der Abrechnung setzt die korrekte Eingabe aller Kassenzettel pro Verkaufsbereich voraus. Die quittierten 1. Ausfertigungen der Kassenzettel sind in der Sammelkasse nach Tagen und Verkaufsbereichen sortiert vorerst für Korrektur- und Vergleichszwecke aufzubewahren und vierteljährlich dem Fachgebiet Kassenkontrolle zu übergeben. In den Verkaufsbereichen sind anhand der Tagesabrechnung alle registrierten Kassenzettel im Sammelkassenbuch unter „Datum der Registrierung" auszutragen.

Nicht bezahlte liegengebliebene Ware am Packtisch der Sammelkasse ist dem Verkaufsbereich ebenfalls am folgenden Arbeitstag zurückzugeben. Im

Sammelkassenbuch ist unter der entsprechenden Kassenzettelnummer in der Spalte „Datum der Rückgabe“ das entsprechende Rückgabedatum einzutragen, in der Spalte „Bestätigung der Rückgabe“ hat der VB- Leiter oder sein Beauftragter zu unterschreiben, in die Spalte „Bemerkungen“ ist einzutragen: „unbezahlter Liegenbleiber“. Die zu den unbezahlten liegengebliebenen Waren gehörenden 2. Ausfertigungen der Kassenzettel sind von dem Mitarbeiter des Sammelkassenpacktisches als „ungültig“ und mit dem Vermerk „nicht bezahlter Liegenbleiber“ zu kennzeichnen und mit den Waren an den VB zurückzugeben.

Bezahlte am Packtisch der Sammelkasse liegengebliebene Ware darf bis zu 3 Arbeitstagen nach Verkaufstag am Packtisch verbleiben. Spätestens am 4. Arbeitstag nach Verkaufstag ist auch bezahlte, nicht abgeholte Ware dem betreffenden Verkaufsbereich mit der dazugehörenden 2. Ausfertigung des Kassenzettels zurückzugeben.

Eine Rückverrechnung wird in diesem Fall nicht vorgenommen. Die bezahlte Ware ist mit der 2. Ausfertigung des Kassenzettels vom VB- Leiter gesondert zu verwahren, bis sie vom Kunden abgeholt wird.

5.5
Kundenanzahlungen

Anzahlungen sind nur bei ausdrücklichem Verlangen des Kunden für alle Industriewaren entsprechend der jeweils gültigen Nomenklatur entgegenzunehmen.

Die Kundenanzahlung muß mindestens 20 % des Kaufpreises betragen, darf aber nicht niedriger als 10,– M sein. Der Anzahlungsbetrag ist zu registrieren und in der Kasse zu vereinnahmen. Der Kunde erhält einen Bon bzw. einen quittierten Kassenzettel.

Die Anzahlung sichert dem Kunden das Recht auf Erwerb der Ware innerhalb von 3 Werktagen. Bei Kauf der angezahlten Ware ist über den Restbetrag ein Bon bzw. quittierter Kassenzettel auszustellen, der Betrag zu registrieren und in der Kasse zu vereinnahmen. Für Kundenanzahlungen ist ein Nachweisbuch zu führen, welches folgende Angaben enthalten muß:

- Tag der Anzahlung
- Name und Anschrift des Kunden
- Artikelbezeichnung und Kaufbetrag
- Anzahlungsbetrag
- Restbetrag in Mark, bezahlt am ....

Wenn der Kauf trotz Anzahlung nicht zustande kommt, so ist von der Zentralen Reklamationsstelle ein Berichtigungsbeleg I (analog Punkt 5.6.2) auszustellen und dem Kunden der Anzahlungsbetrag zurückzuzahlen.

5.6
Behandlung von Fehlregistrierungen/Stornierungen sowie die Zulässigkeit von Nullbons

5.6.1 Behandlung von Fehlregistrierungen

- Bei Registrierkassen mit Bondruckwerk:
  Die bei Fehlregistrierungen ausgegebenen Bons sind sofort nach Entstehen als ungültig von der Kontrollperson zu bestätigen. Dazu hat die Kontrollperson auf der Rückseite des Bons eine stichwortartige Begründung anzugeben und diese mit Datum und ihrer Unterschrift zu bescheinigen. Die Vorderseite des Bons ist zu durchkreuzen und mit dem Vermerk „Fehlbon" zu kennzeichnen. Die bestätigten Fehlbons sind im Kassenschubfach aufzubewahren und der Kassenplatzabrechnung als Beleg für die Verringerung des Addierwerksstandes beizufügen.
  Es ist nicht gestattet, die bei der Bedienung eines Kunden durch zuviel registrierten Betrag entstandene Fehlregistrierung mit dem folgenden Kunden zu verrechnen. Sofern die fehlerhafte Registrierung geringer als die lt. vorgeschriebenem EVP ausgeführt wurde, darf der Differenzbetrag nur nachregistriert werden, wenn der gesamte Registriervorgang pro Kunde noch nicht abgeschlossen und der Bon von der Registrierkasse noch nicht ausgegeben wurde. Ist der Bon bei zu geringer Registrierung bereits von der Registrierkasse ausgegeben, darf keine Nachregistrierung mit gesondertem Bon über den Differenzbetrag vorgenommen werden. Auch in diesem Fall ist der ursprüngliche Bon als Fehlbon zu behandeln und im Anschluß daran die richtige Registrierung vorzunehmen.

Zusatz für ELKA 81-Kassen

  Die entstandenen Fehlregistierungen (Fehlbons) sind nur von den festgelegten Kontrollpersonen abzuzeichnen (siehe Punkt 5.6.1) und durch Betätigen der Stornotaste nach den einzelnen Sparten nach dem Kassiervorgang oder vor der Erlösabrechnung zu stornieren. Der bestätigte Fehlbon und Stornobon sind in der Kassenschublade aufzubewahren und der Kassenplatzabrechnung beizufügen.
  Sofern die Registrierung innerhalb eines Kassiervorganges in falscher Spartentastatur eingegeben wurde, so ist diese sofort zu stornieren.

- Bei Registierkassen mit Quittungsdruck
  Sowohl bei Mehr- oder Minderregistrierung ist der Kassenzettel in der 1. und 2. Ausfertigung von der Kontrollperson unter Angabe der Begründung ungültig zu machen, der Vorgang ist durch Angabe des Datums, der Uhrzeit und der Unterschrift zu bestätigen.
  Die 1. Ausfertigung des Kassenzettels verbleibt in diesem Falle am Kassenplatz und ist als Beleg für die Fehlregistrierung der Kassenplatzab-

rechnung beizufügen. Die ungültige 2. Ausfertigung des Kassenzettels ist dem Mitarbeiter des Verkaufsbereiches von der Kontrollperson zurückzugeben. Sie hat zu veranlassen, daß ein neuer Kassenzettelsatz über den Vorgang anhand der ungültigen 2. Ausfertigung des ursprünglichen Kassenzettels ausgestellt wird. Die 1. Ausfertigung des erneut ausgestellten Kassenzettels ist dem Kunden zur Bezahlung des Kaufbetrages am Kassenplatz auszuhändigen, die 2. Ausfertigung ist zusammen mit der als „ungültig" bestätigten 2. Ausfertigung des ursprünglichen Kassenzettels der Ware am Packtisch beizufügen.
Nach Ausgabe der Ware mit der 2. Ausfertigung des neuen Kassenzettels an den Kunden ist die ungültige 2. Ausfertigung des ursprünglichen Kassenzettels dem Kassierer am Kassenplatz zu übergeben, der sie mit der 1. Ausfertigung zusammenzuführen hat.
Bei Verwendung von Kassenzetteln oder Rechnungen werden somit Fehlregistrierungen nur anerkannt, wenn die 1. und 2. Ausfertigung von der Kontrollperson als ungültig bestätigt der Kassenplatzabrechnung beiliegen.

- Sonstige Hinweise

  Begründungen für Fehlregistrierungen können sein:
  - Zuviel oder zuwenig registrierter Kaufbetrag
  - Kunde nahm nach dem Registriervorgang ganz oder teilweise vom Kauf Abstand (Zahlungsvorgang wurde nicht ausgeführt)
  - technische Störung der Registrierkasse

5.6.2
Behandlung von Stornierungen des Umsatzes

- Stornierungen sind im Warenhaus von den Zentralen Reklamationsstellen (außer Kaufhallen) vorzunehmen, wenn auf Grund von Reklamationen dem Kunden Geld zurückgezahlt werden muß.

  Rückzahlungen können folgende Gründe haben:
  - versehentlich zuviel berechneter Kaufpreis
  - Preisminderung (bei festgestellten Mängeln)
  - Preisrückzahlung aus Reklamationen von Kundenware

  Für die Ausführung der Stornierung bei Barauszahlung an den Kunden ist der dafür vorgesehene Berichtigungsbeleg I (Vordruck CEKOTRON Nr. 72) zu verwenden. Er ist von der Zentralen Reklamationsstelle entsprechend des Vordrucks vollständig auszufüllen. Er ist numeriert und entsprechend der Nummernfolge entsprechend des Vordrucks 2fach auszustellen. Verschriebene Stornobelege sind als ungültig zu kennzeichnen und unter der entsprechenden Nummer im VB abzulegen.

Es ist darauf zu achten, daß neben der ausreichenden Begründung für die Stornierung der Vor- und Zuname, die Anschrift, die Personalausweisnummer (oder Paßnummer), die Empfangsquittung des Kunden angegeben sind. Auszahlung auf Grund von Stornierungsbelegen dürfen nur ausgeführt werden, wenn die Zahlungsanweisung des verantwortlichen Mitarbeiters vorliegt.
Die Handelsbereichsleiter legen in ihrem Verantwortungsbereich aktenkundig fest, bis zu welcher Betragshöhe VB-Leiter, stellv. VB- Leiter und Kontrollpersonen anweisungsberechtigt sind.
Eine Durchschrift der jeweiligen Festlegung ist der Kassenorganisation/Kassenkontrolle zu übergeben. Über Änderungen dieser Festlegungen, die in der Folgezeit von den Handelsbereichsleitern vorgenommen werden, ist ebenfalls die Kassenorganisation/Kassenkontrolle zu informieren. Das Original des Stornobeleges (Berichtigungsbeleg I) ist am Kassenplatz aufzubewahren und der täglichen Kassenplatzabrechnung als Beleg für die Berichtigung des Addierwerksstandes beizufügen.

- Die Stornobelege 2. Ausfertigung sind in den ZRS/VB fortlaufend numeriert abzulegen, die Vollständigkeit und Richtigkeit der Verwendung ist zu überwachen.
  Da mit der Ausführung der Stornierungen durch Korrektur des Umsatzes im täglichen Verrechnungsverfahren die entsprechende Belastung vorgenommen wird, ist von den Verkaufsbereichsleitern/Leiter ZRS somit darauf zu achten, daß entweder durch Zurücknahme der Ware zu dem entsprechenden Wert der notwendige Ausgleich gegeben ist, bei Preisminderungen zu lasten Fonds Handelsrisiko das entsprechende P 2-Protokoll zur Buchung aufgegeben wird oder bei Weiterbesprechung an den Lieferanten das entsprechende P 3-Protokoll ausgefertigt und zur Entlastung des VB gebucht wird.
- Sofern den Kunden der Betrag aus Umsatzstornierungen zu überweisen ist, ist dem Hauptbuchhalterbereich ein Zahlungsauftrag zu Überweisung in 2facher Ausfertigung zuzustellen.
  Der Zahlungsauftrag muß enthalten:
  - Nr. und Bezeichnung des VB
  - Datum der Ausstellung

  Name und Anschrift des Kunden
  Bankverbindung des Kunden oder Angabe „postbar“
  Begründung des Zahlungsauftrages
  Mindestangaben: Artikelbezeichnung und Menge, wann gekauft, wann reklamiert, Mangel oder Begründung für Stornierung
  P 2- oder P 3-Protokoll ausgestellt am ....
  Betrag in Ziffern

Unterschrift des VB-Leiters/Leiter ZRS
Zahlungsanweisung des Handelsbereichsleiters
Zahlungsfreigabe durch Hauptbuchhalter

Nach Ausführung der Überweisung wird die 2. Ausfertigung des Zahlungsauftrages der betreffenden AE bestätigt vom Hauptbuchhalterbereich zurückgegeben. In der AE ist diese Ausfertigung in der Mappe „unerledigte Belege" bis zur Vorlage der Korrektur der Kassenplatzabrechnung aufzubewahren.

Auf der Grundlage der 1. Ausfertigung des Zahlungsauftrages wird die Überweisung durch den Hauptbuchhalterbereich ausgeführt.

Vom Fachgebiet Kassenkontrolle wird auf Grund der Überweisung mit einer gesonderten Kassenplatzabrechnung die Umsatzkorrektur ausgeführt und die 2. Ausfertigung der Kassenplatzabrechnung der betreffenden AE zugestellt. In der AE ist dann diese Kassenplatzabrechnung mit der 2. Ausfertigung des bestätigten Zahlungsauftrages zusammenzufügen, die entsprechende Umsatzbuchung ist in der L 43.3 zu überwachen. Zahlungsaufträge sind vom AE-Leiter in der Nachweisführung für Stornierungsbelege wie diese zu behandeln. Es ist aber im Falle der Ausfertigung von Überweisungsaufträgen für Stornierungen von Umsätzen keine gesonderte Ausfertigung von Berichtigungsbelegen I erforderlich.

Zusatz für ELKA 81-Kassen in den Kaufhallen

Der Stornobon wird durch Betätigung der Stornotaste bei ELKA 81- Kassen angefertigt (pro Einzelregistrierung) und mit dem Fehlbon in der Spartenkasse aufbewahrt. Der Berichtigungsbeleg I (Vordruck CEKOTRON Nr. 72) ist vom Leiter Kasseneinsatz bzw. Erlöskasse oder dessen Beauftragten vollständig auszufüllen.

5.6.3
Zulässigkeit von Nullbons

Nullbons sind zulässig:

- Bei Vorführung der Registrierkasse durch die Kontrollperson zum Nachweis der Funktionsfähigkeit im Zusammenhang mit der Übergabe des Kassenplatzes an den Kassierer. Die dabei entstandenen Nullbons sind von der Kontrollperson durch Datum und Unterschrift zu bestätigen, am Kassenplatz aufzubewahren und der Kassenplatzabrechnung beizufügen.
- Bei Notwendigkeit des Geldwechsels, bei Kassenabschluß oder bei Kassenstürzen.
  In diesem Falle ist die Kontrollperson hinzuzuziehen, die die Notwendigkeit mit Angabe des Grundes, des Datums und Unterschrift zu bestätigen hat. Diese Nullbons sind ebenfalls aufzubewahren und der Kassenplatzabrechnung beizufügen. Über nicht von Kontrollpersonen bestätigte Nullbons hat der Kassierer gegenüber dem VB-Leiter und dem

Fachgebiet Kassenkontrolle Rechenschaft abzulegen. Außer den angeführten Gründen ist es nicht statthaft, Nullregistrierungen vorzunehmen.

5.7
Feststellung am Packtisch liegengebliebener bezahlter und unbezahlter Waren

Täglich zum Kassenabschluß sind durch Vergleich der am Kassenplatz aufbewahrten Talons und den am Packtisch liegenden Waren mit der 2. Ausfertigung der Kassenzettel die bezahlten oder unbezahlten liegengebliebenen Waren festzustellen.

Die bezahlten liegengebliebenen Waren (Talon und entsprechende 2. Ausfertigung des Kassenzettels sind vorhanden) können am Packtisch verbleiben und sind bis zur Abholung durch den Kunden sicher zu verwahren.

Nicht bezahlte am Packtisch liegengebliebene Ware (nur 2. Ausfertigung des Kassenzettels vorhanden, kein Talon) ist zum Kassenschluß dem Verkaufstisch zurückzugeben. Dabei ist die 2. Ausfertigung des Kassenzettels von der Kontrollperson mit dem Vermerk zu versehen: „Nicht bezahlter Liegenbleiber“ und ungültig zu machen. Diese Ausfertigung ist dem Verkäufer zur Streichung der Eintragung auf dem Blockzettelnachweis zu übergeben und bei der Rücklaufkontrolle vorzuweisen. Legt der Kunde an einem der folgenden Tage die 1. Ausfertigung des ursprünglich ausgestellten Kassenzettels quittiert am Packtisch zur Einlösung der Ware vor, so ist vom Mitarbeiter am Packtisch eine erneute Ausfertigung eines Kassenzettels (2fach) und Übergabe der Ware an den Packtisch zu veranlassen.

Die ursprünglich 1. Ausfertigung, die maschinell quittiert sein muß, ist mit der 1. Ausfertigung des erneut ausgestellten Kassenzettels zusammenzufügen und zur Abrechnung aufzubewahren.

Von der Kontrollperson ist auf der Rückseite des erneut ausgestellten Kassenzettels (1. Ausfertigung) zu bestätigen, daß die Bezahlung lt. ursprünglich ausgestellten Kassenzettel erfolgte und es sich um einen unbezahlten Liegenbleiber des betreffenden Tages handelte.

5.8
Ausstellung von Kaufbescheinigungen

Wenn ein Kunde eine Kaufbescheinigung braucht, ist wie folgt zu verfahren:

- Der ursprüngliche Beleg des Kunden (Bon oder Kassenzettel) ist einzu behalten oder nach inzwischen erfolgter Übergabe zurückzuverlangen.
- Vom Etagenservice/zentralem Kundendienst ist eine Kaufbescheinigung 2fach auszufertigen, die folgende Angaben enthalten muß:
  - Menge, Artikelbezeichnung, EVP pro Artikel, bei mehreren Artikeln ist nach Einzeleintragung der Gesamt EVP einzutragen. Überein-

stimmung mit Gesamt EVP/Kaufbetrag lt. Beleg muß gewährleistet sein (Ausnahme: Kaufbescheinigung wird nur für einen Teil der erworbenen Artikel gebraucht).
   - Datum des Kaufs unter Angabe der Beleg-Nummer und des Belegdatums des ursprünglichen Beleges
   - Stempel des Etagenservice/Kundendienst
     Unterschrift des Ausstellenden
   - Datum der Ausstellung
- Das Original der Kaufbescheinigung erhält der Kunde. Die Durchschrift dient mit dem befestigten ursprünglichen Kaufbeleg der Nachweisführung.
  In den Kaufhallen wird die Kaufbescheinigung vom Bestelldienst bzw. dem Leiter Erlöskasse ausgestellt.

5.9
Warenverkauf an Personal

- Bei Verkäufen an Mitarbeiter ist der dafür auszugebende Kaufnachweis mit dem Stempelaufdruck „Personalverkauf" zu versehen. Die von Betriebsangehörigen gekauften Waren dürfen innerhalb des Warenhauses nicht an Verwandte und Bekannte übergeben werden.
  Eine Übergabe dieser Waren ist am Personaleingang möglich. Einkäufe durch Mitarbeiter im eigenen Bereich dürfen nur über den VB-Leiter oder einem von ihm beauftragten Mitarbeiter getätigt werden und sind in einem gesonderten Personaleinkaufsbuch für alle Industriewareneinkäufe im CWH mit folgenden Angaben nachzuweisen:

  Name, Vorname, Datum, Beleg-Nr., Bereich, Bezeichnung, EVP
- Für den Verkauf von Waren im Lager Lichtenberg an die dort beschäftigten Mitarbeiter gilt eine gesonderte Regelung (Arbeitsanweisung des FD Warenbewegung vom 2.3.81).
- In den Kaufhallen Leipziger Straße und Chausseestraße werden die Personalverkäufe am Betriebsausgang über einen besonderen Kassenplatz kassiert. Für alle eingekauften Artikel ist von der Betriebswache eine exakte Bonkontrolle mit Einzelpostenvergleich durchzuführen.
- In der Kaufhalle Alex werden alle Personalverkäufe über die Personalkasse (Bestelldienst) getätigt.

6. Verkauf mit Ausfertigung von Rechnungen

6.1
Rechnungslegung bei Sofortbezahlung

Rechnungen sind für die vom HBL in Zusammenarbeit mit dem Hauptbuchhalter festgelegten Sortimente hochwertiger Industriewaren auszustellen, wenn folgende Angaben erforderlich sind:

- Name, Anschrift des Kunden
- Bezeichnung des Artikels, Artikel-, Typen-, Geräte-Nr.
- Auslieferung durch Großhandel oder Außenlager

Die in diesem Zusammenhang pro AE ergangenen Vorschriften über den Inhalt, die Anzahl der Ausfertigungsexemplare, die Verteilung und Ablage gelten als Ergänzung zur Kassenordnung.

6.2
Rechnungslegung mit Zahlungsziel

Rechnungen mit Zahlungsziel dürfen nur vom Kundendienst/Sammelkasse ausgestellt werden und sind von der Sammelkasse für die jeweilige AE als „unbarer“ Umsatz abzurechnen. Die Rechnung ist mittels Computer (Bankschalterterminal) 5fach anzufertigen und muß folgende Mindestangaben enthalten:

- Anschrift des Kunden
- Name des Einkäufers
- AE-Nr., Kassenzettel-Nr., Betrag lt. Kassenzettel
- Freigabe nicht erforderlich/vorhanden
- Warenwert (Summe der Kassenzettel)
- Transportkosten
- Zwischensumme
- Anzahlung
- Rechungsbetrag

Die 1. Ausfertigung der Rechnung ist dem Empfänger unverzüglich mit der Post zu übersenden.

Die 2. Ausfertigung verbleibt mit dem Original der quittierten Kassenzettel in der Sammelkasse.

Die 3. Ausfertigung ist der Kassenkontrolle mit der Kassenplatz- und Erlösabrechnung einschließlich der Kaufberechtigung zu übergeben.

Bei Abholung quittiert der Einkäufer mit Angabe des Vor- und Zunamens, der PA-Nr. und des Datums auf der Kaufberechtigung den Empfang der Ware. Er erhält das 2. unquittierte Exemplar des Kassenzettels.

Bei Warenversand ist der unquittierte Kassenzettel der 1. Ausfertigung der Rechnung beizufügen. Die Expedition erhält mit der Ware die 4. und 5.

Ausfertigung der Rechnung zur ordnungsgemäßen Ausführung der Lieferung. Sie quittiert den Empfang auf der 2. Ausfertigung der Rechnung, die in der Sammelkasse verbleibt.

Die Ausfertigung von Lieferscheinen und Rechnungen bei Verkäufen von Handelswaren an Sowjetische Handelsunternehmen ist in einer gesonderten Richtlinie geregelt.

Verkäufe gegen Rechnung an Privatpersonen sind nicht gestattet.

6.3
Nachnahmezustellung und Rechnungslegung

Dieser Kundendienst erfolgt nur auf persönlichen Wunsch des Kunden (per Post), der die Nachnahmesendung erhält und diese dann bezahlt.

Vom Kunden ist eine schriftliche Auftragsbestätigung in Form seiner Unterschrift auf der Rechnungs-Nachnahme erforderlich. Durch den Kundendienst sind die Nachnahmebeträge und EVP zum Rechnungsendbetrag zu addieren (Rechnung 5fach mit rotem Diagonalaufdruck „Nachnahme").

Original – unbarer Erlös an Kassenkontrolle, zur Finanzbuchhaltung und Ablage im Kontokorrent.

1.-4. Ausfertigung der Rechnung mit der Ware an die Expedition
3.u.4. Ausfertigung wird von der Expedition quittiert (Unterschrift, Datum)
1. Ausfertigung erhält der Kunde mit der Nachnahmesendung und vorgeschriebener Nachnahmezahlkarte
2. Ausfertigung ist nach dem Verpacken der Ware von der Packerin zu unterschreiben und mit der von der Post bestätigten Anlieferungsbescheinigung in der Expedition abzulegen.
4. Ausfertigung geht an den Kundendienst zurück.

Bei Nachnahme Post und Expreß sind zu beachten:

a) Die Nachnahmesendung Post darf einen Betrag von 1.000,– M sowie ein Gewicht von 10 kg nicht überschreiten.
b) die Nachnahmesendung Expreß ist im Wert unbeschränkt und darf ein Gewicht von 25 kg nicht übersteigen.
c) Von der Post zurückgegebene Nachnahmesendungen sind den betreffenden VB mit WE-Schein zu übergeben. Durch den VB erfolgt über die Kassenkontrolle die Stornierung des Umsatzes.

7. Aufgaben der Sammelkasse

Aufgrund einiger Besonderheiten bei Sammelkassen gelten im Rahmen der Kassenordnung zusätzlich folgende Regelungen:

- An der Sammelkasse können Umsätze aus Verkauf von Handelsware von allen Industriewaren-Verkaufsbereichen erfaßt, bezahlt und abgerechnet werden.
  Der Sammelkassenplatz ist dem Leiter Kundendienst unterstellt. Er hat in diesem Fall die Aufsichtspflicht über diesen Kassenplatz analog wie ein VB-Leiter für die ihm zugeordneten Kassenplätze einschließlich Benennung von Kontrollpersonen zu erfüllen.
  Eine Ausfertigung des AE-Belegungsplanes ist der Kassenorganisation/ Kassenkontrolle zu übergeben, 1 Ausfertigung verbleibt beim Sammelkassenplatz.
- Als Belege für die Registrierung der Umsätze über Computer gelten Kassenzettel, Rechnungen bei Sofortzahlung oder Rechnungen mit Zahlungsziel (siehe Punkt 6).
  Für Ausstellung von Kaufbescheinigungen gilt Punkt 5.8.
  Die Mitarbeiter der Sammelkasse haben spätestens bis zum folgenden Werktag 10.00 Uhr den einzelnen VB die am Vortag registrierten Umsätze zu übergeben. Anhand dieser Nachweise sind in den VB die Sammelkassenbücher abzustimmen. Gleichfalls sind bis zu diesem Zeitpunkt die an der Sammelkasse nicht bezahlten liegengebliebenen Waren mit den dazugehörenden Kassenzetteln (2. Ausfertigung) abzuholen. Die VB-Leiter haben von sich aus zu überwachen, daß die Abstimmung der Umsätze Sammelkasse mit dem Sammelkassenbuch täglich vorgenommen wird.
- Bei Ausfertigung der Kassenplatzabrechnung (siehe Punkt 9) ist als Anlage eine computergeschriebene Umsatzaufgliederung nach Verkaufsbereichen beizufügen.

8. Kassenzettelordnung

Verkaufsbereiche, die zur Registrierung von Erlösen Kassenzettel verwenden, haben einen lückenlosen Nachweis über den Empfang, die Verwendung und den Rücklauf zu führen.
Dazu gelten folgende Grundsätze:

- Alle vom Eigenbedarf mit Lieferschein (2fach, Original VB-Ltr., Kopie Eigenbedarf) empfangenen Kassenzettelblocks sind vom VB-Leiter unter Verschluß zu halten.
- Die Ausgabe jedes Kassenzettelblocks an Mitarbeiter im Verkauf ist zu quittieren.
- Für die vorschriftsmäßige Verwendung der ausgegebenen Kassenzettelblocks ist der Mitarbeiter verantwortlich und nachweispflichtig, der für den Empfang des Kassenblocks quittiert hat.

- Der Nachweis über den Empfang, die Ausgabe und über den Rückfluß von Kassenzettelblocks ist mit folgender Spalteneinteilung zu führen:
  Spalte 1 Datum des Empfangs von der Abt. Eigenbedarf
  Spalte 2 Belegnummer (Lieferscheinnummer der Abt. Eigenbedarf)
  Spalte 3 Übernommene Kassenblockseriennummern
  Spalte 4 Anzahl der Kassenblocks
  Spalte 5 Kontrollvermerk der Verkaufsbereichsleiter
  Spalte 6 Datum der Ausgabe an Mitarbeiter
  Spalte 7 Seriennummern der ausgegebenen Blocks
  Spalte 8 Anzahl der ausgegebenen Blocks
  Spalte 9 Vor- und Zuname des Empfängers
  Spalte 10 Quittung des Empfängers

  Sofern von Mitarbeitern nicht verbrauchte Kassenzettel oder Kassenzettelblocks an den VB-Leiter zurückgegeben werden, sind sie unter Verwendung der Spalten 1-5 wie folgt wieder zu vereinnahmen:
  Spalte 1 Datum der Rückgabe
  Spalte 2 Name des Mitarbeiters
  Spalte 3 wie vorgeschrieben, ggf. unter Angabe der Kassenzettelnummern
  Spalte 4 wie vorgeschrieben oder Anzahl der Zurückgegebenen Kassenzettel bei angefangenen Blocks
  Spalte 5 Empfangsbestätigung des VB-Leiters
- Mit den Kassenzettelblocks sind ausreichend Blocknachweiszettel auszugeben, auf denen der Mitarbeiter des Verkaufs die Verwendung der einzelnen Kassenzettel numerisch und mit Betrag nachzuweisen hat.
  Der Blocknachweiszettel ist mit der Seriennummer des Kassenzettelblocks, Datum und Name des Verkäufers zu kennzeichnen.
- Vorschriften zur Kassierung siehe Pkt. 5.2.2.
- Die quittierten Originale der Kassenzettel sind nach der Rücklaufkontrolle, geordnet nach Datum und Serien-Nr. zugriffsicher im Verkaufsbereich aufzubewahren.
- Über fehlende Kassenzettel hat der betreffende Verkäufer Rechenschaft abzulegen.
- Der VBL hat bis spätestens zum folgenden Arbeitstag den vollständigen Kassenzettelrücklauf zu kontrollieren.

9. Kassenabschluß, Umsatz- und Erlösabrechnung

9.1
Grundsätze der Abrechnung

- Jeder Kassenabschluß ist in Gegenwart von Kassierer und Kontrollperson durchzuführen.
- Die Kassiererinnen sind nicht berechtigt, die Kasse abzulesen oder andere Aufgaben der Kontrollperson zu übernehmen.
- Für jeden Kassenabschluß ist je eine Erlös- und Kassenplatzabrechnung vom Kassierer anzufertigen.
- Die Erlösabrechnung erfolgt vor Ausfertigung der Kassenplatzabrechnung sowie der Freigabe der Addier- und Zählerstände durch die Kontrollperson.
- Während der Öffnungszeit darf das Zählen der Erlöse nicht im Verkaufsraum erfolgen.
- Erlöse sind stets mit einer Begleitperson zum Abrechnungsraum bzw. zur Hauptkasse zu transportieren.
- Für nicht besetzte Kassenplätze ist von der Kontrollperson eine Kassenplatzabrechnung anzufertigen.
- Die VB-Leiter haben nach Vorliegen der EDV-Listen des Kassendifferenzprojekts zu überwachen, daß die Erfassung der Kassendifferenzen richtig vorgenommen wurde, Forderungen durch Einzahlung ausgeglichen sind und die Kassendifferenzprotokolle rechtzeitig der Kassenkontrolle übergeben werden.

9.2
Hinweise zum Abrechnungsvorgang

- Die Kassenschubeinsätze sind beim Transport vom Verkaufsraum zum Abrechnungsraum abzudecken.
- Der Kassierer hat bei der Ermittlung der baren Zahlungsmittel die Sortier- und Stückelungsmethode anzuwenden und die festgestellten Mengen pro Werteinheit auf einem Zettel zu erfassen. Der Gesamtwert pro Werteinheit ist durch Multiplikation der Menge mit der Werteinheit und Addition zu ermitteln.

  Die Sortierung und Banderolierung ist entsprechend den Vorschriften der Staatsbank für Erlösabführung vorzunehmen. Danach sind sortengerechte Päckchen zu 5.000,– M, 2.500,– M, 1.000,– M, 500,– M sowie Mischpäckchen bis 990,– M herzurichten und auf der Banderole lt. Vordruck die entsprechenden Angaben zu vermerken (Stückelungsangabe, AE-Nr., Unterschrift Kassierer und Kontrollperson, Datum).

  Im Anschluß daran hat die Kontrollperson die Zahlungsmittel ohne Beachtung der Vorzählmethode durch fortlaufendes Nachzählen zu kontrollieren.

Besteht keine Übereinstimmung, sind die Zahlungsmittel nochmals nach den verschiedenen Methoden vor- und nachzuzählen, wobei die Kontrollperson ungeachtet der Erstrechnung die Sortier- und Stückelungsmethode und der Kassierer die fortlaufende Zählmethode anwendet.
Dieser Vorgang ist solange zu wiederholen, bis Übereinstimmung bei der Feststellung des Erlöses erzielt wurde. Gegebenenfalls ist eine weitere Kontrollperson hinzuzuziehen.
Nach übereinstimmender Feststellung der Erlöse ist die Aussonderung des Wechselgeldes aus dem Kassenbestand durch Hartgeld und 5,– M Banknoten vorzunehmen.

- Das Wechselgeld ist von der Kassiererin vor- und von der Kontrollperson nachzuzählen, im Wechselgeldbeutel zu verschließen. Danach ist das Wechselgeld „neu" in der Erlösabrechnung einzutragen.
- Der abzuführende Bargeldbetrag ist von der Kassiererin vor- und von der Kontrollperson nachzuzählen und gemeinsam in den Erlösbeutel zu legen. Der Beutel ist vorschriftsmäßig zu verplomben und mit einer Beutelfahne zu versehen, die folgende Angaben enthalten muß:
  Erlösbetrag (deutliche Zahlenangabe), AE-Nr. (3stellig), Plomben- Nr., Datum, *Unterschriften* von Kassiererin *und* Kontrollperson. Der abzuführende Bargeldbetrag ist in die Erlösabrechnung einzutragen, die Plombennummer wird auf der Erlösabrechnung notiert.
- Nach Überprüfung der unbaren Zahlungsmittel sind diese getrennt nach Arten auf der Rückseite der Erlösabrechnung wie folgt mit den Beträgen einzutragen:

  81 Schecks (jede Liste eintragen)
  82 Kredite
  83 Gutscheine
  84 Rechnungen und Nachnahmen
  85 Genex-Kaufbriefe
  87 Wertmarken
  89 Geldkarte/Bankschalterterminal Diskette

  Nach Addition werden die unbaren Zahlungsmittel auf der Erlösabrechnung (Vorderseite) eingetragen. Es ist zu prüfen, daß die Eintragungen auf Vorder- und Rückseite identisch sind.
- Nach Prüfung des Wechselgeldbestandes „alt" (= Wechselgeldbestand neu des Vortages) ist dieser in die Erlösabrechnung einzutragen, anschließend durch Addition die Gesamterlössumme zu ermitteln und ebenfalls in die Erlösabrechnung einzutragen. Die Summe muß mit der zuerst ermittelten Gesamterlössumme übereinstimmen.
- Die Erlösabrechnung ist zweifach auszufertigen. Sie ist nach Aufstellung und Prüfung vollständig lt. Vordruck ausgefüllt von dem Kassierer und

der Kontrollperson zu unterschreiben. Damit wird die vollständige und vorschriftsmäßige Erlösabrechnung sowie die darüber durchzuführende Kontrolle bestätigt.

- Nach Ermittlung der baren und unbaren Zahlungsmittel sind von der Kontrollperson die Zählwerk- und Kontrollzählerstände der Registrierkasse festzustellen. Dabei sind durch Benutzung des Endsummenschlüssels die Zählwerke auf 0 zu stellen, ebenso die nullstellbaren Kontrollzähler.
  Die festgestellten Zählwerkstände sind in die vorbereitete Kassenplatzabrechnung, die ebenfalls 2fach auszufertigen ist, in die Spalte „Addierwerkstand" der Reihenfolge der Zählwerke nach unter Angabe der Zählwerkbezeichnung einzutragen. Die Endbestände der Kontrollzähler sind in die dafür vorgesehenen Zeilen einzutragen (bei ELKA 81 Kassen der Revisionsspeicherstand).
- Nach Überprüfung der Fehlbons und Stornobelege auf Ordnungsmäßigkeit und Vollständigkeit sind diese zu addieren, in die Kassenplatzabrechnung einzutragen und ihr beizufügen. Durch Subtraktion dieses Betrages vom festgestellten Addierwerkstand ist der „berichtigte Addierwerkstand" zu ermitteln und in die entsprechende Spalte pro Zählwerk in der Kassenplatzabrechnung einzutragen.
- Sämtliche Nullbons sind nach Prüfung der Kassenplatzabrechnung beizufügen.
- Der Gesamterlös laut Erlösabrechnung ist in die dafür bezeichnete Spalte der Kasenplatzabrechnung pro Zählwerk bzw. pro Kassierer einzutragen, die Kassendifferenz zu ermitteln und je nach Plus- oder Minusdifferenz in die dafür vorgesehene Spalte einzutragen. Für Kassendifferenzen über 5,– M ist von dem Kassierer ein Protokoll auszufertigen und von der Kontrollperson gegenzeichnen.
- Nach vollständiger Ausfertigung der Kassenplatzabrechnung ist diese in den dafür vorgesehenen Spalten von Kassierer und Kontrollperson zu unterschreiben. Sie bestätigen damit die vorschriftsmäßige Abrechnung des Kassenplatzes und die dabei ausgeübte Kontrolle.
- Die Kassenplatzabrechnung ist mit allen dazugehörenden Belegen dem VB-Leiter zur weiteren Veranlassung zu übergeben. Siehe dazu Punkte 9.6, 9.7, 9.8 und 9.9.
  Als Belege für die Kassenplatzabrechnung gelten:

Spalte Addierwerkstand:	Schlußbon und Kontrollstreifen
Spalte Fehlbuchungen:	bestätigte Fehlbuchungsbelege und Stornobelege, darüber hinaus genehmigte Nullbons (alle Belege mit Angabe des Grundes)

Spalte berichtigter Addierwerkstand:	rechnerisches Ergebnis
Spalte Gesamterlös:	von der Hauptkasse quittierte Erlösabrechnung
Spalte Kassendifferenzen:	Differenzprotokolle

- zusätzlich für die Kaufhallen:
- Bei jedem Kassenabschluß sind alle Addierwerke bzw. Sparten abzulesen und zu löschen (Z-Druck), unabhängig davon, ob alle Addierwerke an diesem Tag belegt waren.
- Die richtige Übernahme der Addierwerke und Zählerstände ist durch die Kontrollperson zu bestätigen.
- Die Summen werden getrennt nach Sparten auf der Rückseite der Kassenplatzabrechnung eingetragen.

9.3
Kontrolltätigkeit des VB-Leiters (in Kaufhallen Aufgaben des Leiters Kasseneinsatz/Erlöskasse)

- Organisierung der Kontrolle des ordnungsgemäßen Kassierungsvorganges, ob
  - nach jedem Kassiervorgang das Kassenfach geschlossen wird,
  - dem Kunden der Kaufbeleg übergeben wird,
  - liegengelassene Kassenbons sofort vernichtet werden,
  - alle Beträge registriert und alle registrierten Beträge vereinnahmt werden,
  - das Geld nach Abschluß des Kassiervorganges in das Kassenschubfach einsortiert wird.
- Kontrolle der korrekten Kassierung gegenüber dem Kunden durch Überprüfung der Übereinstimmung des Kaufbeleges mit der Warenmenge und dem Preis.
- Kassenstürze sind vom VB-Leiter oder einer von ihm beauftragten Kontrollperson mindestens zweimal pro Woche für jeden Kassenplatz durchzuführen. Darüber hinaus werden Kassenstürze durch beauftrage Mitarbeiter (Kassenkontrolle, Abt. Wirtschaftskontrolle u.a.m.) vorgenommen.
- *zusätzlich für Leiter Erlöskasse in den Außenkaufhallen*
  - ordnungsgemäße Übergabe/Zurücknahme der Wechselgeldbeutel und Kassenschlüssel
  - Organisierung des Kassenabschlusses der Erlösabführung und der Übergabe der vollständigen Abrechnungsunterlagen (siehe Punkt 9.7)

9.4
Aufgaben der Kontrollpersonen

Kontrollpersonen im Sinne der Kassenordnung sind grundsätzlich Handelsbereichsleiter, Bereichsökonomen, Verkaufsorganisatoren, Verkaufsbereichsleiter bzw. Leiter von Abrechnungseinheiten und Leiter Kasseneinsatz bzw. Erlöskasse. Darüber hinaus können im Einzelfall als Kontrollpersonen fungieren: der Direktor, alle Fachdirektoren, der Hauptbuchhalter, Leiter Wirtschaftskontrolle, Leiter Kontrollabteilung, Leiter Kassenkontrolle und Leiter Sicherheitsinspektion.

Die VB-Leiter legen mit dem Handelsbereichsleiter fest, welche Mitarbeiter als Kontrollpersonen im Sinne der Kassenordnung in ihrem Verantwortungsbereich weiterhin benannt werden.

Die Handelsbereichsleiter haben der Kassenorganisation/Kassenkontrolle eine namentliche Aufstellung der von ihnen eingesetzten Kontrollpersonen mit Unterschriftsprobe zu übergeben. Belege, die von Kontrollpersonen bestätigt sind, die nicht namentlich mit Unterschriftsprobe der Kassenorganisation/Kassenkontrolle gemeldet sind, werden nicht anerkannt und als ungültig zurückgewiesen.

Die Aufgaben der Kontrollpersonen bei der ordnungsgemäßen Erfassung und Abrechnung aller Erlöse sind:

- Verwaltung und Verwahrung der Registrierkassenschlüssel
- Ausgabe und Rücknahme der Kassenschlüssel mit Quittungsleistung und Führung des Schlüsselbuches
- Übergabe und Einrichten der Registrierkassen vor Kassierungsbeginn
  - Bon- und Kontrollstreifenvorrat prüfen und Rollen einlegen
  - Datum einstellen
  - Überprüfung aller Zählerstände auf ununterbrochenen Anschluß zum Vortag oder Nullstellung
  - Vorbereiten der Kassenplatzabrechnung durch Eintragung der Zählerstände und Übergabe an die Kassiererin
  - Kontrolle der Funktionsfähigkeit der Kasse mit Anfertigung der Eröffnungsbons
  - Übergabe der der Kassiererin zustehenden Kassenschlüssel gegen Quittungsleistung
  - Kontrolle der Übereinstimmung Wechselgeld „alt“ und „neu“ sowie des Einlegens in die Kasse
  - Überprüfung, daß die Kassiererinnen keine privaten Zahlungsmittel bei sich haben
- Aufgaben während des Kassierprozesses

  - vorschriftsmäßige Durchführung der Kassiervorgänge im Sinne der Kassenordnung
  - Bestätigung notwendiger Null- und Fehlbons (siehe Pkt. 5.6.3)
  - Überwachung, daß liegengelassene Kaufbelege vernichtet werden
  - Überwachung, daß liegengelassenes Kundengeld richtig behandelt wird
- Aufgaben bei der Kassenabrechnung
  - Überprüfung der baren und unbaren Erlöse, des Stückelungszettels, der Erlösabrechnung und der Beutelfahne
  - Überprüfung der Null- und Fehlbons auf Zulässigkeit und Vollständigkeit
  - Überprüfung der unbaren Zahlungsmittel, Vollständigkeit, Gültigkeit und Vermerke der zusätzlichen Angaben
  - Kontrolle des Wechselgeldes
  - Überwachung der vollständigen Einlage der Barerlöse und des Wechselgeldes in die dafür vorgesehenen Beutel einschließlich Kontrolle, Verplombung und Verschluß
  - Feststellung der Addierwerk- und Kontrollzählerstände – Unterschrift auf den Erlös- und Kassenplatzabrechnungen
  - Zurücknahme der dem Kassierer übergebenen Kassenschlüssel und sichere Verwahrung
  - Überwachung der Ausfertigung von Kassendifferenzprotokollen und Bestätigung der Begründung des Kassierers
  - Sicherung, da der Erlöstransport ordnungsgemäß erfolgt.

Darüber hinaus können Kontrollpersonen vom Handelsbereichs- und Verkaufsbereichsleiter beauftragt werden, bestimmte Punkte der Kassenordnung auf Einhaltung zu überprüfen und Kassenstürze im Rahmen der Selbstkontrollen durchzuführen. In diesem Fall ist die Kontrollperson verpflichtet, die lt. Kassenordnung vorgeschriebene Nachweisführung einschließlich Protokollausfertigung für Differenzen zu sichern.

9.5
Aufgaben der Kassiererin

Durch die Kassierer sind zur Ermittlung des Tageserlöses und des variablen Wechselgeldes folgende Arbeitsschritte auszuführen:

- Aussonderung des Wechselgeldes aus dem Kassenbestand durch Hartgeld und 5,– M Banknoten bis zur Höhe des Wechselgeldlimits und Eintragung des Betrages in der Erlösabrechnung als „Wechselgeld neu“.
- Übertragung des Wechselgeldes auf die Erlösabrechnung des folgenden Tages als „Wechselgeld alt“.
- Erfassung der Banknoten und Banderolierung mit Streifenbändern.

- Erfassung der übrigen Banknoten in einem Mischpäckchen und Anfertigung des Stückelungszettels.
- Notierung der Seriennummern von folgenden Banknotenwerten auf der Rückseite der Erlösabrechung (3 x à 100,– M, je 1 x à 50,– M, 20,– M und 10,– M).
- Eintragung des Geldablieferungsbetrages in der Erlösabrechnung und auf der Beutelfahne (und „Wechselgeld neu").
- Einlegen der Geldpäckchen in den Erlösbeutel, Befestigung der Schloßplombe *im Beisein* der Kontrollperson, Verschließen und Anbringen der Beutelfahne.
- Eintragung der unbaren Erlöse auf der Rückseite der Erlösabrechnung und Ermittlung der Endsumme.
- Fertigstellung der Erlösabrechnung und der Kassenplatzabrechnung
- Bei Kassendifferenzen: Erstellung der Kassendifferenzprotokolle.

9.6
Umsatzschnellmeldung

Nach Feststellung des Umsatzes lt. Kassenplatzabrechnung ist die Umsatzschnellmeldung auf dem dafür vorgeschriebenen EDV-Formular (1 Exemplar) auszufertigen (siehe Org.-Anweisung vom 20.2.1978).

Der Umsatz der gesamten Abrechnungseinheit ist aus der Addition der Umsätze (berichtigter Addierwerksstand) der einzelnen Kassenplätze einschließlich des Umsatzes, der über die Sammelkasse erfaßt wurde, zu ermitteln und in TM mit einer Kommastelle anzugeben. Die Anzahl der bedienten Kunden ist aus der Differenz der Anfangs- und Endbestände „Kundenzähler" zu ermitteln und in einer Summe pro VB anzugeben.

9.7
Erlösabführung

- Nach Bestätigung der Richtigkeit der Kassenplatzabrechnung und der Erlösabrechnung durch Unterschriften der Kassierer und Kontrollperson sind der vorschriftsmäßig verplombte Erlösbeutel, die Belege für unbare Erlöse mit den entsprechenden Aufstellungen, der verschlossene Wechselgeldbeutel zusammen mit den 2 Ausfertigungen der Erlösabrechnung zur Hauptkasse zu bringen.
  Der Bankgeldbeutel wird in den Nachttresor geworfen. Der Beutel mit den Abrechnungsformularen wird in den Posteinwurfkasten bei der Haupt kasse eingeworfen. Der Wechselgeldbeutel ist im jeweiligen Schließfach im Vorraum der Hauptkasse einzuschließen (KH Alex: Raum Kasseneinsatz). Kassierer, die kein Schließfach für ihr Wechselgeld haben, werfen den Wechselgeldbeutel mit in den Nachttresor. Diese Kassierer erhalten

gegen Vorlage ihres Dienstausweises vor Kassierbeginn dann das Wechselgeld von der Hauptkasse.

Der Erlöstransport vom Kassenplatz bis zu Hauptkasse ist ausnahmslos von 2 verantwortlichen Mitarbeitern (Kassierer und Kontrollperson) unter Beachtung der Sicherheitsbestimmungen für den Geldtransport vorzunehmen.

Von den Mitarbeitern der Hauptkasse sind nach Entnahme der Erlösbeutel aus dem Nachttresor und dem Beutel mit den unbaren Belegen folgende Prüfungen vorzunehmen:

- Vollständige Angaben auf der „Beutelfahne" und Übereinstimmung des Betrages auf der „Beutelfahne" und der Eintragung „Barabführung" auf der Erlösabrechnung.
- Vollständigkeit und Gültigkeit der Angaben auf Schecks, Kreditschecks, Geschenkgutscheine, Diskette Geldkarte/Bankschalterterminal und Übereinstimmung mit den dazu einzureichenden Aufstellungen.
- Inhalt Wechselgeldbeutel stichprobenweise und Vergleich mit Eintragung „Wechselgeld neu" in der Erlösabrechnung (im Beisein des Kassierers).

Ergibt die Prüfung, daß sich Erlösbeutel nicht in ordnungsgemäßem Zustand befinden, so ist der Inhalt von zwei Mitarbeitern der Hauptkasse unter Zählaufsicht nachzuzählen. Die festgestellten Mängel und die Ergebnisse der Prüfung des Beutelinhalts sind schriftlich auf dem Nachttresorentnahmeprotokoll zu vermerken und von beiden Mitarbeitern durch Unterschrift zu bestätigen.

Der VB-Leiter ist über die Mängel schriftlich zu informieren und zur sofortigen Klärung der Mängel verpflichtet. Offene Beutel bzw. Beutel mit Mängeln (z.B. Differenzen), die durch die Mitarbeiter der Hauptkasse kontrolliert worden sind, sind neu zu verplomben. Am Beutel ist eine neue Beutelfahne mit dem Vermerk: „Kontrolle Hauptkasse" und den Unterschriften der Nachzähler anzubringen und der Bank mit zu übergeben.

Dem VB-Leiter wird ein entsprechend ausgefülltes Fehlerprotokoll sowie die alte Plomben-Nr. und die Beutelfahne übergeben. Erforderlichenfalls erhält der FD Handel das Original des Fehlerprotokolls zur Auswertung mit dem Handelsbereichsleiter.

Bei Unstimmigkeiten oder Verdacht auf Manipulation sind die betreffenden Erlösbeutel bis zur Klärung einzubehalten (Meldung an FD Planung/Ökonomie, Hauptbuchhalter, K).

Werden fehlende oder unvollständige Angaben auf den unbaren Belegen wie Schecks usw. festgestellt, sind sie dem abliefernden Kassierer gegen Quittung zur Vervollständigung zurückzugeben.

Über die zurückgegebenen unbaren Zahlungsbelege ist in der Hauptkasse in Kassenbuchform 2fach ein Nachweis zu führen, der folgende Angaben enthalten muß: – Datum der Abrechnung

- Belegart (Scheck/Kredit) Schecknummer, Konto-Nr.
- Betrag
- VB-Nr.
- Name des Kassierers/PN-Nr.
- Grund der Rückgabe
- Übergabevermerke mit Datum

Die 1. Ausfertigung dieses Nachweises ist täglich bzw. bei Anfall mit den Buchungsbelegen dem Fachgebiet Finanzbuchhaltung zu übergeben. Auf der Grundlage dieses Beleges werden die Beträge bis zur Erledigung als Forderungen an die einzelnen Betriebsangehörigen ausgewiesen.
Die Erledigung ist anhand dieses Nachweises von der Hauptkasse und der Finanzbuchhaltung zu überwachen.
Die beanstandeten unbaren Zahlungsbelege sind nach Vervollständigung gesondert der Hauptkasse unter Bezug auf die ursprünglich dazu vorgenommene Abrechnung vorzulegen.
Daraufhin ist die Einzahlung von der Hauptkasse zu belegen und eine Ausfertigung des Beleges der Finanzbuchhaltung zum Ausgleich der Forderung gegenüber dem Betriebsangehörigen zu übergeben. Nach geprüfter Annahme der baren und unbaren Zahlungsmittel bestätigt der Mitarbeiter der Hauptkasse auf beiden Ausfertigungen der Erlösabrechnung den Empfang (gegebenenfalls unter Angabe der festgestellten Differenzen). Die erste Ausfertigung der Erlösabrechnung verbleibt zur weiteren Bearbeitung in der Hauptkasse, die 2. quittierte Ausfertigung erhält der Verkaufsbereich.
Der Leiter der AE bzw. die Leiter vom Dienst haben die vollständige Rückgabe der von der Hauptkasse quittierten Erlösabrechnungen ihrer Kassenplätze persönlich zu überwachen und zu kontrollieren.
In diesem Zusammenhang ist folgendes zu beachten:
Erlöse sind pro Schicht oder täglich abzurechnen. Eine Aufbewahrung von Erlösen über Nach in den Abrechnungsbereichen oder in den Registrierkassen ist nicht statthaft.
Nach Entnahme der Erlöse aus den Geldschubladen und Abrechnung der Kassenplätze sind die Geldschubeinsätze sicher im Verkaufsbereichsbüro zu verwahren, die Geldschubfächer der Registrierkassen bleiben über Nacht bzw. bei nicht besetzten Kassen geöffnet.

Kassenabschluß und Erlösabführung in den Kaufhallen Leipziger Str. und Chausseestraße

- Nach Bestätigung der Richtigkeit der Erlös- und Kassenplatzabrechnung durch den Kassierer und die Kontrollperson wird das Bankgeld an den Kassierer der Erlöskasse übergeben.
- Dem Kassierer wird auf der Erlösabrechnung (Spitzenzettel) durch Unterschrift des Kassierers der Erlöskasse die Übergabe der Bankeinzahlung und der unbaren Erlöse bestätigt.
- Das Wechselgeld übergibt der Kassierer im Beisein der Kontrollperson in einem verschlossenen Beutel der Erlöskasse zur Aufbewahrung im Tresor.
- Durch die Mitarbeiter der Erlöskasse wird das Bankgeld der Kaufhalle gesamt sortiert und die Bankeinzahlung vorbereitet. Das Erlöstransportbuch muß folgende Mindestangaben enthalten:

  1. Erlöstag
  2. Gesamtbetrag
  3. Plombennummer
  4. Unterschrift des Transportleiters und der Begleitperson
  5. Unterschrift vom Vor- und Nachzähler
  6. Uhrzeit des Transportbeginns

- Vor- und Nachzähler der Bankeinzahlung verschließen gemeinsam den Bankeinzahlungsbeutel. Mit ihrer Unterschrift im Bankeinzahlungsbuch bestätigen sie auch den ordnungsgemäßen Verschluß des Beutels.
- Mit der Unterschrift des Transportleiters und der Begleitperson wird die ordnungsgemäße Übernahme/Übergabe der verplombten Bankgeldbeutel bestätigt.
- Die Übergabe der Barerlöse erfolgt an die entsprechenden Nachttresore. Sie ist durch zwei Mitarbeiter durchzuführen. Tageserlöse über 100 TM sind durch drei Mitarbeiter abzusichern.
- Die Übergabe der unbaren Erlöse und Abrechnungsunterlagen erfolgt in verplombten Transportbehältnissen an den Nachtdispatcher, der sie der Hauptkasse des CWH übergibt. Die ebenfalls verplombten Disketten werden dem Rechenzentrum zum Ausdruck und Kontrolle sowie zur Weitergabe an die Hauptkasse übergeben.

9.8
Nachweisführung des Umsatzes in Abrechnungseinheiten

In den VB ist zum Zweck der Kontrolle und Abstimmung der Umsatzbuchungen in den Warenbewegungslisten L 43.3 ein Nachweisbuch mit folgenden Angaben zu führen:

Spalte 1	Datum
Spalte 2	Kassenplatz-Nr.
Spalte 3	Umsatz pro Kassenplatz (einzeln aufführen einschl. Umsatz Sammelkasse)
Spalte 4	Tagesumsatz VB (Addition der Eintragungen Spalte 3)
Spalte 5	Nullkontrollzählerstände
Spalte 6	Bemerkungen

Zur Kontrolle aller Eintragungen zum Warenumsatz erhält jeder Verkaufsbereich täglich einen EDV-Ausdruck von der Kassenkontrolle.

Nach Vorliegen der Warenbewegungsliste L 43.3 sind die bis zum Buchungsstichtag ausgewiesenen Umsätze mit den Eintragungen im Nachweisbuch abzustimmen. Differenzen sind mit dem Leiter Kassenkontrolle zu klären und gegebenenfalls dort die Berichtigung für die EDV-Buchung zu veranlassen.

Sofern auf Grund von Umsatzstornierungen, Kassendifferenzkorrekturen u.ä. von der Kassenkontrolle zusätzliche Kassenplatzabrechnungen als Berichtigungsbelege ausgestellt werden, sind diese in den Umsatznachweisbüchern der VB unter dem betreffenden Datum ebenfalls zu erfassen. In der Spalte „Bemerkungen" ist zu notieren: Korrektur durch Kassenkontrolle.

9.9
Nachweisführung und Überprüfung der Kontrollzählerstände an den Registrierkassen

In den Abrechnungseinheiten, in denen Registrierkassen an den Kassenplätzen eingesetzt sind, müssen Nachweise über die Kontrollzählerstände und ihre Überprüfung auf ununterbrochene Folge auf Grund persönlicher Überprüfungen an den Registrierkassen geführt werden. Die Form der Nachweisführung in Buchform ist wie folgt vorgeschrieben:

- Pro Registrierkasse und Kassennummer sind mehrere Seiten fortlaufend vorzusehen:

Kopfangabe:

- Datum der Kassenplatzabrechnung
- Nummer der Kassenplatzabrechnung
- Anfangsstand Buchungszähler/Kundenzähler
- Endstand Buchungszähler/Kundenzähler
- Anfangsstand Postenzähler
- Endstand Postenzähler
- Anfangsstand Nullstellkontrollzähler
- Endstand Nullstellkontrollzähler
- Revisionsspeicher Anfang) nur ELKA 81

- Revisionsspeicher Ende)
- Prüfungsvermerk mit Unterschrift und Datum
- Bemerkungen

Bei der Nachweisführung ist folgendes zu beachten:

- Im allgemeinen sind Registrierkassen mit sowohl nicht nullstellbaren als auch mit nullstellbaren Kontrollzählern ausgerüstet.
  Nicht nullstellbare Kontrollzähler sind der Nullstellkontrollzähler, meist als ablesbarer Schauzähler ausgelegt (Bei ELKA druckend) sowie der Buchungszähler als druckender Kontrollzähler ausgelegt. Die Angaben sind aus der fortlaufend gedruckten Nummernfolge auf dem Kontrollstreifen ersichtlich.
  Je nach Registrierkassentyp ist der Buchungskontrollzähler entweder als Summenzähler (Kundenzähler) eingerichtet, d.h. es werden die Kaufbetragsendsummen gezählt oder als Postenzähler, wobei jeder registrierte und summierte Posten drückend gezählt wird. Der Buchungskontrollzähler ist ebenfalls nicht nullstellbar.
  Abhängig von der technischen Ausrüstung der Registrierkasse ist somit entweder der Postenzähler druckend und der Kundenzähler als Schauwerk ablesbar eingerichtet oder umgekehrt. Das ist bei der Nachweisführung zu berücksichtigen.
  Bei dem nicht nullstellbaren Kontrollzähler muß der Endstand des Vortages mit dem Anfangsstand des Folgetages übereinstimmen. Die ununterbrochene Folge der nicht nullstellbaren Kontrollzählerstände ist täglich bei Übergabe der Kassenplätze durch die Kontrollperson zu prüfen.
  Darüber hinaus ist der VB-Leiter verpflichtet, in unregelmäßigen Abständen, mindestens jedoch 1 x im Monat, sich persönlich durch Ablesen der Kontrollzählerstände (Generalspeicher) an den Registrierkassen von der Richtigkeit der Nachweisführung zu überzeugen und diese Prüfung im Nachweisbuch zu vermerken. Stichprobenweise sind auch die Kontrollstreifen auf ununterbrochene Folge des Buchungszählers zu kontrollieren. Das Ergebnis der Prüfung ist ebenfalls in das Nachweisbuch einzutragen.
  Bei der Prüfung der Kontrollzählerstände (Generalspeicher) ist auch zu kontrollieren, daß sie einwandfrei funktionsfähig sind. Werden Funktionsmängel an den Kontrollzählern festgestellt, ist dies sofort der Kassenkontrolle zu melden und die betreffende Registrierkasse zur Reparatur zu übergeben.
  Für jede Nullstellung der Zählwerke ist eine Kassenplatzabrechnung auszufertigen.
  Bei der Nachweisführung der Nullstellenkontrollzähler ist folgendes zu beachten:

Je nach technischer Ausrüstung einer Registrierkasse zählen die Nullstellenkontrollzähler die Löschung jedes einzelnen Zählwerkes der Registrierkasse, oder sie zählen die Nullstellung aller Zählwerke einer Registrierkasse als eine Nullstellung. Die Nullstellung aller Zählwerke ist in letzterem Falle zwangsgeschaltet, ehe die Registrierkasse wieder in Betrieb genommen werden kann. Bei der Nachweisführung ist die technische Auslegung dieses Kontrollzählers zu berücksichtigen. Werden bei der Überprüfung der Kontrollzählerstände an den Registrierkassen Abweichungen von den nachgewiesenen Zählerständen festgestellt, ist vom VB-Leiter unverzüglich schriftlich dem Fachdirektor Planung/Ökonomie eine Fallmeldung zu übergeben.

9.10
Erfassung, Behandlung und Nachweisführung von Kassen- und Bankeinzahlungsdifferenzen

Durch korrektes Kassieren sind Kassendifferenzen zu vermeiden. Sind bei der Kassenabrechnung Kassenplus- oder Kassenminusdifferenzen entstanden, so ist sofort folgendes durchzuführen:

- Kontrolle des ordnungsgemäßen Ausfüllens aller Belege
- Nochmaliges Zählen aller Werte
- Kontrolle der Stornierungen
- Kontrolle der Fehlbons

Die Kassiererin ist für die Klärung ihrer Kassendifferenzen verantwortlich. Sie darf ihren Kassenplatz erst verlassen, wenn die Differenz geklärt oder eindeutig festgestellt ist. Bei der Klärung der Differenzen ist durch die Kontrollperson Hilfe zu leisten.

- Über Kassenplus- oder -minusdifferenzen, die pro Schicht und Kassierer festgestellt werden, sind Protokolle (Vordruck AG 309- 519913-04-85 VV Halle) vom betreffenden Kassierer zum Zeitpunkt der Differenzfeststellung nach Kassenabschluß in folgenden Fällen 2fach auszustellen und die 1. Ausfertigung der Kassenkontrolle bis 3 Tage nach der Abrechnung zu übergeben:
  - bei allen Kassendifferenzen ab 5,– M;
  - bei Entscheidungen über Forderungen aus Kassenminusdifferenzen, wenn diese teilweise oder voll zu lasten des Betriebes getragen werden;
  - bei Nachweis, daß Kassenplusdifferenzen oder Forderungen aus Kassenminusdifferenzen geklärt wurden und daher zu korrigieren sind;
  - bei entsprechenden Bankeinzahlungsdifferenzen

- Bei der Ausfertigung der Protokolle ist zu beachten, daß neben den Unterschriften des betreffenden Kassierers und der Kontrollperson auch die Personal-Nr., der Name des Kassierers, der Betrag und das Entstehungsdatum der Differenz enthalten sind. Aus der Begründung über die Entstehung, die Korrektur und den Erlaß der Forderungen muß einwandfrei die Entscheidung des Handelsbereichsleiters/Kaufhallenleiters zu erkennen sein, in welcher Höhe die Korrektur vorzunehmen bzw. zu lasten des Betriebes zu buchen ist.
- Der Handelsbereichsleiter/KH-Leiter entscheidet täglich auf der Grundlage der Kassenplatzabrechnungen im Falle von Kassenminusdifferenzen über die Geltendmachung der materiellen Verantwortlichkeit des Kassierers entsprechend den geltenden gesetzlichen Bestimmungen des AGB (260ff.). Der VB-Leiter unterbreitet zur Vorbereitung der Entscheidung entsprechende Vorschläge. Die Geltendmachung der materiellen Verantwortlichkeit bei Kassenminusdifferenzen, verursacht durch Lehrlinge, erfolgt gemäß 260ff. AGB in Verbindung mit den 143, 144 AGB.
  Als Voraussetzung für die Geltendmachung der erweiterten materiellen Verantwortlichkeit muß gegeben sein:
  - Die aktenkundige Belehrung des Mitarbeiters gem. 262 AGB
  - Die Einhaltung der durch den Betrieb zu schaffenden Voraussetzungen gem. 262 AGB
  - Ein Schaden in Form einer Kassendifferenz.

  Unterschreitet die Höhe der Kassenminusdifferenz 10 % des monatlichen Tariflohnes nicht, so ist die Inanspruchnahme der Konfliktkommission nicht erforderlich, wenn der Kassierer sich schriftlich zum Ersatz des Schadens verpflichtet.
  Die Verpflichtungserklärung (siehe Anlage 4) ist 2fach auszustellen und wie folgt zu verteilen:

  1. Ausfertigung Fachgebiet Kassenkontrolle
  2. Ausfertigung schadenersatzleistender Werktätiger

  In allen anderen Fällen erfolgt die Geltendmachung der materiellen Verantwortlichkeit gem. 262 (2) AGB grundsätzlich bei der Konfliktkommission des jeweiligen Handelsbereiches mit Vordruck 17210/7/18000 VV Halle.
  Der Handelsbereichsleiter ist dafür verantwortlich, daß der Konfliktkommission alle Anträge termingereht übergeben werden (265 (1) AGB).
  Auf den Kassendifferenzprotokollen ist vom Handelsbereichsleiter das Vorliegen von KK-Anträgen bzw. Verpflichtungserklärungen durch entsprechende Vermerke zu bestätigen. Gemäß 265 (3) AGB ist die zuständige betriebliche Gewerkschaftsleitung über die Geltendmachung der materiellen Verantwortlichkeit zu informieren.

Bei Antragstellung an die Konfliktkommission sind je ein Exemplar des Antrages dem Fachgebiet Kassenkontrolle und dem Hauptbuchhalter zu übergeben. Ein Exemplar der Entscheidung ist über den Hauptbuchhalter dem Fachgebiet Kassenkontrolle zuzuleiten.
Es ist zu beachten, daß jede entstandene Kassenminusdifferenz einzeln zu behandeln ist (pro Schicht oder Tag, pro Kassierer). Eine monatliche Zusammenfassung oder Verrechnung mit Kassenplusdifferenzen ist nicht zulässig.
Gemäß 252, 253 AGB besteht für den Handelsbereichsleiter die ausdrückliche Rechtspflicht, die erweiterte materielle Verantwortlichkeit beim Vorliegen ihrer Voraussetzungen geltend zu machen. In Ausnahmefällen kann von der Geltendmachung der materiellen Verantwortlichkeit abgesehen werden, wenn der Handelsbereichsleiter begründet davon ausgeht, daß die Gesamtheit aller Umstände einen Antrag auf erweiterte materielle Verantwortlichkeit nicht rechtfertigt. Diese Entscheidungen sind durch den Handelsbereichsleiter bis zu einer Höhe von 50,– Mark zu treffen und ausführlich zu begründen. Die Entscheidung ist im Kassendifferenzprotokoll zu vermerken.
Bei Kassenminusdifferenzen ab 50,01 Mark muß in solchen Fällen eine Entscheidung des Direktors vorliegen. Vom Handelsbereichsleiter ist dem Direktor ein begründeter Antrag (2fach) zur Entscheidung vorzulegen. Für den Handelsbereichsleiter ist der Nachweis des Antrages durch den Vermerk auf dem Kassendifferenzprotokoll gegeben.

Verteilung nach Entscheidung des Direktors:
1. Ausfertigung an Kassenkontrolle
2. Ausfertigung an HBL/VBL als Anlage zur 2. Ausfertigung des Kassendifferenzprotokolls

Wird der Antrag vom Direktor abgelehnt, so ist vom Handelsbereichsleiter die Geltendmachung der erweiterten materiellen Verantwortlichkeit bei der zuständigen Konfliktkommission zu veranlassen.
Bei festgestellten Kassenplusdifferenzen ist im Ergebnis der Prüfung der Gesamtumstände zu entscheiden, ob infolge eines Verstoßes gegen die Kassenordnung disziplinarische Maßnahmen gem. 252ff. AGB wie z.B. Kürzung der Lohnprämie oder nachweisbare Belehrungen notwendig sind bzw. wegen Geringfügigkeit keine Maßnahmen einzuleiten sind.
Für alle Kassendifferenzen, die durch nachweislich falsches Registrieren der Kaufbeträge entstanden sind, sind die entsprechenden Kassendifferenzprotokolle mit dem erforderlichen Beweismaterial und der schriftlichen Darlegung der Umstände vom Handelsbereichsleiter über das Fachgebiet Kassenkontrolle dem Hauptbuchhalter zur Entscheidung und Buchungsanweisung vorzulegen.

- Bankeinzahlungsdifferenzen
  Bankeinzahlungsdifferenzen sind wie Kassendifferenzen zu behandeln und zu buchen. Bei Feststellung von Bankeinzahlungsdifferenzen ist dem betreffenden Handelsbereichs- und Verkaufsbereichsleiter vom Fachgebiet Kassenkontrolle schriftlich Mitteilung zu geben. Daraufhin ist das entsprechende Differenzprotokoll anzufertigen und die Entscheidung über die Geltendmachung der materiellen Verantwortlichkeit wie bei Kassendifferenzen zu treffen. Bei Behandlung der Bankeinzahlungsdifferenzen ist zu beachten, daß gegebenenfalls auch gegenüber der Kontrollperson die materielle Verantwortung geltend gemacht werden kann (siehe 264 des AGB).
  Für Kassendifferenzen aus Kassenstürzen gilt folgendes:
  Kassenstürze sind wie Kassenabschlüsse mit Hilfe der Kassenplatzabrechnung durch Feststellung der Endsumme (Z) abzurechnen. Dabei ist der Gesamterlös festzustellen und die Kassendifferenz zu ermitteln. Diese Angaben sind in die Kassenplatzabrechnung einzutragen und durch Unterschriften des Kassierers und der Kontrollperson zu bestätigen. Der Gesamterlös verbleibt im Kassenschubfach. Die Eintragung auf der Kassenplatzabrechnung muß mit Symbol 9 gekennzeichnet werden. Die Differenzen aus Kassenstürzen werden somit in den EDV-Listen pro Kassierer gesondert ausgewiesen, der manuelle Nachweis entfällt.
  Bei Abrechnung der Kassierer zum Schicht- oder Tagesschluß ist im Falle eines vorher durchgeführten Kassensturzes wiederum die Endsumme mit „Z“ festzustellen und als Umsatz in die darauffolgende Spalte in der Kassenplatzabrechnung einzutragen. Der Gesamterlös ist lt. Inhalt des Kassenschubfaches festzustellen und der zum Zeitpunkt des Kassensturzes festgestellte Erlös davon abzuziehen. Daraus ergibt sich dann der Teil des Erlöses für die Zeit vom Kassensturz bis zur endgültigen Schicht- oder Tagesabrechnung des betreffenden Kassierers. Dieser Betrag sowie die sich daraus ergebenden Kassendifferenzen sind ebenfalls in die Kassenplatzabrechnung einzutragen und die Angaben sind durch Unterschrift zu bestätigen. Im Falle eines Kassensturzes werden also für einen Kassierer zwei hintereinander folgende Eintragungen in der Kassenplatzabrechnung vorgenommen, wobei die Eintragung für den Kassensturz mit „9“ zu kennzeichnen ist. Für den Z-Druck mit Symbol „9“ und die Endabrechnung Symbol „0“ ist *eine* Erlösabrechnung auszufüllen.
- Bei der Nachweisführung ist folgendes zu beachten:
  a) Die Kassenminusdifferenzen werden entsprechend den Erfassungs- und Nachweisvorschriften des Kontenrahmens „Handel“ in Übereinstimmung mit den gesetzlichen Bestimmungen des Arbeitsgesetzbuches als „Forderungen an Betriebsangehörige“ ausgewiesen.

b) Grundlage für den Ausweis der Kassenminusdifferenzen als Forderungen an Betriebsangehörige bilden die täglichen Kassenplatzabrechnungen, in denen die Differenzen durch Unterschrift der Kassierer und Kontrollpersonen bestätigt sind.

c) Erst im Falle der Entscheidung des Direktors (ab 50,01 Mark), des HBL bis 50,– Mark oder der Konfliktkommission, daß der Werktätige nicht erweitert materiell verantwortlich ist und im letztgenannten Fall seitens des Betriebes gegen die Entscheidung der Konfliktkommission kein Einspruch eingelegt wurde, werden nach Vorlage der bestätigten Protokolle die betreffenden Beträge zu lastend es Betriebes gebucht.
Auch in den Fällen, wo ausgewiesene Forderungen aus Kassenminusdifferenzen nachträglich geklärt werden und zu lasten des Umsatzes oder auch als Korrektur von Kassenplusdifferenzen gebucht werden können, ist die Beweisführung der Entscheidung im Kassendifferenzprotokoll erforderlich.

d) Kassenplusdifferenzen werden weiterhin sofort als leistungsunabhängige Erlöse in dem Konto 6841 „Kassenplusdifferenzen" zum Zeitpunkt des Entstehens ausgewiesen. Ihre Entstehung ist zu begründen. Im Falle des Nachweises, daß versehentlich Beträge zu niedrig oder nicht registriert wurden, kann eine Korrektur zugunsten des Umsatzes beantragt werden.

e) Für den Nachweis der Erfassung und Behandlung der Kassendifferenzen gelten die EDV-Listen des EDV-Projektes. Die Kassenkontrolle kontrolliert den vollständigen und korrekten Ausweis aller Kassendifferenzen, führt regelmäßig Abstimmungen mit den Verkaufsbereichen durch und veranlaßt die Buchungen aus Korrekturen und Leitungsentscheidungen.

f) Die zu erstattenden Kassenminusdifferenzen sind in der Hauptkasse mit folgenden Angaben einzuzahlen:
Personal-Nr., Betrag, Entstehungsdatum, Verkaufsbereich

g) Wird in der Kassenkontrolle festgestellt, daß Kassendifferenzen aus Fehlern in den Abrechnungsunterlagen entstanden sind, so werden sie berichtigt. Die VB-Leiter werden darüber nicht informiert. Die VB-Leiter sind verpflichtet, die in der Kassenplatzabrechnung ausgewiesenen Kassendifferenzen mit dem Ausweis in den EDV-Listen zu vergleichen. Abweichungen sind mit der Kassenkontrolle abzustimmen. Erforderlichenfalls ist die Kassenplatzabrechnung zu verändern und ein neues Kassendifferenzprotokoll anzufertigen.

h) Die VB-Leiter haben den korrekten Ausweis der zu lasten des Betriebes gebuchten Kassendifferenzen in der KORW-Liste 3.2 zu überwachen. Bei Nichtübereinstimmung mit der EDV-Liste Kassendifferenzen sind die Differenzen mit der Kassenkontrolle zu klären. Die Bereichsökonomen der Handelsbereiche kontrollieren monatlich die Durchführung anhand der EDV-Liste Kassendifferenzen und der KORW-Liste 3.2.

10. Abgabe der Abrechnungsunterlagen

- Die VB-Leiter übergeben die 1. Ausfertigung der Kassenplatzabrechnungen ihres Bereiches am folgenden Tag früh zu Arbeitsbeginn dem Fachgebiet Kassenkontrolle. Der Kassenplatzabrechnung sind folgende Unterlagen beizufügen:

  Kontrollstreifen, Schlußbons, bestätigte Storno- und Fehlbuchungsbelege, bestätigte Nullbons, Kassendifferenzprotokolle über 5,– M Kassendifferenz.

  Die auszustellenden Kassendifferenzprotokolle sind bis zum 3. Tag nach der Entstehung der Kassendifferenz der Kassenkontrolle zu übergeben. Ist im Einzelfall auf Grund noch vorzunehmender Untersuchungen/Entscheidungen die Abgabe bis zu diesem Termin nicht möglich, haben die Handelsbereichsleiter mit dem Leiter Kassenkontrolle einen Termin für die Abgabe zu vereinbaren. Nicht vorschriftsmäßig oder vollständig ausgefertigte Kassendifferenzprotokolle werden den Handelsbereichsleitern mit Terminstellung zur Veränderung zurückgegeben.

  Die Kassenkontrolle ist beauftragt, die termingerechte Abgabe der Protokolle zu überwachen und bei Terminüberschreitung den FD Planung/Ökonomie davon zu informieren.
- Der Leiter der Hauptkasse übergibt der Kassenkontrolle täglich bis zum folgenden Tag, 10.00 Uhr, die quittierten Erlösabrechnungen 1. Ausfertigung mit abgestimmtem Tippstreifen für bare und unbare Einzahlungen.
- Die Übergabe der Belege/Disketten aus den Kaufhallen erfolgt täglich in verschlossenen Behältern über den Nachtdispatcher an die Hauptkasse (Disketten über Rechenzentrum).
- Die Übergabe der Belege/Disketten der Sammelkasse erfolgt täglich direkt an die Hauptkasse.

11. Ersatzkassenführung

Eine Ersatzkassenführung ist nur für besondere Notfälle vorgesehen und darf nur mit besonderer Genehmigung des FD Planung/Ökonomie und des Hauptbuchhalters angewendet werden. Eine Ersatzkassenführung kann notwendig werden, wenn aus bestimmten Anlässen keine funktionsfähige oder einsatzbereite Registrierkasse zur Verfügung steht, die Kassenplätze aber zur Bedienung der Kunden besetzt sein müssen.

In diesen Fällen ist zwischen folgenden Formen der Ersatzkassenführung zu entscheiden:

a) Führung von Kassenzetteln mit Kassenblockzetteln und Kassenjournalen sowie Registrierung der Beträge pro Kassenzettel in den Blockzetteln und Kassenjournalen mit entsprechender Aufrechnung zum Schicht- oder Tagesschluß. Aufbewahrung der Erlöse in fest am Kassenplatz installierten Stahlkassetten.
b) Führung von Registrierlisten (Kassenjournalen), in denen die einzelnen Beträge zu registrieren und pro Kunde zum Kaufbetrag zu addieren sind. Zum Schicht- oder Tagesabschluß sind die Kaufbeträge pro Kunde zur Gesamtsumme der Abrechnung zu addieren.

12. Kassenführung im ambulanten Handel, bei Betriebsverkäufen sowie Verkauf bei Anlieferung

- Ambulanter Handel

Für die Durchführung des ambulanten Handels gelten spezifische Arbeitsanweisungen.
Die ambulanten Verkaufsstände unterhalten Kassenplätze, die dem jeweils verantwortlichen VB zugeordnet sind. Alle einzusetzenden selbst kassierenden Verkaufskräfte sind aktenkundig vom VB-Leiter gemäß Pkt. 3.4 und zu den betrieblichen Weisungen zur Durchführung des ambulanten Handels zu belehren. Wegen des kurzzeitigen Einsatzes erhalten die Verkaufskräfte aus anderen Warenhäusern vom Leiter Kassenkontrolle Pauschal-Personalnummern. Für die Durchführung der Kassierung und Abrechnung der Erlöse gelten die jeweiligen Punkte der Kassenordnung.

- *Betriebsverkäufe*

Jeder am Betriebsverkauf beteiligte Verkaufsbereich übergibt die Ware mit Lieferschein 2fach der Verkäuferin, die seitens des Verkaufsbereiches für den Betriebsverkauf eingesetzt ist. Waren, die für Betriebsverkäufe übergeben wurden, dürfen nur auf der Grundlage von Kassenzetteln verkauft werden. Die Kassenzettel sind der Vorschrift entsprechend auszufüllen, durch Stempelaufdruck ist die Bezahlung und Ausgabe der Ware zu quittieren.
Nach Beendigung der Betriebsverkäufe ist pro VB eine Kassenplatz- und Erlösabrechnung von der betreffenden Verkäuferin des Verkaufsbereichs auszufertigen.

Als Kassenplatz-Nr. ist eine der Stammkassenplatznummern des betreffenden Verkaufsbereiches anzugeben. Die Kassenplatz- und Erlösabrechnung ist mit der Angabe „Betriebsverkauf in ... am ...“ gesondert zu kennzeichnen. In diesem Falle können also mehr als eine Kassenplatzabrechnung pro Kassenplatz im VB am Tag gegeben sein.
Der Umsatz ist anhand der Kassenzettel zu ermitteln und in das Feld „berichtigter Addierwerksstand“ in der Kassenplatzabrechnung einzutragen. Die Kassenzettel sind der Kassenplatzabrechnung für die Kassenkontrolle beizufügen. Die Kassenkontrolle hat die richtige Ermittlung des Umsatzes zu prüfen.
Der Gesamtverantwortliche für den Betriebsverkauf meldet der Kassenkontrolle die Verkaufsbereiche, die an dem betreffenden Betriebsverkauf teilnahmen und vereinbart die Stammkassenplatz-Nr. pro VB, unter der die Kassenplatzabrechnung für den Betriebsverkauf aufzustellen ist.
Die Erlöse aus Betriebsverkäufen sind von den verantwortlichen Verkäuferinnen direkt der Hauptkasse zu übergeben. Der Gesamtverantwortliche für den Betriebsverkauf gibt rechtzeitig dem FD Planung/Ökonomie den Termin des Betriebsverkaufes bekannt und vereinbart mit ihm den entsprechenden Abnahmetermin der Erlöse in der Hauptkasse unter Berücksichtigung der erforderlichen Sicherheitsbestimmungen.
Die nicht verkaufte Ware aus Betriebsverkäufen ist mit Rücklieferungsschein dem Verkaufsbereich zurückzugeben. Der Gesamtverantwortliche für den Betriebsverkauf rechnet den einzelnen Verkaufsbereichen gegenüber bar wie folgt ab:
übernommene Ware lt. Lieferscheine, Nr. (einzeln aufführen), Wert
./. Umsatz lt. Kassenzettel und Kassenplatzabrechnung vom ... Wert
./. zurückgegebene Ware lt. Rücklieferungsscheine, Nr. (einzeln aufführen), Wert
Differenz plus/minus
Die festgestellten Differenzen sind mit P2-Protokoll zu belegen und zur Entscheidung dem HB-Leiter vorzulegen. Sofern keine materielle Verantwortung durchzusetzen ist, wird über die Buchung als Bestandsverluste im Sinne der bestehenden Weisung entschieden. Die beim Vergleich Umsatz lt. Kassenzettel und Erlös ermittelten Differenzen sind Kassendifferenzen und entsprechend zu behandeln.

– Verkauf bei Auslieferung

Werden Waren dem Kunden angeliefert und erst bei Übergabe der Kaufbetrag kassiert, ist der dafür beauftragte Mitarbeiter mit einer Inkassovollmacht des Betriebes vom Fachdirektor Handel auszustatten.
Die Inkassovollmacht ist nach folgendem Muster auszustellen:

CENTRUM Warenhaus Berlin am Alex Berlin, den ....
Volkseigener Betrieb

Inkassovollmacht

Herr/Frau: ....
Name Vorname PA-Nummer

ist Mitarbeiter des CWH Berlin am Alex und beauftragt, für die an die Kunden zu übergebenden Waren den Kaufbetrag in bar oder Scheck aufgrund der vorgelegten Rechnung zu kassieren. Die Inkassovollmacht gilt bis ....

Stempel
Unterschrift
Angabe des Namens und der
Funktion in Druckschrift

Bei dem ausstellenden Bereich ist ein Nachweis über ausgestellte Inkassovollmachten zu führen und vom Leiter zu überwachen, daß sie nach Erledigung des Auftrages bzw. nach Ablauf der Gültigkeit wieder eingezogen werden.

Vor Übergabe der Inkassovollmacht ist der Beauftragte aktenkundig über die gesetzlichen Bestimmungen im Umgang mit baren und unbaren Zahlungsmitteln, ihrer sicheren Verwahrung, Abrechnung und Abführung an die Hauptkasse zu belehren. Kassierung der Erlöse bei Warenanlieferung darf nur auf der Grundlage von Rechnungen, die über die Sammelkasse abzurechnen sind, vorgenommen werden. Der Leiter Kundendienst hat einen Nachweis der übergebenen Belege und Waren zu führen und zu überwachen, daß eine zeitgerechte und lückenlose Abrechnung der kassierten Erlöse vorgenommen wird. Ist eine Abrechnung der Erlöse in der Sammelkasse und die Abführung an die Hauptkasse am gleichen Tag nicht möglich, sind in Abstimmung mit dem Fachdirektor Planung/Ökonomie und Leiter Sicherheit Voraussetzungen zu schaffen, daß die Erlöse über Nacht in einem gesicherten Wertgelaß bei der Betriebswache deponiert werden können. Es ist den Inkassobeauftragten nicht gestattet, Erlöse mit nach Hause zu nehmen.

13. Aufbewahrung von Kassenunterlagen

Aufgrund der gesetzlichen Bestimmungen für Aufbewahrungsfristen sind Unterlagen für Kassen- und Bankrechnungen grundsätzlich 2 Jahre aufzubewahren. Im einzelnen gilt folgende Regelung:

Die Aufbewahrungsfrist endet mit der Bestätigung des Inventurergebnisses zum Inventurstichtag nach dem 2. Aufbewahrungsjahr.

In einzelnen ist die Aufbewahrung wie folgt geregelt:

a) Abrechnungseinheiten
In den Abrechnungseinheiten sind aufzubewahren:
2. Ausfertigung der Kassenplatzabrechnungen und Erlösabrechnungen
Eine Ausfertigung der Kaufverträge
2. Ausfertigung der Kassendifferenzprotokolle und Nachweisbücher
Die Kassenzettel, die Abschnitte der zwei- bzw. dreiteiligen Etikette sowie die Kaufvertragsexemplare sind bis zur Bestätigung des Inventurergebnisses der Generalinventur nach Tagen und Monaten gebündelt in den Verkaufsbereichen aufzubewahren und ab diesem Zeitraum dem Archiv des Betriebes zur weiteren Aufbewahrung zu übergeben.
b) Fachgebiet Kassenkontrolle
Im Fachgebiet Kassenkontrolle sind aufzubewahren:
Ausfertigung der Kassenplatzabrechnungen
Kassenrollen, Fehlbons, Nullbons
Stornobelege
Kassenzettel der Sammelkasse
1. Ausfertigung der Kassendifferenzprotokolle
Kassendifferenznachweise
Abstimmungsnachweise
Buchungsbelege
Verpflichtungserklärungen
onfliktkommissionsbescheide

Nach Ablauf der Aufbewahrungsfristen in den AE ist rechtzeitig mit der Abt. Allgemeine Verwaltung ein Termin zur Übernahme der Unterlagen ins Archiv des Betriebes unter Beachtung der Sicherheitsbestimmungen zu vereinbaren.

Vor Übergabe der Unterlagen an das Archiv sind alle Metallklammern, Heftklammern oder ähnliche Metallteile zu entfernen. Der Leiter des Archivs des Betriebes ist für die ordnungsgemäße Aufbewahrung und die Vernichtung nach Ablauf der gesetzlichen Aufbewahrungsfristen verantwortlich.

14. Aufgaben der Kassenorganisation/Kassenkontrolle

Die Aufgaben der Kassenorganisation/Kassenkontrolle ergeben sich im einzelnen aus der Kassenordnung und sind an dieser Stelle nochmals wie folgt zusammengefaßt:

- Nachweis des Registrierkasseneinsatzes durch Führung der Registrierkasseneinsatzkartei
- Verwaltung der Reserveregistrierkassen
- Verwaltung der Reservekassenschlüssel

- Übergabe von Registrierkassen an Abrechnungseinheiten und ggf. Bedienungseinweisung für Kassiererinnen und Kontrollpersonen
- Mitwirkung bei der Festlegung der Funktionen der Kassenplätze
- Festlegung der Kassenplatz-Nr. und Kontrolle der Aktualität in der EDV-Liste
- Beleg- und Nachweisführung
- Koordinierung der Zusammenarbeit mit den Mechanikern des VEB Robotron
- Sicherung der Protokollausfertigung bei Übergabe/Übernahme von Registrierkassen sowohl an die Abrechnungseinheiten als auch an die Mechaniker
- Kontrolle der Kassenplatzabrechnungen Abstimmung mit der Erlösabrechnung und Erfassung der Umsätze für die EDV
- Kontrolle der richtigen Umsatzbuchungen in den Warenbewegungslisten L 43.3, ggf. Aufgabe von Korrekturbuchungen
- Kontrolle der ordnungsgemäßen, termingerechten Abgabe der Kassendifferenzprotokolle
- Nachweisführung über die Entwicklung der Kassendifferenzen pro AE und Kassierer einschließlich der Überwachung der Durchsetzung der materiellen Verantwortlichkeit
- Mitwirkung bei der Klärung von Kassendifferenzen, die aufgrund fehlerhafter Registrierung entstanden sind, ggf. Ausführung von Korrekturbuchungen
- Abstimmung der Kassendifferenzen mit den Verkaufsbereichen
- tägliche Kontrolle der Zulässigkeit und Vorschriftsmäßigkeit von Stornobelegen, Fehlbuchungsbelegen und Nullbons
- tägliche Kontrolle der Kontrollstreifen auf ununterbrochene Folge der Registrierungen lt. Buchungskontrollzähler
- tägliche Kontrolle der ununterbrochenen Folge aller Kontrollzähler insbesondere des Nullstellkontrollzählers und Kontrolle der Eintragung in der Kassenplatzabrechnung (bei ELKA-Kassen Revisionsspeicherkontrolle)
- tägliche Kontrolle der Vollzähligkeit und Richtigkeit der Erlösabführung
- Eingabe und Kontrolle der Erlöse Sammelkasse
- Kontrolle der Belege auf Berechtigung der Bestätigung durch die Kontrollperson
- Nachweisführung des variablen Wechselgeldes pro Kassierer und Organisation der Kontrolle des Wechselgeldes durch entsprechende Bestandsaufnahmen
- Durchführung besonderer Kontrollaufgaben zur Einhaltung der Kassenordnung lt. Aufträge des FD Planung/Ökonomie

- monatliche Kontrolle der Maßnahmepläne der Handelsbereiche „Zur Verbesserung der Arbeit an den Kassen“
- tägliche Zusammenstellung der Umsatz- und Erlösabrechnung zum Buchungsbeleg für die Finanzbuchhaltung
- Analysen und Berichterstattung zur Entwicklung der Kassendifferenzen
- monatliche Abstimmung der Konten
  2008 – Wechselgeld
  2624 – Kassenminusdifferenzen
  49901 – Kassenplusdifferenzen
  49905 – Leitungsentscheidungen (Buchung als Kosten)
  49965 – Warenumsätze
  4908 – Wechselgeldeinzahlung (Brückenkonto)

15. Verwaltung und Nachweis des Registrierkasseneinsatzes

15.1 Verwaltung der Registrierkassen

Sämtliche Registrierkassen des Betriebes werden vom Fachgebiet Kassenorganisation/Kassenkontrolle im Bereich Planung/Ökonomie verwaltet und den Abrechnungseinheiten zur Ausstattung der Kassenplätze übergeben. Alle Neuzugänge an Registrierkassen sind vom Fachdirektionsbereich Ratio/ Technik der Kassenorganisation/Kassenkontrolle mit Übernahme-/Übergabeprotokoll zu übergeben. Die Kassenorganisation/Kassenkontrolle nimmt den Einsatz der Registrierkassen und Zubehör (Schlüssel, Fächer usw.) in den Abrechnungseinheiten ebenfalls mit Übergabe-/Übernahmeprotokoll vor.

Nach Übergabe der Registrierkassen an die Abrechnungseinheiten ist der Leiter der Abrechnungseinheit für den zweckentsprechenden Einsatz der Registrierkassen, für ihre pflegliche Behandlung und vorschriftsmäßige Nutzung im Sinne der Kassenordnung verantwortlich. Bei auftretenden Störungen an Registrierkassen ist der VB-Leiter verpflichtet, den Mechaniker vom VEB Robotron-Service im Haus anzufordern. Sofern die Reparatur nicht am Kassenplatz ausgeführt werden kann, ist die Übergabe der Registrierkasse mit Protokoll an die Werkstatt vorzunehmen und eine Kopie dem Leiter Kassenorganisation/Kassenkontrolle zu übergeben (siehe Pkt. 15.3).

In den Abrechnungseinheiten nicht benötigte oder auszusondernde Registrierkassen sind dem Fachgebiet Kassenorganisation/Kassenkontrolle mit Protokoll zurückzugeben.

15.2 Führung der Registrierkassenkartei

Für jede Registrierkasse ist im Fachgebiet Kassenorganisation/Kassenkontrolle eine Nachweiskarte im Rahmen der Registrierkassenkartei mit den Angaben lt. Muster, Anlage 1, zu führen.

Aus der Kartei muß jederzeit ersichtlich sein, wo sich die Registrierkassen einschließlich Zubehör befinden. Nicht eingesetzte Registrierkassen sind vom Fachgebiet Kassenorganisation/Kassenkontrolle sicher zu verwahren.

Alle Ersatz- bzw. Reserveschlüssel für die Registrierkassen sind im Fachgebiet Kassenorganisation/Kassenkontrolle verschlußsicher aufzubewahren. Im erforderlichen Falle sind diese vom Leiter dem jeweiligen VB-Leiter gegen Quittung auszuhändigen.

15.3 Übergabe von Registrierkassen

Eine Übergabe von Registrierkassen an Abrechnungseinheiten ist nur in Höhe der Anzahl der registrierten Kassenplätze zulässig. Für die Kaufhallen gilt, daß der Leiter Kasseneinsatz bzw. Erlöskasse auch die Reserveregistrierkassen einschließlich Zubehör übernimmt. Er ist für die Verwahrung und den Einsatz dieser Registrierkassen verantwortlich. Bei der Übergabe von Registrierkassen an die Abrechnungseinheiten ist zu beachten, daß sie der Funktion der Kassenplätze entsprechen. Die Übergabe von Registrierkassen ist mit einem Übergabe-/Übernahmeprotokoll zu belegen. Das gilt grundsätzlich für alle Übergaben/Übernahmen vom Fachdirektionsbereich Ratio/Technik an das Fachgebiet Kassenorganisation/Kassenkontrolle bei Neueingang sowie vom Fachgebiet an Abrechnungseinheiten oder Rückgabe von dieser an die Kassenorganisation und Übergaben/Übernahmen an oder von der Reparaturwerkstatt. Das Übergabe-/Übernahmeprotokoll ist jeweils von dem Übergebenden in zweifacher Ausfertigung auszustellen.

Die 1. Ausfertigung behält der Übergebende, die 2. Ausfertigung erhält der Übernehmende.

Muster der Übergabe-/Übernahmeprotokolle siehe Anlage Nr. 2. Die geforderten Angaben sind vollständig einzusetzen, die Protokolle sind bis zur Aussonderung der Registrierkasse aufzubewahren.

Vom Bereich Ratio/Technik sind die Bestände der Registrierkassen im Rahmen der Grundmittelinventuren mit zu überprüfen. Auf der Grundlage der Inventurergebnisse sind vom Leiter Kassenorganisation/Kassenkontrolle die Registrierkassennachweise zu überprüfen und abzustimmen.

16. Verwaltung der Registrierkassenschlüssel und des Registrierkassenzubehörs

16.1 Nachweisführung

Die mit der Übergabe der Registrierkasse den AE übergebenen Kassenschlüssel sowie Verschlußdeckel und Schlüssel für Kassenschubladen, Wechseleinsätze für Schubladen sind unter besondere Verwahrung des VB-Leiters oder eines von ihm beauftragten Mitarbeiters zu nehmen.

Ihre Ausgabe und Rückgabe ist ständig nachzuweisen. Insbesondere ist die Ausgabe und Rücknahme der Registrierkassenschlüssel unter ständiger nachweisfähiger Kontrolle zu halten.

Dabei ist die Einhaltung des Grundsatzes zu sichern:

- Die Kassiererinnen erhalten *nur* die Schlüssel, die sie zur Bedienung der Registrierkasse bei der Erfassung der Umsätze und Erlöse aus Dienstleistungen benötigen. Das sind je nach Ausstattung der Registrierkasse die Schlüssel zum Öffnen und Schließen der Kasse und/oder entsprechende Schlüssel zum Bedienen des dem Kassierer zugeteilten Zählwerks (siehe Anlage 3).
- Schlüssel zum Feststellen von Zwischen- oder Endsummen von Einzel- oder Sammelzählwerken verbleiben in der Verwahrung des Leiters der Abrechnungseinheit oder der von ihm beauftragten Kontrollperson (siehe Anlage 3).

Nicht ausgegebene Registrierkassenschlüssel sind unter Verschluß zu halten und vor unbefugtem Zugriff zu sichern. Über die Ausgabe und Rückgabe von Registrierkassenschlüsseln ist in Form eines Schlüsselbuches ein Nachweis zu führen.

Es muß enthalten:

Schlüsselbezeichnung und Nummer, Kassenplatznummer, Name des Empfängers, Datum des Empfangs, Unterschrift des Empfängers, Unterschrift der Kontrollperson (Ausgeber), Rückgabedatum, Unterschrift des Empfängers (Kontrollperson).

Der Leiter der Abrechnungseinheit ist verpflichtet, in kurzfristigen unregelmäßigen Abständen das vollständige Vorhandensein der der Abrechnungseinheit übergebenen Kassenschlüssel zu kontrollieren.

Registrierkassenschlüssel sind von Kontrollperson zu Kassierer oder umgekehrt zu übergeben. Die Person, die Registrierkassenschlüssel übernommen hat, hat diesen sicher zu verwahren und haftet dafür bis zur nachweisfähigen Rückgabe.

Es ist nicht statthaft, Registrierkassenschlüssel vor Übergabe bereits an den Kassen zu hinterlegen.

Registrierkassenschlüssel, die den Kassierern übergeben sind, müssen nach Abrechnung des Kassenplatzes nachweisfähig an die empfangsberechtigte Kontrollperson zurückgegeben werden. Bei zeitweiligem, auch kurzfristigem Verlassen des Kassenplatzes sind die Kassenschlüssel abzuziehen, von der betreffenden mit der Kassierung beauftragten Person in Verwahrung zu nehmen und die Registrierkasse gegen unbefugten Zugriff zu sichern.

Registrierkassenschlüssel sind ausnahmslos zur Abrechnung oder bei Schichtwechsel der beauftragten Kontrollperson unter Beachtung des damit verbundenen Nachweises zurückzugeben. Eine persönliche Verwahrung von

Registrierkassenschlüsseln durch Kassierer nach Abrechnung des Kassenplatzes ist nicht statthaft.

16.2 Meldung bei Verlust von Registrierkassenschlüsseln und Registrierkassenzubehör

Über den Verlust von Registrierkassenschlüsseln sind der zuständige Leiter, das Fachgebiet Kassenorganisation/Kassenkontrolle und die Wirtschaftskontrolle sofort schriftlich zu informieren.

Die Meldung hat folgende Angaben zu enthalten:

- AE-Nr. und Bezeichnung
- Bezeichnung der Registrierkasse Typ und Fabriknummer
- Bezeichnung und Nummer des verlorenen Schlüssels
- Datum und Uhrzeit der Feststellung des Verlustes
- Name und Funktion des Feststellers
- Name und Funktion des für den Verlust verantwortlichen Mitarbeiters
- Darstellung der Umstände, die zum Verlust führten
- Unterschriften des AE-Leiters, des Feststellers und des für den Verlust verantwortlichen Mitarbeiters

Im Falle des Verlustes von Registrierkassenschlüsseln und Registrierkassenzubehör ist der dafür verantwortliche Mitarbeiter nach den gesetzlichen Bestimmungen über die arbeitsrechtliche Verantwortlichkeit (252ff. AGB) schadenersatzpflichtig.

Anlage 1 der Kassenordnung vom 1.1.1988
CWH Berlin am Alex

Karte Nr. ....

Registrierkassennachweis (Vorderseite)

Typ	Fabriknummer		
Baujahr	Eingangsdatum	Inventarnummer	
Bruttowert			
abgegeben an	am	Beleg-Nr.	Grund ....

Ausstattung

Registrierkassenschlüssel
(Funktion, Anzahl und Schlüssel-
nummern)
....
....
Anzahl der Schubladen einschl.
....
Verschleiß- u. Wechselzubehör ....
Zusatzausstattung ggf. mit Fabriknummer..
Kontrolldrucke Anzahl der Muster (als Anlage der Karte beifügen)...

Anlage 1 der Kassenordnung vom 1.1.1988

CWH Berlin am Alex

Karte Nr. ....

Registrierkassennachweis (Rückseite)

Einsatznachweis

eingesetzt in AE-Nr.und Kassenplatz Nr.	Datum Nr. des Übergabeprotokolls	- zur Reparatur von .... bis .... Datum	Art der Störung	Unterschrift Ltr. Kassenorg.

Anlage 2 der Kassenordnung vom 1.1.1988

CWH Berlin am Alex

Berlin, den ....

(Muster)

Übergabe-/Übernahmeprotokoll Nr. ....

Typ ....
Registrierkassennummer: .... Inventar-Nr.: ....
Stand der Kontrollzähler: ....
(Nach Art der Kontroll-
zähler einzeln aufführen) ....
....
....

Stand der Zählwerke: ....
einzeln aufführen
muß bei Einsatz 0 sein ....
....
....

Art und Anzahl der Schlüssel mit Schlüsselnummernangabe:
....

Zusatzgeräte: ....
(Art u. Anzahl ....
ggf.m. Fabriknummer einzeln angeben)
Zubehör ....
(nach Art u. Anzahl einzeln angeben)

Übergeben an ....

Bezeichnung d. Struktureinheit
und Nr.

....
Unterschrift u. Funktion
der Übergebenden

Übernommen von ....

Bezeichnung d. Struktureinheit
und Nr.

....
Unterschrift u. Funktion
des Übernehmenden

Anlage 3 der Kassenordnung vom 1.1.1988

CENTRUM Warenhaus Berlin am Alex

ÜBERGABE DER KASSENSCHLÜSSEL GEGEN QUITTUNG

Kassentyp		
– Hugin KA 40	Kassierschlüssel	A, B
	Kontrollperson	X, Z, 01, 13
– Hugin KA 32	Kassierer	A, B
	Kontrollperson	Exp. K, Z, 01
– Anker-Kasse	Kassierer ohne Schlüssel	X, Z
	Kontrollperson	
– OKA-Kasse	Kassierer ohne Schlüssel	X, Z
	Kontrollperson	
– ELKA 81	Kassierschlüssel	R
mit 3 bzw. 8	Kontrollperson	M (X-Druck)
Sparten		CL (Z-Druck)
– Geldkartenkasse	Bedienerkarten und Schlüssel für Kassierer und Kontrollperson	

Anlage 4 zur Kassenordnung vom 1.1.1988

CENTRUM Warenhaus Berlin am Alex

Verkaufsbereich/Abrechnungseinheit
(Bezeichnung/AE-Nr.) ....

VERPFLICHTUNGSERKLÄRUNG

Auf der Grundlage der Bestimmungen des Arbeitsgesetzbuches über die materielle Verantwortlichkeit der Werktätigen, 260ff., und nach zweifelsfreier Feststellung meiner materiellen Verantwortlichkeit für die aufgetretene Kassenminusdifferenz vom .... verpflichte ich mich hierdurch, den dadurch entstandenen Schaden in Höhe von

.... M

in vollem Umfang zu ersetzen.

Ich werde diesen Betrag in einer Summe in der Hauptkasse des Betriebes bis zum .... in bar einzahlen.

Berlin, den ....

Unterschrift
Verkaufsbereichsleiter

Unterschrift
Handelsbereichsleiter

Unterschrift
Kassierer

Sichtvermerk der
Gewerkschaftsleitung (AGL)

Anlage 5 zur Kassenordnung vom 1.1.1988

CENTRUM Warenhaus Berlin am Alex

Merkblatt für Kassierer

- erfahren Sie immer nach dem Grundsatz:
  „erst registrieren, dann kassieren"!
- Sorgen Sie ständig für Ordnung und Sauberkeit an Ihrem Kassenplatz!
- Führen Sie kein eigenes Geld bei sich!
- Kassieren Sie keine Verwandten ab!
- In den Kaufhallen ist die Wechselkorbmethode anzuwenden!
- Nehmen Sie jeden Artikel einzeln in die Hand und Prüfen Sie, ob in Hohlkörpern Ware verborgen ist!
- Lassen Sie sich den Preis nicht vom Kunden ansagen, sondern lesen Sie den Preis vom Etikett oder Kassenzettel ab!
- Tippen Sie alle Preise einzeln ein!
  An den ELKA 81 Kassen ist bei gleichen Preisen die Multiplikationstaste zu benutzen!
- In den Kaufhallen sind die Preise spartengerecht zu registrieren!
- Sagen Sie dem Kunden den Kaufbetrag laut und deutlich an!
- Bei Benutzung von ELKA 81 Kassen ist die Zahlgeldsumme zu registrieren und das Rückgeld auszuweisen!
- Lagern Sie das Zahlgeld sichtbar außerhalb der Kasse, bis der Kunde sein Rückgeld ohne Beanstandung genommen hat!
- Zählen Sie das Rückgeld im Ergänzungsverfahren vor! Bei Nutzung von ELKA 81 Kassen ist das Rückgeld lt. Sichtfensteranzeige vorzuzählen!
- Übergeben Sie dem Kunden mit der Ware auch seinen Kaufbeleg (Kassenzettel/Bon)! In den Kaufhallen ist der Bon in die Geldschale zu legen!
- Schließen Sie die Kassenschublade nach jedem Kassiervorgang!
- Vernichten Sie alle liegengebliebenen Kaufbelege sofort!
- Auch bei kurzzeitigem Verlassen des Kassenplatzes ist die Kasse zu schließen, der Schlüssel abzuziehen und mitzunehmen!

Anlage 6 zur Kassenordnung vom 1.1.1988

CENTRUM Warenhaus Berlin am Alex

Ausweise, die in der DDR zur Legitimation von Personen gelten sowie zu beachtende Besonderheiten

1. Grundsätzlich sind folgende Ausweise zum Zwecke der Legitimation anzuerkennen:
   a) Personalausweis für Bürger der Deutschen Demokratischen Republik
   b) Vorläufiger Personalausweis für Bürger der Deutschen Demokratischen Republik
   c) Dienstbücher und Dienstausweise der bewaffneten Organe und der Zollverwaltung
   d) Wehrpaß/Wehrdienstausweis in Verbindung mit dem Einberufungsbefehl bzw. den eingetragenen Entlassungsvermerk oder Entlassungsschein der Dienststelle der Bewaffneten Organe (der Wehrpaß mit dem eingetragenen Entlassungsvermerk oder der Entlassungsschein ist nach der Entlassung nur innerhalb 7 Tagen zum Zwecke der Legitimation anzuerkennen)
   e) Wehrdienstausweis, in dem die Gültigkeit als Dienstausweis eingetragen ist
   f) Dienst- und Reisepässe für die Zeit der Aus- oder Einreise*)
   g) Diplomatenpässe (für DDR-Bürger)
   h) Aufenthaltserlaubnis (entspricht in der Form einem in rotem Farbton gehaltenen Personalausweis für Bürger der DDR) i) Aufenthaltsgenehmigung, die mittels Stempel in einem Paß des Vorlegers, einem eingelegten Doppelblatt „Anlage zum Paß/Ausweis" einer „Identitätsbescheinigung" oder in einem Ausweis „Aufenthaltserlaubnis" Seite 9-11 eingetragen ist
   j) Diplomaten- und Konsularausweis und Ausweis für nichtdiplomatische Mitarbeiter der bei der Regierung der DDR akkreditierten diplomatischen Vertretungen

*)zu c) und f):
Sofern in diesen Ausweisen keine Anschrift vermerkt ist, kann auf die Prüfung der Anschrift verzichtet werden. Dabei ist besonderer Wert auf die Angaben zum vorgelegten Ausweis (Art des Ausweises, Nummer und ausstellende Dienststelle) zu legen, die in notwendigen Fällen eine Feststellung der Anschrift des Ausweisinhabers über die ausstellende Dienststelle gewährleisten.

2. Ausländer und Staatenlose haben sich bei Kontovertragshandlungen (Scheckverkehr) ggf. zu legitimieren mit einer
   - Aufenthaltserlaubnis (h) oder
   - Aufenthaltserlaubnis (i)

   in Verbindung mit einem Betriebsausweis eines Betriebes bzw. einer Einrichtung der DDR bzw. Studienausweis einer Hoch- bzw. Fachschule der DDR.
   Für Ausländer, die sich nicht wie vorstehend legitimieren können, werden keine Sparkassenkonten geführt. Sie sind demzufolge zu Käufen auf Schecks (auch auf Schecks anderer) nicht berechtigt.
3. In jedem Fall ist auf die Gültigkeitsdauer der Ausweise zu achten. Diese ist z.B. im Personalausweis auf Seite 4 eingetragen.
   Die Gültigkeitsdauer von Dienst- und Reisepässen (f) ist abhängig von der Gültigkeitsdauer des darin eingetragenen Visums. Bei Dauervisum beginnt bzw. endet die Gültigkeit des Passes mit dem ersten bzw. letzten Geltungstag des Visums. Bei Einzelvisum (Visum von kürzerer Geltungsdauer) besitzt der Paß Gültigkeit mit einer Toleranz von 3 Tagen zum ersten bzw. vom letzten Gültigkeitstag des Visums. Pässe, die kein gültiges Visum enthalten, sind zur Legitimation von scheckvorlegenden Personen abzulehnen.
4. Als Legitimationsvermerk sind auf der Scheckrückseite festzuhalten (von der scheckvorlegenden Person einzutragen oder vom Kassierer nachzutragen):
   - zu a) Personal- sowie Ausweisnummer (römische und arabische Zif fern)
   - zu b)-j) Bezeichnung des Ausweises (abgekürzt) sowie Ausweisnummer und ausstellendes VPKA
5. zur Legitimation von Kindern und Jungendlichen und anderer nicht voll Handlungsfähiger:
   - Kinder und Jugendliche bis 14 Jahre können im Personalausweis des gesetzlichen Vertreters (beider Elternteile) und der Bürger eingetragen sein, in deren Haushalt sie leben. Eine Legitimation kann nur durch den Personalausweis des Bürgers erfolgen, in dessen Personalausweis sie eingetragen sind.
   - Jugendliche von 14 bis 18 Jahren besitzen einen eigenen Personalausweis, können aber noch im Personalausweis wie vorstehend eingetragen sein. Die Legitimation für diese Bürger kann sowohl nach den vorstehenden Ausführungen als auch mit eigenem Personalausweis geprüft werden.

- Nicht handlungsfähige Bürger ab 18 Jahre können einen eigenen Personalausweis besitzen. Aus diesem ist die Einschränkung der Handlungsfähigkeit nicht ersichtlich. Eine Beachtung der fehlenden Handlungsfähigkeit kann in diesen Fällen nur aus persönlicher Kenntnis erfolgen.
  Sind solche Bürger Patienten einer Anstalt, kann eine Legitimation durch schriftliche Unterlagen der Anstalt erfolgen. Diese Unterlagen müssen vom Vertretungsberechtigten der Anstalt unterzeichnet sein.

Anlage 7 der Kassenordnung vom 1.1.1988

CENTRUM Warenhaus Berlin am Alex

Hinweise zum Umgang mit der Registrierkasse ELKA 81

1. Beim Einsatz ist zu beachten:
   Die Kasse registriert nur dann einwandfrei, wenn
   - sie täglich von Staub und anderen Verschmutzungen befreit wird;
   - die Stromspannungsabweichung nicht mehr als +/- 10 % beträgt;
   - die Temperatur zwischen 5 und 35 Grad Celsius liegt;
   - die relative Luftfeuchtigkeit maximal 80 % beträgt;
   - besonderer Stromkreis für die Kassen vorhanden ist.
2. Technische Störungen
   Durch den eingebauten Akkumulator bleiben die eingegangenen Zahlen auch bei Stromausfall bis zu 720 Stunden erhalten. Es können in folgenden Fällen Sperrungen auftreten, die nur durch den Kassenmechaniker beseitigt werden dürfen
   - infolge zu niedriger Netzspannung;
   - bei der Eingabe einer achtstelligen Zahl;
   - beim Ertönen eines längeren Signaltons;
   - bei einem Überlauf des gespeicherten Wertes von 999.999,99 Mark;
   - bei einem Druck, wenn der Kontrollstreifen zu Ende ist;
   - Kasse verliert alle Daten bei defekten Akkus/ohne Netzspannung.

3. Benutzung der Tastatur

1. mit Schlüssel „CL“ und „M“ für *die Kontrollperson*

Taste	*Funktion*
„D“	– Datumeingabe;
„TL“	– Ausgabe eines Bons mit dem Inhalt aller Warengruppenspeicher des Warenumsatzes und des Kassenbestandes

Der „M“ Schlüssel darf *nur* für das Ermitteln der Zwischensumme zur Meldung des Warenumsatzes genutzt werden.

2. Mit Schlüssel „R“ für *die Kassierer*

Taste	*Funktion*
„I, II, III bzw. bis VIII“ in KH	– Warengruppenspeicher;
„ST“	– Speicherung des Wertes im Stromspeicher; – Wert des Einkaufs wird vom entsprechenden Warengruppenspeicher abgezogen,
„VD“	– letzte Eingabe des jeweiligen Warengruppenspeichers

wird gelöscht;

„CL“	– löscht eine fehlerhaft angegebene Information;
„STL“	– Ausdrucken der Zwischensumme
„TL“	– Beendigung der Rechnung, Ausgabe eines Bons, Öffnen der Schublade;
„xx“	– Bon- und Kontrollstreifen wird um einen Schritt weiter transportiert;
„x“	– Multiplikationstaste

Im Punkt 5.1 der Kassenordnung ist geregelt, welche Tasten von der Kassiererin nicht genutzt werden dürfen.

Der Autor

Peter Sander, geb. 1946, Dr. jur. habil., ab 1970 Assistent und Oberassistent am Bereich Arbeitsrecht der Sektion Rechtswissenschaft der Humboldt-Universität Berlin, zwischen 1985 und 1987 Forschungsgruppenleiter an der Akademie der Wissenschaften der ehemaligen DDR, bis 1990 Dozent für Arbeitsrecht, Bildungsrecht und Zivil- und Wirtschaftsrecht am Fachbereich Erziehungswissenschaften der Humboldt-Universität; seit 1990 Rechtsanwalt. Tätigkeitsschwerpunkte: Arbeitsrecht, Berufsbildungsrecht, Wirtschaftsrecht, Sozialrecht. Neueste Buchveröffentlichung: Vom Abschluß bis zur Beendigung von Arbeitsverträgen, Haufe-Verlag Berlin und Freiburg 1996.

GPSR Compliance

The European Union's (EU) General Product Safety Regulation (GPSR) is a set of rules that requires consumer products to be safe and our obligations to ensure this.

If you have any concerns about our products, you can contact us on ProductSafety@springernature.com

In case Publisher is established outside the EU, the EU authorized representative is:

Springer Nature Customer Service Center GmbH
Europaplatz 3
69115 Heidelberg, Germany

Batch number: 10809466

Printed by Printforce, the Netherlands